tomato TV 방송용 교재

기본서 반영
최신 개정판

합격으로 가는 하이패스

토마토패스

친절한 홍교수 합격비기

AFPK®
MODULE. 2
핵심정리문제집

홍영진 편저

예문에듀 EDU

자격시험 개요

응시자격

지정교육기관 AFPK 교육과정 이수자
단, 한국FPSB가 정한 교육면제 자격증 소지자는 자격에 따라 교육요건의 부분 또는 전체를 면제받을 수 있으며
부분면제의 경우에는 부분면제 과목을 제외한 나머지 과목에 대한 교육과정을 이수하여야 함

시험구성

구분	시간	시험과목	시험문항수
모듈1 (토요일)	1교시 14:00 ~ 15:50 (110분)	재무설계 개론	15
		재무설계사 직업윤리[※]	5
		은퇴설계	30
		부동산설계	25
		상속설계	25
	소계		100
모듈2 (토요일)	2교시 16:20 ~ 18:00 (100분)	위험관리와 보험설계	30
		투자설계	30
		세금설계	30
	소계		90

※ 별도의 시험과목으로 분류하지 않고 재무설계 개론에 포함

합격기준

1. 전체 시험에 응시한 경우

   • 전체합격기준 : 전체평균이 70% 이상이며, 모든 과목에서 40% 이상의 과락기준을 통과한 경우
   • 부분합격기준 : 다음의 기준에 해당하는 경우

   ※ 단, 부분합격의 경우 취득한 점수는 이월되지 않으며 부분합격 사실만 인정되므로 부분합격 유효기간 내에 다른 모듈을
   합격해야 전체합격으로 인정됨

   • 전체평균이 70% 미만이지만, 한 모듈에서 평균 70% 이상이며 해당 모듈에서 40% 미만의 과락과목이
   없는 경우
   • 전체평균은 70% 이상이나 한 모듈에서만 40% 미만의 과락과목이 있을 경우, 과락과목이 포함되지
   않은 모듈의 평균이 70% 이상인 경우

2. 모듈별로 응시한 경우

   응시한 모듈에서 평균이 70% 이상이며, 모듈의 각 과목에서 40% 이상의 과락기준을 통과한 경우

   ※ 단, 취득한 점수는 이월되지 않으며 부분합격 사실만 인정되므로 부분합격 유효기간 내에 다른 모듈을 합격해야 전체
   합격으로 인정됨

합격유효기간

1. 전체합격 : 합격월로부터 3년

   합격월로부터 3년 이내에 AFPK 인증을 신청하지 않을 경우 합격사실이 취소되며, 재취득을 원하는 경우 시험에
   다시 응시해야 합니다.

2. 부분합격 : 합격회차로부터 연이은 4회 시험

   연이은 4회 시험 이내에 다른 모듈을 합격하지 못할 경우 부분합격의 효력이 상실되며, 다시 전체시험에
   응시하여야 합니다.

자격시험 출제 기준

📛 출제 범위

구분	시험과목	출제 범위	제외되는 범위
모듈1	재무설계 개론	각 과목 기본서 중심	교재 내용을 토대로 응용이 가능한 부분	재무설계사 직업윤리 「II – 4. 징계규정」 및 「부록(관련 규정)」
	재무설계사 직업윤리		
	은퇴설계		
	부동산설계		
	상속설계		
모듈2	위험관리와 보험설계	각 과목 기본서 중심		
	투자설계		
	세금설계		

📛 문항 특성

AFPK 자격시험의 문항은 측정하고자 하는 지식수준에 따라 다음과 같이 분류됩니다.

1단계 : AFPK 자격인증자의 필요 역량	
개인재무설계 관련 지식의 암기 및 이해	지식 및 이해를 바탕으로 한 고객 상담

▼

2단계 : 필요 역량을 측정하기 위한 AFPK 자격시험 문제		
지식 내용을 암기하고 있는지를 측정할 수 있는 문제	지식 내용을 이해하고 의미를 파악하고 있는지를 측정할 수 있는 문제	지식 및 이해를 바탕으로 사례에 적용할 수 있는지를 측정할 수 있는 문제

▼

3단계 : AFPK 자격시험 문항의 분류		
암기형	해석형	문제해결형

〈문항 분류별 측정 내용〉

문항의 분류	측정 내용				
	기억	설명	해석	분석/계산	활용
기형	▓▓▓				
해석형	▓▓▓▓▓▓▓▓▓				
문제해결형	▓▓▓▓▓▓▓▓▓▓▓▓				

〈문항 분류별 특성〉

1. 암기형

암기형 문항은 재무설계 분야에서 쓰는 갖가지 사실, 용어, 원리, 원칙, 절차, 순서, 유형, 분류, 방법, 개념, 이론 등의 지식 내용을 기억하고 있는지를 측정하는 문항입니다.

〈예시〉

1. 소득세법상 국내 정기예금이자의 원천징수세율은 얼마인가?

2. 민법상 법정상속인의 상속순위를 올바르게 나열한 것은?

2. 해석형

해석형 문항은 재무설계 관련 정보 등을 해석하거나 판독할 수 있는지를 측정하는 문항입니다.

〈예시〉

1. 다음 A씨가 퇴직연금 선택 시 고려사항에 대한 설명으로 맞는 것은?

A씨가 근무하는 회사는 확정급여형(DB형) 퇴직연금과 확정기여형(DC형) 퇴직연금을 동시에 도입하고, 근로자의 희망에 따라 선택하여 가입할 수 있도록 함

2. 다음 정보를 고려할 때, A씨의 생명보험 가입에 대한 설명으로 가장 적절한 것은?

• 가족정보
  – A씨 본인(회사원), 배우자(회사원), 자녀(2세)
• 재무정보
  – 소득 : 연간 88,000천원
  – 자산 : 아파트 300,000천원, 정기예금 20,000천원
  – 부채 : 주택담보대출 100,000천원(대출기간 20년, 매월 말 원리금균등분할상환 방식)

3. 문제해결형

문제해결형 문항은 기존의 지식 및 이해능력을 바탕으로 사례를 분석하고 문제를 해결할 수 있는지를 측정하는 문항입니다.

〈예시〉

1. 현재 A재화에 대한 공급곡선 및 수요곡선은 다음과 같다. 이에 대한 분석 내용으로 맞는 것은?

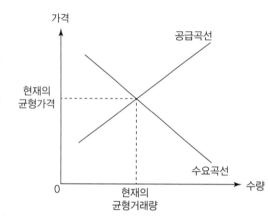

2. 주택임대차보호법상 A씨가 취할 수 있는 조치로 가장 적절한 것은?

A씨는 20XX년 10월 10일 서울특별시 소재 A 주택을 전세로 임차하였다. 임대차기간이 끝나고 A씨는 이사를 가려고 하였으나, 임대인이 아직 보증금을 돌려주지 않고 있는 상황이다.

최근 AFPK 자격시험에서는 단순 암기형 문항보다 해석형 및 문제해결형 문항의 출제 비중이 점차 높아지고 있기 때문에, 배웠던 내용을 <u>사례에 적용할 수 있는 종합적인 판단이 요구</u>됩니다.

Ⅲ AFPK 자격시험 문제 출제 유형

1. 긍정형 문제

〈예시〉

1. 다음과 같은 거래가 이루어진 경우, 거래 발생 당일 자산부채상태표 변동 내역으로 맞는 것은?

	자산	부채	순자산
①	− 100만원	변동 없음	− 100만원
②	변동 없음	+ 100만원	− 100만원
③	− 100만원	+ 100만원	변동 없음
④	+ 100만원	변동 없음	− 100만원

2. 부정형 문제

〈예시〉

1. 생명보험 상품에 대한 설명으로 가장 적절하지 않은 것은?

① 유니버셜보험은 보험료 납입에 유연성이 있다.
② 변액보험을 판매하기 위해서는 별도의 자격을 갖추어야 한다.
③ 변액보험의 경우 투자에 따른 위험은 원칙적으로 보험회사가 부담한다.
④ 변액보험은 인플레이션으로 인한 생명보험 급부의 실질가치 하락에 대처하기 위해 개발되었다.

3. 조합형 문제

〈예시〉

1. 확정기여형 퇴직연금에 대한 적절한 설명으로만 모두 묶인 것은?

> 가. 퇴직급여는 적립금 운용 결과에 따라 변동된다.
> 나. 기업이 부담하는 부담금 수준이 사전에 결정된다.
> 다. 적립금 운용방법 중 하나는 원리금 보장방법을 제시해야 한다.

① 가, 나   ② 가, 다
③ 나, 다   ④ 가, 나, 다

4. 순서형 문제

〈예시〉

1. 다음 법원의 부동산 경매 절차를 순서대로 나열한 것은?

가. 법원의 경매개시결정	나. 경매실시
다. 낙찰자의 대금납부	라. 채권자에 대한 배당

① 가 – 나 – 다 – 라
② 가 – 나 – 라 – 다
③ 나 – 다 – 라 – 가
④ 나 – 라 – 다 – 가

5. 연결형 문제

〈예시〉

1. 주가순자산비율(PBR)에 대한 다음 설명 중 (가), (나)에 들어갈 내용을 올바르게 연결한 것은?

> 최근에는 투자지표로서 PBR에 대한 관심이 높아지고 있다. 보통 PBR이 1.0보다 작으면 주가가 (가) 이하로 떨어진 것을 의미하므로 (나)되어 있다고 판단한다.

① 가 : 청산가치, 나 : 과대평가
② 가 : 청산가치, 나 : 과소평가
③ 가 : 시장가격, 나 : 과대평가
④ 가 : 시장가격, 나 : 과소평가

Ⅲ 법률 혹은 제도가 변경된 경우의 출제

법률 혹은 제도가 변경되어 교재 내용이 현실과 상이한 경우, 다음 기준에 따라 출제가 이루어집니다.

1. 문제에 변경된 조건을 제시하여 출제

〈예시〉

1. 다음 옵션 투자 전략의 만기 시 수익은 얼마인가?

> ※ 옵션 1계약당 거래승수는 250천원으로 계산 (2017. 3. 27부터 변경됨)

① (+) 2,500천원
② (+) 4,000천원
③ (+) 25,000천원
④ (+) 40,000천원

2. 교재 내용만을 학습하였더라도 문제 풀이가 가능하도록 구성하여 출제

〈예시〉

국민연금 유족연금 수급권자의 범위

교재 내용	법률 변경
자녀(단, <u>19세 미만</u>이거나...)	자녀(단, <u>25세 미만</u>이거나...)

상기와 같이 유족연금 수급권자의 범위에 대한 내용이 교재와 실제 법률 간에 서로 상이한 경우, "자녀는 국민연금 유족연금의 수급권자가 아니다.", "국민연금 유족연금을 받을 수 있는 자녀의 나이 요건은 30세 미만이다."와 같이 교재 내용만을 학습하였더라도 문제 풀이(틀린 지문임을 알 수 있음)가 가능하도록 출제

3. 출제 불가

1번 혹은 2번의 경우로도 출제가 어려운 경우 출제하지 않음

🏛 AFPK 시험지에 나오는 조건문 및 정보

AFPK 시험지에는 각 교시별 시험지 첫 장에 다음과 같은 조건문이 들어가 있습니다.

1, 2교시 공통 조건문

조건문의 경우 **모든 시험문항에 적용되는 전제조건**입니다.

개별 문항에서 따로 언급되지 않으므로 **반드시 숙지**하여 주시기 바랍니다.

> 문제의 지문이나 보기에서 별다른 제시가 없으면, 모든 개인은 세법상 거주자이고 모든 법인은 내국법인이며 모든 자산, 부채 및 소득은 국내에 있거나 국내에서 발생한 것으로 가정하고, 주식은 국내 제조법인의 주식으로서 우리사주조합원이 보유한 주식이 아니며, 소득세법상 양도소득세 세율이 누진세율(6~45%)로 적용되는 특정주식 등 기타자산에 해당하지 않는 일반주식이라고 가정함

목차

PART 08 세금설계

P A R T 06

위험관리와
보험설계

CHAPTER 01 위험과 보험제도

출제비중 : 23~33% / 7~10문항

학습가이드 ■ ■

학습 목표	학습 중요도
Tip 개념 이해 및 상호비교를 중심으로 학습 필요	
Tip 프로세스의 경우 순서형 문제에 대한 학습 필요	
Tip 보험유통채널의 경우 상호비교 중심으로 학습 필요	
1. 위험 관련 주요 개념을 설명하고 순수위험을 인식할 수 있다.	★★
2. 위험을 관리하기 위한 프로세스를 설명할 수 있다.	★★
3. 다양한 위험관리방법을 예시와 함께 설명할 수 있다.	★★★
4. 보험제도의 원리와 특성에 대해 설명할 수 있다.	★★★
5. 보험계약의 요건과 특성에 대해 설명할 수 있다.	★★★
6. 보험계약자와 보험회사의 권리와 의무에 대해 설명할 수 있다.	★★★
7. 보험상품 개발 관련 기초서류에 대해 설명할 수 있다.	★
8. 보험료에 영향을 미치는 요인들을 이해하고 설명할 수 있다.	★★★
9. 보험가입절차와 유통채널별 특징 및 법적 지위에 대해 설명할 수 있다.	★★

···TOPIC 1 위험 관련 주요 개념

★★☆
01 위험 관련 개념에 대한 설명으로 적절하지 않은 것은?

① 위험은 손실이 발생할 가능성을 의미한다.

② 손실은 경제적·재산적 가치의 상실이나 감소를 의미하며 손해, 손상, 일실 등 여러 가지 용어로 사용되고 있다.

③ 사고는 손실의 직접적인 원인을 의미한다.

④ 실무에서는 손실과 손해를 명확히 구분해서 사용하는 경향이 있다.

정답 | ④
해설 | ④ 실무에서는 손실과 손해를 혼용해서 사용하고 있다.

★★☆
02 위험 관련 개념에 대한 다음 설명 중 적절하지 않은 것은?

① 위험과 관련된 개념으로 위태, 손인, 손실이 있는데 이들은 서로 관련을 갖는다.

② 손인 또는 사고는 손실 발생의 직접적인 원인을 의미한다.

③ 주택 화재 발생 시 위태는 화재이며 자동차가 다른 차와 부딪친 사고에서 위태는 충돌이 된다.

④ 위태 또는 해이는 특정한 사고로부터 발생될 수 있는 손실 가능성을 높이는 조건, 상황, 행위 등을 의미한다.

정답 | ③

해설 | ③ 주택 화재 발생 시 손인은 화재이며 자동차가 다른 차와 부딪친 사고에서 손인은 충돌이 된다.

★★☆
03 다음 사례가 해당되는 위태의 종류로 가장 적절한 것은?

> • 운전자보험에 가입했다고 해서 부주의하게 운전하는 것
> • 주택도난보험 가입 후 문단속에 대한 주의력이 떨어져 아파트 현관문을 열어 둔 채 외출하는 것

① 물리적 위태 ② 도덕적 위태

③ 정신적 위태 ④ 법률적 위태

정답 | ③

해설 | ③ 정신적 위태는 보험 가입으로 사고나 손실에 부주의해지거나 무관심해져서 손실 빈도와 심도를 증가시키는 것이다. 이는 보험에 가입하면 사고가 나도 보험금을 받을 수 있기 때문이다. 주택도난보험 가입 후 문단속에 대한 주의력이 떨어져 아파트 현관문을 열어 둔 채 외출했다면 이는 도난 위험을 증가시키는 것이다.

★★☆
04 위험 관련 개념에 대한 다음 설명 중 가장 적절한 것은?

① 손인 또는 사고는 손실 발생의 직접적인 원인을 의미하며, 손실을 초래하는 화재, 번개, 태풍, 홍수, 지진, 도난, 질병, 사망, 부주의 등이 해당된다.

② 정신적 위태는 손실의 발생 가능성을 새로 만들어 내거나 고의적으로 증가시키는 개인의 특성이나 정신적인 상태, 즉 부정직 또는 무책임을 의미한다.

③ 빙판길 과속으로 교통사고가 발생하여 차량이 파손되거나 운전자가 부상당했다면, 빙판길 속도위반이 손인, 이로 인한 자동차 사고가 위태, 사고로 지출한 자동차 수리비 또는 운전자 치료비가 손실에 해당한다.

④ 손인은 사고 원인, 위태는 손실 원인, 손실은 경제적 가치 감소를 의미한다.

정답 | ①

해설 | ② 도덕적 위태에 대한 설명이다. 정신적 위태는 보험 가입으로 사고나 손실에 부주의해지거나 무관심해져서 손실 빈도와 심도를 증가시키는 것이다. 도덕적 위태와 달리 고의성은 없으나 손실 발생을 방관하는 부주의 또는 무관심한 정신 상태를 의미하므로 태도 위태라고 볼 수 있다.

③ 빙판길 과속으로 교통사고가 발생하여 차량이 파손되거나 운전자가 부상당했다면, 빙판길 속도위반이 위태, 이로 인한 자동차 사고가 손인, 사고로 지출한 자동차 수리비 또는 운전자 치료비가 손실에 해당한다.

④ 빙판길 과속으로 교통사고가 발생하여 차량이 파손되거나 운전자가 부상당했다면, 빙판길 속도위반이 위태(사고 원인), 이로 인한 자동차 사고가 손인(손실 원인), 사고로 지출한 자동차 수리비 또는 운전자 치료비가 손실(경제적 가치 감소)에 해당한다.

★★☆
05 위험 관련 개념이 적절하게 연결된 것은?

> 빙판길(가)에서 운전자가 속도를 위반하여 과속(나)한 것이 사고 발생 가능성(다)으로 연계된다.

	가	나	다
①	위험	물리적 위태	정신적 위태
②	위험	정신적 위태	물리적 위태
③	물리적 위태	정신적 위태	위험
④	물리적 위태	정신적 위태	손실

정답 | ③

해설 | 빙판길(물리적 위태)에서 운전자가 속도를 위반하여 과속(정신적 위태)한 것이 사고 발생 가능성(위험)으로 연계된다.

★★☆
06 다음 사례에서 손인과 위태의 개념이 적절하게 연결된 것은?

> - 상가 빌딩을 소유한 이숙씨는 노후화된 전기시설(가)이나 임차인의 부주의(나)로 인해 화재(다)가 발생할 경우 복구하는 데 추가 비용이 소요되거나 또는 임대수입을 상실할 위험에 노출될 수 있다.
> - 과거 의심스러운 보험금청구가 많고(라) 보험회사와 사소한 것으로 분쟁을 많이 야기한(마) 박영호씨에게 새로 상해보험을 가입시킨 보험회사는 보험금을 많이 지급하거나 분쟁에 따른 회사 이미지가 실추될 위험에 노출될 수 있다.

	가	나	다	라	마
①	손인	물리적 위태	물리적 위태	도덕적 위태	정신적 위태
②	손인	물리적 위태	물리적 위태	정신적 위태	도덕적 위태
③	물리적 위태	정신적 위태	손인	도덕적 위태	정신적 위태
④	물리적 위태	정신적 위태	손인	정신적 위태	도덕적 위태

정답 | ③

해설 | • 상가 빌딩을 소유한 이숙씨는 노후화된 전기시설(물리적 위태)이나 임차인의 부주의(정신적 위태)로 인해 화재(손인)가 발생할 경우 복구하는 데 추가 비용이 소요되거나 또는 임대수입을 상실할 위험에 노출될 수 있다.
　　　• 과거 의심스러운 보험금청구가 많고(도덕적 위태) 보험회사와 사소한 것으로 분쟁을 많이 야기한(정신적 위태) 박영호씨에게 새로 상해보험을 가입시킨 보험회사는 보험금을 많이 지급하거나 분쟁에 따른 회사 이미지가 실추될 위험에 노출될 수 있다.

★★☆
07 위험 구분에 대한 설명이 적절하게 연결된 것은?

> A. 사고 발생 시 손실과 이익 모두 발생 가능한 위험
> B. 표준편차와 변동계수와 같은 통계적 기법을 사용하여 측정할 수 있는 위험
> C. 급격한 인플레이션, 전쟁, 지진이나 홍수 등 위험의 원천과 결과가 사회 전반에 걸쳐 영향을 미치는 위험

	투기적 위험	객관적 위험	기본위험
①	A	B	C
②	A	C	B
③	B	A	C
④	B	C	A

정답 | ①

해설 | A. 투기적 위험
　　　B. 객관적 위험
　　　C. 기본위험

★★☆
08 위험 구분에 대한 사례가 적절하게 연결된 것은?

> 가. 장민호씨는 금융환경의 변화를 감지하고 부동산을 처분하여 주식에 투자하였다.
> 나. 일본에 지진이 발생하여 수많은 사상자가 발생하고 재산이 파손되었다.
> 다. 재무설계사인 우성희씨는 고객이 의사결정을 할 때 위험에 대해 어떠한 태도를 보이는지를 확인하였다.

	가	나	다
①	순수위험	특정위험	객관적 위험
②	투기적 위험	특정위험	객관적 위험
③	순수위험	기본위험	주관적 위험
④	투기적 위험	기본위험	주관적 위험

정답 | ④

해설 | 가. 주식이나 부동산 투자를 하거나 복권을 사거나 도박 · 경마에 참여할 경우 손실이 발생할 가능성이 있지만 이익을 기대할 수 있으므로 투기적 위험에 해당한다.

　　　나. 실업, 급격한 인플레이션, 전쟁, 지진이나 홍수로 인한 위험은 위험의 원천과 결과가 사회 전반에 걸쳐 영향을 미치는 위험으로 기본위험에 속한다.

　　　다. 주관적 위험은 개인이 위험에 대해 인지하는 주관적 · 심리적 태도를 말한다.

★★☆
09 위험 구분에 대한 다음 설명 중 가장 적절한 것은?

① 투기적 위험은 사고 발생 시 손실과 이익 모두 발생 가능한 위험을 의미한다.

② 위험수용성향을 갖는 사람은 음주운전에 대한 위험을 주관적으로 높게 평가하기 때문에 대리운전 또는 대중교통수단을 이용하는 반면, 위험회피성향을 가진 사람은 음주운전 위험을 낮게 평가하여 음주상태로 운전을 시도하게 된다.

③ 기본위험은 위험의 원천과 결과가 개별적 또는 독립적인 위험을 의미하며, 특정위험은 위험의 원천과 결과가 사회 전반에 걸쳐 영향을 미치는 위험이다.

④ 보험은 기본적으로 투기적 위험을 대상으로 한다.

정답 | ①

해설 | ② 신중하고 위험회피성향을 갖는 사람은 음주운전에 대한 위험을 주관적으로 높게 평가하기 때문에 대리운전 또는 대중교통수단을 이용하는 반면, 덜 신중하고 위험수용성향을 가진 사람은 음주운전 위험을 낮게 평가하여 음주상태로 운전을 시도하게 된다.

　　　③ 특정위험은 위험의 원천과 결과가 개별적 또는 독립적인 위험을 의미하며, 기본위험은 위험의 원천과 결과가 사회 전반에 걸쳐 영향을 미치는 위험이다.

　　　④ 보험은 기본적으로 순수위험을 대상으로 한다.

★★☆
10 위험 구분에 대한 설명으로 적절하지 않은 것은?

① 순수위험은 사고 발생 시 손실만 발생 가능한 위험을 의미하며, 자동차 사고, 사망, 화재사고 등이 발생하면 손실만 발생할 수 있고 이익은 얻을 수 없으므로 이들은 순수위험에 해당한다.

② 객관적 위험은 표준편차와 변동계수와 같은 통계적 기법을 사용하여 측정할 수 있는 위험을 말하며, 일반적으로 기대했던 손실과 실제 발생한 손실 간 차이를 측정할 수 있다면 객관적 위험에 해당한다.

③ 특정위험은 위험의 원천과 결과가 개별적 또는 독립적인 위험을 의미하며, 주택 화재, 자동차 사고, 자연사망 등은 사고 발생이 개별적 · 독립적이고, 손실 발생 결과도 특정 범위 내로 제한된다.

④ 주택에 화재가 발생하여 전소되었을 경우 신규 주택을 마련하는 동안 임시 거주지에 필요한 비용은 직접손실이다.

정답 | ④
해설 | ④ 주택에 화재가 발생하여 전소되었을 경우 불에 타서 멸실된 주택의 재산 가치는 직접손실이며, 신규 주택을 마련하는 동안 임시 거주지에 필요한 비용은 간접손실이다.

★★☆
11 순수위험에 대한 설명으로 가장 적절한 것은?

① 사고 발생 시 손실과 이익 모두 발생 가능한 위험을 의미한다.
② 경제적 불안을 초래하는 주요 요인은 정기적으로 발생하던 소득 감소, 추가적으로 지출해야 하는 비용 발생, 보유한 금융자산 소진 등이며 이러한 위험은 조기사망, 실업, 질병, 상해, 장수 등에 기인한다.
③ 배상책임위험은 과실이나 계약위반으로 타인에게 손해를 끼친 경우 그 손해를 배상해야 하는 위험으로 손실금액에 대한 상한이 존재한다.
④ 장수위험은 주력 소득원 사망 시 부양가족의 경제적 곤란을 야기한다.

정답 | ②
해설 | ① 투기적 위험에 대한 설명이다. 순수위험은 사고 발생 시 손실만 발생 가능한 위험을 의미하며, 자동차 사고, 사망, 화재사고 등이 발생하면 손실만 발생할 수 있고 이익은 얻을 수 없으므로 이들은 순수위험에 해당한다.
③ 배상책임위험이 중요한 이유는 손실금액에 대한 상한이 존재하지 않기 때문이다.
④ 사망위험에 대한 설명이다. 장수위험은 예상보다 오래 생존 시 보유자산 소진으로 경제적 곤란을 야기한다.

··· TOPIC 2 위험관리 프로세스

★★☆
12 위험관리 프로세스 2단계 위험측정 및 평가에 대한 설명으로 적절하지 않은 것은?

① 손실빈도는 주어진 기간 동안 손실이 발생하는 횟수 또는 빈도를 의미하며, 손실이 발생할 가능성은 사고 발생 확률로 측정할 수 있다.
② 손실 발생빈도와 심도 중 빈도가 더 중요하다고 볼 수 있다.
③ 최대가능손실(MPL)은 최악의 상황에서 발생 가능한 최악의 손실액을 말한다.
④ 추정최대손실은 정상적인 상황에서 합리적으로 예상할 수 있는 최대 손실액을 말한다.

정답 | ②
해설 | ② 매우 드물게 발생하지만 단 한 번의 재난적 손실로 인해 경제주체가 파국을 맞을 수도 있기 때문에 손실 발생빈도와 심도 중 심도가 더 중요하다고 볼 수 있다.

★★☆

13 다음 사례를 토대로 계산한 기대손실로 가장 적절한 것은?

> • 보유한 재산 : 12억원
> • 화재 발생 확률 : 25%
> • 최종 재산은 화재가 발생하지 않을 경우 12억원, 화재가 발생할 경우 4억원

① 1억원 ② 2억원
③ 5억원 ④ 10억원

정답 | ②
해설 | 기대손실E(L)＝0.75×0＋0.25×8억원＝2억원

★★☆

14 기대손실에 대한 기댓값을 기준으로 위험의 정도를 측정하는 경우, 위험의 정도가 가장 큰 것부터 낮은 순서대로 나열된 것은?

구분	손실규모	발생 가능성
가	20,000천원	10%
나	50,000천원	20%
다	500,000천원	5%

① 가－나－다 ② 나－가－다
③ 나－다－가 ④ 다－나－가

정답 | ④
해설 | 손실규모×발생 가능성＝기대손실이므로 기대손실이 클수록 더 위험하다고 할 수 있다.

구분	손실규모	발생 가능성	기대손실
가	20,000천원	10%	2,000천원
나	50,000천원	20%	10,000천원
다	500,000천원	5%	25,000천원

★★☆
15 다음 사례를 토대로 계산한 평균과 표준편차가 적절하게 연결된 것은?

> • 5억원에 상당하는 주택 소유주 2명이 화재 사고 위험에 노출
> • 연간 화재가 발생할 확률은 10%, 화재 발생 시 주택 가치는 0

	평균	표준편차
①	50,000천원	50,000천원
②	50,000천원	150,000천원
③	150,000천원	50,000천원
④	150,000천원	150,000천원

정답 | ②

해설 | • 기대손실 E(L) = 0.9×0 + 0.1×5억원 = 50,000천원

• 기대손실의 표준편차 SD(L) = $\sqrt{0.9 \times (0 - 50,000)^2 + 0.1 \times (500,000 - 50,000)^2}$ = 150,000천원

★★☆
16 위험관리 프로세스 2단계 위험측정 및 평가에 대한 설명으로 적절하지 않은 것은?

① 운행 자동차 대수가 500대(N)이고 매년 평균 100대(X)에서 사고가 발생할 경우 자동차 사고가 발생할 확률(P)은 20%이다.

② 홍수로 인해 공장이 전파되었을 경우 발생하는 비용을 모두 추정한 결과 5억원이 산출되었다면 최대가능손실액은 5억원이 되며, 만약 4억원 이상 손실이 발생할 가능성이 200년에 1번 정도로 매우 희박하다면 추정최대손실액은 4억원이 된다.

③ 평균은 각 사건이 발생했을 때의 값과 그 사건이 발생할 확률을 가중평균하여 산출한 값이다.

④ 평균값이 동일하더라도 표준편차가 작으면 불확실성이 크고 더 위험하다고 판단한다.

정답 | ④

해설 | ① P(자동차 사고) = $\frac{100}{500}$ = 0.2 또는 20%

④ 평균값이 동일하더라도 표준편차가 크면 실제 손실과 평균값 간 차이가 크게 발생할 수 있기 때문에 불확실성이 크고 더 위험하다고 판단하는 반면, 표준편차가 작으면 실제 손실과 예상한 평균값 간 차이가 작기 때문에 덜 위험하다고 볼 수 있다.

17 위험관리 프로세스 2단계 위험측정 및 평가에 대한 적절한 설명으로 모두 묶인 것은?

> 가. 50세 남자 1,000명(N) 중 51세 도달 전에 사망하는 사람이 15명(X)이라면 50세 남자의 사망확률(P)은 1.5%이다.
>
> 나. 표준편차는 각 사건의 관측 값에서 평균을 뺀 값을 제곱하고, 관측 값이 발생할 확률로 가중평균하여 산출한다.
>
> 다. 평균이 동일한 상태에서 표준편차가 작으면 실제 손실과 예상한 평균값 간 차이가 작기 때문에 덜 위험하다고 볼 수 있다.

① 가
③ 나, 다
② 가, 다
④ 가, 나, 다

정답 | ②

해설 | 가. P(50세 남자 사망) = $\dfrac{15}{1,000}$ = 0.015 또는 1.5%

나. 분산에 대한 설명이다. 표준편차는 사건 발생의 분포를 나타내는 수치로 분산을 제곱근한 것이다.

18 재무설계사의 설명 내용이 해당하는 위험관리 프로세스의 단계가 적절하게 연결된 것은?

> 가. 현재 고객님은 조기사망위험에 대한 평가가 이루어졌으므로 이 위험을 어떻게 관리할 것인지 선택하셔야 합니다. 또한 비용이 많이 들기 때문에 금연 등 건강관리를 병행하셔야 합니다.
>
> 나. 고객님께서는 이미 2억원의 종신보험에 가입하고 계시므로 측정된 위험금액 5억원과 기존 보험의 가입금액 2억원의 차액인 3억원만큼만 정기보험을 구입하시면 됩니다.

	가	나
①	위험인식	위험측정 및 평가
②	위험관리방법 선택	위험측정 및 평가
③	위험인식	선택한 위험관리방법 실행
④	위험관리방법 선택	선택한 위험관리방법 실행

정답 | ④

해설 | 가. 3단계 : 위험관리방법 선택

나. 4단계 : 선택한 위험관리방법 실행

★★☆
19 고객과 재무설계사의 다음 상담 내용 중 위험관리 프로세스가 순서대로 나열된 것은?

> 가. "하나뿐인 제 아들 대학교육까지는 꼭 시키고 싶은데, 제가 혹시 조기에 사망하는 경우에도 우리 아들의 대학등록금을 걱정하고 싶지는 않습니다."
> 나. "고객님의 재무상태와 위험관리상태를 분석한 결과 조기사망에 대한 보장은 3억원이 적당해 보입니다."
> 다. "고객님의 자녀가 대학을 졸업할 때까지 15년 동안은 교육비상승에 대비하여 체증정기보험을 가입하는 것이 좋고, 대출만기가 되는 10년 동안은 만약에 대비하여 체감정기보험을 가입하시는 것이 좋습니다."
> 라. "고객님의 자산 상태로 볼 때 보험료가 부담되므로 사망보장금액 3억원 중 2억원에 대해서만 보험에 가입하고 나머지 1억원에 대해서는 평소 운동이나 건강관리 등을 통해 위험을 축소하는 게 좋을 것 같습니다."

① 가-나-다-라   ② 가-나-라-다
③ 나-가-다-라   ④ 나-다-가-라

정답 | ②
해설 | 가. 1단계 : 위험인식   나. 2단계 : 위험측정 및 평가
      다. 4단계 : 선택한 위험관리방법 실행   라. 3단계 : 위험관리방법 선택

···TOPIC **3**   위험관리방법

★★★
20 위험통제에 대한 적절한 설명으로 모두 묶인 것은?

> 가. 위험통제는 위험회피, 손실예방·손실감소를 의미한다.
> 나. 위험회피는 손실 발생빈도를 0으로 만듦으로써 손실은 방지할 수 있지만 잠재적인 이익도 포기해야 하므로 기회비용도 감안해야 한다.
> 다. 화재사고의 경우 정기적으로 실시하는 안전점검이 손실 발생빈도를 줄이기 위한 손실예방에 해당하며, 소화기, 자동스프링클러 장치 등은 화재 발생 시 손실 규모를 줄이기 위한 손실감소 수단이다.
> 라. 암 질병의 경우 규칙적 운동, 좋은 식습관, 스트레스 없는 생활, 조기 발견을 위한 정기검진 실시 등은 손실예방에 해당한다.

① 가, 나   ② 가, 다, 라
③ 나, 다, 라   ④ 가, 나, 다, 라

정답 | ④
해설 | 모두 적절한 설명이다.

21 위험보유에 대한 적절한 사례로 모두 묶인 것은?

> 가. 소화기를 설치하여 화재를 초기에 진압
> 나. 자가보험 이용
> 다. 헤징계약 체결
> 라. 업무에 수반되는 위험에 대비한 하도급계약 체결

① 나   ② 가, 다

③ 나, 다   ④ 다, 라

정답 | ①

해설 | 가. 손실감소에 해당된다.
　　　 다. 위험전가에 해당된다.
　　　 라. 위험전가에 해당된다.

22 특정 재화의 가격하락에 따른 수입감소 위험을 관리하기 위한 방법으로 보험과 헤징에 대한 설명으로 가장 적절한 것은?

① 만약 보험계약을 체결하면 가격변화에 관계없이 일정한 수입을 거둘 수 있다.

② 헤징계약을 체결하였다면 프리미엄을 납부하고 가격하락 시 손실을 보전하고 가격상승 시에는 이익을 향유하게 된다.

③ 보험계약은 손실 제거와 동시에 이익 가능성도 포기하는데 비해 헤징계약은 이익 가능성을 열어두고 손실 위험만 제거한다.

④ 보험계약은 순수위험을 전가하는데 비해 헤징계약은 순수위험뿐만 아니라 투기적 위험도 전가하는데 활용된다.

정답 | ④

해설 | ① 만약 선도계약을 체결하여 미리 정해진 가격에 거래하기로 약정하면 가격변화에 관계없이 일정한 수입을 거둘 수 있다.
　　　 ② 보험계약을 체결하였다면 프리미엄을 납부하고 가격하락 시 보험금을 수취하여 손실을 보전하고 가격상승 시에는 이익을 향유하게 된다.
　　　 ③ 헤징계약은 손실 제거와 동시에 이익 가능성도 포기하는데 비해 보험계약은 이익 가능성을 열어두고 손실 위험만 제거한다.

★★★
23 위험관리방법에 대한 사례가 적절하게 연결된 것은?

> 가. 항공기에 아예 탑승하지 않음으로써 항공기 추락사고에 대한 위험노출을 완전하게 제거하였다.
> 나. 주택 화재에 대비하여 자동스프링클러 장치와 소화기를 설치하였다.
> 다. 공장화재보험료가 비싸 자가보험으로 대체하였다.
> 라. 주가하락 위험에 대비하여 선도계약을 체결하였다.
> 마. 업무에 수반되는 위험에 대비한 하도급계약을 체결하였다.

	<u>위험통제</u>	<u>위험재무</u>
①	가, 나	다, 라, 마
②	나, 다	가, 라, 마
③	가, 나, 다	라, 마
④	가, 나, 마	다, 라

정답 | ①
해설 | 가. 위험통제 중 위험회피
　　　나. 위험통제 중 손실감소
　　　다. 위험재무 중 위험보유
　　　라. 위험재무 중 위험전가
　　　마. 위험재무 중 위험전가

★★★
24 보험을 활용하는 것이 비용효율적인 방법으로 가장 적절한 것은?

① 발생빈도가 높고 손실규모가 높은 경우
② 발생빈도가 낮고 손실규모가 높은 경우
③ 발생빈도가 높고 손실규모가 낮은 경우
④ 발생빈도가 낮고 손실규모가 낮은 경우

정답 | ②
해설 | ② 발생빈도가 낮고 손실규모(심도)가 높은 경우 보험을 활용하는 것이 비용효율적인 방법이다.

★★★
25 손실 발생빈도와 규모에 따른 위험관리방법에 대한 다음 설명 중 가장 적절한 것은?

① 손실빈도가 높고 손실심도가 높은 경우 위험전가가 효율적인 방법이다.
② 손실빈도가 낮고 손실심도가 높은 경우 위험전가는 비효율적이다.
③ 손실빈도가 높고 손실심도가 낮은 경우 위험보유나 손실감소가 바람직하다.
④ 손실빈도가 낮고 손실심도가 낮은 경우 위험전가가 효율적인 방법이다.

정답 | ③
해설 | 〈손실 발생빈도와 규모에 따른 위험관리방법〉

구분		손실빈도	
		낮음	높음
손실심도	높음	위험전가(보험)	위험회피, 손실감소
	낮음	위험보유	위험보유, 손실감소

★★★
26 위험관리방법에 대한 적절한 설명으로 모두 묶인 것은?

> 가. 위험통제는 위험회피, 손실예방·손실감소를 의미하며, 위험재무는 위험보유, 위험전가를
>   말한다.
> 나. 위험전가는 보험방식과 보험 외 방식(헤징·외주계약 등)으로 구분된다.
> 다. 위험회피는 풍수해가 발생할 위험이 높은 지역에 주택이나 공장을 짓지 않거나 범죄 취약지
>   역에 거주하지 않은 것이나, 회피할 수 없는 위험도 존재한다.
> 라. 화재사고의 경우 정기적으로 실시하는 안전점검이 손실 발생빈도를 줄이기 위한 손실예방에
>   해당하며, 소화기, 자동스프링클러 장치 등은 화재 발생 시 손실 규모를 줄이기 위한 손실감소
>   수단이다.
> 마. 손실빈도가 높고 손실심도가 높은 경우 위험회피 또는 손실감소 방법이 사용될 수 있다.

① 가, 나, 라
② 나, 다, 마
③ 가, 나, 다, 라
④ 가, 나, 다, 라, 마

정답 | ④
해설 | 모두 적절한 설명이다.

···TOPIC 4 보험제도의 원리와 특성

***
27 보험의 정의에 대한 설명으로 적절하지 않은 것은?

① 통상 보험은 위험보유자가 자신의 위험을 위험관리 전문기관에게 전가하는 대가로 보험료를 납부하고, 약정한 보험사고가 발생하여 손실이 발생하면 보험금을 수령하여 손실을 보전하는 제도라고 정의할 수 있다.

② 보험이 타 금융업과 구분되는 근본적인 특징은 손실결합을 통한 손실분담 원리에 기반한다는 것이다.

③ 주로 순수위험을 대상으로 예상치 못한 우연한 손실에 대한 보상을 위해 유사한 위험을 보유한 자를 대상으로 위험단체를 구성하여 보험료를 부과하고, 이 중 실제 손실이 발생한 소수의 가입자에게 사고보험금을 지급하게 된다.

④ 손실결합은 실제 발생한 손실을 위험단체 내 전체 구성원에게 분담시켜 가입자가 부담하는 실제손실이 평균손실로 대체되는 것을 의미한다.

정답 | ④
해설 | ④ 손실결합은 실제 발생한 손실을 위험단체 내 전체 구성원에게 분담시켜 가입자가 부담하는 평균손실(보험료에 해당)이 실제손실(사고보험금에 해당)로 대체되는 것을 의미한다.

***
28 다음 사례와 관련된 보험제도의 원칙으로 적절한 것은?

> 30대인 김인남씨는 최근 생명보험에 가입하였는데, 김씨의 지인인 박영호씨가 40대인데도 불구하고 자신과 보험료가 같다는 것을 알고 보험회사에 이의를 제기하였다.

① 대수의 법칙
② 수지상등의 원칙
③ 급부 – 반대급부 균등의 원칙
④ 실손보상원칙

정답 | ③
해설 | 민영보험에서 보험계약자 개별 계약의 보험료 결정은 위험수준에 따라 차등 책정되는데 이를 급부 – 반대급부 균등의 원칙 또는 보험료 공평의 원칙이라고 한다.

★★★
29 급부 – 반대급부 균등의 원칙에 대한 설명으로 가장 적절한 것은?

① 대수의 법칙에 입각한 사고 발생 확률로 산출된 보험료 총액은 보험사고 발생으로 인해 보험회사가 지급하는 보험금 총액과 일치해야 한다.

② 보험회사는 수령한 보험료 범위 내에서 보험금을 지급해야 존속 가능하므로 위험집단 내 보험료 총액과 사고보험금 총액이 동일해야 한다.

③ 민영보험에서 보험계약자 개별 계약의 보험료 결정은 위험수준에 따라 차등 책정된다.

④ 보험사고 발생 시 보험가입금액 한도 내에서 피보험자가 입은 실제 손해액만큼만 보상한다는 원리이다.

정답 | ③
해설 | ① 수지상등의 원칙에 대한 설명이다.
　　　② 수지상등의 원칙에 대한 설명이다.
　　　④ 손실보상원칙/이득금지의 원칙에 대한 설명이다.

★★★
30 보험제도의 기본원리에 대한 설명이 적절하게 연결된 것은?

> A. 대수의 법칙에 입각한 사고 발생 확률로 산출된 보험료 총액은 보험사고 발생으로 인해 보험회사가 지급하는 보험금 총액과 일치해야 한다.
> B. 보험회사는 수령한 보험료 범위 내에서 보험금을 지급해야 존속 가능하므로 위험집단 내 보험료 총액과 사고보험금 총액이 동일해야 한다.
> C. 민영보험에서 보험계약자 개별 계약의 보험료 결정은 위험수준에 따라 차등 책정된다.
> D. 보험료 공평의 원칙 또는 개별 수지 균등의 원칙이라고 한다.

	수지상등의 원칙	급부 – 반대급부 균등의 원칙
①	A	B, C, D
②	A, B	C, D
③	A, D	B, C
④	C, D	A, B

정답 | ②
해설 | 가. 수지상등의 원칙 : A, B
　　　나. 급부 – 반대급부 균등의 원칙 : C, D

★★★

31 보험 가능 위험에 대한 설명으로 가장 적절한 것은?

① 보험회사가 손실을 예측하여 보험상품을 공급하기 위해서는 충분히 많은 동일한 위험이 존재해야 한다.

② 우연성은 위험이 고의적으로 만들어지거나 확정적인 사고로 발생한 것을 의미한다.

③ 지진, 홍수, 전쟁, 경기적 실업 등으로 인한 손실은 매우 드물게 불규칙적으로 발생하기 때문에 과거 경험통계를 통해 신뢰할 만한 발생 확률이나 손해 규모를 측정하기 어려우므로, 정부 지원이 없으면 이런 위험에 대해 민영 보험회사 단독으로 취급하기 어렵다.

④ 우연하고 우발적인 손실에 대한 보상이라는 보험의 특성상 대재해 또한 당연히 보험 가능 위험에 해당한다고 볼 수 있다.

정답 | ③

해설 | ① 보험회사가 손실을 예측하여 보험상품을 공급하기 위해서는 충분히 많은 동질적인 위험이 존재해야 한다. 대수의 법칙이 성립할 정도로 충분한 규모의 유사한 동종위험이 존재해야 신뢰할 수 있는 보험료(보험요율 : 위험1단위당 가격) 산출이 가능하고, 안정적인 보험사업 영위가 가능하기 때문이다.

② 손실 발생의 여부, 시기, 정도가 우연성에 기초해야 한다. 이는 위험이 고의적으로 만들어지거나 확정적이지 않은 우연하고 불확정적인 사고로 발생한 것을 의미한다.

④ 위험을 인수하는 보험회사, 공제, 국가 등은 보험사고로 인한 손실을 보상할 수 있어야 한다. 이는 손실이 대재해가 아니어야 함을 의미한다. 사고피해 규모가 천문학적인 수준에 달해 합리적 보험료 산출이 어렵고 거액의 보험금 지급이 일시에 발생할 경우 보험회사가 지급불능에 처할 수 있기 때문이다.

★★★

32 보험 가능 위험에 대한 설명이 적절하게 연결된 것은?

> A. 대수의 법칙이 성립할 정도로 충분한 규모의 유사한 동종위험이 존재해야 신뢰할 수 있는 보험료 산출이 가능하고, 안정적인 보험사업 영위가 가능하다.
>
> B. 이는 위험이 고의적으로 만들어지거나 확정적이지 않은 우연하고 불확정적인 사고로 발생한 것을 의미한다.
>
> C. 경험 데이터를 통해 위험률과 규모를 측정해야만 보험료와 보험금을 산정할 수 있다.
>
> D. 사고피해 규모가 천문학적인 수준에 달해 합리적 보험료 산출이 어렵고 거액의 보험금 지급이 일시에 발생할 경우 보험회사가 지급불능에 처할 수 있다.

	다수의 동질성	우연성	측정 가능성	보험회사가 감당 가능한 손실
①	A	B	C	D
②	A	B	D	C
③	B	D	C	A
④	C	D	A	B

정답 | ①

해설 | A. 다수의 동질성   B. 우연성
     C. 측정 가능성   D. 보험회사가 감당 가능한 손실

★★★

33 보험 가능 위험과 사례가 적절하게 연결된 것은?

> A. 암, 뇌졸중, 교통사고 등 여러 가지 다양한 손인에 의해 손실이 발생할 수 있다 하더라도 생명보험의 대상으로 묶여질 수 있다.
> B. 의도적으로 방화하여 화재가 발생할 경우 화재보험에서 보상받지 못한다.
> C. 유명 연예인이 얼굴 손상이 걱정되어 보험에 가입하였다.
> D. 일본에서 발생한 대지진으로 상해를 입었을 경우 여행자보험에서 보상하지 않는다.

	다수의 동질성	우연성	측정 가능성	보험회사가 감당 가능한 손실
①	A	B	C	D
②	A	B	D	C
③	B	D	C	A
④	C	D	A	B

정답 | ①
해설 | A. 다수의 동질성
　　　B. 우연성
　　　C. 측정 가능성
　　　D. 보험회사가 감당 가능한 손실

★★★

34 역선택에 대한 설명으로 적절하지 않은 것은?

① 역선택은 가입자 간 위험이 서로 다른데 보험회사가 이를 구별하지 못하고 같은 가격을 부과할 때 평균보다 사고확률이 높은 사람이 보험에 더 가입하는 현상을 말한다.

② 이는 계약체결 이후의 정보대칭성으로 위험에 대해 감추어진 유형으로 발생한다.

③ 고위험자는 보험회사가 책정한 평균보험료 수준이 자신의 사고금액보다 더 저렴하다고 인식하기 때문에 더 많이 가입하는 데 비해 저위험자는 자신의 위험에 비해 평균보험료가 더 비싸다고 인식하기에 보험가입을 회피한다.

④ 보험회사는 역선택을 줄이기 위해 경험요율을 사용하고, 위험을 유사한 유형으로 분류하여 서로 다른 가격을 책정한다.

정답 | ②
해설 | 이는 계약체결 이전의 정보비대칭성으로 위험에 대해 감추어진 유형으로 발생한다.

35 보험회사가 정보비대칭으로 인해 발생하는 보험계약자의 도덕적 위태를 통제하기 위해 사용하는 주요 수단에 대한 설명이 적절하게 연결된 것은?

> A. 보험가입자가 보험회사로부터 보상을 받기 전에 손실금액 중 일부를 먼저 우선적으로 부담하도록 함
> B. 손실액의 일정부분을 가입자에게 부담하도록 함
> C. 보험가입 후 일정기간 경과 후부터 보험금 지급
> D. 보험회사의 보험금 지급을 제외하는 것

	공제조항	정률부담제도와 정액부담제도	대기기간제도	면책조항제도
①	A	B	C	D
②	A	D	C	B
③	B	C	A	D
④	B	D	C	A

정답 | ①

해설 | A. 공제조항 : 자기부담금제도
B. 가입자 정률부담제도와 가입자 정액부담제도
C. 대기기간제도
D. 면책조항제도

36 보험회사가 정보비대칭으로 인해 발생하는 보험계약자의 도덕적 위태를 통제하기 위해 사용하는 주요 수단에 대한 설명이 적절하게 연결된 것은?

> 가. 가입자가 본인이 부담하는 비용을 의식하여 행동하도록 유도
> 나. 손실액 중 정액 1만원, 정률 20%를 가입자에게 부담하도록 함
> 다. 암보험은 90일 경과 후 보험금 지급, 실업수당은 실직 후 14일 후 청구 가능 등
> 라. 방화로 인한 화재 사고, 가입 후 2년 내 자살 사고 등

	가	나	다	라
①	자기부담금제도	정률부담제도와 정액부담제도	대기기간제도	면책조항제도
②	자기부담금제도	정률부담제도와 정액부담제도	면책조항제도	대기기간제도
③	정률부담제도와 정액부담제도	자기부담금제도	대기기간제도	면책조항제도
④	정률부담제도와 정액부담제도	면책조항제도	대기기간제도	자기부담금제도

정답 | ①

해설 | 가. 공제조항 : 자기부담금제도

　　　나. 가입자 정률부담제도와 가입자 정액부담제도

　　　다. 대기기간제도

　　　라. 면책조항제도

★★★

37 건강보험에 공제금액 50만원, 가입자 정률부담 20% 설정 시 손실액 100만원 발생할 경우 가입자가 부담하는 금액으로 가장 적절한 것은?

① 10만원　　　　　　　　　　　② 40만원

③ 50만원　　　　　　　　　　　④ 60만원

정답 | ④

해설 | • 가입자가 최초 공제금액 50만원과 50만원 초과분의 20%인 10만원 부담

　　　• 손실액 100만원 = 가입자 부담 60만원(공제조항 50만원 + 정률부담 10만원) + 보험회사 부담 40만원

···TOPIC 5 보험계약의 요건과 특성

★★★

38 보험계약 관계자에 대한 다음 설명 중 적절하지 않은 것은?

① 보험계약자는 자기 이름으로 보험자와 보험계약을 체결하는 자로서, 자연인과 법인 모두 가능하며 단독 보험계약자가 일반적이지만 2인 이상 다수도 가능하다.

② 손해보험계약에서 피보험자는 피보험이익의 주체로서 보험사고 발생으로 인한 손실이 귀속되어 보험금을 수령하는 자를 의미한다.

③ 생명보험에서는 자연인과 법인 모두 보험가입 대상으로 설정할 수 있다.

④ 사망보험계약에서는 15세 미만자, 심신상실자 또는 심신박약자는 피보험자 지정이 불가한데 이는 도덕적 위태, 보험사기 등으로부터 피보험자를 보호하기 위함이다.

정답 | ③

해설 | ③ 사람을 대상으로 하는 생명보험에서는 자연인만 보험가입 대상(피보험자)으로 설정할 수 있다.

★★★
39 보험계약 관계자에 대한 다음 설명 중 가장 적절한 것은?

① 보험계약자는 자기 이름으로 보험자와 보험계약을 체결하는 자로서, 법인은 보험계약자가 될 수 없다.

② 보험자는 보험사업의 주체로 보험계약을 인수하는 자로서 민영보험회사, 각종 공제, 사회 보험을 운영하는 공공기관이 해당된다.

③ 생명보험에서 피보험자는 보험사고의 객체로서 보험사고 대상이 되는 자를 의미하며, 자연 인과 법인 모두 가능하다.

④ 손해보험계약에서 피보험자는 피보험이익의 주체로서 보험사고 발생으로 인한 손실이 귀속 되어 보험금을 수령하는 자를 의미하며, 미성년자, 심신상실자 또는 심신박약자는 피보험자 지정이 불가하다.

정답 | ②

해설 | ① 자연인과 법인 모두 가능하며 단독 보험계약자가 일반적이지만 2인 이상 다수도 가능하다.
　　 ③ 사람을 대상으로 하는 생명보험에서는 자연인만 보험가입 대상(피보험자)으로 설정할 수 있다.
　　 ④ 손해보험계약에서는 피보험자에 대한 자격 제한을 두지 않기 때문에 미성년자, 심신상실자 또는 심신박약자 라도 피보험자로 지정할 수 있다.

★★★
40 보험계약 관계자에 대한 적절한 설명으로 모두 묶인 것은?

> 가. 생명보험의 피보험자는 자연인이든 법인이든 상관없다.
> 나. 보험수익자는 생명보험에서 보험사고 발생 시 보험금을 청구할 권리가 있는 사람을 의미한다.
> 다. 보험수익자의 수나 자격에는 제한이 없으나, 자연인만이 보험수익자가 될 수 있다.
> 라. 보험계약 체결 보조자는 보험계약자와 보험회사 간 계약체결 및 이행을 돕는 자로서 보험유통 채널(보험설계사, 보험대리점, 보험중개사)과 보험의 등이 있다.

① 가, 나　　　　　　　　　　　② 가, 다
③ 나, 다　　　　　　　　　　　④ 나, 라

정답 | ④

해설 | 가. 사람을 대상으로 하는 생명보험에서는 자연인만 보험가입 대상(피보험자)으로 설정할 수 있다.
　　 다. 자연인과 법인 모두 보험수익자로 지정할 수 있으며, 수나 자격에는 제한이 없다.

41 보험목적에 대한 설명으로 적절하지 않은 것은?

① 보험목적은 보험가입의 대상이 되는 보험 목적물을 의미한다.

② 손해보험의 경우 계약 체결 당시 15세 미만 자, 심신상실자, 심신박약자는 보험의 목적이 될 수 없으며, 계약을 체결할 경우 무효 처리된다.

③ 타인의 사망을 목적으로 한 경우(보험계약자 ≠ 피보험자)에는 그 타인의 서면동의를 얻어야 한다.

④ 보험가입의 목적이 된, 보험에 붙여진 재산을 담보 재산이라고 한다.

정답 | ②

해설 | 손해보험계약에서는 피보험자에 대한 자격제한을 두지 않기 때문에 미성년자, 심신상실자 또는 심신박약자라도 피보험자로 지정할 수 있다. 사망보험의 경우 계약 체결 당시 15세 미만 자, 심신상실자, 심신박약자는 보험의 목적이 될 수 없으며, 계약을 체결할 경우 무효 처리된다.

42 손해보험에서 보험가액에 대한 설명으로 가장 적절한 것은?

① 법률상 보상의 최고한도액을 의미한다.

② 피보험이익의 비경제적 평가액이다.

③ 보험가액은 변동하지 않으므로 보험회사에서도 항상 정해진 보험가액을 적용한다.

④ 미평가보험은 보험가액을 사전에 당사자 간 합의하는 방식으로 운송보험, 도난보험, 적하보험 등에서 활용된다.

정답 | ①

해설 | ② 피보험이익의 경제적 평가액으로 법률상 보상의 최고한도액을 의미한다.
　　 ③ 보험가액은 손실 평가 시기와 장소에 따라 달라질 수 있는데 평가방식에 따라 기평가보험과 미평가보험으로 구분된다.
　　 ④ 기평가보험에 대한 설명이다. 미평가보험은 사전약정 없이 보험사고 발생 시 가액으로 산정하는 방식으로 화재보험, 자동차보험 등에서 활용된다.

43 손해보험에서 보험가액에 대한 설명으로 가장 적절한 것은?

① 보험사고가 발생한 경우 보험회사가 지급하기로 약정한 금액이다.

② 손해보험에서 보험가액은 보험회사가 책임질 최고한도액을 의미하며, 보험금액 또는 보상금액의 한도라고 할 수 있다.

③ 보험가액은 손실 평가 시기와 장소에 따라 달라질 수 있는데 평가방식에 따라 기평가보험과 미평가보험으로 구분된다.

④ 기평가보험은 사전약정 없이 보험사고 발생 시 가액으로 산정하는 방식으로 화재보험, 자동차보험 등에서 활용된다.

정답 | ③

해설 | ① 보험가입금액에 대한 설명이다. 보험가액은 피보험이익의 경제적 평가액으로 법률상 보상의 최고한도액을 의미한다.
② 보험가입금액에 대한 설명이다. 보험가액은 피보험이익의 경제적 평가액으로 법률상 보상의 최고한도액을 의미한다.
④ 미평가보험에 대한 설명이다. 기평가보험은 보험가액을 사전에 당사자 간 합의하는 방식으로 운송보험, 도난보험, 적하보험 등에서 활용된다.

★★★
44 손해보험에서 보험가입금액과 보험가액 간 관계에 대한 설명으로 가장 적절한 것은?

① 초과보험은 보험가입금액이 보험가액을 초과하는 계약으로, 손해보험은 보험가입금액에 따라 보험가액을 초과하는 보험금도 지급한다.
② 중복보험은 동일한 보험목적에 대해 피보험이익이 동일한 다수의 보험계약이 병존하는 것으로 2개 이상 보험가입금액의 합계가 보험가액을 미달한 경우를 말한다.
③ 일부보험의 경우 보험가액에 대한 보험가입금액의 비율에 따라 비례보상한다.
④ 중복보험의 경우에도 보험금은 보험가입금액 이내에서 지급한다.

정답 | ③

해설 | ① 손해보험은 보험가입금액과 상관없이 실손보상원칙에 의거하여 보험가액을 초과하는 보험금은 지급하지 않는다.
② 중복보험은 동일한 보험목적에 대해 피보험이익이 동일한 다수의 보험계약이 병존하는 것으로 2개 이상 보험가입금액의 합계가 보험가액을 초과한 경우를 말한다.
④ 초과보험과 중복보험의 경우에도 보험금은 보험가액 이내에서 지급한다.

★★★
45 보험기간과 보험계약기간에 대한 설명으로 가장 적절한 것은?

① 보험기간은 보험회사가 보험사고를 보장하는 기간으로 담보기간, 책임기간이라고도 한다.
② 구간보험은 보험기간이 언제부터 언제까지라는 시간으로 정해지며, 주로 화재보험, 자동차보험, 해외여행보험 등에 적용된다.
③ 기간보험은 보험기간이 지역으로 정해지는 보험인데, 주로 운송보험에서 활용하며 화물을 싣고 출발할 때 보험기간이 개시되고 목적지에 도착할 때 종료되는 방식이다.
④ 보험계약기간은 보험계약이 유효하게 존속하는 기간으로, 보험기간과 보험계약기간은 항상 일치한다.

정답 | ①

해설 | ② 기간보험에 대한 설명이다.
③ 구간보험에 대한 설명이다.
④ 보험계약기간은 보험계약이 유효하게 존속하는 기간을 말한다. 보험기간과 보험계약기간이 일치하는 것이 일반적이지만 소급보험과 같은 예외적인 경우에는 양자가 일치하지 않을 수 있다.

★★★
46 보험계약에 대한 설명으로 가장 적절한 것은?

① 보험목적은 피보험이익을 의미한다.
② 최초보험료 지급이 없으면 보험회사의 책임도 없으며, 계속보험료를 납입하지 않으면 보험회사가 상당한 기간을 정하여 보험료 납입을 독촉하고 그 기간 내에 납입하지 않으면 보험회사가 계약을 해지할 수 있다.
③ 보험료는 기본적으로 보험가입금액에 보험요율을 곱해 산출하며, 위험의 크기가 작을수록 보험요율은 높아진다.
④ 기평가보험은 사전약정 없이 보험사고 발생 시 가액으로 산정하는 방식으로 화재보험, 자동차보험 등에서 활용된다.

정답 | ②
해설 | ① 보험목적은 보험가입의 대상이 되는 보험 목적물을 의미한다. 피보험이익은 보험의 목적에 대해 피보험자가 가지는 경제적 이익을 의미한다.
③ 위험의 크기가 클수록 보험요율도 높아진다.
④ 미평가보험에 대한 설명이다. 기평가보험은 보험가액을 사전에 당사자 간 합의하는 방식으로 운송보험, 도난보험, 적하보험 등에서 활용된다.

★★★
47 보험계약 특성에 대한 설명으로 적절하지 않은 것은?

① 보험계약은 보험회사와 보험계약자 간의 청약과 승낙이라는 의사의 합치만으로 성립하며, 특별한 요식을 필요로 하지 않는다.
② 보험계약자는 보험료를 납부할 의무가 있고, 보험회사는 약정한 급부 또는 특정서비스를 제공할 의무가 있는 유상/쌍무계약이다.
③ 보험계약자가 보험료를 납부했더라도 보험금 수령 여부는 우연한 사고에 의존하고, 보험료와 보험금 간 등가교환이 아니기 때문에 사행(요행)계약의 성격을 갖는다.
④ 보험회사는 개별 보험계약자를 대상으로 각각 상이한 계약내용이 포함된 보험약관을 작성하고 계약을 체결하게 된다.

정답 | ④
해설 | ④ 보험회사는 다수의 보험계약자를 대상으로 동일한 계약내용이 포함된 정형화된 보험약관을 작성하고 반복적으로 계약을 체결한다. 이로 인해 보험회사는 약관의 교부·명시의무, 설명의무를 부담하고, 약관법을 적용받게 된다.

★★★
48 보험계약 특성에 대한 설명이 적절하게 연결된 것은?

가. 보험계약자는 보험료를 납부할 의무가 있고, 보험회사는 약정한 급부 또는 특정서비스를 제공할 의무가 있다.

나. 보험계약은 보험회사와 보험계약자 간의 청약과 승낙이라는 의사의 합치만으로 성립하며, 특별한 요식을 필요로 하지 않는다.

다. 보험회사는 다수의 보험계약자를 대상으로 동일한 계약내용이 포함된 정형화된 보험약관을 작성하고 반복적으로 계약을 체결한다.

라. 보험회사의 보험금 지급책임은 보험기간 내에 보험사고의 발생을 조건으로 한다.

마. 보험계약자가 보험료를 납부했더라도 보험금 수령 여부는 우연한 사고에 의존하고, 보험료와 보험금 간 등가교환이 아니다.

	가	나	다	라	마
①	조건부계약	사행(요행)계약	부합계약	유상/쌍무계약	불요식/낙성계약
②	사행(요행)계약	불요식/낙성계약	부합계약	유상/쌍무계약	조건부계약
③	유상/쌍무계약	불요식/낙성계약	부합계약	조건부계약	사행(요행)계약
④	불요식/낙성계약	유상/쌍무계약	부합계약	사행(요행)계약	조건부계약

정답 | ③

해설 | 가. 유상/쌍무계약   나. 불요식/낙성계약
　　　다. 부합계약　　　　　　　라. 조건부계약
　　　마. 사행(요행)계약

★★★
49 보험계약 특성에 대한 설명이 적절하게 연결된 것은?

A. 보험계약자는 보험회사가 작성한 약관 중 일부를 수정하려 했으나 고칠 수 없었다.

B. 보험계약자는 암 진단 시 보험금을 지급하는 암보험을 가입하고 그에 대하여 보험료를 납입한다.

C. 보험료를 납부했더라도 보험금 수령 여부는 우연한 사고에 의존한다.

D. 보험계약자가 먼저 보험료를 지불하면, 보험회사가 보험사고 발생 시 보험금 지급을 약정한다.

	유상/쌍무계약성	부합계약성	사행(요행)계약	조건부계약
①	A	B	C	D
②	A	B	D	C
③	B	A	C	D
④	D	C	B	A

정답 | ③

해설 | A. 부합계약   B. 유상/쌍무계약
　　　C. 사행(요행)계약　　　D. 조건부계약

50 손실보상원칙에 대한 설명으로 적절하지 않은 것은?

★★★

① 보험사고 발생 시 보험가입금액 한도 내에서 피보험자가 입은 실제 손해액만큼만 보상한다는 원리이다.

② 보험계약을 통한 이득을 배제한다는 이득금지원칙에 입각한 것으로 보험을 통해 실제 발생한 손해액 이상으로 보상을 받을 수 없다는 손해보험 고유의 원칙이다.

③ 손해보험의 여러 제도 중 초과보험, 중복보험에 대한 보상방식이나 보험자대위 등은 이득금지원칙에 따른 것이다.

④ 사람의 생명과 신체를 대상으로 하는 인보험에서는 항상 이득금지원칙이 적용되지 않는다.

정답 | ④

해설 | ④ 사람의 생명과 신체를 대상으로 하는 인보험에서는 사람의 가치(보험가액)를 판단할 수 있는 객관적 기준을 설정하기 어렵기 때문에 이득금지원칙이 적용되지 않는다. 다만, 실제 지출한 치료비를 보상하는 상해 · 질병보험의 경우에는 실손보상원칙을 적용한다.

51 피보험이익원칙에 대한 적절한 설명으로 모두 묶인 것은?

★★★

> 가. 피보험이익원칙이란 담보 사고가 발생하면 경제적으로 손해가 발생할 상태에 있어야 한다는 것으로, 피보험이익원칙을 두는 이유는 보험이 도박으로 변질될 위험을 방지하고, 도덕적 위태를 감소시키기 위함이다.
> 나. 정신적인 손해도 피보험이익에 해당한다.
> 다. 주택을 담보로 대출을 해 준 은행은 주택에 대해 피보험이익을 가질 수 없다.
> 라. 피보험이익은 보험계약 체결 시점에 이미 확정된 것이거나 보험사고로 인한 손실 발생 전까지 확정될 수 있어야 한다.
> 마. 재산보험에서 피보험이익은 손실 발생 시점에 존재해야 하며, 생명보험의 피보험이익은 사망 시점에 존재해야 한다.

① 가, 라

② 가, 나, 다

③ 나, 다, 마

④ 다, 라, 마

정답 | ①

해설 | 나. 피보험이익은 경제적인 이익으로서 금전으로 산정할 수 있어야 한다.

다. 주택을 담보로 대출을 해 준 은행은 해당 주택이 멸실되거나 손상될 경우 담보가치가 하락하기에 주택에 대해 피보험이익을 갖는다.

마. 실손보상원칙이 적용되지 않는 생명보험의 피보험이익은 사망 시점이 아니라 계약 체결 시점에 존재해야 한다.

52 보험자대위에 대한 설명이 적절하게 연결된 것은?

> 가. 보험목적의 전부가 멸실한 경우에 보험금액의 전부를 지급한 보험회사가 그 목적에 대한 피보험자의 권리를 취득하는 것
> 나. 손해가 제3자의 행위로 인해 발생한 경우 보험금을 지급한 보험회사가 지급한 금액의 한도에서 제3자에 대한 보험계약자 또는 피보험자의 권리를 취득하는 것

	가	나
①	잔존물대위	보험목적에 관한 대위
②	잔존물대위	청구권대위
③	보험위부	청구권대위
④	보험목적에 관한 대위	보험위부

정답 | ②
해설 | 가. 잔존물대위(보험목적에 관한 대위)에 대한 설명이다.
　　　나. 청구권대위(제3자에 대한 대위)에 대한 설명이다.

53 보험자대위원칙에 대한 설명으로 가장 적절한 것은?

① 대위는 보험회사가 보험사고로 인한 피보험자의 손실을 보상하고 피보험자 또는 보험계약자가 보험의 목적 또는 제3자에 대해 갖는 권리를 보험회사에게 이전시키는 제도이다.
② 잔존물대위는 일부보험의 경우 목적물에 대한 권리를 보험회사가 취득할 수 없다.
③ 청구권대위는 보험회사가 보험금의 일부를 지급해도 그 보험가액 범위 안에서 그 권리를 행사할 수 있다.
④ 원칙적으로 생명보험계약에 대해서도 대위원칙이 적용되기 때문에 보험회사가 보험사고로 인해 생긴 보험계약자 또는 보험수익자의 제3자에 대한 권리를 대위하여 행사할 수 있다.

정답 | ①
해설 | ② 보험가액의 일부를 보험에 붙인 경우 보험회사가 취득할 권리는 보험가입금액의 보험가액에 대한 비율에 따라 결정된다.
　　　③ 청구권대위는 손해가 제3자의 행위로 인해 발생한 경우 보험금을 지급한 보험회사가 지급한 금액의 한도에서 제3자(가해자)에 대한 보험계약자 또는 피보험자의 권리를 취득하는 것이다. 보험자가 보상할 보험금의 일부를 지급한 경우에는 피보험자의 권리를 침해하지 아니하는 범위에서 그 권리를 행사할 수 있다.
　　　④ 원칙적으로 생명(인)보험계약에 대해서는 대위원칙이 적용되지 않아 보험회사가 보험사고로 인해 생긴 보험계약자 또는 보험수익자의 제3자에 대한 권리를 대위하여 행사하지 못한다. 이는 생명보험계약은 기평가보험으로 실손보상원칙이 적용되지 않기 때문이다.

★★★
54 보험자대위원칙에 대한 적절한 설명으로 모두 묶인 것은?

> 가. 잔존물대위는 보험목적에 관한 대위로서 보험목적의 전부가 멸실한 경우에 보험금액의 전부를
>   지급한 보험회사가 그 목적에 대한 피보험자의 권리를 취득하는 것이다.
> 나. 자동차 사고 시 보험자가 먼저 피보험자에게 보험금을 지급하고, 해당 사고를 유발한 제3자
>   에게 피보험자 대신 배상을 요구하는 청구권대위를 통해 가해자에게 손실 발생의 책임을 부
>   담시키고, 지급한 보험금을 회수함으로써 종국적으로 보험료 인하효과도 기대할 수 있다.
> 다. 원칙적으로 생명보험계약에 대해서는 대위원칙이 적용되지 않으나, 상해보험계약의 경우 당
>   사자 간에 다른 약정이 있는 때에는 보험회사가 피보험자의 권리를 침해하지 않는 범위 안에서
>   그 권리를 대위하여 행사할 수 있다.

① 가, 나   ② 가, 다
③ 나, 다   ④ 가, 나, 다

정답 | ④
해설 | 모두 적절한 설명이다.

★★★
55 보험계약 기본원칙에 대한 설명이 적절하게 연결된 것은?

> A. 이 원칙이 적용되지 않을 경우 자신과 경제적 이익관계가 없는 타인 소유 재산을 보험에 가입
>   시키고 손실이 발생하기를 희망할 수 있으며, 이는 보험이 도박으로 변질되어 사회공익에 반
>   하는 것이다.
> B. 이득금지원칙에 입각한 것으로 이 원칙을 두는 이유는 도덕적 위태를 줄이기 위함이다.
> C. 실손보상 계약에만 적용되는 것으로 동일한 손실에 대해 이중보상 받는 것을 금지하는 것이다.
> D. 중요 사실을 일시시 잃거나 부실하게 일밀 경우 보험회사는 계약을 해지힐 수 있다.

	피보험이익원칙	손실보상원칙	보험자대위원칙	최대선의원칙
①	A	B	C	D
②	A	C	B	D
③	C	D	A	B
④	D	A	C	B

정답 | ①
해설 | A. 피보험이익원칙
      B. 손실보상원칙/이득금지원칙
      C. 보험자대위원칙
      D. 최대선의원칙

★★★
56 보험계약 기본원칙에 대한 사례가 적절하게 연결된 것은?

> A. 갑이 주택을 재건축하기 위해 은행으로부터 1억원 대출을 받고, 이 신축 주택에 대해 은행이 근저당을 설정한 경우 은행은 갑의 주택에 화재가 발생할 경우 경제적 손실을 입을 수 있으므로 은행은 갑의 주택에 대해 화재보험에 가입할 수 있다.
>
> B. 2년 전 B자동차 한 대의 구입가격이 5,000만원이고, 사고시점에 동종 B자동차의 대체비용이 5,300만원, 2년 동안의 감가상각이 500만원이라면, B자동차의 실제 현금가액은 4,800만원이 되고 전손이라면 실제 현금가액은 4,800만원의 100%가 보상될 것이고, 50%의 분손이라면 4,800만원의 50%인 2,400만원이 지급될 것이다.
>
> C. 자동차보험의 경우 갑의 부주의로 인하여 을의 자동차에 손실을 야기했을 때, 을의 보험회사는 을에게 실제 손해를 보상하여 주고 갑에 대하여 을에게 보상한 보험금 한도에서 보상을 청구할 수 있다.

	피보험이익원칙	손실보상원칙	보험자대위원칙
①	A	B	C
②	A	C	B
③	B	A	C
④	C	B	A

정답 | ①
해설 | A. 피보험이익원칙
　　　B. 손실보상원칙/이득금지원칙
　　　C. 보험자대위원칙

★★★
57 보험계약에 대한 설명으로 가장 적절한 것은?

① 손해보험과 생명보험 모두 보험가입금액과 상관없이 실손보상원칙에 의거하여 보험가액을 초과하는 보험금은 지급하지 않는다.

② 일부보험은 보험가입금액이 보험가액을 초과하는 계약이다.

③ 동일한 목적이더라도 경제적 이해관계가 다르면 여러 개의 피보험이익이 존재할 수 있어 보험계약의 동일성을 구분하는 기준이 된다.

④ 보험자대위는 보험목적에 대한 대위인 청구권대위와 제3자에 대한 대위인 잔존물대위가 있다.

정답 | ③
해설 | ① 손해보험에 대한 설명이다. 생명보험은 실손보상원칙이 적용되지 않는 정액보상보험이다.
　　　② 초과보험에 대한 설명이다. 일부보험은 보험가입금액이 보험가액보다 적은 보험이다.
　　　④ 잔존물대위는 보험목적에 관한 대위로서 보험목적의 전부가 멸실한 경우에 보험금액의 전부를 지급한 보험회사가 그 목적에 대한 피보험자의 권리를 취득하는 것이다. 청구권대위는 손해가 제3자의 행위로 인해 발생한 경우 보험금을 지급한 보험회사가 지급한 금액의 한도에서 제3자(가해자)에 대한 보험계약자 또는 피보험자의 권리를 취득하는 것이다.

★★★
58 보험계약의 무효에 대한 적절한 설명으로 모두 묶인 것은?

> 가. 무효는 효력이 발생하였다가 나중에 계약체결시점으로 소급하여 무효가 되는 것을 말한다.
> 나. 강행법규에 위반되거나 사회질서에 반하는 계약은 무효 처리된다.
> 다. 보험계약자와 피보험자가 동일하지 않은 타인의 사망보험에서도 피보험자의 서면동의를 받지 않으면 무효 처리된다.
> 라. 보험계약 체결 후 보험료의 전부 또는 제1회 보험료를 납입하지 않으면 다른 약정이 없는 한 2개월이 경과하면 계약이 해지된 것으로 본다.

① 가, 나   ② 가, 라
③ 나, 다   ④ 다, 라

정답 | ③
해설 | 가. 무효는 보험계약이 성립되었지만 계약의 효력이 처음부터 발생하지 않는 것이다. 처음부터 법률적으로 효력을 갖지 않는다는 점에서 효력이 발생하였다가 나중에 무효가 되는 취소와는 다르다.
       라. 보험계약 체결 후 보험료의 전부 또는 제1회 보험료를 납입하지 않으면 다른 약정이 없는 한 2개월이 경과하면 계약이 해제(소멸)된 것으로 본다.

★★★
59 보험계약의 무효 요건으로 적절하지 않은 것은?

① 보험계약 당시에 보험사고가 이미 발생하였을 경우
② 손해보험에서 사기로 인한 초과보험
③ 사망보험에서 계약 체결 당시 피보험자가 15세 미만일 경우
④ 보험계약자가 계약 체결 시 청약서에 자필서명하지 않은 때

정답 | ④
해설 | ④ 보험계약의 취소 요건에 해당한다.

★★★
60 보험계약의 취소 요건으로 모두 묶인 것은?

> 가. 타인의 사망보험에서 피보험자의 서면동의를 받지 않은 때
> 나. 보험회사가 약관 및 청약서 부본을 주지 않은 때
> 다. 약관의 중요한 내용을 설명하지 않은 때

① 가, 나   ② 가, 다
③ 나, 다   ④ 가, 나, 다

정답 | ③
해설 | 가. 보험계약자가 계약 체결 시 청약서에 자필서명을 하지 않은 때 무효 요건에 해당된다.

★★★
61 보험계약의 취소에 대한 설명으로 적절하지 않은 것은?

① 취소는 보험계약자의 취소의사 표시 전까지는 계약이 유효하게 성립하나 취소의사 표시를 하고 나면 처음부터 소급하여 무효가 되는 것이다.
② 계약이 취소되면 보험회사는 이미 납입한 보험료에 일정 이자를 더한 금액을 보험계약자에게 반환해야 한다.
③ 보험계약자가 계약 체결 시 청약서에 자필서명하지 않은 때에는 계약 취소 사유에 해당한다.
④ 보험회사가 보험약관의 교부 및 설명의무를 위반한 때에는 보험계약자는 보험계약을 청약한 날로부터 3개월 이내에 그 계약을 취소할 수 있다.

정답 | ④
해설 | ④ 보험회사가 보험약관의 교부 및 설명의무를 위반한 때에는 보험계약자는 보험계약이 성립한 날로부터 3개월 이내에 그 계약을 취소할 수 있다.

★★★
62 보험계약의 부활에 대한 설명으로 적절하지 않은 것은?

① 보험계약자는 계속보험료를 납입하지 않아 실효된 계약에 대해 해지된 날부터 2년 이내에 '연체보험료+약정이자'를 지급하고 그 계약의 부활을 청구할 수 있다.
② 부활청구는 해지된 계약에 대해 미경과보험료와 해약환급금이 지급되지 않아야 가능하다.
③ 부활을 청약할 경우 보험계약자는 계약 전 알릴 의무를 이행해야 하며 보험회사 역시 신계약 체결과 마찬가지로 승낙 여부를 30일 이내에 통지해야 한다.
④ 부활계약의 장점은 신규가입 시 부담하는 사업비와 연령 증가로 인한 보험료 인상을 피할 수 있다는 점이다.

정답 | ①
해설 | ① 보험계약자는 계속보험료를 납입하지 않아 실효된 계약에 대해 해지된 날부터 3년 이내에 '연체보험료+약정이자'를 지급하고 그 계약의 부활을 청구할 수 있다.

★★★
63 약관법에 대한 설명으로 적절하지 않는 것은?

① 사업자가 거래상 지위를 남용하여 불공정한 내용의 약관을 작성하여 사용하는 것을 방지하기 위해 제정되었다.
② 보험계약 체결 시 사업자인 보험회사는 정형적이고 표준적인 보험약관을 미리 작성해 두고 이를 개별 계약에 사용하기 때문에 보험계약 체결 시 사용하는 보험약관에 대해서도 약관법이 적용된다.
③ 약관은 신의성실의 원칙에 따라 공정하게 해석되어야 하며 고객에 따라 다르게 해석되어서는 안 된다.
④ 약관의 뜻이 명백하지 아니한 경우에는 작성자에게 유리하게 해석되어야 한다.

★★★
64 약관의 규제에 관한 법률을 설명한 것으로 적절하지 않은 것은?

① 보험회사는 고객이 약관 내용을 쉽게 알 수 있도록 한글로 작성하고, 표준화ㆍ체계화된 용어를 사용하며 약관의 중요한 내용을 부호, 색채, 굵고 큰 문자 등으로 명확하게 표시하여 알아보기 쉽게 작성해야 한다.

② 약관에서 정하고 있는 사항에 관해 보험회사와 고객이 약관의 내용과 다르게 합의한 사항이 있을 때에는 그 합의 사항이 약관보다 우선한다.

③ 고객에게 부당하게 불리한 조항, 계약의 목적을 달성할 수 없을 정도로 계약에 따르는 본질적 권리를 제한하는 조항 등 신의성실의 원칙을 위반하여 공정성을 잃은 약관 조항은 무효로 한다.

④ 약관법에서는 약관의 일부 조항이 무효인 경우 당해 계약은 전부 무효로 한다.

★★★
65 다음 사례에서 설명하는 보험계약 관련법으로 가장 적절한 것은?

> 계약 내용에 대한 충분한 설명을 듣지 못한 채 종신보험을 가입한 김이남씨는 보험회사로부터 보험증권과 함께 약관을 교부받았다. 그런데 약관의 내용을 확인해보니 사업자가 약관의 교부 및 설명의무를 이행하지 않은 경우 보험계약자의 취소기간이 2주로 작성되어 있는 것을 발견하고 해당 보험계약의 무효를 주장하였다.

① 보험계약법
② 보험업법
③ 약관의 규제에 관한 법률
④ 신용정보의 이용 및 보호에 관한 법률

★★★
66 보험계약자의 권리에 대한 설명으로 가장 적절한 것은?

① 보험사고가 발생하면 인보험은 보험수익자, 손해보험은 피보험자가 보험금을 청구할 수 있다.

② 인보험에서 보험계약자는 보험수익자를 지정할 수 있으며 보험사고 발생 여부와 관계없이 언제든지 지정한 보험수익자를 변경할 수 있다.

③ 보험계약자가 보험수익자를 지정하지 않고 사망하면 피보험자의 상속인이 보험수익자가 된다.

④ 타인의 사망을 보험사고로 하는 보험계약에서는 보험계약자가 보험수익자를 지정·변경하고자 할 때 피보험자의 서면 동의를 얻어야 하며, 보험회사 통지 여부에 관계없이 변경 후 보험수익자가 권리를 주장할 수 있다.

정답 | ①

해설 | ② 인보험에서 보험계약자는 보험수익자를 지정할 수 있으며 보험사고 발생 전에는 언제든지 지정한 보험수익자를 변경할 수 있다.

③ 보험계약자가 보험수익자 지정권을 행사하지 않고 사망한 경우 피보험자를 보험수익자로 하고, 보험계약자가 보험수익자 변경권을 행사하지 않고 사망한 때에는 보험수익자의 권리가 확정된다. 그러나 보험계약자가 사망한 경우 그 승계인이 보험수익자의 지정·변경권을 행사할 수 있다는 약정이 있는 때에는 그러하지 아니하다.

④ 보험계약자가 계약 체결 후 보험수익자를 지정·변경할 때에는 그 내용을 보험회사에 통지해야 한다. 만약 통지하지 않으면 보험회사에게 대항하지 못한다.

★★★
67 부인 김미순씨는 남편 홍은균씨의 서면에 의한 동의를 받고 홍은균씨의 사망을 보험사고로 하는 2억원의 생명보험을 가입하고 보험수익자로는 아들 홍성완씨를 지정했다. 이러한 보험계약에서 부인 김미순씨가 보험수익자를 아들 홍성완씨로부터 자신으로 변경하려 할 때 취해야 하는 조치로서 가장 적절한 것은?

① 남편 홍은균씨의 서면에 의한 동의를 얻어야 한다.

② 아들 홍성완씨의 서면에 의한 동의를 얻어야 한다.

③ 남편과 아들 두 사람 모두에게 서면에 의한 동의를 얻어야 한다.

④ 남편과 아들 두 사람 모두에게 서면에 의한 동의를 얻지 않아도 된다.

정답 | ①

해설 | 타인의 사망을 보험사고로 하는 보험계약에서는 보험계약자가 보험수익자를 지정·변경하고자 할 때 피보험자의 서면(본인 확인 및 위조·변조 방지에 대한 신뢰성을 갖춘 전자문서를 포함) 동의를 얻어야 한다. 보험계약자가 계약 체결 후 보험수익자를 지정·변경할 때에는 그 내용을 보험회사에 통지해야 한다. 만약 통지하지 않으면 보험회사에게 대항하지 못한다.

68 보험계약자의 권리에 대한 설명으로 가장 적절한 것은?

① 보험계약자는 보험계약이 중도에 해지되거나 보험회사의 보험금 지급책임이 면제된 경우 보험회사가 보험수익자를 위해 적립한 금액에 대해 반환청구권을 갖는데, 적립금 반환청구권은 2년간 행사하지 않으면 소멸시효의 완성으로 행사할 수 없다.

② 보험계약자는 보험사고가 발생하기 전에는 언제든지 계약의 전부 또는 일부를 해지할 수 있으며, 연금보험의 경우 연금지급이 개시된 후에도 해지가 가능하다.

③ 보험계약 당사자가 특별한 위험을 예상하여 보험료 수준을 정한 경우 예상위험이 소멸한 때에 보험계약자는 보험료 감액을 청구할 수 있다.

④ 상법상 생명보험 계약자는 보험기간 중 보험종목, 보험기간, 보험료 납입주기, 보험료 납입방법 및 납입기간, 보험가입금액 등 계약내용 변경청구권을 인정한다.

정답 | ③

해설 | ① 적립금 반환청구권은 3년간 행사하지 않으면 소멸시효의 완성으로 행사할 수 없다.
② 종신형 연금보험은 보험계약자의 연금지급이 개시된 후에는 해지할 수 없다.
④ 생명보험 표준약관과 질병·상해보험 표준약관(손해보험회사용)에서는 계약내용 변경청구권을 인정한다. 보험계약이 장기이기 때문에 중도에 보험종목, 보험기간, 보험료 납입주기, 보험료 납입방법 및 납입기간, 보험가입금액 등 계약내용을 변경해야 할 사유가 발생할 수 있기 때문이다.

69 보험계약자의 보험료 납입의무에 대한 설명으로 적절하지 않은 것은?

① 보험계약자는 계약 체결 후 지체 없이 보험료의 전부 또는 제1회 보험료를 납부해야 하며, 보험계약자가 이를 납부하지 않으면 다른 약정이 없는 한 계약 성립 후 2개월이 경과하면 그 계약은 해제된 것으로 본다.

② 계속보험료가 약정한 시기에 납입되지 않으면 보험회사는 상당한 기간을 정해 보험계약자에게 최고하고 그 기간 내에 납입되지 않을 경우 그 계약을 해지할 수 있다.

③ 보험료 납입연체로 보험회사가 계약을 해지하였더라도 보험계약자는 해지된 날부터 2년 이내에는 언제든지 부활을 청약할 수 있다.

④ 보험회사가 부활을 승낙한 때에 보험계약자는 부활을 청약한 날까지의 연체된 보험료에 가산이자를 더해 납입해야 한다.

정답 | ③

해설 | ③ 보험료 납입연체로 보험회사가 계약을 해지하였으나 보험계약자가 해약환급금을 받지 않은 경우 보험계약자는 해지된 날부터 3년 이내에 부활(효력회복)을 청약할 수 있다.

★★★
70 보험계약자의 의무와 이에 대한 연관 사례가 적절하게 연결된 것은?

> A. A씨는 종신보험에 가입하면서 지병인 당뇨병을 알리지 않았다.
> B. B씨는 실손의료보험에 가입하였는데, 얼마 전 직업변경 사실을 보험회사에 알리지 않았다.
> C. C씨는 보유 중인 건물에 대한 화재보험에 가입하였는데, 자금사정이 어려워 소방시설에 대한 보수를 하지 않았다.
> D. D씨는 실손의료보험에 가입한 후 사고로 입원하였는데, 기존 병실이 불편하다는 이유로 1인 실로 입원하였다.

	위험변경 · 증가 통지의무	고지의무	위험유지의무	손해방지의무
①	A	B	C	D
②	B	A	C	D
③	C	D	A	B
④	D	B	A	C

정답 | ②

해설 | A. 고지(계약 전 알릴)의무   B. 위험변경 · 증가 통지의무
　　　C. 위험유지의무   D. 손해방지의무

★★★
71 보험계약자의 통지의무에 대한 적절한 설명으로 모두 묶인 것은?

> 가. 보험계약자 또는 피보험자는 보험기간 중 사고 발생의 위험이 현저하게 변경 또는 증가된 사실을 안 때에는 지체 없이 보험회사에게 통지해야 한다.
> 나. 보험계약자 또는 피보험자와 보험수익자는 보험사고의 발생을 안 때에는 지체 없이 보험자에 통지해야 하며, 사고 발생 통지의무를 게을리 하여 손해가 증가된 때에는 보험회사는 그 증가된 손해를 보상할 책임이 없다.
> 다. 보험계약자가 계약 체결 후 보험수익자를 지정 또는 변경할 때에는 보험회사에 대한 통지 여부에 관계없이 변경 후 보험수익자의 권리행사가 가능하다.
> 라. 피보험자가 보험목적을 양도한 때에는 보험목적 양도에 대해 보험회사의 승낙을 얻어야 양수인에게 보험계약상 권리와 의무를 승계할 수 있다.

① 가, 나　　　　　　　　　　② 가, 라
③ 나, 다　　　　　　　　　　④ 다, 라

정답 | ①

해설 | 다. 보험계약자가 계약 체결 후 보험수익자를 지정 또는 변경할 때에는 보험회사에게 통지해야 한다. 통지하지 않으면 보험회사에게 대항하지 못한다.
　　　라. 피보험자가 보험목적을 양도한 때에는 양도인 또는 양수인이 보험회사에 지체 없이 그 사실을 통지해야 한다. 이때 보험계약으로 인해 생긴 권리와 의무는 양수인이 승계한 것으로 추정된다. 다만, 자동차보험의 경우는 자동차 양도에 대해 보험회사의 승낙을 얻어야 양수인에게 보험계약상 권리와 의무를 승계할 수 있다.

72 보험회사의 해지권 행사가 가능한 경우로 모두 묶인 것은?

가. 고지의무 위반	나. 보험료 납입연체
다. 위험변경 · 증가 통지의무 위반	라. 위험유지의무 위반
마. 손해방지의무 위반	

① 가, 나, 다, 라　　　　　　　　② 가, 다, 라, 마

③ 나, 다, 라, 마　　　　　　　　④ 가, 나, 다, 라, 마

정답 | ①

해설 | 보험회사는 고지의무 위반, 보험료 납입연체, 위험변경 · 증가 통지의무 위반, 위험유지의무 위반 등 보험계약자가 의무를 위반할 경우 보험계약을 해지할 수 있다.

73 보험회사의 권리에 대한 설명으로 가장 적절한 것은?

① 보험회사는 보험계약 체결 시 보험목적에 대한 위험측정 · 평가를 위해 중요한 사항을 보험계약자와 피보험자로부터 고지 받을 권리가 있다.

② 보험료 청구권은 3년간 행사하지 않으면 소멸시효의 완성으로 소멸된다.

③ 보험회사는 고지의무 위반, 보험료 납입연체, 위험변경 · 증가 통지의무 위반, 위험유지의무 위반, 손해방지의무 위반 등 보험계약자가 의무를 위반할 경우 보험계약을 해지할 수 있다.

④ 보험계약 당시에 보험계약자 또는 피보험자가 고의 또는 중대한 과실로 인해 중요한 사실을 고지하지 않거나 부실 고지를 한 때에는 보험회사는 보험사고 발생 전에 한하여 해지권을 행사할 수 있다.

정답 | ①

해설 | ② 보험료 청구권은 2년간 행사하지 않으면 소멸시효의 완성으로 소멸된다.

③ 보험회사는 고지의무 위반, 보험료 납입연체, 위험변경 · 증가 통지의무 위반, 위험유지의무 위반 등 보험계약자가 의무를 위반할 경우 보험계약을 해지할 수 있다.

④ 보험회사는 보험사고 발생 전후를 불문하고 해지권을 행사할 수 있으며, 계약을 해지하면 보험금 지급책임이 없다.

★★★
74 보험회사의 보험금 지급의무에 대한 다음 설명 중 적절하지 않은 것은?

① 사망보험계약에서는 보험계약자 또는 피보험자나 보험수익자의 고의 또는 중대한 과실로 인해 보험사고가 발생한 경우는 보험회사의 보험금 지급의무가 면제된다.

② 손해보험의 경우 보험사고로 인해 상실된 피보험자의 이익이나 보수는 당사자 간에 약정이 없으면 보험회사가 보상할 손해액에 산입하지 않는다.

③ 손해방지비용과 보험회사의 지시에 의해 지출한 책임보험의 방어비용은 보험회사가 부담해야 한다.

④ 보험사고가 적법한 기간 내에 발생하더라도 보험사고가 전쟁, 기타의 변란으로 인해 생긴 때에는 보험회사의 보험금 지급의무가 면제된다.

정답 | ①

해설 | ① 사망보험계약에서는 보험계약자 또는 피보험자나 보험수익자의 중대한 과실로 인해 사고가 발생한 경우에도 보험금 지급의무를 진다.

★★★
75 다음 사례의 경우 가입된 보험계약에서 지급되는 보험금이 적절하게 연결된 것은?

> 가. 갑은 자신을 계약자 및 보험수익자로 남편인 을을 피보험자로 하는 생명보험계약(종신보험, 가입시점 1년 6개월 경과)이 체결되어 있는데, 두 사람의 부부싸움 끝에 화가 난 남편 을이 아파트에서 투신자살하여 갑이 보험금을 청구하였다.
> 나. 병은 자신을 계약자 및 보험수익자로, 남편인 정을 피보험자로 하는 생명보험계약(정기보험, 가입시점 3년 경과)이 체결되어 있는데, 최근 남편 정이 사업실패로 인해 괴로워하다 유언장을 작성하고 자살하여 병이 보험금을 청구하였다.

	가	나
①	보험적립금	보험적립금
②	보험적립금	일반사망보험금
③	일반사망보험금	일반사망보험금
④	일반사망보험금	재해사망보험금

정답 | ②

해설 | 가. 보험계약자 임의해지, 계속보험료 미지급으로 인한 계약해지, 고지의무 위반으로 인한 계약해지, 위험의 변경 또는 증가로 인한 계약해지, 보험사고가 피보험자나 보험수익자의 고의 또는 중대한 과실로 발생하여 보험금을 지급할 책임이 없을 때, 보험사고가 전쟁, 기타 변란으로 인해 발생하여 보험금을 지급할 책임이 없을 때에는 보험적립금을 반환해야 한다.

나. 피보험자의 고의사고(자살)의 경우에도 계약 체결 후 2년이 경과하면 보험금을 지급한다.

★★★
76 요율산출 원칙에 대한 적절한 설명으로 모두 묶인 것은?

> 가. 보험요율이 보험금과 그 밖의 급부에 비하여 지나치게 낮지 아니할 것
> 나. 보험요율이 보험회사의 재무건전성을 크게 해칠 정도로 높지 아니할 것
> 다. 보험요율이 보험계약자 간에 부당하게 차별적이지 아니할 것
> 라. 자동차보험의 보험요율인 경우 보험금과 그 밖의 급부와 비교할 때 공정하고 합리적인 수준일 것

① 가, 나

② 가, 라

③ 나, 다

④ 다, 라

정답 | ④

해설 | 가. 보험요율이 보험금과 그 밖의 급부에 비하여 지나치게 높지 아니할 것
　　　나. 보험요율이 보험회사의 재무건전성을 크게 해칠 정도로 낮지 아니할 것

★★★
77 보험료의 구성에 대한 다음 설명 중 (가)~(나)에 들어갈 내용이 적절하게 연결된 것은?

> • (가)는 사망보험금, 장해급여금, 화재/도난/자동차 사고 등으로 인한 손실액 지급과 손해사정에 사용된 비용 등의 지급 재원이다.
> • (나)는 보험 업무를 영위하는데 소요되는 사업비와 보험사업자의 이익 등이 포함된 것이다.

	가	나
①	부가보험료	위험보험료
②	위험보험료	부가보험료
③	위험보험료	저축보험료
④	저축보험료	위험보험료

정답 | ②

해설 | • 위험보험료는 사망보험금, 장해급여금, 화재/도난/자동차 사고 등으로 인한 손실액 지급과 손해사정에 사용된 비용 등의 지급 재원이다.
　　　• 부가보험료는 보험 업무를 영위하는데 소요되는 사업비와 보험사업자의 이익 등이 포함된 것이다.

★★★
78 보험료 결정 요인에 대한 적절한 설명으로 모두 묶인 것은?

> 가. 보험료는 보험 1단위당 가격이라고 할 수 있고, 보험종목에 따라 달라진다.
> 나. 위험보험료는 계약체결비용, 계약유지비용, 기타비용 등으로 구분된다.
> 다. 생명보험 또는 장기손해보험과 같이 보험기간이 장기일 경우 사고보험금 지급을 위해 사용되는 순보험료는 위험보험료와 저축보험료로 구분된다.
> 라. 일반적으로 보험료에 영향을 미치는 요인은 예정위험률, 예정이자율, 예정사업비율, 예정해지율, 기타 보험회사의 정책적 고려사항 등이다.

① 가, 나
② 나, 다
③ 다, 라
④ 가, 다, 라

정답 | ③

해설 | 가. 보험료율에 대한 설명이다. 보험료는 보험회사가 보험금 지급 책임을 지는 대가로 보험계약자가 보험회사에게 지불하는 금액이다.
　　　나. 사업비에 대한 설명이다. 위험보험료는 사망보험금, 장해급여금, 화재/도난/자동차 사고 등으로 인한 손실액 지급과 손해사정에 사용된 비용 등의 지급 재원이다.

★★★
79 보험료 결정 요인에 대한 설명으로 가장 적절한 것은?

① 보험계약자가 납부하는 영업보험료는 위험보험료와 부가보험료로 구성된다.
② 위험보험료는 사망보험금, 장해급여금, 화재/도난/자동차 사고 등으로 인한 손실액 지급과 손해사정에 사용된 비용 등의 지급 재원이고, 저축보험료는 만기보험금, 해약환급금 등의 재원이 되는 보험료이다.
③ 예정사업비율은 과거 일정 기간 동안 일어난 보험사고들의 통계를 기초로 하여, 앞으로 일어날 사고 확률을 예측하는 것이다.
④ 예정위험률은 대수의 법칙에 따라 순보험료 총액과 지급보험금 총액이 일치하는 수준에서 보험료를 산출하며, 일반적으로 보험료 산출 시 적용한 예정위험률이 높으면 보험료가 올라가고 낮으면 보험료는 내려간다.

정답 | ②

해설 | ① 보험계약자가 납부하는 영업보험료는 순보험료와 부가보험료로 구성된다.
　　　③ 예정위험률에 대한 설명이다. 예정사업비율은 보험회사가 보험계약을 체결·유지·관리하는데 필요한 각종 경비를 예상하여 책정한 사업비가 보험료에서 차지하는 비중이다.
　　　④ 예정위험률은 수지상등의 원칙에 따라 순보험료 총액과 지급보험금 총액이 일치하는 수준에서 보험료를 산출한다. 일반적으로 보험료 산출 시 적용한 예정위험률이 높으면 보험료가 올라가고 낮으면 보험료는 내려간다.

★★★
80 보험료 결정 요인에 대한 적절한 설명으로 모두 묶인 것은?

> 가. 일반적으로 보험료 산출 시 적용한 예정위험률이 높으면 보험료가 올라가고 낮으면 보험료는 내려간다.
> 나. 시중금리 인상 등으로 보험회사의 자산운용수익률이 높아지면 보험료 산정 요인인 예정이자율도 상향 조정된다.
> 다. 예정이자율이 높아지면 보험료도 높아진다.
> 라. 예정위험률에 기반하여 책정한 보험료는 실제 사망률이 지속적으로 특정 수준을 하회하면 보험료 인하 조치를 단행한다.
> 마. 예정사업비율에 기반하여 책정한 보험료는 실제 지출한 비용이 적정 수준을 초과할 경우 보험료 인하 조치를 한다.

① 가, 나, 다   ② 가, 나, 라
③ 가, 다, 마   ④ 다, 라, 마

정답 | ②

해설 | 다. 예정이자율이 높아지면 투자활동을 통한 보험금 재원 기여분이 커지기 때문에 보험료는 낮아진다.
　　　마. 예정사업비율에 기반하여 책정한 보험료는 실제 지출한 비용이 적정 수준을 초과할 경우 보험료 인상 조치를 한다.

⋯ TOPIC 9 　보험유통채널

★★☆
81 보험가입절차 중 청약 단계에 대한 적절한 설명으로 모두 묶인 것은?

> 가. 청약은 보험계약자가 보험계약을 체결하려는 의사표시로 모집채널이 제공하는 청약서를 작성하는 방식으로 이루어진다.
> 나. 모집채널이 보험계약자로부터 보험계약의 청약과 함께 보험료 상당액의 전부 또는 일부를 지급받은 때에는 30일 이내에 승낙 여부를 통지해야 한다.
> 다. 만약 정해진 기간 내에 승낙 또는 거절 내용을 통지하지 않으면 거절한 것으로 본다.

① 가, 나   ② 가, 다
③ 나, 다   ④ 가, 나, 다

정답 | ①

해설 | 다. 만약 정해진 기간 내에 승낙 또는 거절 내용을 통지하지 않으면 승낙한 것으로 본다.

★★☆
82 청약철회에 대한 적절한 설명으로 모두 묶인 것은?

> 가. 청약철회는 보험계약을 청약한 보험계약자가 자신의 의사표시를 철회하는 것으로 보험계약
> 자에게 상품의 내용, 보장수준, 보험료 납입 가능 정도 등을 검토하는 시간적 여유를 부여해
> 계약내용을 충분히 납득시키기 위한 제도이다.
> 나. 보험계약자는 보험증권을 받은 날부터 15일 내에 청약을 철회할 수 있다.
> 다. 건강상태 진단 지원계약, 보험기간이 90일 이내인 계약 또는 전문보험계약자가 체결한 계약은
> 제외된다.
> 라. 청약한 날부터 30일이 초과된 계약은 청약을 철회할 수 없다.

① 가, 나   ② 가, 나, 라
③ 나, 다, 라   ④ 가, 나, 다, 라

정답 | ④
해설 | 모두 적절한 설명이다.

★★☆
83 다음 사례 중 현재시점에서 청약을 철회할 수 없는 보험계약으로 모두 묶인 것은?

> 가. 14일 전에 질병보험을 가입하고 보험료를 납부하였다.
> 나. 종신보험을 가입하고 7일째 되는 날 보험증권을 수령하였다.
> 다. 건강상태 진단을 지원받고 가입하는 조건으로 보험계약을 체결했으나 보험증권을 받지 못
> 하였다.
> 라. 보험기간 일주일짜리 여행자보험을 가입하였다.

① 가, 나   ② 가, 라
③ 나, 다   ④ 다, 라

정답 | ④
해설 | 보험계약자는 보험증권을 받은 날부터 15일 내에 청약을 철회할 수 있다. 다만, 건강상태 진단 지원계약, 보험
기간이 90일 이내인 계약 또는 전문보험계약자가 체결한 계약은 제외된다. 청약한 날부터 30일이 초과된 계약
은 청약을 철회할 수 없다.

★★☆
84 청약철회가 가능한 보험계약으로 가장 적절한 것은?

① 청약한 날부터 20일이 경과한 전화로 가입한 실손의료보험
② 청약한 날부터 30일이 경과한 상해보험
③ 청약한 날부터 10일이 경과한 건강상태 진단 지원을 통해 가입한 질병보험
④ 청약한 날부터 3일이 경과한 보험기간이 10일짜리 여행자보험

정답 | ①
해설 | 보험계약자는 보험증권을 받은 날부터 15일 내에 청약을 철회할 수 있다. 다만, 건강상태 진단 지원계약, 보험 기간이 90일 이내인 계약 또는 전문보험계약자가 체결한 계약은 제외된다. 청약한 날부터 30일이 초과된 계약은 청약을 철회할 수 없다.

★★☆
85 보험유통채널별 권한에 대한 적절한 설명으로 모두 묶인 것은?

> 가. 보험설계사는 보험회사를 대리하여 계약을 체결할 수 있는 계약체결권이 인정되지 않을 뿐만 아니라 보험계약자나 피보험자 등으로부터 계약의 변경·해지·통지·고지를 수령할 수 있는 권한도 없으나, 제1회보험료에 한해 보험료수령권만 인정될 뿐이다.
> 나. 보험대리점은 보험료수령권은 없지만, 계약체결권과 고지의무수령권을 갖는다.
> 다. 보험중개사는 기본적으로 보험회사를 대리하지 않기 때문에 계약체결권, 고지의무수령권과 보험료수령권 모두 인정되지 않는다.

① 가, 나
② 가, 다
③ 나, 다
④ 가, 나, 다

정답 | ②
해설 | 나. 보험설계사와는 달리 보험대리점은 계약 체결에 관한 법적 권한이 광범위하게 인정된다. 보험대리점은 계약체결권, 고지의무수령권과 보험료수령권을 모두 갖는다.

★★☆
86 보험유통채널에 대한 설명으로 가장 적절한 것은?

① 보험설계사는 생명보험설계사, 손해보험설계사로 구분된다.
② 보험설계사는 보험회사를 대리하여 계약을 체결할 수 있는 계약체결권이 인정되지만, 보험료수령권이 인정되지 않는다.
③ 보험대리점은 계약체결권, 보험료수령권, 요율협상권이 있다.
④ 보험중개사는 기본적으로 보험회사를 대리하지 않기 때문에 계약체결권, 고지의무수령권과 보험료수령권 모두 인정되지 않는다.

정답 | ④
해설 | ① 보험설계사는 생명보험설계사, 손해보험설계사 및 제3보험설계사로 구분된다.
② 보험설계사는 보험회사를 대리하여 계약을 체결할 수 있는 계약체결권이 인정되지 않을 뿐만 아니라, 보험계약자나 피보험자 등으로부터 계약의 변경·해지·통지·고지를 수령할 수 있는 권한도 없다. 다만, 제1회 보험료에 한해 보험료수령권만 인정될 뿐이다.
③ 보험설계사와는 달리 보험대리점은 계약 체결에 관한 법적 권한이 광범위하게 인정된다. 보험대리점은 계약체결권, 고지의무수령권과 보험료수령권을 모두 갖는다.

87 보험유통채널에 대한 설명으로 가장 적절한 것은?

① 보험대리점의 영업보증금은 개인 1억원, 법인 및 금융기관보험대리점 3억원의 범위에서 보험회사와 대리점이 협의하여 정하도록 한다.
② 보험설계사는 계약체결권과 보험료수령권이 인정되지만 고지의무수령권이 없다.
③ 보험계약 체결 과정에서 판매자의 불법행위로 인해 소비자에게 손해를 입힌 경우, 보험회사가 보험설계사에게 모집 위탁 시 상당한 주의를 기울였고 손해방지 노력을 한 경우에도 1차적으로 손해를 배상할 책임을 면하지 못한다.
④ 보험중개사는 소비자에게 직접 배상책임을 부담한다.

정답 | ④
해설 | ① 금융기관보험대리점에 대하여는 영업보증금제도가 없다.
② 보험설계사는 보험회사를 대리하여 계약을 체결할 수 있는 계약체결권이 인정되지 않을 뿐만 아니라, 보험계약자나 피보험자 등으로부터 계약의 변경·해지·통지·고지를 수령할 수 있는 권한도 없다. 다만, 제1회 보험료에 한해 보험료수령권만 인정될 뿐이다.
③ 보험계약 체결 과정에서 판매자의 불법행위로 인해 소비자에게 손해를 입힌 경우 임직원, 보험대리점 및 설계사에 대해서는 모집을 위탁한 보험회사가 1차적으로 손해를 배상책임을 부담한다. 다만, 보험회사가 보험설계사에게 모집 위탁 시 상당한 주의를 기울였고 손해방지 노력을 한 경우에는 예외로 한다.

88 보험상품 유통채널에 대한 설명으로 가장 적절한 것은?

	구분	보험설계사	보험대리점	보험중개사
①	고지의무수령권	없음	있음	없음
②	보험료수령권	있음	있음	없음
③	손해배상책임	1차적으로 보험회사		
④	영업보증금제도	1억원	개인 1억원 이내, 법인 3억원 이내	

정답 | ①
해설 |

구분	보험설계사	보험대리점	보험중개사
법적 권한	제1회 보험료수령권	계약체결대리권 고지의무수령권 보험료수령권	없음
손해배상책임	1차적으로 보험회사		보험중개사
영업보증금제도	없음	개인 1억원 이내 법인 3억원 이내	개인 1억원 이상 법인 3억원 이상

02 사회보장제도

출제비중 : 10~20% / 3~6문항

학습가이드 ■ ■

학습 목표	학습 중요도
Tip 개념 이해 중심으로 학습 필요	
1. 사회보장제도의 구조와 기초생활보장제도의 특징에 대해 설명할 수 있다.	★★
2. 국민건강보험의 보험료 부과 방식과 급여 혜택을 설명할 수 있다.	★★★
3. 노인장기요양보험의 내용에 대해 설명할 수 있다.	★★
4. 고용보험에 대해 이해하고 설명할 수 있다.	★★
5. 산업재해보상보험에 대해 이해하고 설명할 수 있다.	★★

··· T O P I C 1 사회보장제도의 기본구조

★★☆
01 기초생활보장제도에 대한 적절한 설명으로 모두 묶인 것은?

가. 수급자 선정기준은 부양의무자가 없는 자로서, 소득인정액이 급여종류별 선정기준 이하인
사람으로 부양의무자 기준과 소득인정액 기순을 농시에 충족해야만 한나.

나. 생계, 의료, 주거 및 교육급여의 수급대상자는 각각 기준 중위소득의 30~50% 수준 이하인
경우이다.

다. 생계급여는 수급자에게 의복, 음식물 및 연료비, 기타 일상생활에 기본적으로 필요한 금품을
지급하는 것으로 생계급여 지급기준에서 가구의 소득인정액을 합산하여 산정한 금액이다.

라. 주거급여는 국토교통부 장관이 정하는 기준에 따라 수급자에게 주거 안정에 필요한 임차료,
수선유지비, 그 밖의 수급품을 지급하는 것으로 한다.

① 가, 나
② 나, 라
③ 가, 나, 다
④ 나, 다, 라

정답 | ②

해설 | 가. 수급자 선정기준은 부양의무자가 없거나 부양의무자가 있어도 부양능력이 없거나 또는 부양받을 수 없는
자로서, 소득인정액이 급여종류별 선정기준 이하인 사람으로 부양의무자 기준과 소득인정액 기준을 동시
에 충족해야야 한다(단, 교육급여와 주거급여는 부양의무자 기준 미적용).

다. 생계급여는 수급자에게 의복, 음식물 및 연료비, 기타 일상생활에 기본적으로 필요한 금품을 지급하는 것으
로 생계급여 지급기준에서 가구의 소득인정액을 차감하여 산정한 금액이다.

★★☆

02 공공부조에 대한 적절한 설명으로 모두 묶인 것은?

> 가. 기초생활보장제도 수급자 선정기준은 부양의무자가 없거나 부양의무자가 있어도 부양능력이 없거나 또는 부양받을 수 없는 자로서, 소득인정액이 급여종류별 선정기준 이하인 사람으로 부양의무자 기준과 소득인정액 기준을 동시에 충족해야만 한다.
> 나. 교육급여와 주거급여는 부양의무자 기준을 적용하지 않는다.
> 다. 생계급여는 수급자에게 의복, 음식물 및 연료비, 기타 일상생활에 기본적으로 필요한 금품을 지급하는 것으로 생계급여 지급기준에서 가구의 소득인정액을 차감하여 산정한 금액이다.
> 라. 의료급여는 저소득계층의 의료비부담을 국가가 지원하는 제도로써, 국민건강보험 요양급여 기준에 의한 급여대상 항목에 대한 의료비 지원을 원칙으로 한다.

① 다, 라
② 가, 나, 다
③ 나, 다, 라
④ 가, 나, 다, 라

정답 | ④
해설 | 모두 적절한 설명이다.

★★☆

03 사회보험에 대한 적절한 설명으로 모두 묶인 것은?

> 가. 소득인정액이 급여종류별 선정기준 이하인 사람으로 부양의무자 기준과 소득인정액 기준을 동시에 충족해야만 한다.
> 나. 보험가입자가 급부내용을 선택할 수 없다.
> 다. 저소득층에 유리하고 고소득층에 불리할 수 있다.
> 라. 자유경쟁의 원리에 입각한 시장을 통해 제공된다.

① 가, 다
② 가, 라
③ 나, 다
④ 가, 나, 라

정답 | ③
해설 | 가. 기초생활보장제도에 대한 설명이다. 사회보험은 일정한 법적 요건이 충족되면 본인의 의사와 관계없이 가입이 강제되며 보험료 납부의무가 부여된다.
　　 라. 민영보험에 대한 설명이다. 사회보험은 정부 및 공공기관의 독점을 통해 제공된다.

★★☆

04 사회보험에 대한 설명으로 적절하지 않은 것은?

① 사회보험은 자발적으로 가입하는 민영보험과 달리 강제가입을 통해 전 국민에게 기본적인 보장서비스를 제공한다.

② 일정한 법적 요건이 충족되면 본인의 의사와 관계없이 가입이 강제되며 보험료 납부의무가 부여된다.

③ 가입자의 경제적 능력에 비례하여 재원을 부담한다.

④ 급여수준은 기여에 비례하여 차등급여를 제공한다.

정답 | ④
해설 | ④ 개별부담과 관계없이 급여수준은 균등급여를 제공한다.

★★☆

05 사회보장제도에 대한 적절한 설명으로 모두 묶인 것은?

> 가. 사회보험은 국민에게 발생하는 사회적 위험을 보험의 방식으로 대처함으로써 국민의 건강과 소득을 보장하는 제도를 말하며 공공부조는 국가와 지방자치단체의 책임하에 생활 유지 능력이 없거나 생활이 어려운 국민의 최저생활을 보장하고 자립을 지원하는 제도이다.
> 나. 공공부조는 보험료로 조달하는 사회보험과 달리 국가가 재정기금으로 스스로 생계를 영위할 수 없는 저소득층과 같은 사회적 취약계층이 자립할 수 있도록 보호해 주는 제도이다.
> 다. 민간보험은 개인의 선택에 따라 재원을 부담하고 기여에 비례한 급여 혜택을 받지만, 사회보험은 가입자의 경제적 능력과 관계없이 균등한 재원부담과 균등한 급여를 제공한다.

① 가, 나　　　　　　　　　　② 가, 다
③ 나, 다　　　　　　　　　　④ 가, 나, 다

정답 | ①
해설 | 다. 사회보험의 재원부담은 능력비례부담 방식이며, 급여수준은 균등급여를 제공한다.

★★★
06 국민건강보험에 대한 설명으로 적절하지 않은 것은?

① 국내에 거주하는 국민을 가입대상으로 하며, 직장가입자와 지역가입자로 적용 대상을 구분한다.

② 직장가입자는 사업장의 근로자 및 사용자와 공무원 및 교직원, 그리고 그 피부양자로 구성되고 지역가입자는 직장가입자와 그 피부양자를 제외한 가입자를 대상으로 한다.

③ 지역가입자 건강보험료는 가입자의 소득, 재산(전월세 포함) 등을 기준으로 정한 부과요소별 점수를 합산한 보험료 부과점수에 점수당 금액을 곱하여 보험료를 산정한 후 경감률 등을 적용하여 세대단위로 부과한다.

④ 보험급여는 법령이 정하는 바에 따라 현물 또는 현금의 형태로 제공하는 서비스를 말하는데, 현물급여는 요양비와 건강검진으로 구분되며, 현금급여는 요양급여, 장애인 보조기기, 본인부담액 상한제, 임신·출산진료비로 구분된다.

정답 | ④
해설 | 〈보험급여의 종류〉

구분		수급자
현물급여	요양급여	가입자 및 피부양자
	건강검진	가입자 및 피부양자
현금급여	요양비	가입자 및 피부양자
	장애인 보조기기	가입자 및 피부양자 중 장애인복지법에 의해 등록한 장애인
	본인부담액 상한제	가입자 및 피부양자
	임신·출산진료비	임신·출산 진료비 수급자

07 국민건강보험에 대한 설명으로 적절하지 않은 것은? ★★★

① 근로자의 경우 직장가입자의 보수월액보험료는 가입자와 사용자가 각 반씩 부담하고, 소득월액보험료에 대해서는 가입자가 전액 부담한다.

② 입원진료 시 본인일부부담금은 요양급여비용 총액의 30%이다.

③ 산정특례 미등록 암환자의 본인일부부담금은 20%, 미등록 희귀·중증난치성 질환자의 본인일부부담금은 30~60%이다.

④ 본인부담액 상한제는 과도한 의료비로 인한 가계 부담을 덜기 위하여 환자가 부담한 연간 건강보험 본인부담금 총액이 개인별 상한액을 초과하는 경우 그 초과금액을 건강보험공단에서 부담하는 제도로, 본인부담 상한액 기준은 소득 분위에 따라 7단계로 차등되어 적용된다.

정답 | ②

해설 | 〈본인일부부담금〉

> • 입원진료 : 요양급여비용 총액의 20%
>   CT, MRI, PET 등 보건복지부 장관이 정하는 의료장비 : 외래부담률
>   식대 총액의 50%
> • 외래진료
>   요양기관 종별 및 소재지에 따라 차이
> • 약국 본인부담금 : 요양급여비용 총액의 30%
>   단, 경증질환으로 상급종합병원 또는 종합병원 외래 진료 시 발급된 원외 처방에 의해 약국조제 시 본인부담률 차등 적용
>   상급종합병원 : 50%, 종합병원 : 40%
> • 산정특례 미등록 암환자 : 20%, 미등록 희귀·중증난치성 질환자 : 30~60%

··· T O P I C **3** 노인장기요양보험

---

08 노인장기요양보험의 장기요양인정에 대한 설명으로 적절하지 않은 것은? ★★☆

① 장기요양인정을 신청하는 자는 보건복지부령으로 정하는 바에 따라 의사 또는 한의사가 발급하는 의사소견서를 첨부한 장기요양인정신청서를 국민건강보험공단에 제출하여야 한다.

② 국민건강보험공단은 방문조사가 완료된 때 조사결과서, 신청서, 의사소견서, 그 밖에 심의에 필요한 자료를 등급판정위원회에 제출하여야 한다.

③ 등급판정위원회는 신청인이 신청자격요건을 충족하고 6개월 이상 동안 혼자서 일상생활을 수행하기 어렵다고 인정하는 경우 심신상태 및 장기요양이 필요한 정도 등 대통령령으로 정하는 등급판정기준에 따라 수급자로 판정한다.

④ 4등급에 해당하는 장기요양인정 점수는 1등급에 해당하는 장기요양인정 점수보다 높다.

정답 | ④

해설 | 〈등급판정기준〉

장기요양등급	심신의 기능상태	장기요양인정 점수
1등급	심신의 기능상태 장애로 일상생활에서 전적으로 다른 사람의 도움이 필요한 자	95점 이상
2등급	심신의 기능상태 장애로 일상생활에서 상당 부분 다른 사람의 도움이 필요한 자	75점 이상 95점 미만
3등급	심신의 기능상태 장애로 일상생활에서 부분적으로 다른 사람의 도움이 필요한 자	60점 이상 75점 미만
4등급	심신의 기능상태 장애로 일상생활에서 일정 부분 다른 사람의 도움이 필요한 사람	51점 이상 60점 미만
5등급	치매환자(노인장기요양보험법 시행령 제2조에 따른 노인성 질병으로 한정)	45점 이상 51점 미만
인지지원등급	치매환자(노인장기요양보험법 시행령 제2조에 따른 노인성 질병으로 한정)	45점 미만

09 ★★☆ 노인장기요양보험 재원에 대한 적절한 설명으로 모두 묶인 것은?

> 가. 재가 및 시설급여비용 중 수급자의 본인부담금은 당해 장기요양급여비용의 10%이다.
> 나. 국민기초생활보장법에 따른 의료급여 수급자는 본인부담금이 전액 면제된다.
> 다. 재가급여의 월 한도액은 등급에 관계없이 동일하게 지급하고 있다.

① 나
② 가, 나
③ 가, 다
④ 가, 나, 다

정답 | ①

해설 | 가. 재가급여비용 중 수급자의 본인부담금은 당해 장기요양급여비용의 15%이고, 시설급여비용 중 수급자의 본인부담금은 당해 장기요양급여비용의 20%이며, 일정 기준에 해당하면 본인부담금의 40% 또는 60%를 감경한다.
다. 재가급여(복지용구 제외)의 월 한도액은 등급에 따라 차등 지급하고 있다.

10 ★★☆ 노인장기요양보험 급여에 해당하지 않는 것은?

① 의료급여
② 재가급여
③ 시설급여
④ 특별현금급여

정답 | ①

해설 | 노인장기요양보험 급여에는 재가급여, 시설급여, 복지용구, 특별현금급여(가족요양비)가 있다.

★★☆
11 노인장기요양보험에 대한 설명으로 적절하지 않은 것은?

① 우리나라 노인장기요양보험제도는 건강보험제도와는 별개의 제도로 도입·운영되고 있는 한편으로, 제도운영의 효율성을 도모하기 위하여 보험자 및 관리운영기관을 국민건강보험공단으로 일원화하고 있다.

② 장기요양보험 신청자격은 장기요양보험가입자 및 그 피부양자, 의료급여 수급자이며 대상으로는 60세 이상 또는 60세 미만으로 노인성 질병을 가진 자이다.

③ 노인장기요양보험 운영에 소요되는 재원은 가입자가 납부하는 장기요양보험료 및 국가지방자치단체 부담금, 장기요양급여 이용자가 부담하는 본인부담금으로 조달된다.

④ 수급자의 본인부담금은 재가급여 15%, 시설급여 20%인데, 국민기초생활보장법에 따른 의료급여 수급자는 본인부담금이 전액 면제되며, 일정 기준에 해당하면 본인부담금의 40% 또는 60%를 감경한다.

정답 | ②
해설 | ② 장기요양인정 대상으로는 65세 이상 또는 65세 미만으로 노인성 질병(치매, 뇌혈관성질환, 파킨슨 병 등 대통령령으로 정하는 질병)을 가진 자이다.

★★☆
12 노인장기요양보험에 대한 다음 설명 중 가장 적절한 것은?

① 우리나라 노인장기요양보험제도는 보험자 및 관리운영기관을 국민건강보험공단으로 일원화하여 국민건강보험제도와 통합·운영 중에 있다.

② 65세 이상 또는 65세 미만으로 노인성 질병을 가진 자 중 일정소득 이하의 자를 장기요양인정 대상으로 하고 있다.

③ 노인장기요양보험 운영에 소요되는 재원은 가입자가 납부하는 장기요양보험료 및 국가지방자치단체 부담금, 장기요양급여 이용자가 부담하는 본인부담금으로 조달된다.

④ 국민기초생활보장법에 따른 의료급여 수급자는 본인부담금 납부가 어려워 장기요양보험 적용 대상에서 제외된다.

정답 | ③
해설 | ① 우리나라 노인장기요양보험제도는 건강보험제도와는 별개의 제도로 도입·운영되고 있는 한편으로, 제도운영의 효율성을 도모하기 위하여 보험자 및 관리운영기관을 국민건강보험공단으로 일원화하고 있다.
　② 장기요양인정 대상으로는 65세 이상 또는 65세 미만으로 노인성 질병(치매, 뇌혈관성질환, 파킨슨 병 등 대통령령으로 정하는 질병)을 가진 자이다.
　④ 국민기초생활보장법에 따른 의료급여 수급자는 본인부담금이 전액 면제된다.

13 노인장기요양보험에 대한 다음 설명 중 가장 적절한 것은?

★★☆

① 국민건강보험 가입자는 장기요양보험의 가입자가 되며, 건강보험의 적용에서와 같이 법률 상 가입이 강제되어 있다.
② 치매, 뇌혈관성질환, 파킨슨병 등 대통령령으로 정하는 질병을 가진 65세 이상의 노인만을 장기요양인정 대상으로 하고 있다.
③ 주 · 야간 보호는 수급자를 월 9일 이내 기간 동안 장기요양기관에 보호하여 신체활동지원 및 심신기능의 유지 · 향상을 위한 교육, 훈련 등을 제공하는 장기요양급여이다.
④ 노인요양시설은 장기간 입소한 수급자에게 가정과 같은 주거여건에서 신체활동지원 및 심신기능의 유지 · 향상을 위한 교육 훈련 등을 제공하는 장기요양급여로 입소정원은 5~9명이다.

정답 | ①
해설 | ② 장기요양인정 대상으로는 65세 이상 또는 65세 미만으로 노인성 질병(치매, 뇌혈관성질환, 파킨슨병 등 대통령령으로 정하는 질병)을 가진 자이다.
③ 단기 보호에 대한 설명이다. 주 · 야간 보호는 수급자를 하루 중 일정한 시간 동안 장기요양기관에 보호하여 목욕, 식사, 기본간호, 치매관리, 응급서비스 등 심신 기능의 유지 · 향상을 위한 교육, 훈련 등을 제공하는 급여이다.
④ 노인요양공동생활가정에 대한 설명이다. 노인요양시설은 장기간 입소한 수급자에게 신체활동지원 및 심신 기능의 유지 · 향상을 위한 교육, 훈련 등을 제공하는 장기요양급여로 입소정원은 10명 이상이다.

14 노인장기요양보험에 대한 다음 설명 중 적절하지 않은 것은?

★★☆

① 노인장기요양보험 운영에 소요되는 재원은 가입자가 납부하는 장기요양보험료 및 국가지방자치단체 부담금, 장기요양급여 이용자가 부담하는 본인부담금으로 조달된다.
② 단기 보호는 재가급여에 해당되지 않는다.
③ 시설급여 종류로는 노인요양시설과 노인요양공동생활가정이 있다.
④ 가족요양비는 수급자가 섬 · 벽지에 거주하거나 천재지변, 신체 · 정신 또는 성격 등의 사유로 장기요양급여를 지정된 시설에서 받지 못하고 그 가족 등으로부터 방문요양에 상당하는 장기요양급여를 받을 때 지급하는 현금급여이다.

정답 | ②
해설 | 재가급여에는 방문요양, 인지활동형 방문요양, 방문목욕, 방문간호, 주 · 야간 보호, 단기 보호, 기타 재가급여(복지용구)가 있다.

★★☆
15 특수형태근로자의 고용보험에 대한 설명으로 적절하지 않은 것은?

① 보험설계사, 신용카드모집인, 대출모집인, 학습지교사, 방문교사, 택배기사, 대여제품방문점검원, 가전제품배송설치기사, 방문판매원, 화물차주, 건설기계조종사, 방과후학교강사, 퀵서비스 대리운전자의 경우가 해당된다.

② 보험료는 사업주와 특수형태근로자가 균등 분담한다.

③ 실업급여는 기준기간 24개월 중 피보험단위기간 12개월 이상 중대한 귀책사유에 의한 해고, 자발적 이직 등 수급 제한 사유에 해당하지 않고 일정 수준의 소득감소로 인한 자발적 이직 시에도 수급자격을 인정한다.

④ 실업급여는 이직 전 6개월간 일평균보수의 60%를 피보험기간 및 연령에 따라 120~240일간 지급한다.

정답 | ④

해설 | ④ 실업급여는 이직 전 1년간 일평균보수의 60%(1일 상한 6.6만원)를 피보험기간 및 연령에 따라 120~270일(근로자와 동일)간 지급한다.

★★☆
16 고용보험에 대한 설명으로 적절하지 않은 것은?

① 실업급여에 해당하는 보험료는 근로자와 사업주가 각각 50%씩 부담하지만, 고용안정·직업능력개발사업에 해당하는 보험료는 전액 사업주가 부담한다.

② 구직급여는 이직일 이전 18개월간 피보험단위기간 180일 이상 근로하고, 회사의 경영상 해고 등 비자발적으로 이직하여 상시 취업이 가능한 상태에서 적극적으로 재취업활동을 하는 사람을 대상으로 한다.

③ 구직급여는 이직일 당시 연령과 고용보험 가입기간에 따라 120~270일간 이직 전 평균임금의 60%를 지급하되, 1일 상한액은 66,000원, 1일 하한액은 최저임금의 80%를 지급한다.

④ 육아휴직급여는 육아휴직 첫 3개월 동안은 월 통상임금의 70/100, 나머지 기간에 대해서는 월 통상임금의 50/100을 지급한다.

정답 | ④

해설 | ④ 육아휴직급여는 육아휴직 첫 3개월 동안은 월 통상임금의 80/100(상한액 : 월 150만원, 하한액 : 월 70만원), 나머지 기간에 대해서는 월 통상임금의 50/100(상한액 : 월 120만원, 하한액 : 월 70만원)을 지급하고, 급여 중 일부를 직장 복귀 6개월 후에 합산하여 일시불로 지급한다.

17 다음 사례의 고객에 대한 재무설계사의 조언으로 적절하지 않은 것은?

> 희귀·중증난치성 질환을 앓고 있는 김철규씨(50세)는 기존에 10년 동안 근무하던 직장에서 비전을 느끼지 못하고 있던 중 건강악화 및 회사의 권유로 인해 올해 8월 15일 퇴사하였다. 10년 이상 고용보험에 가입하고 있었던 김철규씨는 고용보험의 실업급여를 받을 수 있는지 궁금해 하고 있으며, 퇴직으로 소득이 끊겨 지속적으로 부담해야 할 치료비가 여간 부담스럽지 않을 수 없다. 이에 김철규씨는 구직활동을 하면서 치료도 이어나갈 생각이다. 김철규씨의 연평균 보험료 분위는 4분위에 해당한다.

〈국민건강보험 본인부담 상한액 기준〉

구분	연평균 보험료 분위(저소득 → 고소득)						
	1분위	2~3분위	4~5분위	6~7분위	8분위	9분위	10분위
요양병원 120일 초과 입원	183만원	174만원	235만원	388만원	557만원	669만원	1,050만원
그 밖의 경우	87만원	108만원	167만원	313만원	428만원	514만원	808만원

〈고용보험 구직급여의 소정급여일수〉

구분		피보험기간				
		1년 미만	1년 이상 3년 미만	3년 이상 5년 미만	5년 이상 10년 미만	10년 이상
이직일 현재연령	50세 미만	120일	150일	180일	210일	240일
	50세 이상 및 장애인	120일	180일	210일	240일	270일

① 국민건강보험에는 진료비 본인부담이 높은 암환자와 희귀·중증난치성 질환자에 대해 본인부담률을 경감해주는 본인일부부담금 산정특례제도가 있습니다.

② 국민건강보험에는 본인부담액 상한제가 있어 연간 김철규씨가 부담한 본인부담액이 167만원을 초과하는 경우 그 초과금액을 건강보험공단에서 부담합니다.

③ 구직급여는 이직일 당시 연령과 고용보험 가입기간에 따라 120~270일간 이직 전 평균임금의 60%를 지급하되, 1일 상한액은 66,000원, 1일 하한액은 최저임금의 80%를 지급합니다.

④ 김철규씨의 구직급여 소정급여일수는 240일입니다.

정답 | ④
해설 | ④ 김철규씨의 구직급여 소정급여일수는 270일이다.

★★☆
18 산재보험에 대한 설명으로 가장 적절한 것은?

① 근로자의 고의, 자해행위나 범죄행위 또는 그것이 원인이 되어 발생한 부상, 질병, 장해 또는 사망도 업무상의 재해로 본다.

② 원칙적으로 1인 이상 근로자를 고용하는 사업 또는 사업장은 사업주 의사와 관계없이 산재 보험에 가입해야 한다.

③ 산업재해보험료는 사업자와 근로자가 보험료를 각각 50%씩 부담한다.

④ 상병보상연금은 요양개시 후 1년 6개월이 경과하여도 치유되지 아니하고 중증요양상태 등급 (1~3급)에 해당되는 경우 휴업급여 대신 지급한다.

정답 | ②

해설 | ① 업무상 재해는 크게 나누어 업무상 사고와 업무상 질병으로 구분되며, 업무와 재해 사이에 상당인과관계가 있어야 한다. 따라서 근로자의 고의, 자해행위나 범죄행위 또는 그것이 원인이 되어 발생한 부상, 질병, 장해 또는 사망은 업무상의 재해로 보지 않는다. 다만, 그 부상, 장해 또는 사망이 정상적인 인식능력 등이 뚜렷하게 저하된 상태에서 한 행위로 발생한 경우로서 대통령령으로 정하는 사유가 있으면 업무상의 재해 로 본다.

③ 산업재해보험료는 사업주가 전액 부담하고, 특수형태근로종사자는 사업자와 근로자가 보험료를 각각 50% 씩 부담한다.

④ 상병보상연금은 요양개시 후 2년이 경과하여도 치유되지 아니하고 요양이 장기화됨에 따라 해당 피해근로 자와 그 가족의 생활안정을 도모하기 위하여 휴업급여 대신에 보상수준을 향상시켜 지급하게 되는 보험급 여이다. 중증요양상태 제1급(329일분), 제2급(291일분), 제3급(257일분)에게 지급한다.

★★☆
19 산재보험에 대한 설명으로 적절하지 않은 것은?

① 특수형태근로종사자가 산재보험 적용을 원할 경우에는 가입을 신청할 수 있다.

② 산업재해보험료는 사업주가 전액 부담하고, 특수형태근로종사자는 사업자와 근로자가 보험 료를 각각 50%씩 부담한다.

③ 장해급여는 장해등급 1~3급은 연금으로만 지급하고, 4~7급은 연금 또는 일시금 선택이 가능하며, 8~14급은 일시금으로만 지급한다.

④ 장례비는 산업재해로 사망 시 장제를 지낸 유족 또는 유족이 아닌 자가 장제를 지낸 경우에는 그 장제를 지낸 자에게 지급하며, 지급액은 평균임금의 120일분이다.

정답 | ①

해설 | ① 특수형태근로종사자는 당연적용되나, 적용제외 신청이 가능하다.

★★☆

20 산업재해보상보험에 대한 적절한 설명으로 모두 묶인 것은?

> 가. 업무와 재해 사이에 상당인과관계가 있어야 하기 때문에 근로자의 고의, 자해행위나 범죄행위 또는 그것이 원인이 되어 발생한 부상, 질병, 장해 또는 사망은 업무상의 재해로 보지 않는다.
> 나. 공무원재해보상법에 의해 재해보상이 되는 사업도 적용대상이 된다.
> 다. 요양급여는 공단이 설치 또는 지정한 의료기관에서 요양하고 비용을 의료기관에 직접 지급하는 것을 원칙으로 하고 있다.
> 라. 휴업급여는 요양으로 취업하지 못한 기간에 1일당 평균임금의 80%를 산업재해 노동자에게 지급한다.

① 가, 나   ② 가, 다
③ 나, 라   ④ 다, 라

정답 | ②

해설 | 나. 공무원재해보상법 또는 군인연금법에 의해 재해보상이 되는 사업의 경우 적용제외 대상 사업에 해당한다.
라. 휴업급여는 요양으로 취업하지 못한 기간에 1일당 평균임금의 70%를 산업재해 노동자에게 지급한다.

★★☆

21 사회보험의 보험료에 대한 설명으로 적절하지 않은 것은?

① 직장가입자의 건강보험료는 보수월액보험료와 소득월액보험료를 합산한 금액으로 산정 된다.
② 지역가입자 건강보험료는 가입자의 소득, 재산(전월세 포함) 등을 기준으로 정한 부과요소 별 점수를 합산한 보험료 부과점수에 점수당 금액을 곱하여 보험료를 산정한 후 경감률 등 을 적용하여 가입자단위로 부과한다.
③ 실업급여에 해당하는 보험료는 근로자와 사업주가 각각 50%씩 부담하지만, 고용안정·직업능력개발사업에 해당하는 보험료는 전액 사업주가 부담한다.
④ 산업재해보험료는 사업주가 전액 부담하고, 특수형태근로종사자는 사업자와 근로자가 보험 료를 각각 50%씩 부담한다.

정답 | ②

해설 | 지역가입자 건강보험료는 가입자의 소득, 재산(전월세 포함) 등을 기준으로 정한 부과요소별 점수를 합산한 보험료 부과점수에 점수당 금액을 곱하여 보험료를 산정한 후 경감률 등을 적용하여 세대단위로 부과한다.

03 생명보험

출제비중 : 27~37% / 8~11문항

학습가이드 ■ ■

학습 목표	학습 중요도
Tip 보험상품별 특성과 상품구조 중심으로 학습 필요	
Tip 보험약관상 계약자와 보험자의 의무, 권리에 대한 구체적인 암기 필요	
1. 생명보험의 특징을 설명하고 상품유형을 다양한 기준으로 분류할 수 있다.	★★
2. 정기보험 상품유형을 구분하고 특징과 장단점을 설명할 수 있다.	★★★
3. 종신보험 상품유형을 구분하고 특징과 장단점을 설명할 수 있다.	★★★
4. 연금보험 상품유형을 구분하고 개인연금 상품의 세제혜택에 대해 설명할 수 있다.	★★
5. 기타생명보험의 상품별 특징을 설명할 수 있다.	★
6. 생명보험 상품 특징을 비교하고 특약에 대해 설명할 수 있다.	★★
7. 생명보험 계약유지를 위한 제도에 대해 설명할 수 있다.	★★
8. 생명보험 상품의 보험료 산출방식을 이해하고 설명할 수 있다.	★★
9. 언더라이팅 개념과 생명보험 약관의 주요 내용을 설명할 수 있다.	★★★

···TOPIC ❶ 생명보험 개요

★★☆

01 생명보험 상품특성에 대한 설명이 적절하게 연결된 것은?

가. 생명보험은 형태가 보이지 않는 상품으로 일반 유형상품과 달리 구매에 따른 효과를 곧바로 느끼기 어렵기 때문에 보험가입자의 정확한 이해가 중요하며, 상품 권유단계부터 가입자에게 필요한 가입설계, 보장내용 및 보험금 지급절차, 이를 수록한 약관에 대한 충분한 설명이 필요하다.

나. 제조업체 상품이 구입 즉시부터 해당 재화를 직접 사용해보고 효용을 느끼는 것과 달리 생명보험 상품은 사망, 상해, 만기, 노후 등 장래 보험사고 발생 시점에 효용을 인식하는 상품이다.

다. 일반상품의 경우 물품의 인도와 대금의 납입이 동시에 이루어져 상품의 구입 즉시 계약이 소멸되는 반면, 생명보험 상품은 짧게는 수년, 길게는 종신토록 계약의 효력이 지속되는 상품이다.

라. 대부분의 생명보험 상품은 스스로 필요에 의해 가입하기보다는 보험설계사, 보험대리점, 보험중개사 등 영업조직의 권유와 설득에 의해 가입되게 되는 상품이다.

	무형의 상품	미래지향적 · 장기효용성 상품	장기계약상품	비자발적 권유상품
①	가	나	다	라
②	나	가	다	라
③	다	라	가	나
④	라	나	가	다

정답 | ①

해설 | 가. 무형의 상품
　　　나. 미래지향적 · 장기효용성 상품
　　　다. 장기계약상품
　　　라. 비자발적 권유상품

★★☆
02 생명보험 상품구조에 대한 설명으로 가장 적절한 것은?

① 보험계약자들의 다양한 요구와 보장을 충족시키기 위한 부분을 주계약이라고 한다.

② 특약은 그 부과방법에 따라 주계약에 의무적으로 결합하여 있는 의무부가특약과 선택에 의해 임의로 가입할 수 있는 선택부가특약, 보험료 부담 없이 가입자 편의를 위한 제도성 특약 등으로 구분된다.

③ 특약도 주계약과 동일한 상품개발절차를 거치게 되며, 주계약을 가입하지 않고 특약만 가입하는 것도 가능하다.

④ 암보장특약은 가입자 편의를 위한 제도성 특약이다.

정답 | ②

해설 | ① 보험계약에서 가장 기본이 되는 보장항목에 대한 계약을 주계약이라고 하며, 특약 없이도 독립적으로 판매할 수 있는 보험이다. 보험계약의 가장 큰 특징이자 가입목적을 나타내며, 계약 성립의 기본이 되는 부분이다. 원칙적으로 주계약 자체만으로도 보험계약이 성립할 수 있으나 보험계약자들의 다양한 요구와 보장을 모두 충족시키기에는 한계가 있다. 따라서 보험회사는 여러 가지 특약을 주계약에 부가하여 판매하고 있다.

　　　③ 특약도 주계약과 동일한 상품개발절차를 거치게 되며, 주계약을 가입하지 않고 특약만 가입하는 것은 불가능하다.

　　　④ 제도성 특약에는 우량체 할인특약, 선지급서비스특약, 연금전환특약, 사후정리특약, 장기간병연금전환특약 등이 있다. 암보장특약, 성인병특약, 치매간병비특약 등 질병 관련 특약, 재해사망특약, 재해장해특약 등 재해 관련 특약, 입원특약, 수술특약, 정기특약 등은 보장을 추가하기 위한 선택부가특약이다.

★★☆
03 보장을 추가하기 위한 선택부가특약으로 모두 묶인 것은?

가. 암보장특약	나. 재해사망특약
다. 입원특약	라. 정기특약
마. 선지급서비스특약	

① 가, 나, 다
③ 가, 나, 다, 라

② 다, 라, 마
④ 나, 다, 라, 마

정답 | ③

해설 | 〈특약 분류〉

구분	내용	보험료
선택부가특약	• 암보장특약, 성인병특약, 치매간병비특약 등 질병 관련 특약 • 재해사망특약, 재해장해특약 등 재해 관련 특약 • 입원특약, 수술특약, 정기특약 등	추가 부담
제도성 특약	• 우량체 할인특약, 선지급서비스특약, 연금전환특약, 사후정리특약, 장기간병연금전환특약 등	부담 없음
의무부가(고정부가)특약	• (예시) 건강보험 가입 시 소액질병보장특약 의무부가 ※ 의무부가특약은 회사별·상품별로 다르게 운영	추가 부담

★★☆
04 보기에서 설명하는 생명보험 상품분류로 모두 묶인 것은?

• 고객 A씨는 보험기간이 80세인 정기보험에 가입하였다.
• 예정이자율로 부리가 되며, 만기가 되면 그동안 납입했던 보험료를 돌려받는 조항이 있다.

| 가. 개인보험 | 나. 저축성보험 | 다. 사망보험 |

① 가, 나
③ 나, 다

② 가, 다
④ 가, 나, 다

정답 | ②

해설 | 나. 피보험자에게 사망, 상해, 입원 등과 같이 사람의 생명과 관련한 보험사고가 발생했을 때 약속된 급부금을 제공하며, 기준연령(40세 남자가 월납, 전기납으로 가입할 경우)에서 생존 시 지급되는 보험금 합계액이 이미 납입한 보험료를 초과하지 아니하는 보험은 보장성보험이다. 보험 본래 기능인 각종 위험보장에 중점을 둔 보험으로서 정기보험과 종신보험 등이 대표적인 상품이다. 저축성보험은 보장성보험을 제외한 보험으로써 생존 시 지급되는 보험금 합계액 이미 납입한 보험료를 초과하는 보험이다.

05 생명보험 상품분류 중 적용이율 적용방법에 따른 분류가 적절하게 연결된 것은?

> A. 보험회사 자산운용이익률, 시장금리 등에 따라 계약자적립액 적립이율이 변동되는 보험
>
> B. 보험회사가 보험료 산출 시 정한 확정금리를 예정이율로 적용하는 보험
>
> C. 보험계약자가 납입한 보험료 중 일부를 일정한 투자재원으로 사용하고, 그 투자실적에 따라 보험계약자에게 투자이익을 나눠주는 보험
>
> D. 보험회사가 최저이율(1~2%)을 보증함으로써 최저수익을 보장하는 동시에 주가지수 또는 채권 등의 연계자산에서 발생하는 수익을 보험계약자에게 추가 지급하도록 설계된 보험

	금리확정형 보험	금리연동형 보험	실적배당형 보험	자산연계형 보험
①	A	B	C	D
②	B	A	C	D
③	C	D	A	B
④	D	B	A	C

정답 | ②
해설 | A. 금리연동형 보험
　　　 B. 금리확정형 보험
　　　 C. 실적배당형 보험
　　　 D. 자산연계형 보험

···TOPIC 2　정기보험

★★★
06 정기보험에 대한 설명으로 적절하지 않은 것은?

① 보장기간이 정해져 있고, 사망보험금이 보장기간 내에 피보험자가 사망한 때만 지급된다.

② 사망하지 않으면 보험기간 만료 시에 계약이 종료되고 보험료도 소멸하는 상품이다.

③ 보험기간은 특정 연수 또는 특정 연령으로 설정할 수도 있다.

④ 정기보험은 보험료 변동 여부에 따라 평준정기보험, 체감정기보험, 체증정기보험으로 구분되고, 갱신조건에 따라 갱신정기보험, 재가입정기보험과 전환정기보험으로 구분된다.

정답 | ④
해설 | ④ 정기보험은 보험료 변동 여부에 따라 자연보험료와 평준보험료, 보험금 변동에 따라 평준정기보험, 체감정기보험, 체증정기보험으로 구분되고, 갱신조건에 따라 갱신정기보험, 재가입정기보험과 전환정기보험으로 구분된다.

★★★
07 정기보험에 대한 설명으로 적절하지 않은 것은?

① 체감정기보험은 보험료는 동일하지만, 연령이 증가함에 따라 사망보험금이 감소하는 상품이다.
② 체증정기보험은 사망보험금이 특정 금액에서 출발하여 정해진 기간 일정한 금액 또는 비율로 증가하는 상품이다.
③ 갱신정기보험은 보험기간 종료 시점에 보험계약자가 보험가입에 대한 적격성 심사를 받지 않고 보험기간을 연장할 수 있는 상품이다.
④ 재가입정기보험은 갱신정기보험과 달리 적격성 심사 없이는 계약을 갱신할 수 없다.

정답 | ④
해설 | ④ 재가입정기보험은 갱신정기보험처럼 계약연도 말에 적격성 심사 없이 계약을 갱신할 수 있는 상품이다. 갱신정기보험과 다른 점은 피보험자가 보험기간 종료 시점에 적격 피보험체 여부를 증명하여 보험회사 언더라이팅 기준을 통과하면, 예정된 보험료보다 더 낮은 보험료로 계약을 갱신할 수 있다는 점이다.

★★★
08 정기보험에 대한 설명이 적절하게 연결된 것은?

A. 주로 주택대출자금을 상환할 수 있도록 판매되어 왔다.
B. 일반적으로 독립된 상품으로 판매되지 않고 특약 형태로 판매되는데, 주로 사망보험금이 소비자물가상승률과 연계되어 조정되므로 인플레이션으로 인한 보험금 실질가치 하락을 막기 위해 사용된다.
C. 정기보험은 정해진 일정 기간만 보장하기 때문에 보험계약자가 보험기간 이상으로 계속 보장받고자 할 경우 이 상품을 활용할 수 있다.
D. 피보험자가 보험기간 종료 시점에 적격피보험체 여부를 증명하여 보험회사 언더라이팅 기준을 통과하면 예정된 보험료보다 더 낮은 보험료로 계약을 갱신할 수 있다.

	체감정기보험	체증정기보험	갱신정기보험	재가입정기보험
①	A	B	C	D
②	B	A	C	D
③	C	D	A	B
④	D	B	A	C

정답 | ①
해설 | A. 체감정기보험
B. 체증정기보험
C. 갱신정기보험
D. 재가입정기보험

★★★
09 다음 고객의 니즈에 적합한 보험상품으로 적절하게 연결된 것은?

> 가. 안승욱씨는 자녀가 대학교를 졸업할 때까지 지금부터 10년간만 조기사망 위험에 대한 보장을 원한다. 또한 사망보험금은 소비자물가상승률과 연계되어 조정되었으면 한다.
>
> 나. 아파트를 구입하면서 은행으로부터 주택담보대출을 받은 홍은균씨는 주택자금을 차입한 후 주기적으로 원금과 이자를 상환하고 있다. 홍은균씨는 대출상환이 완료되기 전에 자신이 사망할 경우 대출 잔액으로 인해 유족이 겪을 경제적 고통이 걱정되며, 만기환급금이 없더라도 가능한 저렴한 보험료로 보장받기를 원한다.

	가	나
①	평준정기보험	생사혼합보험
②	평준정기보험	체감정기보험
③	체증정기보험	평준정기보험
④	체증정기보험	체감정기보험

정답 | ④

해설 | 가. 체증정기보험은 사망보험금이 특정 금액에서 출발하여 정해진 기간 일정한 금액 또는 비율로 증가하는 상품이다. 주로 사망보험금이 소비자물가상승률과 연계되어 조정되므로 인플레이션으로 인한 보험금 실질가치 하락을 막기 위해 사용된다.

　　　나. 체감정기보험은 보험료는 동일하지만, 연령이 증가함에 따라 사망보험금이 감소하는 상품이다. 이 상품은 주로 주택대출자금을 상환할 수 있도록 판매되어 왔다. 주택자금을 차입한 후 주기적으로 원금과 이자를 상환하면, 기간이 지날수록 미상환 주택자금이 감소하게 되므로 정기보험 가입금액을 미상환 잔액으로 설정하면 대출자가 사망할 경우 사망보험금으로 잔여 대출금을 상환할 수 있다.

★★★
10 정기보험에 대한 설명으로 가장 적절한 것은?

① 자연보험료 방식은 계약초기부터 만기까지 보험료가 일정하다.

② 갱신정기보험은 피보험자가 보험기간 종료 시점에 적격 피보험체 여부를 증명하여 보험회사 언더라이팅 기준을 통과하면, 예정된 보험료보다 더 낮은 보험료로 계약을 갱신할 수 있다.

③ 전환정기보험은 보험계약자가 적격 피보험체임을 증명하면 정기보험을 종신보험으로 전환할 수 있는 권리가 부여된 상품이다.

④ 전환정기보험을 통해 전환된 종신보험 보험료는 피보험자 연령에 따른 인상을 제외하고는 피보험자 위험도 증가를 이유로 인상할 수 없다.

정답 | ④

해설 | ① 평준보험료 방식에 대한 설명이다. 자연보험료 방식은 매년 보험료가 연령에 따라 조정된다.

　　　② 재가입정기보험에 대한 설명이다.

　　　③ 전환정기보험은 보험계약자가 적격 피보험체임을 증명하지 않고 정기보험을 종신보험으로 전환할 수 있는 권리가 부여된 상품이다.

11 다음의 고객정보를 바탕으로 한 생명보험에 관한 재무설계사의 조언 중 적절하지 않은 것은?

> • 가족정보
> – 본인(회사원), 배우자(회사원), 자녀(2세)
> • 재무정보
> – 소득 : 연간 88,000천원
> – 자산 : 아파트 300,000천원, 정기예금 20,000천원
> – 부채 : 주택담보대출 100,000천원(대출기간 20년, 매월 말 원리금균등분할상환 방식)

① 대출상환방식은 원리금균등분할상환으로 주기적으로 원금과 이자를 상환하면 기간이 경과할수록 미상환 주택자금이 감소하게 되므로 주택담보대출상환에 대비한 보험은 체감정기보험으로 가입하는 것이 유리합니다.

② 자녀의 대학등록금의 경우 교육비 상승으로 인해 필요한 대학교육자금이 늘어날 수 있어 이에 대비한 보험은 체증정기보험으로 가입하는 것이 유리합니다.

③ 가능한 저렴한 보험료로 사망보장을 받기를 원하시는 경우 갱신하는 형태의 정기보험이 유리하고 건강에 매우 자신하는 편이시므로 갱신할 때마다 적격피보험체 여부를 증명하여 보험회사의 언더라이팅 기준을 통과한다면 예정된 보험료 보다 더 낮은 보험료로 계약을 갱신할 수 있는 갱신정기보험을 가입하는 것이 좋습니다.

④ 종신보험을 가입하시면 종신토록 사망보장을 받아서 좋지만 가능한 저렴한 보험료를 생각하신다면 일단 정기보험으로 가입하신 다음 나중에 종신보험으로 전환할 수 있는 전환정기보험을 고려할 수 있습니다.

정답 | ③
해설 | ③ 재가입정기보험에 대한 설명이다.

12 정기보험의 장단점에 대한 적절한 설명으로 모두 묶인 것은?

> 가. 보험료 1원당 가입금액이 가장 낮다.
> 나. 특정 기간 발생한 사망사고에 대해서만 보장하므로 일시적 보장수요를 충족시키는데 적합하다.
> 다. 사망보장에 대한 니즈가 있는데 높은 보험료를 부담하기 어려운 계층에게 적합하다.
> 라. 피보험자의 연령이 증대됨에 따라 상승하는 보험료 폭이 작아 고연령이 되어도 보험료 부담 없이 가입할 수 있다는 장점이 있다.
> 마. 피보험자의 연령이 65세, 70세 등으로 높아지면 보험회사에서 갱신을 거절할 수도 있으므로 피보험자가 아주 장기간 사망보장을 원할 경우 정기보험은 적절하지 않다.

① 가, 다, 라　　　　　　　　② 가, 다, 마
③ 나, 다, 마　　　　　　　　④ 나, 라, 마

정답 | ③

해설 | 가. 보험료 1원당 가입금액이 가장 높아 보장을 극대화시킬 수 있다. 정기보험은 특정 기간 순수하게 사망보장만 제공하기 때문에 피보험자 사망 시점까지 종신토록 보장하는 종신보험에 비해 보험료가 저렴하다.

라. 정기보험 단점은 피보험자의 연령이 증대됨에 따라 보험료가 큰 폭으로 상승한다는 것이다. 이에 따라 고연령이 되면 보험료가 부담스러워 가입하기 어려워질 수 있다.

···TOPIC 3 종신보험

★★★
13 전통형 종신보험 유형에 대한 설명이 적절하게 연결된 것은?

> A. 보험계약자는 보험료 납입주기에 따라 피보험자가 사망하거나 최종연령 도달 시점까지 정기적으로 보험료를 납부해야 한다.
> B. 보험료 납입기간이 5년, 10년, 20년, 30년 또는 60세, 65세 등 특정기간으로 한정된다.
> C. 현재 소득은 낮지만 장래 소득이 높아질 것으로 예상되는 사람들에게 적합하다.

	전기납 종신보험	단기납 종신보험	수정종신보험
①	A	B	C
②	B	A	C
③	C	A	B
④	C	B	A

정답 | ①

해설 | A. 전기납 종신보험
B. 단기납 종신보험
C. 수정종신보험

★★★
14 전통형 종신보험 유형에 대한 설명으로 적절하지 않은 것은?

① 전기납 종신보험은 보험계약기간 내내 보험료를 납부하므로 납입기간은 가장 장기지만, 보험료 수준은 가장 낮다.

② 단기납 종신보험은 피보험자가 특정한 기간이나 연령 이후에는 보험료 납입을 계속하기 어렵다는 가정에 기초한 것이다.

③ 단기납은 전기납에 비해 보험료 납입기간이 짧으므로 보험료 수준이 높아져 소득수준이 높은 기간 동안 집중적으로 보험료를 납부하려는 사람들에게 적합하다.

④ 수정종신보험은 현재 소득은 높지만 장래 소득이 낮아질 것으로 예상되는 사람들에게 적합하다.

★★★
15 유니버셜종신보험에 대한 설명으로 가장 적절한 것은?

① 이 상품 특징은 크게 유연성과 수익성을 들 수 있는데, 이는 개인 경제상황을 고려하여 일정한 한도 내에서 보험료, 해약환급금, 사망보험금을 증액하거나 감액할 수 있도록 고안한 것이다.

② 보험계약자가 납입하는 보험료 가운데 사업비와 위험보험료를 제외한 적립보험료를 따로 분리해 주식 · 국공채 · 회사채 등 수익성이 높은 유가증권에 투자한 뒤, 운용 실적에 따라 투자성과를 보험계약자에게 나누어 주는 실적배당형 보험상품을 말한다.

③ 일반종신보험과 상품의 형태는 동일하나 사망보험금이 투자실적에 따라 변동된다는 점과 중도해지 시 투자실적에 따라 해약환급금이 변동된다는 것 등이 일반종신보험과 다르다.

④ 투자에 대한 위험을 보험계약자가 부담하므로 다른 상품과 구분하여 특별계정으로 운용된다.

★★★
16 유니버셜종신보험에 대한 설명으로 적절하지 않은 것은?

① 보험계약자는 보험료 납입시기와 납입액수를 스스로 결정할 수 있으며, 필요할 경우 보험료 납입간격을 다르게 하거나 일시적으로 중지하고 다시 납입할 수도 있다.

② 필요에 따라 사망보험금을 증가 또는 감소시킬 수 있어 사망보장에 대한 니즈가 높은 자녀 부양시기에는 사망보험금을 높게 설정했다가 보장 니즈가 줄어드는 자녀독립시기에는 사망보험금을 축소하는 것이 가능하다.

③ 보험계약자가 최초보험료를 납입하면 피보험자의 연령과 순보장금액에 상응하는 위험보험료를 차감하고 난 후 잔여 보험료가 투자되어 투자수익을 창출한다.

④ 계약자적립액이 위험보험료와 사업비를 충당하기에 충분할 경우에는 추가 보험료를 납부할 필요가 없지만, 계약유지에 필요한 최저규모에 미달할 경우에는 추가 보험료를 납부해야 한다.

★★★
17 유니버셜종신보험에 대한 적절한 설명으로 모두 묶인 것은?

> 가. 평준형 사망급부는 계약자적립액이 증가하게 되면 순보장금액은 줄어들면서 순보장금액 단위
>   당 위험보험료가 감소하는 구조이다.
> 나. 증가형 사망급부는 평준정기보험과 증가하는 계약자적립액으로 구성된다.
> 다. 보험계약자가 최초보험료를 납입하면 피보험자의 연령과 순보장금액에 상응하는 위험보험료를
>   차감하고 난 후 잔여 보험료가 투자되어 투자수익을 창출한다.

① 나   ② 가, 나
③ 가, 다   ④ 나, 다

정답 | ①

해설 | 가. 평준형 사망급부는 체감정기보험과 증가하는 계약자적립액으로 구성된다. 계약자적립액이 증가하게 되면
       순보장금액은 줄어들지만 연령 증가에 따라 정기보험 코스트, 즉 순보장금액 단위당 위험보험료가 증가하
       는 구조이다.
     다. 보험계약자가 최초보험료를 납입하면 피보험자의 연령과 순보장금액에 상응하는 위험보험료를 차감한다.
       만약 특약이 부가되어 있다면 이 단계에서 특약보험료도 차감한다. 그다음 사업비를 차감하고 난 후 잔여
       보험료가 투자되어 투자수익을 창출한다.

★★★
18 변액종신보험에 대한 설명으로 가장 적절한 것은?

① 인플레이션 진전에 따른 보험금 실질가치 하락을 막기 위해 개발된 상품이다.
② 투자에 대한 위험을 보험자가 부담하므로 일반계정으로 운용된다.
③ 투자실적에 따라 계약자적립액이 변동하지만 사망보험금은 변동하지 않는다.
④ 최초 계약시 약정한 금액에 따라 보험금액, 해약환급금, 만기보험금이 정액으로 고정되어
   있으며, 이 금액들은 전 보험기간에 걸쳐 확정된 예정이율로 계산되어 있다.

정답 | ①

해설 | ② 투자에 대한 위험을 보험계약자가 부담하므로 다른 상품과 구분하여 특별계정으로 운용된다.
     ③ 사망보험금은 최초 계약한 기본보험계약의 기본보험금과 투자실적에 따라 증감하는 변동보험금으로 구성
       되며, 펀드투자실적이 좋으면 사망보험금을 높일 수 있고 투자실적이 악화한다고 하더라도 계약자적립액은
       보증되지 않지만 최저사망보험금은 보증된다.
     ④ 정액보험에 대한 설명이다. 변액보험은 보험료의 일부를 주로 주식이나 채권 등 유가증권에 투자하여 그
       운용성과를 보험계약자 지분에 따라 배분하는 보험이다. 따라서 변액보험은 자산운용실적에 따라 보험금액
       과 해약환급금이 지속적으로 변하게 된다.

19 변액유니버셜종신보험에 대한 설명으로 가장 적절한 것은?

① 유니버셜종신보험의 투자 유연성과 변액종신보험의 자유입출금을 결합하여 만든 종합금융형 상품이다.

② 변액종신보험과 마찬가지로 사망보험금을 증액하거나 감액할 수 있고 보험료도 신축적으로 조정할 수 있다.

③ 유니버셜종신보험과 마찬가지로 계약자적립액은 특별계정으로 운용되며, 보험계약자가 계약자적립액 투자에 대한 옵션을 선택하고 투자위험을 부담한다.

④ 상품구조는 유니버셜종신보험과 동일하게 계약자적립액에서 위험보험료와 사업비가 차감되고 잔여 보험료가 투자된다.

정답 | ④

해설 | ① 유니버셜종신보험의 자유입출금과 변액종신보험의 투자 유연성을 결합하여 만든 종합금융형 상품이다.

② 유니버셜종신보험과 마찬가지로 사망보험금을 증액하거나 감액할 수 있고 보험료도 신축적으로 조정할 수 있다.

③ 변액종신보험과 마찬가지로 계약자적립액은 특별계정으로 운용되며, 보험계약자가 적립금 투자에 대한 옵션을 선택하고 투자위험을 부담한다.

20 투자형 상품으로 분류되는 종신보험에 대한 적절한 설명으로 모두 묶인 것은?

가. 변액종신보험의 보험계약자는 보험료 납입시기와 납입액수를 스스로 결정할 수 있으며, 필요할 경우 보험료 납입간격을 다르게 하거나 일시적으로 중지하고 다시 납입할 수도 있다.

나. 유니버셜종신보험의 보험계약자는 위험보험료, 투자수익률, 사업비 등 보험료 구성요소별 세부 내역을 확인할 수 있다.

다. 변액종신보험은 일반종신보험과 상품의 형태는 동일하나 사망보험금이 투자실적에 따라 변동된다는 점과 중도해지 시 투자실적에 따라 해약환급금이 변동된다는 것 등이 일반종신보험과 다르다.

라. 유니버셜종신보험의 사망보험금은 최초 계약한 기본보험계약의 기본보험금과 투자실적에 따라 증감하는 변동보험금으로 구성되며, 펀드투자실적이 좋으면 사망보험금을 높일 수 있고 투자실적이 악화한다고 하더라도 계약자적립액은 보증되지 않지만 최저사망보험금은 보증된다.

마. 변액유니버셜종신보험의 계약자적립액은 특별계정으로 운용되며, 보험계약자가 계약자적립액 투자에 대한 옵션을 선택하고 투자위험을 부담한다.

① 가, 다, 라
② 가, 다, 마
③ 나, 다, 마
④ 나, 라, 마

정답 | ③

해설 | 가. 유니버셜종신보험에 대한 설명이다.

라. 변액종신보험에 대한 설명이다.

21 종신보험에 대한 설명으로 적절하지 않은 것은?

① 사망확률이 낮은 젊은 시기에는 가입자 사망확률에 비해 높은 보험료를 부담하게 되지만, 연령이 높아질수록 사망확률에 비해 저렴한 보험료를 부담하게 된다.

② 평생토록 사망보장을 받을 수 있다는 것이 가장 큰 장점이며, 10년 경과 시 보험차익비과세, 일시적으로 금전이 필요한 경우 해약환급금 범위 내에서 보험계약대출, 계약자적립액이 소멸하지 않고 증가하는 구조로 자산 형성에 기여 및 연금으로 전환하여 활용할 수 있다는 것이 장점으로 인식된다.

③ 종신보험의 보험료는 자연보험료 방식으로 산출된다.

④ 계약자적립액은 보험료 납입 및 기간의 경과에 따라 꾸준히 증가하는 구조를 갖지만, 초기에 해지할 경우 계약자적립액에서 해약공제액을 차감하기 때문에 해약환급금이 거의 없거나 매우 적다.

정답 | ③
해설 | ③ 종신보험의 보험료는 평준보험료 방식으로 산출되므로 보험계약자의 경제적 사정이 변화되어도 보험료 수준을 변경할 수 없는 단점이 있다.

22 변동보험금 계산방법에 대한 설명으로 적절하지 않은 것은?

① 변동보험금은 변액보험에서 투자실적이 좋을 경우 사망 시 기본보험금 외에 추가로 지급되는 보험금이다.

② 계산방법에 따라 가산지급방법, 일시납보험 추가가입방법, 계약자적립액비례방법 등 세 가지로 구분하며, 현재 국내에서는 가산지급방법과 일시납보험 추가가입방법이 주로 사용된다.

③ 가산지급방법은 변액종신보험, 변액유니버셜보험(보장형) 등 보장성 변액보험 상품에서 사용되고 있으며, 일시납보험 추가가입방법은 변액연금보험과 변액유니버셜보험(적립형) 등 주로 저축목적 변액상품에서 사용되고 있다.

④ 계약자적립액비례방법의 경우 국내에서는 아직까지 유사한 구조로 판매되는 보험상품이 없다.

정답 | ③
해설 | ③ 가산지급방법은 변액연금보험과 변액유니버셜보험(적립형) 등 주로 저축목적 변액상품에서 사용되고 있으며, 일시납보험 추가가입방법은 변액종신보험, 변액유니버셜보험(보장형) 등 보장성 변액보험 상품에서 사용되고 있다.

★★★
23 변동보험금 계산방법에 대한 설명이 적절하게 연결된 것은?

> A. 사망 시에는 기본보험금에 사망 시점 계약자적립액을 추가로 지급하며, 투자실적에 따라 계약자적립액이 매일 변동하므로 사망보험금도 매일 변동하게 된다.
> B. 투자수익률이 높을 경우 상대적으로 변동보험금이 증액될 수 있어 사망보험금이 더욱 커질 수 있게 되며, 기본보험계약에서 정한 사망보험금 이하로는 감액되지 않아 사망보장을 안정적으로 유지할 수 있다는 장점이 있다.
> C. 사망보험금 증가속도가 빠르지만, 보험금 변동에 따라 보험계약자가 매월 납입해야 하는 보험료가 바뀌게 된다는 단점이 있다.

	가산지급방법	일시납보험 추가가입방법	계약자적립액비례방법
①	A	B	C
②	B	A	C
③	C	A	B
④	C	B	A

정답 | ①
해설 | A. 가산지급방법
　　　 B. 일시납보험 추가가입방법
　　　 C. 계약자적립액비례방법

··· TOPIC 4 연금보험

★★☆
24 연금보험 상품분류에 대한 적절한 설명으로 모두 묶인 것은?

> 가. 금리확정형 연금은 보험회사가 자산운용 결과와 상관없이 확정적으로 예정이율을 보장하므로 시중금리가 지속적으로 하락할 경우 보험계약자는 유리하지만, 보험회사는 이자율 차이에 따른 손실이 발생하게 된다.
> 나. 변액연금은 최저보증이율을 두고 있어 안정적이다.
> 다. 연금지급방식에 따라 단생연금과 연생연금으로, 연금지급개시 시점에 따라 거치연금과 즉시연금으로 각각 분류할 수 있다.

① 가
② 가, 나
③ 나, 다
④ 가, 나, 다

정답 | ①

해설 | 나. 최저보증이율은 금리연동형 연금과 자산연계형 연금에서 설정하고 있다. 변액연금은 투자실적에 따라 연금 재원이 변동하기 때문에 납입한 보험료보다 계약자적립액이 더 낮아질 위험도 존재한다. 이런 위험을 관리하기 위해 대부분의 변액연금상품은 투자실적에 상관없이 연금개시 시점에서 최소한 원금을 연금재원으로 보증하고 있는데 최저보증수수료는 보험계약자가 부담한다.

다. 단생연금과 연생연금은 보장인원에 따른 구분이다. 연금지급방식에 따라 순수종신연금, 보증기간부 종신연금, 확정기간형 연금, 상속형 연금으로 구분된다.

★★☆
25 개인연금 상품에 대한 설명으로 적절하지 않은 것은?

① 세제적격연금은 소득세법 적용을 받아 세제혜택을 부여하는 상품으로 '연금저축'으로 불린다.
② 세제적격연금의 과세방식은 보험료 납입 및 운용단계에서 세제혜택을 부여하며, 연금수령 단계에서 과세한다.
③ 세제비적격연금은 '연금보험'으로 불리며 세액공제 혜택은 없지만 보험료 납입기간이 5년 이상이고, 보험계약을 10년 이상 유지하는 등 관련 세법상 요건 충족 시 세제혜택이 부여된다.
④ 세제비적격 연금보험은 장기저축성보험 성격으로 상품설계는 적립형만 가능하며, 55세 이후 연금수령이 가능하다.

정답 | ④

해설 | 〈세제적격과 세제비적격 개인연금 비교〉

구분	세제적격연금(연금저축)	세제비적격연금(연금보험)
과세방식	EET(Exempt – Exempt – Tax)[주1]	• TEE(Tax – Exempt – Exempt)[주2] • 일정 조건 충족 시 연금액 비과세
취급기관	전 금융회사(은행, 금융투자회사, 보험사 등)	보험사
상품설계	• 적립형만 가능 • 55세 이후 연금수령 • 생보사만 종신형 가능, 기타 금융회사는 확정형만 가능	• 적립형 · 거치형, 일시납 · 즉시형 가능 • 변액연금 운용 가능(손보사 불가) • 연금개시연령 자율 선택 • 생보사는 종신형, 확정형, 상속형 모두 가능, 퇴직연금보험은 확정형만 가능

주1) EET : 보험료 납입단계 비과세 – 운용단계 비과세 – 연금수령단계 과세
주2) TEE : 보험료 납입단계 과세 – 운용단계 비과세 – 연금수령단계 비과세

★☆☆
26 장애인전용 보장성보험에 대한 설명으로 적절하지 않은 것은?

① 보장성보험료에 대한 세액공제 외에 별도로 연간 100만원 한도 내에서 추가공제 혜택이 있
으며, 장애인전용보험을 포함한 모든 보험상품에 있어 장애인을 보험수익자로 하는 보험계
약은 보험금으로 연간 4,000만원 한도 내에서 증여세가 비과세 된다.

② 보험료 수준은 사업비율과 이자율을 우대 적용하여 보장내역이 유사한 일반보험에 비하여
상대적으로 저렴하다.

③ 세액공제 대상 보험료는 기본공제대상자 중 장애인을 피보험자 또는 보험수익자로 하는
장애인전용 보장성보험료이다.

④ 세액공제 비율은 13.2%(지방소득세 포함)이다.

정답 | ④
해설 | 〈장애인전용 보장성보험과 일반 보장성보험 세액공제 비교〉

구분	일반 보장성보험	장애인전용 보장성보험
세액공제 대상 보험료	기본공제대상자를 피보험자로 하는 일반보장성 보험료	기본공제대상자 중 장애인을 피보험자 또는 보험수익자로 하는 장애인전용 보장성보험료
한도금액	연 100만원 한도	연 100만원 한도 (단, 일반 보장성보험과 별개)
세액공제 비율	13.2%(지방소득세 포함)	16.5%(지방소득세 포함)

★☆☆
27 단체생명보험에 대한 설명으로 가장 적절한 것은?

① 단체보험은 1개 계약으로 다수의 피보험자를 보장하는 상품으로 통상 보험계약자는 사용
자가 되며 피보험자는 종업원이 된다.

② 단체보험에 대한 보험료율은 통상적으로 특정 단체의 등급에 근거한 등급요율에 의해 결정
된다.

③ 특별한 경우를 제외하고 단체보험은 반드시 건강진단을 통해 계약을 체결하고 있다.

④ 일괄적 관리가 어려운 이유로 변호사회, 의사회 등 동업자단체는 가입대상에서 제외된다.

정답 | ①
해설 | ② 단체보험에 대한 보험료율은 통상적으로 특정 집단의 사망경험에 근거한 경험요율에 의해 결정된다.
　　 ③ 특별한 경우를 제외하고 단체보험은 건강진단 없이 계약을 체결하는데, 단체보험이라도 피보험자 다수가
　　　　 위험직에 종사하는 경우에는 그렇지 않을 수 있다.
　　 ④ 비영리법인단체, 동업자단체(변호사회, 의사회 등)로서 5인 이상 구성원을 가진 단체는 단체보험 가입대상
　　　　 이 되는 단체이다.

★☆☆
28 단체생명보험에 대한 설명으로 적절하지 않은 것은?

① 단체보험의 보험료는 사용자만 납부하거나 사용자와 종업원이 공동으로 납부할 수 있는데, 단체 가입으로 사업비를 절감할 수 있어 개인보험보다 저렴하다.

② 개인선택 대신 집단선택의 원리가 적용되므로 대부분 건강진단 후 계약이 성립된다.

③ 비영리법인단체, 동업자단체(변호사회, 의사회 등)로서 5인 이상 구성원을 가진 단체도 단체보험 가입대상이 되는 단체이다.

④ 단체의 구성원이 명확하고 위험 동질성이 확보되어 계약의 일괄적인 관리가 가능한 단체로서 5인 이상의 구성원이 있는 단체는 단체보험 가입대상이 되는 단체이다.

정답 I ②

해설 I ② 특별한 경우를 제외하고 단체보험은 건강진단 없이 계약을 체결하는데, 단체보험이라도 피보험자 다수가 위험직에 종사하는 경우에는 그렇지 않을 수 있다.

★☆☆
29 단체보장성보험료에 대한 설명으로 적절하지 않은 것은?

① 일정 요건을 갖춘 단체보장성보험의 경우 회사는 납입보험료를 종업원의 복리후생비로 손금처리할 수 있으며, 종업원은 회사가 납입한 보험료에 대해 일정 한도까지 근로소득으로 간주하지 않아 비과세된다.

② 만기에 납입보험료를 환급하지 않는 단체순수보장성보험은 비용처리 대상계약에 해당된다.

③ 단체환급부보장성보험은 비용처리 대상계약에서 제외된다.

④ 종업원 1인당 연간 100만원의 단체순수보장성보험을 가입할 경우 종업원의 근로소득에 포함되는 금액은 30만원이다.

정답 I ③

해설 I ③ 만기에 납입보험료를 초과하지 않는 범위 내에서 환급하는 단체환급부보장성보험은 비용처리 대상계약에 해당된다.

30 ㈜토마토의 법인세 신고시 단체보장성보험 납입보험료에 대한 비용처리 관련 금액이 적절하게 연결된 것은?

> • 보험금 지급사유 : 종업원의 사망 · 상해 또는 질병
> • 피보험자와 수익자 : 종업원
> • 보험종류 : 단체순수보장성보험
> • 종업원 1인당 연간 보험료 : 90만원(모두 동일)
> • 보험가입 종업원 : 100명

	복리후생비로 비용처리	종업원 급여로 비용처리
①	–	7,000만원
②	2,000만원	7,000만원
③	7,000만원	–
④	7,000만원	2,000만원

정답 | ④

해설 | 〈단체보장성보험의 세제혜택〉

세제혜택	회사부담 연 70만원 이하	회사부담 연 70만원 초과
회사	전액 손금(비용) 인정 (종업원의 복리후생비에 해당)	전액 손금(비용) 인정 (70만원 초과분 종업원의 급여에 해당)
종업원	근로소득으로 과세되지 않음	70만원 초과분 근로소득으로 과세

31 다음과 같은 요건으로 ㈜토마토가 가입한 단체보장성보험 납입보험료에 대한 비용처리를 설명한 것으로 가장 적절하지 않은 것은?

> • 보험금 지급사유 : 종업원의 사망 · 상해 또는 질병
> • 피보험자와 수익자 : 종업원
> • 보험종류 : 단체순수보장성보험
> • 1인당 연간 보험료 : 80만원(모두 동일)

① 만기환급금이 없기 때문에 만기 시 별도의 세무처리가 필요하지 않다.

② ㈜토마토는 종업원 1인당 연간 70만원 한도 내에서 단체보장성보험의 납입보험료를 복리후생비로 처리할 수 있다.

③ ㈜토마토가 부담하는 비용 중 종업원 1인당 연간 70만원을 초과하는 10만원에 대해서는 종업원 급여로 처리할 수 있지만 비용처리는 할 수 없다.

④ ㈜토마토의 종업원들은 개개인별로 1인당 연간 70만원을 초과하는 10만원 부분은 보장성보험료 세액공제를 통해 다른 보장성보험의 납입보험료와 합산되어 한도 내에서 세액공제를 받을 수 있다.

정답 | ③

해설 | 〈단체보장성보험의 세제혜택〉

세제혜택	회사부담 연 70만원 이하	회사부담 연 70만원 초과
회사	전액 손금(비용) 인정 (종업원의 복리후생비에 해당)	전액 손금(비용) 인정 (70만원 초과분 종업원의 급여에 해당)
종업원	근로소득으로 과세되지 않음	70만원 초과분 근로소득으로 과세

···TOPIC 6 생명보험 상품 비교 및 특약

★★☆
32 정기보험과 종신보험에 대한 적절한 설명으로 모두 묶인 것은?

> 가. 소득이 낮고 사망보장이 일시적인 젊은 계층이라면 정기보험이 가장 적합할 것이다.
> 나. 정기보험은 소득이 높지 않지만, 높은 사망보험금이 있어야 하는 개인에게 적합한 상품이다.
> 다. 사회 초년생으로 소득수준이 낮아 보험료 지출이 부담스러울 경우 종신보험보다 보험료 부담이 낮은 정기보험이 더 바람직할 수 있다.
> 라. 조기사망위험뿐만 아니라 은퇴계획, 상속자금 또는 상속세 납부재원, 대출금 상환 등과 같은 특정 용도의 자금마련 등이 필요하다면 다양한 유형의 종신보험을 활용하는 것도 바람직하다.

① 가, 나   ② 나, 다
③ 다, 라   ④ 가, 나, 다, 라

정답 | ④

해설 | 모두 적절한 설명이다.

★★☆
33 투자형 상품으로 분류되는 종신보험에 대한 설명으로 적절하지 않은 것은?

① 변액보험은 사전에 예정된 운용 수익보다 운용 성과가 크면 변액보험의 보험금액, 해약환급금, 만기보험금은 당초 설정한 수준보다 크며, 반대의 경우 설정한 수준 미만이 될 수 있다.
② 유니버설종신보험은 보험료 납입에 대한 유연성이 존재하고 보험료도 전통적인 종신보험에 비해 저렴할 수 있다.
③ 변액종신보험은 투자위험을 보험자가 부담하므로 위험에 대한 수용성향이 낮은 보험계약자가 선택하는 것이 바람직하다.
④ 변액보험을 판매하기 위해서는 별도의 판매자격을 갖추어야 한다.

정답 | ③

해설 | ③ 변액종신보험은 투자위험을 보험계약자가 부담하므로 위험에 대한 수용성향이 높은 보험계약자가 선택하는 것이 바람직하다.

★★☆
34 생명보험 특약에 대한 설명으로 적절하지 않은 것은?

① 체증형 정기특약은 보험기간 중 피보험자가 사망하면 특약보험가입금액을 미리 정해진 방식에 따라 체증하여 지급하는 특약을 말하며, 일반적으로 사망보험금이 특약보험가입금액의 일정비율을 초과하지 못한다.

② 보험료납입면제서비스 특약은 전문의 진단을 통해 피보험자 여명이 12개월 이내인 경우 보험계약자가 보험료납입면제를 신청하면 사망할 때까지 별도 비용 없이 보험료 납입을 면제하여 보험계약이 효력상실되지 않도록 하는 특약이다.

③ 선지급서비스 특약은 전문의 진단을 통해 피보험자 여명이 6개월 이내로 판단되는 경우 주계약 사망보험금의 50% 이내에서 피보험자별로 통산하여 최고 1억원까지 선지급하는 특약이다.

④ 연금전환특약은 주계약 보험기간 중 보험계약자의 별도신청으로 부가하여 보장 대신 주계약과 보험계약자가 선택한 특약의 해약환급금으로 연금을 수령할 수 있는 특약인데, 연금전환을 신청하게 될 경우 주계약 일부 또는 전부와 선택한 특약은 해지 처리된다.

정답 | ③

해설 | ③ 선지급서비스 특약은 전문의 진단을 통해 피보험자 여명이 12개월 이내로 판단되는 경우 주계약 사망보험금의 50% 이내에서 피보험자별로 통산하여 최고 1억원까지 선지급하는 특약이다(다만, 2,000만원까지는 주계약 사망보험금의 100% 이내 가능). 만약 사망보험금을 선수령 후 잔여여명 기간 이후에도 생존 시에는 다시 보험료를 계속해서 납입해야 한다.

★★☆
35 다음 고객 고승완씨의 니즈에 맞는 생명보험 특약이 적절하게 연결된 것은?

> 가. 본인의 배우자 및 자녀에게 모두 사망보장을 제공하기를 원하고 있다.
> 나. 사망보장에 대한 니즈가 감소하면 해약환급금을 연금으로 전환시켜 노후소득원으로 활용하기를 원하고 있다.

	가	나
①	가족생활자금특약	장기간병연금전환 특약
②	가족특약	장기간병연금전환 특약
③	가족생활자금특약	연금전환특약
④	가족특약	연금전환특약

정답 | ④

해설 | 가. 가족특약은 주보험 계약에 가입한 보험계약자 가족 중 1인 혹은 다수에게 보장을 제공하는 특약이다. 특약은 성격에 따라 배우자, 자녀 혹은 배우자 및 자녀 모두에게 보장을 제공한다. 이에 따라 명칭도 배우자특약, 자녀특약, 혹은 가족특약 등으로 사용되고 있다. 가족특약에서는 일반적으로 정기보험이 제공된다.

나. 연금전환특약은 주계약 보험기간 중 보험계약자의 별도신청으로 부가하여 보장 대신 주계약과 보험계약자가 선택한 특약의 해약환급금으로 연금을 수령할 수 있는 특약이다. 연금전환을 신청하게 될 경우 주계약 일부 또는 전부와 선택한 특약은 해지 처리된다.

★★☆
36 계약유지를 위한 제도에 대한 적절한 설명으로 모두 묶인 것은?

> 가. 보험계약대출이란 보험계약자의 사정으로 보험료 납입최고일까지 보험료가 납입되지 않았을 경우, 보험계약대출 가능금액 범위 내에서 1회분 보험료를 자동으로 대출 납입함으로써 보험의 효력이 상실되는 것을 방지하여 계약이 유지되는 제도이다.
>
> 나. 보험료 납입 일시중지 기능은 보험료를 납입하지 않고 일정 기간 보험계약을 유지하는 제도로, 유니버셜보험이나 변액유니버셜보험은 보험료 의무납입기간 이후 일시적으로 보험료 납입을 중지할 수 있다.
>
> 다. 감액이란 보험계약자의 경제사정으로 보험료 납입이 불가능할 경우 보험금 감액을 통한 완납 형태의 보험계약으로 전환하여 보험을 계속 유지하도록 하는 제도이다.
>
> 라. 연장정기보험은 보험료 납입을 중단하고 주계약과 동일한 가입금액의 정기보험으로 변경하는 것으로, 사망보험금은 원래 계약과 동일한 액수로 유지되지만 보장기간이 줄어든다.

① 가, 나   ② 가, 다
③ 나, 라   ④ 다, 라

정답 | ③

해설 | 가. 보험료 자동대출납입 제도에 대한 설명이다. 보험계약대출이란 긴급한 자금이 필요할 경우 보험계약의 해약환급금 범위 내에서 대출을 받을 수 있는 제도이다. 계약자적립액 중 해약공제액을 차감한 해약환급금 범위 내에서 대출받기 때문에 보험계약을 해지하지 않고 보험계약을 유지할 수 있도록 해준다.

　　　다. 감액완납 제도에 대한 설명이다. 감액이란 보험가입금액 중 보장금액을 줄이고 보험료를 낮추어 보험계약을 유지하는 제도이다. 감액된 부분은 해지한 것으로 처리하여 해약환급금을 지급한다.

37 다음의 고객 상황을 토대로 재무설계사가 추천해 줄 수 있는 방법으로 가장 적절한 것은?

> 고객 박영호씨는 아래와 같은 종신보험을 가입하고 있는데, 1개월 전 실직 후 소득이 없어 현재 보험료 납입이 어려운 상태이다. 구직을 위한 예상기간은 3개월로 생각하고 있으며, 현재 가입되어 있는 사망보장과 암보장 특약을 계속 그대로 유지하고 싶어 한다.
>
> 〈보험가입현황〉
> • 상품명 : 종신보험(주계약 : 1억원, 특약 : 암진단 특약 4천만원)
> • 납입기간 : 20년
> • 현재까지 납입된 기간 : 10년
> • 월 보험료 : 20만원
> • 해약환급금 : 1,000만원

① 종신보험을 해지하고 암보험을 가입한다.
② 보험료 자동대출납입 제도를 활용한다.
③ 감액완납 제도를 활용한다.
④ 연장정기보험 제도를 활용한다.

정답 | ②

해설 | 보험료 자동대출납입이란 보험계약자의 사정으로 보험료 납입최고일까지 보험료가 납입되지 않았을 경우, 보험계약대출 가능금액 범위 내에서 1회분 보험료를 자동으로 대출 납입함으로써 보험의 효력이 상실되는 것을 방지하여 계약이 유지되는 제도이다. 대출받은 금액에 대해서는 보험회사에서 정한 이자를 부담해야 한다. 보험계약대출과 마찬가지로 순수보장성(소멸성) 상품 등 일부상품에 대해서는 이 제도를 이용할 수 없다.

★★☆

38 다음의 고객 상황을 보고 재무설계사로서 추천해줄 수 있는 방법으로 가장 적절한 것은?

> 고객 박영호씨는 아래와 같은 보험계약을 가입하고 있다. 2개월 전 회사를 실직해서 현재 납입하고 있는 보험료를 납입하기 어려운 상태이다. 구직을 위한 예상기간은 1년으로 생각하고 있지만 10세의 딸이 있어 혹시라도 본인의 사망 시 자녀의 대학교육자금인 1억원은 보장되었으면 한다.
>
> 〈보험가입현황〉
> • 상품명 : 종신보험(주계약 : 1억원, 특약 : 암진단특약 4천만원)
> • 납입기간 : 20년
> • 현재까지 납입된 기간 : 10년
> • 월보험료 : 20만원
> • 해약환급금 : 1,000만원

① 보험계약 해지 후 정기보험의 가입　　② 보험료 자동대출납입 제도
③ 감액완납 제도　　　　　　　　　　　④ 연장정기보험 제도

정답 | ④

해설 | 연장정기보험은 보험료 납입을 중단하고 주계약과 동일한 가입금액의 정기보험으로 변경하는 것으로, 사망보험금은 원래 계약과 동일한 액수로 유지되지만 보장기간이 줄어든다.

★★☆

39 보험계약 유지를 위한 제도 비교 내용 중 가장 적절한 것은?

	구분	보험료	보험금(보장내용)	보험(보장)기간	비고
①	중도인출	일시중지	동일	동일	해약환급금 감소
②	보험료 자동대출납입	미납	동일	동일	대출원리금 상환
③	감액완납	미납	동일	단축	해약환급금 미지급
④	연장정기보험	미납	감액	동일	해약환급금 미지급

정답 | ②

해설 | 〈보험계약 유지를 위한 제도 비교〉

구분	보험료	보험금(보장내용)	보험(보장)기간	비고
보험계약대출	동일	동일	동일	대출원리금 상환 부담
중도인출	동일	동일	동일	해약환급금 감소
보험료 납입 일시중지	일시중지	동일	동일	해약환급금 감소
보험료 자동대출납입	미납	동일	동일	대출원리금 상환
감액	감액	감액	동일	감액부분은 해지처리
감액완납	미납	감액	동일	해약환급금 미지급
연장정기보험	미납	동일	단축	해약환급금 미지급

★★☆
40 40세 남자가 1년 만기 정기보험에 가입할 경우를 가정하여 다음 자료를 토대로 산출한 사망보험 상품 보험료로 가장 적절한 것은?

- 보험료는 연초에 납입하고, 보험금 지급은 보험사고가 발생한 연말에 이루어지며, 예정이율은 연 3%를 가정함
- 보험가입금액 : 10만원
- 제9회 경험생명표(남자) 기준

연령	생존자수	사망자수	생존율	사망률
40	98,401	77	0.99922	0.00078
41	98,324	82	0.99917	0.00083
42	98,243	88	0.99910	0.00090

① 75.97원　　　　　　　② 80.97원
③ 86.97원　　　　　　　④ 93.97원

정답 | ①

해설 | • 보험료 수입의 계리적 현가＝98,401명×P

• 보험금 지출의 계리적 현가＝77명×$\dfrac{100,000원}{(1+0.03)}$

• 수지상등의 원칙 : 보험료 수입의 계리적 현가＝보험금 지출의 계리적 현가

• 98,401명×P＝77명×$\dfrac{100,000원}{(1+0.03)}$

• P＝$\dfrac{77명}{98,401명}$×$\dfrac{100,000원}{(1+0.03)}$＝0.00078×97,087원＝75.97원

★★★
41 언더라이팅 목적에 대한 설명으로 적절하지 않은 것은?

① 언더라이팅은 보험계약의 인수 여부를 결정하는 업무로서 통상 계약심사 또는 계약선택이
라고 표현한다.
② 이 업무에 종사하는 언더라이터는 보험대상자의 위험을 선택하고 적절한 위험집단으로 분류
하여 보험료 및 가입조건을 결정한다.
③ 보험회사가 언더라이팅을 하는 이유는 보험목적을 선별적으로 인수함으로써 수익성 높은
보험계약을 체결하기 위함이다.
④ 보험금 지급이 예상되거나 역선택 의도가 있는 자의 청약 건은 인수를 거절함으로써 선의의
보험계약자를 보호할 수 있다.

정답 | ③
해설 | ③ 보험회사가 언더라이팅을 하는 이유는 정보의 비대칭성으로 인한 역선택 위험을 통제하고 보험목적을 선별
적으로 인수함으로써 안정적인 경영을 도모하기 위함이다.

★★★
42 언더라이팅 기본원칙에 대한 설명이 적절하게 연결된 것은?

A. 대수의 법칙 적용으로 위험집단 동질성이 강조된다.
B. 위험단체의 위험을 평준화하기 위해 대상 집단에 대한 평균 위험도를 예측하여 평균 수준에
해당하는 위험은 선택하고, 평균을 상회하는 높은 위험은 거절하게 된다.
C. 피보험자 집단에 있어 위험률 악화를 방지하기 위해 양질의 계약을 확보하여 유지율을 높여야
한다.
D. 보험계약자들이 각각의 위험도가 반영된 보험료를 납입하도록 해야 하고, 위험평가와 분류는
객관성을 유지해야 하며, 별다른 근거 없이 장애인이나 특정 계층에 대한 가입을 차별해서는
안 된다.
E. 보험제도에서는 대수의 법칙에 의하여 각종 사고의 발생 경향을 통계적으로 처리하고, 이것에
근거하여 장래의 사고를 예측하므로 다수 경제주체의 결합을 전제로 하여 이루어질 수 있다.

	대량위험 원칙	동질위험 원칙	분산가능위험 원칙	보험계속성 원칙	형평성 유지 원칙
①	A	B	C	D	E
②	A	E	B	C	D
③	B	C	D	A	E
④	E	A	B	C	D

정답 | ④
해설 | A. 동질위험 원칙   B. 분산가능위험 원칙
       C. 보험계속성의 원칙   D. 형평성 유지 원칙
       E. 대량위험 원칙

★★★
43 언더라이팅 기본원칙에 대한 설명이 적절하게 연결된 것은?

> 가. 보험제도에서는 대수의 법칙에 의하여 각종 사고의 발생 경향을 통계적으로 처리하고, 이것에 근거하여 장래의 사고를 예측하므로 다수 경제주체의 결합을 전제로 하여 이루어질 수 있다.
>
> 나. 대수의 법칙 적용으로 위험집단의 동질성이 강조되며, 이때 위험 동질성이란 위험의 유형과 정도에 있어서 동질을 의미한다.
>
> 다. 위험단체의 위험을 평준화하기 위해 대상 집단에 대한 평균 위험도를 예측하여 평균 수준에 해당하는 위험은 선택하고, 평균을 상회하는 높은 위험은 거절하게 된다.
>
> 라. 피보험자 집단에 있어 위험률 악화를 방지하기 위해 양질의 계약을 확보하여 유지율을 높여야 한다.

	가	나	다	라
①	판매우선 원칙	분산가능위험 원칙	적정성 원칙	안정성 원칙
②	대량위험 원칙	동질위험 원칙	분산가능위험 원칙	보험계속성 원칙
③	모집우선 원칙	보험계속성 원칙	경제적 부담가능성 원칙	안정성 원칙
④	대량위험 원칙	안정성 원칙	경제적 부담가능성 원칙	보험계속성 원칙

정답 | ②
해설 | 가. 대량위험 원칙에 대한 설명이다.
     나. 동질위험 원칙에 대한 설명이다.
     다. 분산가능위험 원칙에 대한 설명이다.
     라. 보험계속성 원칙에 대한 설명이다.

★★★
44 언더라이팅 기본원칙에 대한 적절한 설명으로 모두 묶인 것은?

> 가. 다수 경제주체의 결합을 전제로 하여 이루어질 수 있는 것은 대량위험 원칙과 관련이 있으며,
> 평균 수준에 해당하는 위험은 선택하고, 평균을 상회하는 높은 위험은 거절하게 되는 것은
> 분산가능위험 원칙과 관련이 있다.
> 나. 동질위험 원칙과 관련하여 위험평가와 분류는 객관성을 유지해야 하며, 별다른 근거 없이
> 장애인이나 특정 계층에 대한 가입을 차별해서는 안 된다.
> 다. 위험단체의 위험을 평준화하기 위해 대상 집단에 대한 평균 위험도를 예측할 수 있어야 하는데,
> 이는 보험계속성 원칙과 관련이 있다.
> 라. 대수의 법칙 적용으로 위험집단 동질성이 강조되는데, 이때 위험 동질성이란 위험의 유형과
> 정도에 있어서 동질을 의미한다.

① 가, 나   ② 가, 라
③ 나, 다   ④ 다, 라

정답 | ②
해설 | 나. 형평성 유지 원칙에 대한 설명이다.
      다. 분산가능위험 원칙에 대한 설명이다. 보험계속성 원칙과 관련해서는 보통 중도해지하는 계약은 피보험자
      위험도가 낮은 계약이 많은바, 피보험자 집단에 있어 위험률 악화를 방지하기 위해 양질의 계약을 확보하여
      유지율을 높여야 한다.

★★★
45 언더라이팅 단계가 순서대로 나열된 것은?

> 가. 보험설계사가 상품 및 계약에 관한 중요사항을 설명하지 않거나 보험계약자 등의 허위 또는
> 부실고지를 묵인하는 것은 역선택을 유발하거나 보험분쟁의 주된 요인이 된다.
> 나. 보험회사는 계약인수 과정상 건강진단을 해야 하는 계약은 병원진단이나 서류진단, 방문
> 진단으로 건강진단을 실시한다.
> 다. 언더라이터는 취득한 정보를 활용하여 피보험자 위험을 종합적으로 평가하고 보험계약내용
> 및 조건, 보험료, 보험금액 등을 결정한다.
> 라. 보험회사는 계약 성립 후 3개월 이내에 계약적부확인 또는 생존조사를 실시할 수 있다.

① 가 – 나 – 다 – 라   ② 가 – 나 – 라 – 다
③ 나 – 가 – 다 – 라   ④ 나 – 가 – 라 – 다

정답 | ①
해설 | 가. 모집조직에 의한 선택(1차 선택)
      나. 의적진단에 의한 선택(2차 선택)
      다. 언더라이터에 의한 선택(3차 선택)
      라. 계약적부확인에 의한 선택(4차 선택)

46 표준미달체 인수방법에 대한 설명이 적절하게 연결된 것은?

가. 위험정도가 표준체 사망지수를 초과하는 표준미달체는 사망지수에 따라 삭감기간을 부여하고, 그 기간 내 일반사망 또는 질병으로 인한 고도의 장해상태가 되었을 경우 계약 시 정한 삭감기간에 따라 보험금을 삭감하여 지급하는 방법

나. 표준미달체 위험 크기 및 정도가 기간경과에 따라 점차 증가하는 체증성 또는 기간의 경과에 상관없이 일정한 상태를 유지하는 항상성인 경우에 주로 적용되는 방법

다. 질병이 발생하는 부위와 관계없이 질병 자체를 부담보하여 해당 질병의 생존보험금을 지급하지 않는 방법

라. 부담보로 지정한 부위에 발생한 질병에 대해 생존보험금을 지급하지 않는 방법

	가	나	다	라
①	보험금 감액법	보험료 할증법	특정질병보장제한부 인수법	특정신체부위보장제한부 인수법
②	보험금 감액법	보험료 할증법	특정신체부위보장제한부 인수법	특정질병보장제한부 인수법
③	보험료 할증법	보험금 감액법	특정질병보장제한부 인수법	특정신체부위보장제한부 인수법
④	보험료 할증법	보험금 감액법	특정신체부위보장제한부 인수법	특정질병보장제한부 인수법

정답 | ①

해설 | 가. 보험금 감액법에 대한 설명이다.
　　　나. 보험료 할증법에 대한 설명이다.
　　　다. 특정질병보장제한부 인수법에 대한 설명이다.
　　　라. 특정신체부위보장제한부 인수법에 대한 설명이다.

47 언더라이팅에 대한 적절한 설명으로 모두 묶인 것은?

> 가. 신체적 위험이 정상적 인수범위에 속하는 경우 표준체라고 하며, 표준체보다 위험이 매우 높아 인수가 어려운 경우 거절체, 표준체보다 높으나 거절체보다는 낮아 특별 조건부로 인수 하는 경우 표준미달체라고 한다.
> 나. 보험설계사는 피보험자나 보험계약자가 청약서상에 피보험자 건강상태나 직업 등 각종 언더 라이팅 판단자료를 사실대로 성실하게 알리도록 해야 하며, 보험계약자와 피보험자가 자필 서명을 하도록 안내해야 한다.
> 다. 계약적부확인은 피보험자 또는 보험계약자에 대한 건강상태, 직업, 습관, 수입상태 등을 조 사하는 것으로, 양질의 계약을 확보하고 보험사고 발생 시 분쟁을 최소화하며 보험금을 신속 하게 지급하는데 그 목적이 있다.
> 라. 표준미달체의 경우 피보험자에게 발생률이 높은 특정질병을 보장에서 제외하는 방법으로는 인수가 가능하나, 특정 신체부위를 보장에서 제외하는 방법으로는 인수가 불가능하다.

① 가, 나
② 다, 라
③ 가, 나, 다
④ 나, 다, 라

정답 | ③

해설 | 라. 특정신체부위/질병보장제한부 인수법은 피보험자에게 발생률이 높은 특정질병 또는 특정 신체부위를 보장 에서 제외하는 것으로, 특정질병부담보는 질병이 발생하는 부위와 관계없이 질병 자체를 부담보하여 해당 질병의 생존보험금(진단, 입원, 수술급부금 등)을 지급하지 않는 방법이며, 특정부위부담보는 부담보로 지 정한 부위에 발생한 질병에 대해 생존보험금을 지급하지 않는 것이다.

48 다음의 경우 가입된 보험계약에서 지급되는 보험금이 적절하게 연결된 것은?

> 가. 계약의 보장개시일부터 1년이 지난 후에 피보험자가 심신상실로 자유로운 의사결정을 할 수 없는 상태에서 자살한 경우
> 나. 계약의 보장개시일부터 2년이 지난 후에 피보험자가 자살한 경우
> 다. 보험계약자가 고의로 피보험자를 해친 경우

	가	나	다
①	보험적립금	보험적립금	재해사망보험금
②	보험적립금	일반사망보험금	일반사망보험금
③	재해사망보험금	일반사망보험금	해약환급금
④	재해사망보험금	재해사망보험금	해약환급금

정답 | ③

해설 | 가. 피보험자가 고의로 자기 자신을 해친 경우 보험금을 지급하지 않는다. 그러나 피보험자가 심신상실 등으로 자유로운 의사결정을 할 수 없는 상태에서 자신을 해친 경우에는 재해사망보험금(약관에서 정한 재해사망 보험금이 없는 경우에는 재해 이외의 원인으로 인한 사망보험금)을 지급한다.

나. 계약의 보장개시일(부활계약의 경우는 부활청약일)부터 2년이 지난 후에 자살한 경우에는 재해 이외의 원인에 해당하는 사망보험금을 지급한다.

다. 보험계약자가 고의로 피보험자를 해친 경우는 보험수익자의 경우와 마찬가지로 반사회적인 범죄행위에 해당하여 보험회사는 보험금을 지급하지 아니한다. 그러나 해약환급금에 대해서는 지급한다.

★★★
49 생명보험약관상 보험금의 지급에 대한 다음 설명 중 적절하지 않은 것은?

① 보험계약자 또는 피보험자나 보험수익자는 보험금 지급사유 발생을 안 때에는 지체 없이 이를 보험회사에 통지해야 한다.

② 보험약관에서는 장해지급률이 재해일 또는 질병의 진단확정일로부터 180일 이내에 확정되지 아니하는 경우에는 180일이 되는 날의 의사 진단에 기초하여 고정될 것으로 인정되는 상태를 장해지급률로 결정한다.

③ 보험수익자가 고의로 피보험자를 해친 경우, 어떠한 보험계약이라도 피보험자가 사망하였을 때는 보험금을 지급하지 아니하나, 보험수익자가 다수인 경우 가해자 몫을 제외한 나머지 보험금은 다른 보험수익자에게 지급한다.

④ 보험약관에서는 보험금 또는 해약환급금 등의 청구가 있을 때는 3영업일 이내에 보험금 또는 해약환급금을 지급하도록 규정하고 있지만, 보험금 지급사유 조사나 확인이 필요한 때에는 청구서류 접수 후 7영업일 이내에 지급한다.

정답 | ④

해설 | ④ 보험약관에서는 보험금 또는 해약환급금 등의 청구가 있을 때는 3영업일 이내에 보험금 또는 해약환급금을 지급하도록 규정하고 있다. 다만, 보험금 지급사유 조사나 확인이 필요한 때에는 청구서류 접수 후 10영업일 이내에 지급한다. 만약 10영업일 이내에 보험금을 지급하지 못할 것으로 예상되는 경우에는 지급 지연사유, 지급예정일 및 보험금 가지급제도(보험회사가 추정하는 보험금의 50% 이내를 지급)에 대하여 피보험자 또는 보험수익자에게 즉시 통지해야 하고, 이때는 서류를 접수한 날부터 30영업일 이내에 보험금을 지급해야 한다.

★★★
50 보험계약자가 계약 전 알릴 의무를 위반하였더라도 보험계약이 해지되지 않는 경우에 해당하지 않는 것은?

① 보험회사가 계약 당시에 그 사실을 알았거나 과실로 인하여 알지 못하였을 때

② 보험회사가 계약 전 알릴 의무 위반사실을 안 날로부터 1개월 이상 지났을 때

③ 보장개시일 부터 보험금 지급사유가 발생하지 않고 2년(진단계약의 경우 질병에 대하여는 1년)이 지났을 때

④ 계약을 체결한 날부터 2년이 지났을 때

★★★
51 **보험계약자의 계약 전 알릴 의무(고지의무)에 대한 설명으로 적절하지 않은 것은?**

① 보험계약자 또는 피보험자는 보험계약을 청약할 때(진단계약의 경우에는 건강진단할 때) 청약서에서 질문한 사항에 대하여 반드시 사실대로 알려야 한다.

② 계약 전에 알려야 할 사항은 통상 청약서의 질문표에 명시되어 있는데 일반적으로 피보험자의 현재 및 과거의 질병과 직접 운전여부 등이 중요한 알릴 의무 대상이 된다.

③ 보험회사는 보험계약자 또는 피보험자가 고의 또는 중대한 과실로 중요한 사항에 대하여 사실과 다르게 알린 경우에는 계약해지나 보장제한을 할 수 있다.

④ 보험계약자 또는 피보험자가 뚜렷한 사기의사에 의하여 계약이 성립되었음을 보험회사가 증명하는 경우에는 보장개시일 부터 3년 이내에 계약을 해지할 수 있다.

★★★
52 **보험계약의 성립에 대한 설명으로 적절하지 않은 것은?**

① 보험계약은 보험계약자의 청약과 보험회사의 승낙으로 성립되며, 보험회사는 피보험자 위험정도에 따라 승낙을 거절하거나 보험가입금액 제한, 일부보장 제외, 보험금 삭감, 보험료 할증 등과 같은 별도 조건을 붙여 승낙할 수 있다.

② 보험회사는 청약받고 제1회 보험료를 받은 경우 청약일로부터(진단계약은 진단일로부터) 30일 이내 승낙 또는 거절하여야 하며, 승낙한 때에는 보험증권을 교부한다.

③ 만약 보험회사가 정해진 기간 내에 승낙 또는 거절내용을 통지하지 않으면 그 보험계약은 승낙하지 않은 것으로 본다.

④ 보험회사가 청약을 거절한 경우에는 거절통지와 함께 이미 받은 보험료와 보험료를 받은 기간에 대해 '평균공시이율＋1%'를 연 단위 복리로 가산한 금액을 지급해야 한다.

53 청약철회에 대한 설명으로 적절하지 않은 것은?

① 청약철회는 보험증권을 받은 날로부터 15일(청약일로부터 30일) 이내에 가능하다.

② 청약철회는 단체요율이 적용되지 않는 개인계약에 대해서만 허용되며, 보험회사가 건강상태 진단을 지원하는 계약, 보험기간 90일 이내인 계약 또는 전문금융소비자가 체결한 계약은 제외된다.

③ 보험계약자가 청약을 철회한 경우 보험회사는 청약철회를 접수한 날부터 3영업일 이내에 이미 납입한 보험료에 일정 이자를 더한 금액을 돌려주어야 한다.

④ 보험계약자가 청약철회를 한 이후에 보험사고가 발생한 경우에는 보험회사가 보험료를 반환하기 전이라도 보장을 받을 수 없지만, 청약철회 당시 보험금 지급사유가 발생했으나 보험계약자가 그 사실을 알지 못한 경우에는 보장받을 수 있다.

정답 | ③

해설 | ③ 보험계약자가 청약을 철회한 경우 보험자는 청약철회를 접수한 날부터 3영업일 이내에 이미 납입한 보험료를 돌려주어야 한다. 만약 반환이 지체된다면 지체된 기간에 대해서는 보험계약대출이율을 연 단위 복리로 계산한 금액을 지연이자로 지급해야 한다. 다만, 신용카드로 제1회 보험료를 납입한 경우는 3영업일 이내 해당 신용카드사가 대금청구를 하지 않도록 해야 하며, 이 경우 보험료를 반환한 것으로 본다.

54 다음 사례 중 현재시점에서 청약을 철회할 수 없는 보험계약으로 모두 묶인 것은?

가. 14일 전에 질병보험을 가입하고 보험료를 납부하였다.
나. 종신보험을 가입하고 7일째 되는 날 보험증권을 수령하였다.
다. 보험료가 저렴한 단체생명보험을 가입하였다.
라. 건강상태 진단을 지원받고 가입하는 조건으로 보험계약을 체결했으나 보험증권을 받지 못하였다.

① 가, 나　　　　　　　　　② 가, 라
③ 나, 다　　　　　　　　　④ 다, 라

정답 | ④

해설 | 청약철회는 보험증권을 받은 날로부터 15일(청약일로부터 30일) 이내에 가능하다. 청약철회는 단체요율이 적용되지 않는 개인계약에 대해서만 허용되며, 보험회사가 건강상태 진단을 지원하는 계약, 보험기간 90일 이내인 계약 또는 전문금융소비자가 체결한 계약은 제외된다.

55 청약철회가 가능한 보험계약으로 가장 적절한 것은?

① 청약일로부터 20일이 경과한 전화로 가입한 실손의료보험
② 청약일로부터 10일이 경과한 단체생명보험
③ 청약일로부터 10일이 경과한 보험회사의 건강상태 진단 지원을 통해 가입한 질병보험
④ 청약일로부터 3일이 경과한 보험기간 1개월인 여행자보험

정답 | ①

해설 | 청약철회는 보험증권을 받은 날로부터 15일(청약일로부터 30일) 이내에 가능하다. 청약철회는 단체요율이 적용되지 않는 개인계약에 대해서만 허용되며, 보험회사가 건강상태 진단을 지원하는 계약, 보험기간 90일 이내인 계약 또는 전문금융소비자가 체결한 계약은 제외된다.

★★★
56 보험계약 무효에 대한 적절한 설명으로 모두 묶인 것은?

> 가. 무효란 효력이 발생하였다가 나중에 계약 체결 시점으로 소급하여 무효가 되는 것이다.
> 나. 강행법규를 위반하는 행위나 사회질서에 반하는 행위는 모두 무효가 된다.
> 다. 타인의 사망을 보험금 지급사유로 하는 보험계약에서 계약을 체결할 때 피보험자의 서면에 의한 동의를 얻지 않은 경우 보험계약은 무효가 된다.
> 라. 계약을 체결할 때 피보험자의 나이가 만 14세였으나, 보험회사가 나이의 착오를 발견하였을 때 이미 만 15세에 도달한 경우에도 무효로 본다.

① 가, 나

② 가, 라

③ 나, 다

④ 다, 라

정답 | ③

해설 | 가. 무효란 보험계약이 성립되었지만, 계약의 효력이 처음부터 발생하지 않는 것이다. 처음부터 법률적으로 효력을 가지지 않는다는 점에서 효력이 발생하였다가 나중에 계약 체결 시점으로 소급하여 무효가 되는 해제나 취소와는 다르다.

라. 계약을 체결할 때 계약에서 정한 피보험자의 나이에 미달하였거나 초과되었을 경우 보험계약은 무효가 된다. 다만, 보험회사가 나이의 착오를 발견하였을 때 이미 계약나이에 도달한 경우에는 유효한 계약으로 보나, 만 15세 미만자에 해당하는 경우에는 무효이다.

★★★
57 보험계약의 무효 요건으로 적절하지 않은 것은?

① 강행법규를 위반하는 행위나 사회질서에 반하는 행위

② 보험계약자가 계약 체결 시 청약서에 자필서명을 하지 아니한 때

③ 만 15세 미만자, 심신상실자 또는 심신박약자를 피보험자로 하여 사망을 보험금 지급사유로 하는 계약의 경우

④ 계약을 체결할 때 계약에서 정한 피보험자의 나이에 미달하였거나 초과되었을 경우

정답 | ②

해설 | ② 보험계약의 취소 요건에 해당한다. 타인의 사망을 보험금 지급사유로 하는 보험계약에서 계약을 체결할 때 피보험자의 서면에 의한 동의(또는 전자서명, 공인전자서명)를 얻지 않은 경우 보험계약은 무효가 된다.

58 보험계약 취소에 대한 설명으로 적절하지 않은 것은?

① 취소란 계약 체결 시점으로 소급하여 계약의 효력을 상실시키는 것을 의미하며, 계약의 취소권자가 취소의사 표시를 할 경우 그 계약은 처음부터 무효가 된다.

② 취소의사를 표시하기 전까지는 계약이 유효하지만, 일단 취소의사 표시를 하고 나면 그 계약은 처음부터 무효가 되어 계약을 소급적으로 무효로 만든다.

③ 보험회사가 보험계약을 체결할 때에 보험약관을 교부하고 중요 내용을 설명하지 않았다면 보험계약자는 보험계약을 청약한 날부터 3개월 이내에 그 계약을 취소할 수 있다.

④ 만약 계약이 취소된 경우 보험회사는 보험계약자에게 이미 납입한 보험료를 반환하여야 하며, 보험료를 받은 기간에 대하여 보험계약대출이율을 연 단위 복리로 계산한 금액을 더하여 반환한다.

정답 | ③

해설 | ③ 보험회사가 보험계약을 체결할 때에 보험약관을 교부하고 중요 내용을 설명하지 않았다면 보험계약자는 보험계약이 성립한 날부터 3개월 이내에 그 계약을 취소할 수 있다.

59 실무상 '3대 기본 지키기' 또는 '품질보증제도'로 불리는 취소 요건으로 모두 묶인 것은?

> 가. 보험회사가 약관 및 청약서 부본을 주지 않은 때
> 나. 약관의 주요 내용을 설명하지 않은 때
> 다. 타인의 사망을 보험금 지급사유로 하는 보험계약에서 피보험자의 서면에 의한 동의를 얻지 않은 때

① 가, 나

② 가, 다

③ 나, 다

④ 가, 나, 다

정답 | ①

해설 | 다. 보험계약 무효 요건에 해당된다. 보험계약자가 계약 체결 시 청약서에 자필서명을 하지 아니한 때 취소 요건에 해당된다.

★★★
60 보험료 납입의무에 대한 설명으로 적절하지 않은 것은?

① 제1회 보험료를 납입하여 계약이 성립된 경우 보험계약자는 약정한 시기에 계속보험료를 납입해야 하며, 제2회 이후 보험료 납입기일은 통상 보험계약자가 정하는 날이 된다.
② 계속보험료가 약정한 시기에 납입되지 아니한 때에는 보험회사는 상당한 기간을 정하여 보험계약자에게 최고하고 그 기간 내에 납입되지 아니한 때에는 그 계약을 해지할 수 있다.
③ 보험회사는 보험계약자에게 납입최고기간이 끝나는 날까지 보험료를 납입하지 않을 경우 납입최고기간이 끝나는 날에 계약이 해지된다는 내용을 서면, 전화 또는 전자문서 등으로 알려주어야 한다.
④ 보험회사는 계약이 해지되기 전 발생한 보험금 지급사유에 대해서는 보험계약내용을 보장한다.

정답 | ③
해설 | ③ 보험회사는 제2회 이후의 보험료를 납입기일까지 납입하지 않아 보험료 납입이 연체중인 경우에 14일(보험기간이 1년 미만이면 7일) 이상의 기간을 납입최고기간으로 정하여 보험계약자(보험수익자와 보험계약자가 다른 경우 보험수익자를 포함)에게 납입최고기간 내에 연체보험료를 납입하여야 한다는 내용과 납입최고기간이 끝나는 날까지 보험료를 납입하지 않을 경우 납입최고기간이 끝나는 날의 다음 날에 계약이 해지된다는 내용을 서면(등기우편 등), 전화(음성녹음) 또는 전자문서 등으로 알려주어야 한다.

★★★
61 보험계약 부활에 대한 적절한 설명으로 모두 묶인 것은?

> 가. 계속보험료를 납입하지 못하여 계약이 해지되었으나 해약환급금이 지급되지 않은 경우에 해지된 날로부터 2년 이내에 보험회사가 정한 절차에 따라 계약의 부활을 청구할 수 있고, 보험회사의 승낙이 있으면 부활절차가 완료된다.
> 나. 보험회사는 부활계약을 심사하여 질병 또는 입원 사실이 있으면 부활청약을 거절할 수 있다.
> 다. 보험회사가 부활을 승낙한 때에는 보험계약자는 부활을 청약한 날까지 연체된 보험료에 '평균공시이율＋1%' 범위에서 보험회사가 정한 이율로 계산한 연체이자를 더해서 보험료를 납입하여야 한다.

① 가, 나   ② 가, 다
③ 나, 다   ④ 가, 나, 다

정답 | ③
해설 | 가. 계속보험료를 납입하지 못하여 계약이 해지되었으나 해약환급금이 지급되지 않은 경우에 해지된 날로부터 3년 이내에 보험회사가 정한 절차에 따라 계약의 부활을 청구할 수 있고, 보험회사의 승낙이 있으면 부활절차가 완료된다.

62 보험계약의 해지에 대한 설명으로 적절하지 않은 것은?

① 사망을 보험금 지급사유로 하는 계약에서 서면으로 동의를 한 피보험자는 계약의 효력이 유지되는 기간에는 언제든지 서면동의를 철회할 수 있는데 그 효과는 미래에만 영향을 미친다.

② 해당 보험계약이 금소법상 판매규제에 위반되는 경우 금융소비자는 위법 사실을 안 날로부터 1년, 계약일로부터 5년 이내에 계약해지요구서에 증빙서류를 첨부하여 계약해지를 요구할 수 있다.

③ 보험계약자, 피보험자 또는 보험수익자가 보험금을 지급받을 목적으로 고의로 보험금 지급사유를 발생시킨 경우에는 보험회사는 그 사실을 안 날부터 2개월 이내에 계약을 해지할 수 있다.

④ 보험회사가 파산의 선고를 받은 때에는 보험계약자는 계약을 해지할 수 있고, 파산선고 후 3개월이 지난 때에는 계약의 효력이 상실된다.

정답 | ③

해설 | ③ 보험계약자, 피보험자 또는 보험수익자가 보험금을 지급받을 목적으로 고의로 보험금 지급사유를 발생시킨 경우거나 보험계약자, 피보험자 또는 보험수익자가 보험금 청구에 관한 서류에 고의로 사실과 다른 것을 기재하였거나 그 서류 또는 증거를 위조 또는 변조한 경우(다만, 이미 보험금 지급사유가 발생한 경우에는 보험금 지급에 영향을 미치지 않음)에는 보험회사는 그 사실을 안 날부터 1개월 이내에 계약을 해지할 수 있다.

63 생명보험약관에 대한 설명으로 적절하지 않은 것은?

① 보험회사는 일반금융소비자인 보험계약자가 조정을 통하여 주장하는 권리나 이익의 가액이 금소법에서 정하는 일정 금액 이내인 분쟁사건에 대하여 조정절차가 개시된 경우에는 관계법령이 정하는 경우를 제외하고는 소를 제기하지 않는다.

② 보험금청구권, 보험료 반환청구권, 해약환급금청구권, 계약자적립액 반환청구권 및 배당금청구권은 2년간 행사하지 않으면 소멸시효가 완성된다.

③ 약관의 뜻이 명확하지 아니한 경우에는 작성자 불이익의 원칙에 따라 보험계약자에게 유리하게 해석한다.

④ 보험설계사 등이 모집과정에서 사용한 보험회사 제작의 보험안내자료 내용이 약관의 내용과 다른 경우에는 보험계약자에게 유리한 내용으로 계약이 성립된 것으로 본다.

정답 | ②

해설 | ② 보험금청구권, 보험료 반환청구권, 해약환급금청구권, 계약자적립액 반환청구권 및 배당금 청구권은 3년간 행사하지 않으면 소멸시효가 완성된다.

학습가이드 ■ ■

학습 목표	학습 중요도
Tip 보험상품별 특성과 상품구조 중심으로 학습 필요	
Tip 고객 니즈에 가장 적합한 보험상품이 무엇인지에 대한 학습 필요	
1. 제3보험의 특징과 법률상 지위에 대해 설명할 수 있다.	★
2. 상해보험 상품의 종류와 특징, 필요성에 대해 설명할 수 있다.	★★★
3. 질병보험 상품의 종류와 특징, 필요성에 대해 설명할 수 있다.	★★★
4. 실손의료보험 상품의 종류와 특징, 필요성에 대해 설명할 수 있다.	★★★
5. 소득보상보험 상품의 종류와 특징, 필요성에 대해 설명할 수 있다.	★
6. 장기간병보험 상품의 종류와 특징, 필요성에 대해 설명할 수 있다.	★

··· T O P I C 1 상해보험

★★★
01 상해보험의 담보 요건에 대한 적절한 설명으로 모두 묶인 것은?

> 가. 상해보험은 급격하고 우연한 외래의 사고여야 하는 세 가지 요건을 충족시켜야 하며, 또한 사고 발생과 신체의 상해 사이에 인과관계가 존재하여야 한다.
> 나. 급격성이란 결과의 발생을 피할 수 없는 급박한 상태를 의미한다.
> 다. 우연성이란 보험사고의 핵심적인 요건으로 사고 발생원인 및 결과가 예견되지 않은 우연한 것이어야 하며, 발생 시기 및 형태를 알 수 있어야 한다.
> 라. 외래성이란 신체 상해의 발생 원인이 피보험자의 신체에 내재한 것이어야 함을 의미한다.

① 가, 나   ② 가, 라

③ 나, 다   ④ 다, 라

정답 | ①
해설 | 다. 우연성이란 보험사고의 핵심적인 요건으로 사고발생원인 및 결과가 예견되지 않은 우연한 것이어야 하며, 발생 시기 및 형태를 알 수 없어야 한다.
　　　라. 외래성이란 신체 상해의 발생원인이 피보험자의 신체에 내재한 것이 아니고 원인에서 결과에 이르는 과정이 외부에서 오는 것이어야 함을 의미한다.

★★★
02 상해보험의 보장내용에 대한 적절한 설명으로 모두 묶인 것은?

> 가. 사망, 후유장해에 대해서는 다른 손해보험에서 적용되는 실손보상원칙이 적용된다.
> 나. 상해사망보험금은 보험기간 중에 상해의 직접적인 결과로써 사망한 경우 보험가입금액을 보험수익자에게 지급한다.
> 다. 후유장해보험금은 장해급수에 따라 보험가입금액의 일정 비율을 지급하는데, 장해지급률이 상해 발생일로부터 120일 이내에 확정되지 않는 경우에는 상해 발생일로부터 120일이 되는 날의 의사 진단에 기초하여 고정될 것으로 인정되는 상태를 장해지급률로 결정한다.
> 라. 의료비보험금은 보험기간 중 진단확정된 상해로 입원, 통원, 요양, 수술 또는 간병이 필요한 상태가 되었을 때 진단보험금, 입원보험금, 수술보험금, 간병보험금 등을 지급한다.

① 가, 나
② 가, 다
③ 나, 라
④ 다, 라

정답 | ③

해설 | 가. 사망, 후유장해에 대해서는 다른 손해보험에서 적용되는 실손보상원칙이 적용되지 않고 정액방식으로 보상한다.

　　　다. 후유장해보험금은 장해급수에 따라 보험가입금액의 일정 비율을 지급하는데, 장해지급률이 상해 발생일로부터 180일 이내에 확정되지 않는 경우에는 상해 발생일로부터 180일이 되는 날의 의사 진단에 기초하여 고정될 것으로 인정되는 상태를 장해지급률로 결정한다.

★★★
03 상해보험의 면책에 대한 설명으로 적절하지 않은 것은?

① 피보험자, 보험수익자 및 보험계약자가 고의 및 중대한 과실로 피보험자를 해친 경우에는 보상하지 않는다.

② 피보험자가 심신상실 등으로 자유로운 의사결정을 할 수 없는 상태에서 자신을 해친 경우에는 보험금을 지급한다.

③ 전쟁 · 외국의 무력행사 · 혁명 · 내란 · 사변 · 폭동 등으로 인한 손해도 담보하지 않는다.

④ 피보험자가 직업, 직무 또는 동호회 활동목적으로 위험 행위를 하여 상해사고가 발생한 경우에도 보험금을 지급하지 않는다.

정답 | ①

해설 | ① 피보험자, 보험수익자 및 보험계약자가 고의로 피보험자를 해친 경우에는 보상하지 않는다. 다만, 피보험자가 심신상실 등으로 자유로운 의사결정을 할 수 없는 상태에서 자신을 해친 경우에는 보험금을 지급한다.

★★★
04 질병보험에 대한 설명으로 가장 적절한 것은?

① 질병보험은 피보험자가 보험기간 중에 질병에 걸리거나 질병으로 인한 위험을 보장하는 보험으로 질병에 의한 신체의 기능장애 또는 건강의 손상에 따른 경제적 손실을 보상하기 위해 진단, 사망, 수술 및 입원비 등을 보장한다.

② CI보험은 피보험자의 잔여수명이 12개월 이하인 치명적인 질병 발생 시 사망보험금의 50%~80%를 선지급하는 보험으로 질병의 종류만으로 보장 여부를 판단한다.

③ 보험회사는 역선택이 가능한 특정 질병의 경우 제1회 보험료 납입일 이후 일정 기간 동안 보장하지 않는 대기기간을 설정할 수 있는데, 암보험 특별약관에서는 90일의 대기기간 중 암진단이 확정되는 경우에는 특별약관을 무효로 한다.

④ 갱신형 질병보험의 경우 갱신 후 계약에 대해서도 대기기간을 두는 경우가 일반적이다.

정답 | ③

해설 | ① 질병보험은 피보험자가 보험기간 중에 질병에 걸리거나 질병으로 인한 위험(질병으로 인한 사망은 특약만 가능)을 보장하는 보험으로 질병에 의한 신체의 기능장애 또는 건강의 손상에 따른 경제적 손실을 보상하기 위해 진단비, 수술비 및 입원비 등을 보장한다.

② CI보험은 피보험자의 잔여수명이 6개월 이하인 치명적인 질병 발생 시 사망보험금의 50%~80%를 선지급하는 보험으로 일반적인 질병보험 상품은 질병의 종류만으로 보장 여부를 구분하지만, 치명적 질병보험인 CI보험은 질병의 종류와 함께 심도(중대한 질병, 중대한 수술 등)를 고려하여 보장 여부를 판단한다.

④ 갱신형 질병보험의 경우 갱신 후 계약에 대해서는 대기기간을 두지 않는 경우가 일반적이다.

★★★
05 실손의료보험에 대한 적절한 설명으로 모두 묶인 것은?

> 가. 보험회사가 피보험자의 질병 또는 상해로 인한 손해를 의료비에 한정하여 보상하는 보험으로 우리나라에서 판매되는 실손의료보험은 국민건강보험에서 보상하는 부분을 포함하여 병·의원 및 약국에서 발생한 의료비를 보상한다.
> 나. 실손의료보험은 피보험자가 실제 지출한 의료비에 대해 일정한도 내에서 보상하는 상품으로 정액의료보험과는 보장방식이 다르다.
> 다. 실손의료보험은 자기부담금과 함께 연간 보상금액 한도가 존재하므로 피보험자가 지출한 담보대상 의료비 전부를 보장하지는 않는다.
> 라. 4세대 실손의료보험은 분리되어 있던 현재의 급여와 비급여를 통합하여 포괄적 보장구조를 적용하였다.
> 마. 환자의 선택사항인 비급여에 대해서는 보험료가 할인·할증되고 자기부담금은 상향조정하였으나 기존 실손보험보다 가입 시 보험료를 대폭 줄인 부분은 4세대 실손의료보험의 장점이라고 할 수 있다.

① 가, 다, 라
② 가, 다, 마
③ 나, 다, 마
④ 나, 라, 마

정답 | ③

해설 | 가. 보험회사가 피보험자의 질병 또는 상해로 인한 손해를 의료비에 한정하여 보상하는 보험으로 우리나라에서 판매되는 실손의료보험은 병·의원 및 약국에서 발생한 의료비 중 국민건강보험에서 보상하는 부분을 제외한 나머지를 보상한다.

라. 4세대 실손의료보험은 비급여에 대한 현재의 포괄적 보장구조(급여 + 비급여)를 급여(주계약)와 비급여(특약)로 분리하고, 가입자 간 보험료 부담의 형평성 문제를 해소하기 위해 비급여 의료이용량과 연계하여 비급여 보험료를 차등 적용하였다.

★★★
06 실손의료보험에 대한 적절한 설명으로 모두 묶인 것은?

> 가. 실손의료보험의 보장대상은 국민건강보험 급여항목 중 법정본인부담금만을 대상으로 한다.
> 나. 다수계약을 체결하였을 경우 각 보험회사에서 지급한 보험금이 실제 부담한 의료비를 초과하지 않도록 비례 보상한다.
> 다. 4세대 실손의료보험은 필수치료인 급여항목의 경우 사회환경 변화 등으로 보장 필요성이 제기된 불임 관련 질환, 선천성 뇌질환 등에 대해 보장을 확대하고 보험금 누수가 큰 도수치료, 영양제 등 일부 비급여항목에 대해서는 과잉 의료이용 방지를 위해 보장을 제한하였다.
> 라. 실손의료보험에서는 피보험자가 고의 및 중과실로 자신을 해친 경우, 보험수익자 및 계약자가 고의 및 중과실로 피보험자를 해친 경우 등 고의 및 중과실 사고에 대해서는 보장하지 않는다.

① 가, 나   ② 가, 라
③ 나, 다   ④ 다, 라

정답 | ③
해설 | 가. 실손의료보험의 보장대상은 국민건강보험 급여항목 중 법정본인부담금과 국민건강보험 비급여항목인 법정비급여를 대상으로 한다.
라. 실손의료보험에서는 피보험자가 고의로 자신을 해친 경우, 보험수익자 및 계약자가 고의로 피보험자를 해친 경우 등 고의사고에 대해서는 보장하지 않는다.

★★★
07 3세대 실손의료보험을 가입하고 있는 박영호씨에게 다음과 같은 의료비가 발생한 경우 손해보험회사에서 지급해야 할 통원의료비 보험금으로 가장 적절한 것은(단, 처방조제비는 고려하지 않음)?

> 〈표준형 실손의료비보험 질병 입원 · 통원형 가입〉
> 보험기간 : 올해 1월 1일~12월 31일
> 약관상 보장하는 질병으로 아래와 같이 통원치료
>
> | 통원일 | 진단명(병명) | 진료기관 | 본인부담의료비 |
> |---|---|---|---|
> | 3월 11일 | 위염 | A병원 | 240,000원 |
> | 5월 4일 | 위궤양 | B상급종합병원 | 250,000원 |
>
> ※ 1회당 공제금액 : 병원종별로 1만원, 1.5만원, 2만원과 본인부담 합계액(법정 본인부담액＋비급여부담액)의 20% 중 큰 금액

① 192,000원   ② 200,000원
③ 392,000원   ④ 490,000원

정답 | ③
해설 | 1회당 공제금액은 병원종별로 1만원, 1.5만원, 2만원과 본인부담 합계액(법정 본인부담액 + 비급여부담액)의 20% 중 큰 금액이 된다.
- 3월 11일 외래 : 240천원 − Max(15천원, 240천원×20% = 48천원) = 240천원 − 48천원 = 192천원
- 5월 4일 외래 : 250천원 − Max(20천원, 250천원×20% = 50천원) = 250천원 − 50천원 = 200천원
- 지급보험금 : 192천원 + 200천원 = 392천원

···TOPIC 4 소득보상보험

★☆☆
08 소득보상보험에 대한 설명으로 적절하지 않은 것은?

① 소득보상보험은 질병이나 상해로 인해 소득이 상실될 때 이를 대체할 수 있는 소득을 제공하는 상품이다.

② 주로 50% 이상 후유장해나 80% 이상 후유장해 시 생활지원금을 10년 또는 20년 동안 매월 또는 매년 지급하는 형태이며 보험급여를 수령하기 위해서는 약관에서 정의한 장해상태가 발생해야 하고 약관에서 정한 대기기간이 종료될 때까지 계약이 유지되어야 한다.

③ 대기기간을 길게 설정할수록 보험료는 높아지고 대기기간 경과 후 급여를 수령하게 되면 피보험자는 더 이상 보험료를 납부하지 않고, 일단 급여를 개시하면 보험회사는 대기기간 동안 수령한 보험료를 계약자에게 환급해 준다.

④ 상해의 경우 장해지급률이 상해 발생일부터 180일 이내에 확정되지 않는 경우에는 상해 발생일부터 180일 되는 날의 의사 진단에 기초하여 고정될 것으로 인정되는 상태를 장해지급률로 결정한다.

정답 | ③
해설 | ③ 대기기간을 길게 설정할수록 보험료는 낮아지고 대기기간 경과 후 급여를 수령하게 되면 피보험자는 더 이상 보험료를 납부하지 않고, 일단 급여를 개시하면 보험회사는 대기기간 동안 수령한 보험료를 계약자에게 환급해 준다.

★☆☆

09 다음 장기간병보험의 보험사고 중 보상이 되지 않는 것은?

① 2024년 3월 9일 장기간병보험 가입 후 2024년 7월 5일 뇌병변장해로 인하여 일상생활장해상태가 된 경우

② 2024년 10월 1일 장기간병보험 가입 후 2024년 10월 15일 강도폭행에 의하여 이동 동작을 다른 사람의 도움 없이는 할 수 없는 상태로 목욕하기를 스스로 할 수 없는 일상생활장해상태가 된 경우

③ 2024년 10월 21일 장기간병보험 가입 후 2024년 10월 22일 등산 중 실족으로 인하여 이동 동작을 다른 사람의 도움 없이는 할 수 없는 상태로 옷 입고 벗기를 스스로 할 수 없는 일상생활장해상태가 된 경우

④ 2022년 1월 3일 장기간병보험 가입 후 2024년 2월 알츠하이머병에 걸려 인지기능의 장애척도(CDR) 검사결과 2점에 해당하는 중증치매상태가 된 경우

정답 | ④

해설 | ④ 치매라 함은 정상적으로 성숙한 뇌가 질병이나 외상 후 기질성 손상으로 파괴되어 한번 획득한 지적기능이 지속적 또는 전반적으로 저하되는 경우를 말한다. 치매 장해 평가는 임상적인 증상뿐 아니라 뇌 영상검사(CT 및 MRI, SPECT 등)를 기초로 진단돼야 하며, 중증치매상태는 재해나 질병으로 전문의에 의해 인지기능의 장애척도(CDR ; Clinical Dementia Rating) 검사결과가 3점 이상 발생한 상태를 말한다.

★☆☆

10 다음 보험사고 중 장기간병보험으로 보상이 가능한 사례로 모두 묶인 것은?

가. 2024년 1월 18일 장기간병보험에 가입한 옥택연씨는 2024년 8월 11일 AFPK 자격시험에 합격했다는 소식을 듣고 좋아하던 중 교통사고로 인하여 이동 동작을 다른 사람의 도움 없이는 할 수 없는 상태로 음식물 섭취를 스스로 할 수 없는 일상생활장해상태가 되었다.

나. 2022년 1월 1일 장기간병보험에 가입한 장민호씨는 결혼준비를 하던 중 2024년 2월 13일 알츠하이머병에서의 치매상태로 인하여 인지기능의 장애척도(CDR) 검사결과 4점에 해당하는 중증치매상태가 되었다.

다. 2024년 2월 12일 장기간병보험에 가입한 이정모씨는 AFPK 자격시험 대비 너무나 열심히 공부하던 나머지 갑작스럽게 발생한 뇌경색을 직접적인 원인으로 2024년 4월 24일 일상생활장해상태가 되었다.

라. 2024년 2월 13일 장기간병보험에 가입한 김상연씨는 2024년 2월 15일 갑작스런 교통사고로 인한 뇌의 손상을 직접적인 원인으로 중증치매상태가 되었다.

① 가, 나

② 다, 라

③ 가, 나, 라

④ 나, 다, 라

해설 | 다. 일반적으로 일상생활장해보장의 경우 면책기간을 90일로 설정하고 있으며 중증치매보장의 경우 면책기간을 2년으로 두고 있다. 다만, 재해로 인하여 일상생활장해상태가 되거나 중증치매상태가 되는 경우에는 면책기간 중에도 보장을 하고 있다.

★☆☆
11 제3보험에 대한 설명으로 적절하지 않은 것은?

① 제3보험은 사람의 신체에 발생한 질병 및 상해에 대하여 사망·후유장해 및 치료비, 간병비 등을 보상하는 보험으로 민간 의료보험이라고 볼 수 있다.

② 제3보험은 상해, 질병 및 간병으로 실제 발생한 의료비용을 보상하는 상품인 실손보상보험인 반면, 특정 질병 발생 시 진단비·수술비·입원비 명목으로 계약 당시에 약정한 금액을 지급하는 정액보상보험이기도 하다.

③ 우리나라에서는 생명보험회사와 손해보험회사 모두 제3보험 상품을 취급하고 있다.

④ 장기간병보험은 기질성 치매 또는 알츠하이머와 같은 중증치매 상태로 판정이 났을 경우에는 간병비용을 지급하지 않는다.

정답 | ④

해설 | ④ 장기간병보험은 보험기간 중 활동불능 또는 인식불능 등 타인의 간병을 필요로 하는 상태 및 이로 인해 생활이 어려운 경우 간병자금 및 생활비 등을 지급하는 보험으로 주로 장기요양상태가 되거나 일상생활장해 및 중증치매 발생 시 보장한다.

05 손해보험

출제비중 : 20~30% / 6~9문항

학습가이드 ■■

학습 목표	학습 중요도
Tip 보험상품별 특성과 상품구조 중심으로 학습 필요	
Tip 해당 지식을 고객 사례에 적용하는 문제에 대한 학습 필요	
1. 손해보험의 특징을 이해하고 요율산정을 통해 보험료를 계산할 수 있다.	★★
2. 화재보험의 종류와 특징에 대해 이해하고, 필요성 여부를 판단할 수 있다.	★★★
3. 다중이용업소 화재배상보험과 재난배상책임보험에 대해 이해하고 설명할 수 있다.	★★★
4. 배상책임보험의 정의와 주요 약관 내용을 설명할 수 있다.	★★
5. 배상책임보험의 분류기준을 이해하고 그 차이점에 대해 설명할 수 있다.	★★
6. 장기손해보험 주요 특징을 이해하고 일반손해보험과 차이에 대해 설명할 수 있다.	★★★
7. 자동차보험 특성 및 법률상 책임에 대해 이해하고 설명할 수 있다.	★★★

···**TOPIC 1** 손해보험 개요

★★☆
01 손해보험 원리와 특징에 대한 설명으로 적절하지 않은 것은?

① 손해보험계약은 손해의 보상을 목적으로 하고, 손해의 보상은 약정한 보험금액의 한도 내에서 손해액에 따라 산정된 보험금으로 지급된다.

② 손해보험은 부정액보험인데, 보험사고만 발생하면 손해와 상관없이 일정액을 지급하는 정액보험인 인보험과 다르다.

③ 피보험이익이란 보험의 목적이 갖는 경제적 가치를 의미한다.

④ 보험의 목적이 소실될 경우 손해를 볼 수 있는 사람은 그 보험의 목적에 대하여 피보험이익이 있다고 볼 수 있기 때문에, 손해보험은 보험의 목적을 금전으로 산정할 수 있는 '피보험이익'이 존재해야 하며, '피보험이익'이 없는 보험계약은 무효이다.

정답 | ③

해설 | ③ 피보험이익이란 보험의 목적이 갖는 경제적 가치를 의미하는 것이 아니라, 보험의 목적에 대하여 어떤 사람이 갖는 경제적 이해관계를 의미한다.

★★☆

02 보험가액/보험가입금액에 대한 설명으로 가장 적절한 것은?

① 손해보험은 보험계약 체결 시 당사자가 협정에 의해 정하는 '보험가액'과 피보험이익을 금전으로 산정한 '보험가입금액'이 존재한다.

② 보험가액이란 피보험자에게 발생할 수 있는 손해의 최고한도액이기 때문에, 이를 '보험회사 책임의 법정 한도액'이라 한다.

③ 보험가입금액은 보상의 최고한도액이며, 계약 시 보험가입금액이 사전에 결정된다.

④ 미평가보험은 당사자 간에 미리 피보험이익의 가액에 관해 합의한 계약으로 그 가액을 사고 발생 시의 가액으로 추정한다.

정답 | ②

해설 | ① 손해보험은 보험계약 체결 시 당사자가 협정에 의해 정하는 '보험가입금액'과 피보험이익을 금전으로 산정한 '보험가액'이 존재한다.

③ 보험가입금액은 보상의 최고한도액이며, 일반적으로 계약 시 보험가입금액이 결정된다. 그러나 계약 시 명확하게 정할 수 없는 경우도 있다.

④ 기평가보험에 대한 설명이다. 미평가보험은 당사자 간에 보험가액을 정하지 아니한 계약을 말하며, 이 경우 보험가액은 실손보상의 원칙에 근거하여 보험사고가 발생한 때와 장소의 가액으로 결정한다.

★★☆

03 보험자대위에 대한 다음 설명 중 (가)~(다)에 들어갈 내용이 적절하게 연결된 것은?

> 보험자대위란 보험회사가 보험사고로 인하여 보험금을 지급하였을 때 피보험자가 보험의 목적에 대하여 소유한 권리의 전부 또는 일부를 보험회사가 취득하게 되거나 제3자에 대하여 갖는 권리를 취득하는 것을 말한다. 전자를 (가)라 하고 후자를 (나)라 한다. 이와 같은 제도는 보험성립의 기본이 되는 (다)에 그 근간을 두고 있다.

	가	나	다
①	잔존물대위	청구권대위	피보험이익원칙
②	잔존물대위	청구권대위	이득금지원칙
③	청구권대위	잔존물대위	피보험이익원칙
④	청구권대위	잔존물대위	이득금지원칙

정답 | ②

해설 | 보험자대위란 보험회사가 보험사고로 인하여 보험금을 지급하였을 때 피보험자가 보험의 목적에 대하여 소유한 권리의 전부 또는 일부를 보험회사가 취득하게 되거나 제3자에 대하여 갖는 권리를 취득하는 것을 말한다. 전자를 '잔존물대위'라 하고 후자를 '청구권대위'라 한다. 이와 같은 제도는 보험성립의 기본이 되는 '이득금지원칙'에 그 근간을 두고 있다.

★★☆
04 요율산출에 필요한 다음 경험통계를 토대로 토마토손해보험회사가 순보험료법으로 자동차 보험료율을 산정하려고 할 경우 가장 적절한 금액은?

- 피보험차량 대수 : 10만대
- 사업비 : 17억원
- 발생손해액 : 40억원
- 이윤 : 5%

---

① 17,000원
② 40,000원
③ 57,000원
④ 60,000원

정답 | ④

해설 | • 순보험료 $= \dfrac{\text{발생손해액}}{\text{피보험차량대수}} = \dfrac{40억원}{10만대} = 40,000원$

• 위험노출단위당 비용 $= \dfrac{17억원}{10만대} = 17,000원$

• 보험료율 $= \dfrac{(\text{순보험료} + \text{비용})}{(1 - \text{이윤})} = \dfrac{(40,000 + 17,000)}{(1 - 0.05)} = \dfrac{57,000}{0.95} = 60,000원$

★★☆
05 토마토손해보험회사가 경험통계를 활용하여 개발한 배상책임보험상품이 판매된 후 1년이 경과되어 실제 손해율이 다음과 같을 경우 손해율법에 따른 요율조정으로 가장 적절한 것은?

- 실제손해율 : 70%
- 예정손해율 : 60%

---

① +16.7%
② +10%
③ -10%
④ -16.7%

정답 | ①

해설 | 요율조정 $= \dfrac{\text{실제손해율} - \text{예정손해율}}{\text{예정손해율}} = \dfrac{0.7 - 0.6}{0.6} = 0.167(16.7\%)$

★★★
06 주택화재보험에서 보상하는 재산손해로 모두 묶인 것은?

가. 화재에 의한 직접손해	나. 벼락으로 인한 충격손해
다. 폭발 또는 파열에 따른 직접손해	라. 소방손해
마. 피난 중 발생한 도난 또는 분실손해	

① 가, 라   ② 가, 라, 마
③ 가, 나, 다, 라   ④ 나, 다, 라, 마

정답 | ③
해설 | 마. 손해방지를 위한 침수손, 파괴손 등은 보상하나, 피난 중 도난 또는 분실손해는 보상하지 않는다.

★★★
07 주택화재보험에서 보상하는 손해로 모두 묶인 것은?

가. 폭발에 따른 직접손해	나. 소방손해
다. 피난 중 발생한 도난손해	라. 잔존물제거비용
마. 기타 협력비용	

① 나, 라   ② 가, 나, 마
③ 가, 나, 라, 마   ④ 나, 다, 라, 마

정답 | ③
해설 | 다. 손해방지를 위한 침수손, 파괴손 등은 보상하나, 피난 중 도난 또는 분실손해는 보상하지 않는다.

★★★
08 화재보험에서 보상하는 손해로 모두 묶인 것은?

가. 주택화재보험에서의 폭발, 파열의 손해
나. 화재로 인하여 피난지에서 5일 이내에 생긴 화재로 인한 직접손해
다. 사고현장에서의 잔존물의 해체비용
라. 손해방지 또는 경감을 위해 지출한 필요 또는 유익한 비용
마. 화재가 발생했을 때 도난 또는 분실로 생긴 손해

① 나, 라   ② 가, 나, 라
③ 가, 나, 다, 라   ④ 나, 다, 라, 마

정답 | ③

해설 | 마. 화재가 발생했을 때 생긴 도난 또는 분실로 생긴 손해는 화재보험에서 보상하지 않는 손해에 해당한다.

★★★
09 화재보험에서 보상하지 않는 손해로 모두 묶인 것은?

> 가. 화재로 인하여 피난지에서 5일 이내에 생긴 화재로 인한 간접손해
> 나. 손해방지 또는 경감을 위해 지출한 필요 또는 유익한 비용
> 다. 화재가 발생했을 때 도난 또는 분실로 생긴 손해
> 라. 계약자의 중대한 과실로 생긴 화재손해
> 마. 화재로 기인되지 않은 수도관, 수관, 수압기 등의 파열로 생긴 손해

① 나, 마   ② 가, 나, 라
③ 가, 다, 라, 마   ④ 나, 다, 라, 마

정답 | ③

해설 | 가. 피난손해 : 피난지에서 5일 이내에 생긴 직접손해 및 소방손해가 보상하는 손해이다.
　　　나. 손해방지비용은 화재보험에서 보상하는 손해에 해당한다.
　　　다. 화재, 폭발 또는 파열이 발생했을 때 도난 또는 분실로 생긴 손해는 보상하지 않는 손해이다.
　　　라. 계약자, 피보험자 또는 이들의 법정대리인의 고의나 중대한 과실로 생긴 손해는 보상하지 않는 손해이다.
　　　마. 화재로 기인되지 않은 수도관, 수관, 수압기 등의 파열로 생긴 손해는 보상하지 않는 손해이다.

★★★
10 주택화재보험 가입대상 물건으로 모두 묶인 것은?

> 가. 연립주택   나. 콘도미니엄
> 다. 오피스텔   라. 기숙사 건물
> 마. 공장 내 기숙사

① 가   ② 가, 나, 다
③ 다, 라, 마   ④ 가, 나, 다, 라

정답 | ①

해설 | 콘도미니엄, 오피스텔, 기숙사 건물, 공장 내 기숙사는 주택물건이 아니다.

11 화재보험에 대한 설명으로 적절하지 않은 것은?

① 보험의 목적에 화재사고가 발생하면 면책조항에 해당하지 않는 한 화재의 원인과 결과를 불문하고 그 화재로 인한 직접손해, 소방손해, 피난손해를 보상한다.

② 화재로 인해 손해가 발생한 경우 재산손해에 대해서는 보상하지만, 각종 비용손해에 대해서는 보상하지 않는다.

③ 잔존물제거비용은 사고현장의 보험목적물 제거를 위한 비용으로 보험증권에 기재된 보험가입금액 범위 내에서 재산손해액의 10%를 한도로 보상한다.

④ 주택물건은 주택으로만 쓰이는 건물과 그 수용가재, 주택병용 물건으로서 교습소, 치료소 용도로 사용하는 건물 및 그 수용가재로, 건물의 부속물 및 부착물 등은 다른 약정이 없어도 보험의 목적에 포함되는 자동담보물건이다.

정답 | ②

해설 | ② 화재보험 보통약관에서 직접손해, 소방손해, 피난손해 등의 재산손해와 잔존물제거비용, 손해방지비용, 대위권보전비용, 잔존물보전비용, 기타 협력비용 등의 비용손해를 보상한다.

12 다음 사례의 경우 주택화재로 인한 지급보험금으로 적절한 것은?

- 보험가입금액 : 8,000만원
- 보험가액 : 1억원
- 손해액 : 2,000만원

① 1,000만원

② 2,000만원

③ 4,000만원

④ 8,000만원

정답 | ②

해설 | 〈보험가입금액별 지급보험금〉

계약내용		지급보험금	
		일부손해	전부손해
전부보험	보험가입금액 = 보험가액(100%)	손해액 전액	손해액 전액
일부보험	보험가입금액이 보험가액의 80% 이상 100% 미만	손해액 전액 (보험가입금액 한도)	보험가입금액
	보험가입금액이 보험가액의 80% 미만	비례보상	보험가입금액
초과보험	보험가입금액 > 보험가액	손해액 전액 (보험가액 한도)	손해액 전액 (보험가액 한도)

★★★
13 다음 사례의 경우 주택화재로 인한 지급보험금으로 적절한 것은?

> • 보험가입금액 : 8,000만원
>
> • 보험가액 : 2억원
>
> • 손해액 : 1억원

① 4,000만원

② 5,000만원

③ 8,000만원

④ 1억원

정답 | ②

해설 | • 일부보험 : 보험가입금액이 보험가액의 80% 미만(비례보상)

• 지급보험금 = 손해액 $\times \left[\dfrac{\text{보험가입금액}}{(\text{보험가액} \times 80\%)} \right]$ = 1억원 $\times \left[\dfrac{8,000\text{만원}}{(2\text{억원} \times 80\%)} \right]$ = 5,000만원

★★★
14 보험가액이 1억원, 보험가입금액이 5천만원으로 주택화재보험 계약 후 재산손해액이 1천만원, 잔존물제거비용이 400만원 발생시 주택화재보험에서 지급되는 보험금으로 적절한 것은?

① 625만원

② 725만원

③ 850만원

④ 1,000만원

정답 | ②

해설 | • 재산보험금 : 1천만원 $\times \dfrac{5\text{천만원}}{1\text{억원} \times 80\%}$ = 625만원

• 잔존물제거비용 보험금 : 400만원 $\times \dfrac{5\text{천만원}}{1\text{억원} \times 80\%}$ = 250만원. 그러나 재산손해액(1,000만원)의 10%인 100만원을 한도로 하므로 잔존물제거비용 보험금은 100만원이다.

• 보험금 합계 : 625 + 100 = 725만원

★★★
15 화재보험에 대한 적절한 설명으로 모두 묶인 것은?

> 가. 계약자, 피보험자 또는 이들의 법정대리인의 고의나 중대한 과실로 생긴 손해, 보험목적의 자연발화로 생긴 손해 등은 보상하지 않지만, 화재가 발생했을 때 도난 또는 분실로 생긴 손해는 보상한다.
> 나. 명기물건은 보험증권에 기재하여야 보험의 목적이 되며, 통화, 유가증권, 인지, 우표, 귀금속, 귀중품, 보석, 서화, 골동품, 조각물, 원고, 설계서, 도안, 물건의 원본, 모형, 증서, 장부, 금형, 목형, 소프트웨어 등이 있고, 실외 및 옥외에 쌓아 둔 동산이 해당된다.
> 다. 주택화재보험에서 재산손해는 80% Co-Insurance를 적용하며 보험가입금액이 보험가액의 80% 이상인지 미만인지에 따라 지급보험금이 달라진다.
> 라. 일반화재보험의 보상하지 않는 손해는 주택화재보험과 동일하다.

① 가, 나   ② 가, 라
③ 나, 다   ④ 다, 라

정답 | ③

해설 | 가. 계약자, 피보험자 또는 이들의 법정대리인의 고의나 중대한 과실로 생긴 손해, 화재, 폭발 또는 파열이 발생했을 때 도난 또는 분실로 생긴 손해, 보험목적물의 발효, 자연발열 또는 자연발화로 생긴 손해(단, 그로 인해 연소된 다른 보험의 목적에 생긴 손해는 보상) 등은 화재보험 보통약관에서 보상하지 않는 손해이다.
라. 일반화재보험의 보상하지 않는 손해는 주택화재보험과 동일하나 일반화재보험에서는 화재로 발생한 것이든 아니든 파열 또는 폭발로 생긴 손해는 보상하지 않는다.

★★★
16 다음 문항 중 공장물건의 지급보험금에 대한 설명과 가장 거리가 먼 것은?

	보험가액	보험가입금액	손해액	지급보험금
①	100,000천원	100,000천원	80,000천원	80,000천원
②	100,000천원	50,000천원	100,000천원	50,000천원
③	100,000천원	50,000천원	50,000천원	20,000천원
④	100,000천원	120,000천원	100,000천원	100,000천원

정답 | ③

해설 | ① 전부보험이므로 80,000천원 손해액만큼 지급보험금 80,000천원 보상

② 일부보험이므로 비례보상 : $100,000천원 \times \dfrac{50,000천원}{100,000천원} = 50,000천원$

③ 일부보험이므로 비례보상 : $50,000천원 \times \dfrac{50,000천원}{100,000천원} = 25,000천원$

④ 보험가입금액이 120,000천원(초과보험)이더라도 손해액인 100,000천원 보상

★★★
17 화재보험의 계약 후 알릴 의무에 대한 설명으로 적절하지 않은 것은?

① 계약자나 피보험자는 보험계약을 체결한 후 위험의 변경 및 증가사유가 생긴 경우에는 지체 없이 보험회사에 서면으로 알려야 하며, 보험증권의 변경승인을 받아야 한다.

② 현저한 위험의 변경, 증가와 관련한 통지의무 위반 시 보험회사에 계약해지권이 발생하며, 이 계약해지는 손해가 생긴 후에 계약해지가 이루어진 경우에도 손해를 보상하지 않으나, 이미 지급한 보험금의 반환은 청구할 수 없다.

③ 보험계약자 또는 피보험자가 고의 또는 중대한 과실로 손해방지의무를 게을리 한 때에는 방지 또는 경감할 수 있었을 것으로 밝혀진 금액을 손해액에서 공제하고 보험금을 지급할 수 있다.

④ 손해발생통지의무를 게을리 함으로 인하여 손해가 증가된 때에는 그 증가된 손해는 보상하지 않는다.

정답 | ②

해설 | ② 현저한 위험의 변경, 증가와 관련한 통지의무 위반 시 보험회사에 계약해지권이 발생하며, 이 계약해지는 손해가 생긴 후에 계약해지가 이루어진 경우에도 손해를 보상하지 않는다. 또한 이미 지급한 보험금의 반환을 청구할 수 있다.

★★★
18 고객 B와 화재보험 가입 관련 상담을 진행 중인 재무설계사 A가 고객 B에게 적절하게 설명한 내용으로 모두 묶인 것은?

> • B의 영위업종 : 제조업
> • 가입대상물건 : 본인 소유의 공장 및 기계설비, 공장 내 기숙사
> • 건물의 급수 : 공장 및 기숙사 모두 1급 건물

> 가. 공장 내 기숙사도 공장물건에 해당합니다.
> 나. 공장의 간판은 보험증권에 기재하지 않아도 자동담보되는 물건입니다.
> 다. 폭발에 따른 직접손해는 보상하지 않습니다.
> 라. 건물을 계속하여 30일 이상 비워 두거나 휴업할 때에는 보험회사에 알려야 합니다.
> 마. 건물구조를 변경, 개축, 증축하거나 계속하여 20일 이상 수선할 때에는 보험회사에 알려야 합니다.

① 가, 나
② 나, 다, 라
③ 가, 나, 다, 라
④ 나, 다, 라, 마

정답 | ③

해설 | 마. 건물구조를 변경, 개축, 증축, 계속하여 15일 이상 수선할 때 통지

★★★
19 공장을 운영 중인 고객 김세진씨가 화재로 인한 공장 및 기계설비의 훼손으로 생산에 차질이 생겨 매출이 감소할 것을 우려하고 있다면 매출감소로 인한 손실보상을 목적으로 화재보험에 추가할 특별약관으로 가장 적절한 것은?

① 구내폭발위험담보특약   ② 풍수재위험담보특약

③ 기업휴지손해담보특약   ④ 신체손해배상책임담보특약

정답 | ③
해설 | 기업휴지손해담보특약은 재산손해에 기인한 휴업손해를 담보한다.

···TOPIC 3 기타 재산보험

★★★
20 특수건물화재보험에 대한 설명으로 적절하지 않은 것은?

① '화재로 인한 재해보상과 보험가입에 관한 법률'에 따라 일정 규모 이상의 특수건물에 대하여 특수건물의 소유주에게 특약부 화재보험 가입을 의무화하였다.

② 특수건물화재보험 주요 가입대상에 해당하는 특수건물은 층수가 11층 이상인 건물, 16층 이상의 아파트 및 부속건물 등이나 16층 이상의 아파트와 동일한 아파트 단지 내에 있는 15층 이하 아파트는 포함하지 않는다.

③ 신체손해배상책임담보 특별약관은 특수건물의 화재로 특수건물의 소유자 및 주거를 같이 하는 직계가족이외의 사람이 사망하거나 부상함으로써 건물 소유자 손해배상책임에 따라 피보험자가 부담하여야 할 손해를 보상한다.

④ 특수건물 특별약관은 태풍, 폭풍, 홍수, 해일, 범람 및 이와 유사한 풍재와 수재를 보상하며, 항공기 또는 그로부터 떨어지는 물체로 인하여 보험의 목적에 생긴 손해를 보상한다.

정답 | ②
해설 | ② 특수건물화재보험 주요 가입대상에 해당하는 특수건물은 다음과 같다.

> - 층수가 11층 이상인 건물
> - 연면적이 1,000㎡ 이상인 국유건물 및 부속건물
> - 바닥면적의 합계가 2,000㎡ 이상인 학원, 음식점, 유흥주점 등
> - 바닥면적의 합계가 3,000㎡ 이상인 숙박업, 대규모 점포
> - 연면적의 합계가 3,000㎡ 이상인 병원, 관광숙박업, 공연장, 방송국, 농수산도매시장, 학교건물, 공장건물
> - 16층 이상의 아파트 및 부속건물(동일한 아파트 단지 내에 있는 15층 이하 아파트 포함)
> - 기타 법률에 의해 보험가입이 의무화된 건물

★★★
21 다중이용업소 화재배상책임보험에 대한 설명으로 적절하지 않은 것은?

① '다중이용업소 안전관리에 관한 특별법'에 따라 화재, 폭발, 붕괴로 인한 타인의 신체, 재산 상 손해배상을 위해 일정한 업종에 대한 다중이용업소 업주에게 배상책임보험 가입을 의무 화한 보험이다.

② 다중이용업소가 '화재로 인한 재해보상과 보험가입에 관한 법률'에 따른 특수건물에 입점해 있는 경우는 보험가입 대상에서 제외한다.

③ 일반음식점, 휴게음식점, 제과점, 단란주점, 유흥주점은 다중이용업소 화재배상책임보험 의무가입대상이지만, 1층에 위치한 음식점은 가입대상에서 제외된다.

④ 인명피해는 사망의 경우 1인당 1억 5천만원 한도 내에서 보상하며, 재산피해는 1사고당 10억원 한도 내에서 보상한다.

정답 | ①
해설 | ① '다중이용업소 안전관리에 관한 특별법'에 따라 화재 시 타인의 신체, 재산상 손해배상을 위해 일정한 업종에 대한 다중이용업소 업주에게 배상책임보험 가입을 의무화한 보험이다.

★★★
22 재난배상책임보험에 대한 설명으로 적절하지 않은 것은?

① 숙박업, 과학관, 물류창고, 장례식장, 경륜장, 경정장, 국제회의시설, 지하상가, 도서관, 주 유소, 여객자동차터미널, 전시시설, 15층 이하의 공동주택, 경마장 등이 재난배상책임보험 가입대상이다.

② 다른 법률에 따라 그 손해의 보상내용을 충족하는 보험 등에 가입한 경우에는 이 법에 따른 보험 또는 공제에 가입한 것으로 본다.

③ 가입대상 시설의 소유자와 점유자가 동일한 경우는 점유자, 가입대상 시설의 소유자와 점유자가 다른 경우는 소유자가 가입의무자가 된다.

④ 가입의무자가 재난배상책임보험에 가입하지 않은 경우 최대 300만원의 과태료가 부과된다.

정답 | ③
해설 | ③ 재난배상책임보험 가입의무자는 다음과 같다.

> • 가입대상 시설의 소유자와 점유자가 동일한 경우는 소유자
> • 가입대상 시설의 소유자와 점유자가 다른 경우는 점유자
> • 소유자 또는 점유자와의 계약에 따라 가입대상시설에 대한 관리책임과 권한을 부여받은 자가 있거나 다른 법령에 따라 관리자로 규정된 자가 있는 경우는 관리자

★★☆
23 배상책임보험의 특성에 대한 적절한 설명으로 모두 묶인 것은?

> 가. 배상책임보험은 개인의 일상생활 중 사고나 기업 등의 영업활동 중 사고로 인하여 타인의
>   인명, 재산 등에 피해를 입혔을 때 법률상의 배상책임을 부담함으로써 입게 되는 손해를 보
>   상하는 보험을 말한다.
> 나. 피해자인 제3자가 전제되어야 한다.
> 다. 보험가액, 중복보험, 초과보험의 개념이 존재한다.
> 라. 피보험자의 고의 및 과실로 인한 법률상 배상책임을 담보한다.

① 가, 나　　　　　　　　　　　② 다, 라
③ 가, 나, 다　　　　　　　　　④ 나, 다, 라

정답 | ①
해설 | 다. 보험가액, 중복보험, 초과보험의 개념이 없다. 일반적으로 보험가액의 개념이 존재하지 않으며, 책임 측면
　　　 에서 피보험자가 부담할 배상책임 한도액(보상한도액)을 약정함으로써 보험금을 지급한다(단, 재물보험적
　　　 성격을 갖는 임차자배상책임보험 등은 예외).
　　 라. 피보험자의 과실로 인한 법률상 배상책임을 담보한다. 법률상 배상책임을 부담하기 위해서는 피보험자의
　　　 고의, 과실이 있어야 하나 고의로 인한 사고는 보험원칙상 담보하지 않으므로 피보험자의 과실, 즉 부주의를
　　　 담보한다.

★★☆
24 배상책임보험에서 보상하는 손해 중 보상한도액에 관계없이 전액 보상하는 손해로 모두 묶인
것은?

> 가. 손해방지비용　　　　　　나. 방어비용
> 다. 공탁보증보험료　　　　　라. 피보험자의 협력비용

① 가, 라　　　　　　　　　　　② 나, 다
③ 가, 나, 다　　　　　　　　　④ 나, 다, 라

정답 | ①
해설 | 손해방지비용과 피보험자의 협력비용은 원칙적으로 보험증권상의 보상한도액에 관계없이 전액 보상한다.

★★☆

25 배상책임보험에 대한 적절한 설명으로 모두 묶인 것은?

> 가. 일반적으로 보험가액의 개념이 존재하지 않으며, 책임 측면에서 피보험자가 부담할 배상책임 한도액(보상한도액)을 약정함으로써 보험금을 지급한다.
>
> 나. 배상책임보험에서는 크게 법률상 손해배상금과 손해방지비용, 방어비용, 권리보전비용, 공탁 보증보험료, 피보험자의 협력비용, 벌과금 등 각종 비용손해를 보상한다.
>
> 다. 법률상 손해배상금은 상해사고의 경우에는 치료비, 휴업손해, 장해보상, 위자료 등의 민사상 손해배상금 일체를 말하며, 사망사고의 경우에는 유족 또는 법률상 정당한 권리를 가지는 자와 합의한 금액 또는 소송에 의한 경우에는 법원의 판결금액을 말한다.
>
> 라. 보상하지 아니하는 손해는 계약자 또는 피보험자의 고의 및 중과실 사고, 전쟁, 혁명 등 보통 약관의 공통면책사유와 동일하다.

① 가, 다   ② 나, 다
③ 다, 라   ④ 가, 나, 다, 라

정답 | ①

해설 | 나. 배상책임보험에서는 크게 법률상 손해배상금과 손해방지비용, 방어비용, 권리보전비용, 공탁보증보험료, 피보험자의 협력비용 등 비용손해를 보상한다.
라. 보상하지 아니하는 손해는 계약자 또는 피보험자의 고의사고, 전쟁, 혁명 등 보통약관의 공통면책사유와 동일하다.

···**TOPIC 5** 배상책임보험 분류

★★☆

26 임의배상책임보험과 의무(강제)배상책임보험에 대한 설명으로 가장 적절한 것은?

① 영업배상책임보험은 의무(강제)배상책임보험에 해당한다.
② 가스사고배상책임보험은 임의배상책임보험에 해당한다.
③ 생산물배상책임보험은 의무(강제)배상책임보험에 해당한다.
④ 유·도선사업자배상책임보험은 의무(강제)배상책임보험에 해당한다.

정답 | ④

해설 | • 임의배상책임보험 : 영업배상책임보험, 생산물배상책임보험
• 의무(강제)배상책임보험 : 가스사고배상책임보험, 체육시설업자배상책임보험, 유·도선사업자배상책임보험, 학원시설소유자배상책임, 다중이용업소 화재배상책임보험, 승강기사고 배상책임보험, 개인정보보호 배상책임보험, 맹견소유자 배상책임보험 등 약 50가지

★★☆
27 다음 고객 사례에 적합한 배상책임보험의 담보기준에 따라 배상해야 할 보험자로 적절한 것은?

> 저는 외과 전문의로 주로 암과 관련된 수술을 주로 하고 있습니다. 의사도 사람이다 보니 수술 중에 의사의 실수로 환자에게 피해를 주는 경우가 있습니다. 주위 외과 전문의들을 보면 소송에 걸려 배상을 하는 경우가 종종 발생하는 것을 보니 저도 걱정이 되어 전문직배상책임을 가입하고 있는데요. 작년에는 W손해보험에 가입하고 있다가 올해에는 T손해보험에 가입하고 있습니다. 그런데 만일 작년에 수술을 집도했던 환자가 올해 수술이 잘못되었다며 소송을 걸어왔고 손해배상을 해주어야 한다면 어떤 기준으로 어느 보험사에 보험금을 청구해야 할지 궁금합니다.

	담보기준	보험자
①	손해사고발생기준	W손해보험
②	손해사고발생기준	T손해보험
③	배상청구기준	W손해보험
④	배상청구기준	T손해보험

정답 | ④

해설 | 손해사고기준 배상책임보험은 보험기간 중 발생한 보험사고를 담보기준으로 하는 증권으로 대부분의 배상책임보험이 이에 해당한다. 실무상으로 손해사고기준을 원칙으로 하고 있지만 손해사고 발생 시점을 특정하기 어려운 경우에는 배상청구기준을 사용하고 있다. 배상청구기준 배상책임보험은 임원배상책임보험과 전문직배상책임보험이 있다.

★★☆
28 배상책임보험 분류에 대한 설명으로 적절하지 않은 것은?

① 피보험자의 전문 업무에 따르는 사고로 인한 배상책임손해를 보장하는 보험이 전문인배상책임보험이며, 의사(병원)배상책임보험, 회계사배상책임보험, 건축사배상책임보험, 변호사배상책임보험 등이 있다.

② 법적 강제성에 따라 임의배상책임과 의무(강제)배상책임으로 구분된다.

③ 실무상으로 손해사고기준을 원칙으로 하고 있지만 손해사고 발생 시점을 특정하기 어려운 경우에는 배상청구기준을 사용하고 있다.

④ 대부분의 배상책임보험이 배상청구기준 배상책임보험에 해당한다.

정답 | ④

해설 | ④ 손해사고기준 배상책임보험은 보험기간 중 발생한 보험사고를 담보기준으로 하는 증권으로 대부분의 배상책임보험이 이에 해당한다. 실무상으로 손해사고기준을 원칙으로 하고 있지만 손해사고 발생 시점을 특정하기 어려운 경우에는 배상청구기준을 사용하고 있다.

29 ★★☆ 영업배상책임보험의 시설소유관리자 특별약관에서 담보하는 위험에 해당하지 않는 것은?

① 식당의 종업원이 그릇을 떨어뜨려 고객의 의복을 더럽힌 사고
② 중국집 종업원이 배달 중 짬뽕을 떨어뜨려 통행인의 의복을 더럽힌 사고
③ 화학실험 중 교사의 지도 잘못으로 생긴 폭발로 인한 학생의 사상
④ 공장 종업원의 조작실수로 생긴 폭발에 의해 생긴 구내 건물의 손괴

정답 | ④

해설 | 해당 시설을 소유, 사용, 관리 또는 임차한 시설로 인하여 발생된 사고로 제3자 인적피해 또는 재산피해에 대한
책임이 있는 자가 가입대상이다. 사무활동으로 인하여 발생된 사고로 제3자의 인적피해, 재산피해에 대해 피보
험자를 대위하여 법률상 책임 및 비용손해를 보상한다. 사무활동이란 완성된 시설을 본래의 용도에 따라 이용
하는 행위를 말하며, 사무에 필수적인 행위는 물론, 이에 수반하는 활동도 포함한다.

30 ★★☆ 생산물배상책임보험에 대한 설명으로 적절하지 않은 것은?

① 담보대상은 동산으로서의 제조물만을 의미하며, 건물, 기계장치, 댐, 터널, 교량 등의 부동
산은 포함하지 않는다.
② 보험가입주체는 제조물의 생산, 판매에 관련된 모든 사람이 대상이다.
③ 피보험자가 제조, 판매, 공급, 시공한 물품이나 서비스의 결함 또는 제품안내서 및 경고문
구의 부적당함에 기인하여 타인의 신체나 재산에 손상을 입힌 경우 제조업자나 판매업자,
용역을 제공한 자가 피해자에게 부담해야 하는 법률상의 배상책임을 보상한다.
④ 생산물이나 완료된 작업물 자체의 손해에 대한 배상책임, 생산물의 성질 또는 하자에 의한
생산물자체의 손해에 대한 배상책임, 벌과금 및 징벌적 손해에 대한 배상책임 등과 같은
손해에 대한 배상책임은 보상하지 아니한다.

정답 | ①

해설 | ① 담보대상은 동산으로서의 제조물과 건물, 기계장치, 댐, 터널, 교량 등의 부동산을 포함한다. 부동산이 동산
과 함께 담보대상인 이유는 부동산은 이동성만 결여되어 있는 것 외에는 동산과 같은 제조물이기 때문이며,
부동산의 가입주체는 시공업체(부동산 제조업체)가 되기 때문이다.

31 ★★☆ **기타 특종보험에 대한 설명으로 적절하지 않은 것은?**

① 도난보험은 보험기간 중에 보험에 가입한 동산이 보험증권에 기재된 보관장소 내에 보관되어 있는 동안에 불법침입자에 의한 절도 또는 강도가 훔쳐가거나 파손, 훼손, 오손 등으로 입은 손해를 보상한다.

② 레저종합보험은 기간보험과 구간보험의 성격이 복합된 형태의 보험이다.

③ 유아교육기관종합보험에서 유아의 상해사고로 보험금이 지급되면 잔여기간에 대한 보험가입금액이 감액된다.

④ 동산종합보험은 동산에 발생하는 화재, 도난, 파손, 폭발 등 우연한 사고에 의한 손해를 보상하는 전위험(All Risk)담보 방식의 보험으로, 동산이 보관, 사용, 수송 중에 관계없이 어떠한 장소에서 생긴 손해라 하더라도 약관에서 면책하지 않는 모든 위험을 담보한다.

정답 | ③
해설 | ③ 유아의 상해사고 시 의료비 보상한도는 1사고당 보험가입금액이다. 따라서 보험기간 중 보험금이 지급되어도 잔여기간에 대한 보험가입금액은 감액되지 않는다. 그러나 재산손해의 경우는 보험금지급 후 보험가입금액이 감액된다.

··· TOPIC 6 장기손해보험

32 ★★★ **장기손해보험에 대한 다음 설명 중 가장 적절한 것은?**

① 통상 보험기간이 1년으로, 1년을 초과하여 보험의 보장을 받고 싶은 경우 매년 보험계약을 갱신하거나 다시 체결해야 한다.

② 장기손해보험의 보험료는 보험업법에 의해 특별계정으로 운용된다.

③ 소멸성으로 만기환급금이 없다.

④ 화재보험이 장기손해보험으로 설계된 경우 자동복원제도가 존재하는데, 1회 사고로 지급한 보험금이 보험가입금액의 80% 미만인 경우에는 여러 번의 사고가 발생하여도 보험가입금액의 공제는 없으며, 잔여기간 동안 보험사고 전의 보험가입금액을 동일하게 보장받게 된다.

정답 | ④
해설 | ① 일반손해보험상품에 대한 설명이다. 장기손해보험상품은 통상 3년 이상으로 매년 재가입해야 하는 불편을 해소한다.
② 장기손해보험의 저축보험료(위험보험료 및 부가보험료는 미포함)는 보험업법에 의해 특별계정으로 운용된다. 이처럼 회계적으로 저축보험료를 일반계정이 아닌 특별계정으로 하여 별도로 운영하게 하는 것은 위험보험료 등과 달리 저축보험료에는 보험계약자의 금융자산 성격이 존재하기 때문이다.
③ 일반손해보험에 대한 설명이다. 장기손해보험은 일반적으로 저축보험료가 분리되어 이를 납부하도록 설계하는 경우 만기 또는 중도해지 시 환급금이 발생한다.

★★★
33 장기손해보험과 일반손해보험을 비교한 것으로 적절하지 않은 것은?

	구분	장기손해보험	일반손해보험
①	보험기간	3~15년	3년 이하(통상 1년 이하)
②	보험료 구성	순보험료+부가보험료	위험보험료+부가보험료
③	자동복원제도	보험금 지급 후 잔여보험기간의 보험가입금액은 지급보험금만큼 차감함	지급보험금이 보험가입금액의 80% 이하일 경우 잔여기간의 보험가입금액이 감액되지 않음
④	환급금	중도환급금, 만기환급금 존재	없음

정답 | ③
해설 | 〈장기손해보험과 일반손해보험 비교〉

구분	장기손해보험	일반손해보험
보험기간	3~15년	3년 이하(통상 1년 이하)
보험료 구성	순보험료+부가보험료	위험보험료+부가보험료
보험료 할인제도	없음. 다양한 납입특약 가능	2년, 3년 계약갱신 시 할인제도 있음
요율구득	각 담보별 요율적용(표준)	별도 요율 구득하여 적용 가능
자동복원제도	지급보험금이 보험가입금액의 80% 이하일 경우 잔여기간의 보험가입금액이 감액되지 않음	보험금 지급 후 잔여보험기간의 보험가입금액은 지급보험금만큼 차감함
환급금	중도환급금, 만기환급금 존재	없음

★★★
34 장기손해보험에 대한 적절한 설명으로 모두 묶인 것은?

> 가. 장기손해보험은 일반적으로 저축보험료가 분리되어 이를 납부하도록 설계하는 경우 만기 또는 중도해지 시 환급금이 발생한다.
> 나. 보험의 목적물에 부분손이 발생하여 보험금이 지급되면 보험가입금액에서 지급된 보험금을 공제한 후의 금액이 잔존 보험가입금액이 되어 잔여기간 동안 보장을 받게 된다.
> 다. 보험기간은 3년 이하로, 통상 1년 이하로 보험계약이 체결된다.
> 라. 보험료는 위험보험료+부가보험료로 구성되어 있다.

① 가
③ 가, 나, 다

② 가, 라
④ 나, 다, 라

정답 | ①
해설 | 나. 일반손해보험상품에 대한 설명이다. 화재보험이 장기손해보험으로 설계된 경우 자동복원제도가 존재하는데, 1회 사고로 지급한 보험금이 보험가입금액의 80% 미만인 경우에는 여러 번의 사고가 발생하여도 보험가입금액의 공제는 없으며, 잔여기간 동안 보험사고 전의 보험가입금액을 동일하게 보장받게 된다. 따라서 이 방식의 보험에서는 계약자는 동일한 보험기간 내에 몇 번의 보험금 지급이 있었더라도 항상 같은 조건으로 손해를 보상받게 된다.
다. 일반손해보험에 대한 설명이다. 장기손해보험의 보험기간은 3~15년이다.
라. 일반손해보험에 대한 설명이다. 장기손해보험은 순보험료(위험보험료 및 저축보험료)+부가보험료로 구성되어 있다.

★★★
35 장기손해보험 가입 관련 상담을 진행 중인 재무설계사 A가 고객에게 적절하게 설명한 내용으로 적절하지 않은 것은?

① 장기화재보험 가입하실 때 물건별 위험평가를 위해 건물급수, 영위업종 등은 필수적으로 고지하셔야 합니다.

② 장기화재보험계약을 맺은 후 건물을 계속하여 20일 이상 비워두거나 휴업하는 경우 지체 없이 서면으로 회사에 알리고 보험증권에 확인을 받아야 합니다.

③ 계약을 맺을 때 보험목적에 이미 손해가 발생하였거나 그 원인이 생긴 것을 알면서도 이를 알리지 않을 경우 회사는 계약을 무효로 할 수 있습니다.

④ 신체손해보험 장기종합보험으로 가입하신 이후 보험금 지급을 위한 회사의 추가적인 조사 및 확인으로 인해 지급기일이 초과되는 경우, 고객님의 청구가 있으면 회사는 추정 보험금의 50% 상당액을 가지급보험금으로 미리 지급합니다.

정답 | ②

해설 | ② 보험목적물 또는 보험의 목적이 들어있는 건물을 계속하여 30일 이상 비워두거나 휴업하는 경우 지체 없이 서면으로 회사에 알리고 보험증권에 확인을 받아야 한다.

★★★
36 손해보험에 대한 재무설계사의 적절한 조언으로 모두 묶인 것은?

> 가. 화재보험은 보험의 목적에 화재사고가 발생하면 면책조항에 해당하지 않는 한 화재의 원인과 결과를 불문하고 그 화재로 인한 직접손해, 소방손해, 피난손해를 보상하는데, 이로 인한 비용손해는 지급하지 않으므로 이에 대한 대비도 하셔야 합니다.
>
> 나. 일반손해보험이 만기환급금이 없는 이유는 통상 위험보험료와 사업비만으로 구성되어 있기 때문입니다. 만약 환급을 원하신다면 저축보험료가 있는 장기손해보험을 가입하시는 것이 좋습니다.
>
> 다. 보유하고 계신 오피스텔을 주택화재보험에 저축기능을 추가한 장기화재보험으로 가입하시면 보장내용 등은 주택화재보험 내용과 동일하게 적용됩니다.
>
> 라. 장기종합보험을 가입하시면 다양한 보험종목, 즉 인보험, 재물보험, 배상책임보험을 하나의 증권에 필요한 부분만 담아서 상대적으로 적은 보험료로 위험에 대비할 수 있습니다.

① 가, 다　　　　　　　　　　　② 나, 라
③ 가, 나, 다　　　　　　　　　④ 나, 다, 라

정답 | ②

해설 | 가. 이들 위험으로 인해 손해가 발생한 경우 계약자 또는 피보험자가 지출한 잔존물제거비용, 손해방지비용, 대위권보전비용 등을 추가로 지급한다.
　　　다. 오피스텔은 주택물건이 아니라 일반물건에 해당하므로 (일반)화재보험 보통약관이 적용된다.

···TOPIC 7 자동차보험

★★★
37 자동차보험 법률상 책임에 대한 설명으로 적절하지 않은 것은?

① 교통사고처리특례법은 민법에 대한 특별법으로 과실입증 책임을 피해자가 아니라 가해자에게 두고 있다.

② 자동차손해배상보장법에 따라 자동차를 운행하고자 하는 자는 손해배상책임에 대한 책임보험에 의무적으로 가입하여야 한다.

③ 자동차종합보험에 가입되어 피해자의 손해를 모두 배상할 수 있는 경우에는 남에게 상해를 입힌 데 대한 업무상 과실치상죄 또는 중과실치상죄 등 형사상의 책임을 지게 되어 가·피해자 간 형사합의가 없더라도 공소를 제기할 수 없는 보험가입의 특례가 있다.

④ 운전자가 손해배상금 전액을 보상하는 자동차종합보험에 가입되어 있더라도 사망사고, 사고 후 도주, 12대 중과실 사고인 경우 가·피해자 간 형사합의와 상관없이 형사처벌을 받는다.

정답 | ①
해설 | ① 자동차손해배상보장법에 대한 설명이다. 대인, 대물 사고 시 사고운전자에 대한 형사처벌은 형법 및 도로교통법의 특별법인 교통사고처리특례법의 우선 적용을 받게 된다.

★★★
38 자동차보험 종목 및 가입대상이 적절하게 연결된 것은?

① 업무용 : 렌터카

② 영업용 : 법정승차정원 10인 초과의 개인소유 승용자동차

③ 자동차취급업자종합보험 : 개인택시

④ 운전자보험 : 운전면허를 소지한 모든 운전자

정답 | ④
해설 | 〈보험종목별 가입대상과 담보내용〉

보험종목	가입대상	담보내용
개인용	비사업용 개인소유 승용자동차	• 의무보험 : 대인 I , 대물 2천만원 • 임의보험
업무용	비사업용 자동차 중 개인소유 승용자동차, 이륜차, 농기계를 제외한 자동차	• 의무보험 : 대인 I , 대물 2천만원 • 임의보험
영업용	사업용 자동차	• 의무보험 : 대인 I , 대인 II , 대물 • 임의보험
이륜차	총배기량 or 정격출력의 크기와 관계없이 1인 or 2인의 사람을 운송하기에 적합하게 제작된 이륜의 자동차 및 그와 유사한 구조로 되어 있는 자동차	• 의무보험 : 대인 I , 대물 2천만원 • 임의보험(대인 II 만 가능)

기타	• 운전자보험 • 자동차취급업자종합보험 • 대리운전종합보험	• 각 개별 특별약관

※ 개인소유 승용자동차 : 법정승차정원 10인 이하의 개인소유 자동차로 소형A, 소형B, 중형, 대형, 다인승 1종, 다인승 2종 승용자동차

※ 자동차취급업자 : 자동차정비업, 주차장업, 급유업, 세차업, 자동차판매업, 대리운전업자

★★★
39 자동차보험 보통약관 중 대인배상에 대한 설명으로 적절하지 않은 것은?

① 피보험자가 피보험자동차를 소유, 사용, 관리하는 동안에 생긴 피보험자동차의 사고로 인하여 타인을 죽게 하거나 다치게 하여 법률상 손해배상책임을 짐으로써 입은 손해를 보상한다.

② 대인배상 I 은 자배법에 의한 손해배상책임에 한하여 보상하며 사망과 후유장해의 경우 최고 1억 5천만원, 부상인 경우 최고 2천만원 한도 내 보상한다.

③ 대인배상 I 에서의 보상한도가 초과되는 경우에는 대인배상 II 에서 그 초과되는 금액을 한도 없이 보상한다.

④ 무면허운전, 음주운전, 뺑소니사고인 경우 자기부담금을 공제한 후 나머지 금액을 보상한다.

정답 | ②

해설 | ② 대인배상 I 은 자배법에 의한 손해배상책임에 한하여 보상하며 사망과 후유장해의 경우 최고 1억 5천만원, 부상인 경우 최고 3천만원 한도 내 보상한다.

★★★
40 다음 고객의 니즈에 가장 적합한 자동차보험의 종목 또는 특약으로 적절한 것은?

> 저는 10년 무사고로 자동차를 운전하고 있습니다. 지금까지 무사고지만 사고의 위험은 항상 있기에 제가 타인의 생명 및 신체를 사상케 하는 것이 걱정입니다. 의무적으로 가입하는 자동차보험의 경우 타인의 사망 시 1인당 1억 5천만원까지밖에 보상이 되지 않아 고소득 전문직을 사상케 할 경우 보상해야 하는 금액이 턱없이 부족하지 않을까 걱정입니다. 그 이상 보상이 가능한 자동차보험을 가입하고 싶습니다.

① 대인배상 I
② 대인배상 II
③ 자기신체사고
④ 다른 자동차운전담보 특약

정답 | ②

해설 | 대인배상 I 에서의 보상한도가 초과되는 경우에는 대인배상 II 에서 그 초과되는 금액을 한도 없이 보상한다.

★★★
41 자동차보험 보통약관에 대한 설명으로 적절하지 않은 것은?

① 대인배상에서 무면허운전, 음주운전, 뺑소니사고인 경우 자기부담금을 공제한 후 나머지 금액을 보상한다.

② 자기신체사고(자손)는 피보험자가 피보험자동차를 소유, 사용, 관리하는 동안에 생긴 피보험자동차의 사고로 인하여 피보험자가 사망하거나 다친 손해를 보상한다.

③ 자기차량손해(자차)는 피보험자가 피보험자동차를 소유, 사용, 관리하는 동안에 피보험자동차가 입은 손해를 보상한다.

④ 무보험자동차에 의한 상해는 피보험자가 무보험자동차에 의하여 생긴 사고로 사망하거나 다친 때 그 손해에 대하여 배상의무자가 있는 경우에 보상하는데, 무보험자동차는 의무보험에 가입하지 않은 자동차를 말한다.

정답 | ④

해설 | ④ 무보험자동차는 대인Ⅱ(공제계약 포함)에 가입하지 않거나 보상하지 않는 자동차, 뺑소니 자동차 등을 말한다.

★★★
42 자동차보험 의무보험의 보상한도가 적절하게 연결된 것은?

- 사망과 후유장해의 경우 : 1인당 최고 (가), 최저 (나)
- 부상인 경우 : 1인당 최고 (다)
- 대물배상 : 1사고당 (라)

	가	나	다	라
①	1억원	1천만원	2천만원	1천만원
②	1억원	2천만원	3천만원	2천만원
③	1억 5천만원	1천만원	2천만원	1천만원
④	1억 5천만원	2천만원	3천만원	2천만원

정답 | ④

해설 | 〈의무보험의 위험별 보상한도(대인배상Ⅰ)〉

구분	사망	부상	후유장해
1인당	1억 5천만원(최고)	3천만원(1급)	1억 5천만원(1급)
	2천만원(최저)	5십만원(14급)	1천만원(14급)

※ 1사고당 한도 금액은 없음

※ 대물배상 보상한도는 1사고당 2천만원이다.

★★★
43 자동차보험 책임보험에 대한 적절한 설명으로 모두 묶인 것은?

> 가. 자동차를 운행하고자 하는 자는 자배법 규정에 의한 의무보험 가입이 강제되어 있으며, 계약 해지가 제한된다.
>
> 나. 피해자 직접청구권을 인정하여 피해자가 직접 가해자의 보험회사에 보험금을 청구할 수 있도록 하고 있다.
>
> 다. 대인배상 I 의 보험금액은 1사고당 한도가 유한하나, 피해자 1인에 대한 보상한도는 없다.
>
> 라. 교통사고환자를 진료한 의료기관이 보험회사에 청구할 수 있는 의료비는 환자에게 청구할 수 없고, 가해자에게 손해배상책임이 발생하는 한 자배법상 단서조항에 있는 경우를 제외하고 피해자는 보상받을 수 있는 조건부무과실책임주의를 채택하고 있다.
>
> 마. 자배법에 의한 의무보험에 미가입할 경우 대인배상 I , 대물배상 각각에 대하여 미가입 기간에 따라 과태료가 부과되며, 의무보험 미가입 자동차를 운행한 경우에는 1년 이하 징역 또는 2천만원 이하 벌금 등의 형사처벌을 받는다.

① 가, 나   ② 가, 나, 라
③ 다, 라, 마   ④ 가, 다, 라, 마

정답 | ②

해설 | 다. 대인배상 I 의 보험금액은 피해자 1인에 대한 보상한도가 유한하나, 1사고당 한도는 없다. 대물배상은 1사고당 보험가입금액 2천만원 한도로 보상한다.

마. 자배법에 의한 의무보험에 미가입할 경우 대인배상 I , 대물배상(1사고당 2천만원 한도) 각각에 대하여 미가입 기간에 따라 과태료가 부과되며, 의무보험 미가입 자동차를 운행한 경우에는 1년 이하 징역 또는 1천만원 이하 벌금 등의 형사처벌을 받는다.

★★★
44 재무설계사가 고객에게 자동차보험을 상담한 사례 중 적절한 내용으로 모두 묶인 것은?

> 가. 대인배상 II 는 대인배상 I 의 초과 손해분을 보상하며, 대인배상 II 를 무한으로 가입한 경우에는 교통사고처리특례법상 형사처벌특례가 적용되어 형사상 책임의 부담을 덜 수 있습니다.
>
> 나. 개인이 출퇴근용으로 소유한 법정정원 10인승 자가용 승용차는 개인용 자동차보험에 가입하셔야 합니다.
>
> 다. 무보험자동차에 의한 상해는 대인배상 II , 대물배상 및 자기차량손해가 함께 체결된 경우에 가입할 수 있으며, 피보험자 1인당 보험증권에 기재된 보험가입금액을 한도로 지급합니다.
>
> 라. 무보험자동차에 의한 상해담보를 가입하면 자동으로 다른 자동차운전담보특약이 적용되는데, 이는 다른 자동차 운전 중 생긴 대인배상 II , 대물배상, 자기차량손해에 대하여 보상합니다.

① 가, 나   ② 가, 다
③ 나, 라   ④ 다, 라

정답 | ①
해설 | 다. 무보험자동차에 의한 상해는 대인배상 I, II, 대물배상 및 자기신체사고가 함께 체결된 경우에 가입할 수 있으며, 피보험자 1인당 보험증권에 기재된 보험가입금액을 한도로 지급한다.
라. 무보험자동차에 의한 상해담보를 가입하면 자동으로 다른 자동차운전담보특약이 적용되는데, 이는 다른 자동차 운전 중 생긴 대인배상 II, 대물배상, 자기신체사고에 대하여 보상합니다.

★★★ 45 운전자보험에 대한 적절한 설명으로 모두 묶인 것은?

> 가. 운전자가 교통사고를 발생시켜 부담해야 하는 민사책임, 형사책임 및 행정적 책임을 보상한다.
> 나. 벌금은 확정판결에 의하여 정해진 벌금액을 말하며, 보험기간 중에 발생한 사고의 벌금 확정판결이 보험기간 종료 후에 이루어진 경우는 제외한다.
> 다. 교통사고처리지원금은 흔히 '형사합의금'이라고 하며, 자동차 사고로 타인에게 상해를 입힌 경우 매 사고마다 피해자 각각에 대하여 피보험자가 형사합의금으로 지급한 금액을 보상한다.
> 라. 면허정지(취소)위로금, 자동차사고위로금, 골절이나 기타 상해담보 등을 특약으로 가입하여 보상받을 수 있다.

① 가, 나
② 다, 라
③ 가, 나, 다
④ 나, 다, 라

정답 | ②
해설 | 가. 민사책임에 해당하는 배상책임은 자동차보험에서 보상하나, 중과실 대형사고 시 형사책임 및 행정적 책임은 운전자보험에서 보상한다.
나. 벌금은 확정판결에 의하여 정해진 벌금액을 말하며, 보험기간 중에 발생한 사고의 벌금 확정판결이 보험기간 종료 후에 이루어진 경우를 포함한다.

★★★ 46 개인택시를 운행하는 고객 A씨가 가입한 영업용 운전자보험에서 보상하지 않는 손해로 모두 묶인 것은?

> 가. 사고를 내고 도주하였을 때
> 나. 자동차를 경기용이나 시험용으로 운전하던 중 사고를 일으킨 때
> 다. 음주, 무면허 상태로 운전하던 중 사고를 일으킨 때
> 라. 영업목적으로 운전하던 중 사고를 일으킨 때
> 마. 중대한 과실로 사고를 일으킨 때

① 가, 나
② 다, 라
③ 가, 나, 다
④ 가, 나, 다, 라, 마

정답 | ③
해설 | 라. 피보험자가 영업목적으로 운전하던 중 사고를 일으킨 때(영업용 운전자보험 가입 시 가능)
마. 계약자, 피보험자가 고의로 사고를 일으킨 때

PART **07**

투자설계

CONTENTS

01 투자의 이해

출제비중 : 0~7% / 0~2문항

학습가이드 ■ ■

학습 목표	학습 중요도
Tip 개념 이해 중심으로 학습 필요	
1. 저축과 투자의 차이를 구분하고 투자설계의 중요성을 이해할 수 있다.	★
2. 금융상품의 법률에 따른 분류체계와 투자위험을 이해할 수 있다.	★★

··· TOPIC 1 투자의 기본개념

★☆☆
01 투자에 대한 적절한 설명으로 모두 묶인 것은?

> 가. 원금손실 가능성이 있더라도 저축상품보다 높은 수익을 얻기 위해 가격이 상승할 것으로 예상되는 금융상품을 매입하는 것을 말한다.
> 나. 저축과 투자의 가장 큰 차이는 원금손실 가능성이다.
> 다. 안전한 금융기관을 선정하여 자금을 예치하면 만기일까지 추가적으로 노력을 들이지 않아도 이자수익을 얻을 수 있다.
> 라. 투자와 비슷한 용어로 투기라는 용어가 있으며, 투자와 유사한 개념이다.

① 가, 나   ② 다, 라

③ 가, 나, 다   ④ 나, 다, 라

정답 | ①

해설 | 다. 저축에 대한 설명이다. 투자는 수익을 달성하기 위해서 투자를 실행하기 전부터 투자기간이 종료될 때까지 지속적인 시간과 노력을 투입하여 투자상품을 관리하여야 한다.

라. 투자는 투자상품에 대한 기본적 분석을 통하여 장기적으로 수익을 얻고자 하는 행위이다. 투기도 수익을 얻기 위한 의사결정 행위라고 볼 수 있지만, 가격이 단기에 급등할 것이라는 단순한 믿음에 기초하여 이익을 얻고자 하는 행위로서 투자와는 다른 개념이다.

02 위험에 대한 적절한 설명으로 모두 묶인 것은?

> 가. 변동성은 실제수익률이 평균수익률 대비 변동하는 정도를 나타내는 위험지표로 변동성이 높을 수록 실제수익률과 평균수익률의 차이는 확대된다.
> 나. 변동성을 위험지표로 사용할 때의 단점은 손실뿐만 아니라 수익이 발생한 경우에도 위험으로 인식한다는 점이다.
> 다. 개인은 손실이 발생할 가능성보다는 변동성을 위험으로 인식하는 경향이 있다.
> 라. 개인투자자들은 손실을 회피하기보다는 위험을 회피하고자 하는 성향이 강하다.
> 마. 개인은 다양한 투자목표를 설정하여 개별 투자목표를 달성하기 위해 계좌를 분리하여 관리하는 경향이 있으므로 개인에게는 투자목표별로 투자위험을 설정하고, 이에 적합한 투자전략을 수립하는 것이 바람직하다.

① 가, 나
② 가, 나, 마
③ 다, 라, 마
④ 나, 다, 라, 마

정답 | ②

해설 | 다. 개인은 변동성보다는 손실이 발생할 가능성을 위험으로 인식하는 경향이 있다.
　　　라. 실험 결과에 의하면 개인은 이익을 보는 것보다 동일한 크기의 손실을 보는 것을 2배 이상 싫어한다고 한다. 즉 개인투자자들은 위험을 회피하기보다는 손실을 회피하고자 하는 성향이 강하다.

03 투자목표와 위험의 관계를 분석한 내용에 대한 적절한 설명으로 모두 묶인 것은?

> • A고객 투자목표 : 은퇴 후 최저생활수준을 유지할 수 있는 기본생활비 마련
> • B고객 투자목표 : 은퇴 후 버킷리스트를 실현하기 위한 자금 마련

> 가. A고객은 기본생활비를 마련하기 위한 투자를 달성하지 못할 확률을 매우 낮은 수준으로 설정하는 것이 바람직하다.
> 나. B고객이 투자목표를 달성하기 위해 감당할 수 있는 위험은 A고객의 투자목표보다 더 작은 것이 일반적이다.
> 다. A고객이 투자할 때 감내할 수 있는 위험은 B고객 투자의 경우보다 훨씬 높을 것이다.

① 가
② 가, 나
③ 나, 다
④ 가, 나, 다

정답 | ①

해설 | 나. 버킷리스트 자금을 마련하기 위한 투자목표를 달성하기 위해 감당할 수 있는 위험은 기본생활비를 마련하기 위한 투자목표보다 더 큰 것이 일반적이다. 위험수준을 높게 설정한다는 것은 위험자산의 투자 비중을 높여 적극적으로 운용한다는 것을 의미하고 목표를 달성하지 못할 위험은 증가하지만, 목표보다 훨씬 큰 규모의 자금을 마련할 가능성도 높아진다.
　　　다. 노후 기본생활비를 마련하기 위해 투자할 때 감내할 수 있는 위험은 버킷리스트 실현을 위해 필요한 자금을 마련하기 위한 투자의 경우보다 훨씬 낮을 것이다.

04 투자와 위험에 대한 적절한 설명으로 모두 묶인 것은?

> 가. 개인은 복수의 투자목표를 가지고 있고 투자목표별로 투자기간과 감당할 수 있는 위험수준이 상이하여 투자목표별로 투자전략을 수립하여야 한다.
>
> 나. 목표를 달성하지 못할 가능성을 위험으로 설정한다면, 투자목표를 달성하지 못함으로써 발생하는 고통의 크기에 따라 감내할 수 있는 투자위험의 크기가 달라진다.
>
> 다. 투자기간이 짧은 개인은 투자위험이 높은 자산에 투자하여야 수익을 달성할 수 있지만, 투자기간이 긴 개인은 투자위험이 낮은 자산에 투자해도 수익을 달성할 가능성이 크다.

① 나   ② 가, 나
③ 나, 다   ④ 가, 나, 다

정답 | ②

해설 | 다. 투자기간이 짧은 개인은 투자위험이 낮은 자산에 투자하여야 수익을 달성할 수 있지만, 투자기간이 긴 개인은 투자위험이 높은 자산에 투자해도 수익을 달성할 가능성이 크다. 다시 말하면, 투자위험이 높은 자산에 투자할 때 투자기간을 장기로 설정하는 것이 원금손실이 발생할 위험을 최소화하면서 자산가격이 급등할 경우 높은 수익률을 달성할 수 있다.

05 투자기간과 위험의 관계를 분석한 내용에 대한 적절한 설명으로 모두 묶인 것은?

> • A고객 투자기간 : 1년(버킷리스트 자금)
> • B고객 투자기간 : 20년(은퇴자금)

> 가. B고객이 단기금융상품에만 투자하는 경우에는 위험이 존재하지 않는다.
>
> 나. A고객이 주식과 같이 단기간에 급등락을 반복하는 금융상품을 투자하는 것은 매우 위험하다.
>
> 다. A고객은 투자위험이 높은 자산에 투자하여야 수익을 달성할 수 있지만, B고객은 투자위험이 낮은 자산에 투자해도 수익을 달성할 가능성이 크다.

① 나   ② 가, 나
③ 나, 다   ④ 가, 나, 다

정답 | ①

해설 | 가. 은퇴자금을 마련하기 위해 수십 년에 걸쳐 적립식으로 투자하는 개인이 단기금융상품에만 투자하는 경우에도 위험이 존재한다. 이자수익이 낮거나 물가가 상승하여 원래 목표로 했던 은퇴자금을 달성하지 못할 가능성이 있기 때문이다.

　　　다. 투자기간이 짧은 개인은 투자위험이 낮은 자산에 투자하여야 수익을 달성할 수 있지만, 투자기간이 긴 개인은 투자위험이 높은 자산에 투자해도 수익을 달성할 가능성이 크다. 다시 말하면, 투자위험이 높은 자산에 투자할 때 투자기간을 장기로 설정하는 것이 원금손실이 발생할 위험을 최소화하면서 자산가격이 급등할 경우 높은 수익률을 달성할 수 있다.

★★☆
06 금융상품의 분류에 대한 설명으로 적절하지 않은 것은?

① 투자설계에서 주로 활용되는 금융상품은 예금성 상품과 투자성 상품인데, 예금성 상품은 금리가 고정되어 있어서 원리금보장상품이라고 하며, 투자성 상품은 가격변동에 따라 수익률이 변동하므로 실적배당상품이라고도 한다.

② 재무설계에 필요한 금융상품을 선전할 때에는 세제혜택에 초점을 맞추어 이에 적합한 금융상품을 선정하는 것이 중요하다.

③ 주식, 채권, 부동산, 현금자산 등과 같은 자산에 대한 배분전략을 먼저 결정하고 나서 최종적으로 금융상품을 선택할 때 세제혜택 여부를 고려하는 것이 바람직하다.

④ 예금보험 대상 보호금액 5천만원은 외화예금을 포함하여 동일한 금융회사 내에서 예금자 1인이 보호받을 수 있는 총금액이다.

정답 | ②

해설 | ② 금융상품의 세제혜택도 중요하지만 재무설계에 필요한 금융상품을 선전할 때에는 세제혜택보다는 재무설계 목적에 부합하는 투자설계를 수립한 후 이에 적합한 금융상품을 선정하는 것이 더 중요하다.

★★☆
07 예금자보호 대상 금융상품에 해당하지 않는 것은?

① 주가연계예금(ELD) ② 양도성예금증서(CD)

③ 자기신용대주담보금 ④ 표지어음

정답 | ②

해설 | ② 양도성예금증서(CD)는 예금자보호가 되지 않는 비보호금융상품이다.

★★☆
08 예금자보호 대상 금융상품으로 모두 묶인 것은?

가. 주가연계예금(ELD)	나. 환매조건부채권(RP)
다. 주가지수연계증권(ELS)	라. 개인이 가입한 보험계약

① 가, 나 ② 가, 라

③ 나, 다 ④ 다, 라

정답 | ②

해설 | 환매조건부채권(RP)과 주가지수연계증권(ELS)은 예금자보호가 되지 않는 비보호금융상품이다.

★★☆

09 금융투자상품의 정의에 대한 설명으로 적절하지 않은 것은?

① 자본시장법에 따르면, 이익을 얻거나 손실을 회피할 목적으로 현재 또는 장래의 특정 시점에 금전 등을 지급하기로 약정함으로써 취득하는 권리로서, 원금손실 가능성이 있는 것을 말한다.

② 실물자산 등은 금융투자상품에서 제외되며, 원화로 표시된 양도성예금증서(CD), 관리형 신탁, 주식매수선택권 등도 금융투자상품에서 제외된다.

③ 보험상품은 투자성 유무와 상관없이 금융투자상품에서 제외된다.

④ 금소법상 투자성 상품이란 자본시장법에 따른 금융투자상품 뿐만 아니라 연계투자(P2P투자), 투자성 있는 신탁계약, 자본시장법에 따른 투자일임 계약을 포함하는 포괄적인 개념이다.

정답 | ③

해설 | ③ 변액보험은 보험상품이지만 이익을 얻거나 손실을 회피할 목적, 현재 또는 장래 특정 시점에 금전 등을 지급하기로 약정함으로써 취득하게 되는 권리, 원금손실 가능성의 3가지 조건을 모두 충족하므로 금융투자상품(투자신탁 수익증권)으로 분류된다.

★★☆

10 자본시장법상 금융투자상품의 분류에 대한 다음 설명 중 (가)~(나)에 들어갈 내용으로 적절하게 연결된 것은?

> 자본시장법에 따르면, 금융투자상품은 (가)과 (나)으로 구분된다. (가)은 발생한 손실이 투자 원금 이하인 금융투자상품이고 (나)은 손실이 원금을 초과할 가능성이 있는 금융투자상품이다.

	가	나
①	증권	주식상품
②	증권	파생상품
③	지분증권	주식상품
④	지분증권	파생상품

정답 | ②

해설 | 자본시장법에 따르면, 금융투자상품은 증권과 파생상품으로 구분된다. 증권은 발생한 손실이 투자 원금 이하인 금융투자상품이고 파생상품은 손실이 원금을 초과할 가능성이 있는 금융투자상품이다.

★★☆
11 자본시장법상 증권의 분류에 대한 설명으로 적절하지 않은 것은?

① 파생결합증권은 기초자산의 가격 · 이자율 · 지표 · 단위 또는 이를 기초로 하는 지수 등의 변동과 연계하여 미리 정하여진 방법에 따라 지급금액 또는 회수금액이 결정되는 권리가 표시된 것으로 전환사채와 신주인수권부사채, 조건부자본증권을 포함한다.

② 수익증권 중 투자신탁 수익증권은 자산운용회사가 운용하는 펀드와 상법상 주식회사 형태로 운영되는 뮤추얼펀드 및 변액보험 등을 말한다.

③ 집합투자증권은 투자신탁의 수익증권과 투자회사의 주식 등 자본시장법에 따른 집합투자기구가 발행하는 증권을 말한다.

④ 파생결합증권의 최대손실액은 원금이므로 원금을 초과하는 손실이 발생할 수 있는 파생상품은 파생결합증권에서 제외된다.

정답 | ①
해설 | ① 채무증권은 전환사채와 신주인수권부사채 그리고 은행 또는 금융지주회사가 발행하는 조건부자본증권을 포함한다. 파생결합증권은 기초자산의 가격 · 이자율 · 지표 · 단위 또는 이를 기초로 하는 지수 등의 변동과 연계하여 미리 정하여진 방법에 따라 지급금액 또는 회수금액이 결정되는 권리가 표시된 것(파생상품, 조건부자본증권, 전환사채, 신주인수권부 사채 제외를 말한다.)

★★☆
12 자본시장법상 금융투자상품의 분류에 대한 설명으로 적절하지 않은 것은?

① 증권은 투자자가 취득할 때 지급한 금액 이외에 추가적인 지급의무를 부담하지 않는 금융투자상품을 말한다.

② 특정 투자자가 그 투자자와 타인 간 공동사업에 금전 등을 투자하고 주로 타인이 수행한 공동사업의 결과에 따른 손익을 귀속받는 계약상의 권리가 표시된 것을 투자계약증권이라 한다.

③ 주가지수연계증권(ELS)은 파생상품에 속한다.

④ 파생상품은 원금을 초과하여 손실이 발생할 가능성이 있는 금융투자상품으로서 장내파생상품과 장외파생상품으로 구분된다.

정답 | ③
해설 | ③ 주가지수연계증권(ELS), 주식워런트증권(ELW) 등은 파생결합증권으로 증권에 해당한다.

★★☆
13 자본시장법상 금융투자상품의 분류에 대한 다음 설명 중 (가)~(나)에 들어갈 내용으로 적절하게 연결된 것은?

> 자본시장법에 따르면, 최대 원금손실 가능 금액이 원금의 (가)를 초과하는 파생상품이나 파생결합증권, 그리고 위험평가액이 자산총액의 (나)를 초과하는 파생상품펀드 등은 고난도금융투자상품으로 분류된다.

	가	나
①	20%	20%
②	20%	120%
③	120%	20%
④	120%	120%

정답 | ②

해설 | 자본시장법에 따르면, 최대 원금손실 가능 금액이 원금의 120%를 초과하는 파생상품이나 파생결합증권, 그리고 위험평가액이 자산총액의 20%를 초과하는 파생상품펀드 등은 고난도금융투자상품으로 분류된다.

★★☆
14 금융상품의 투자위험에 대한 설명으로 적절하지 않은 것은?

① 금리위험은 금리가 상승할 때 채권가격이 하락하여 손실이 발생하는 위험이다.
② 유동성위험은 만기일에 차입자가 원금을 상환하지 못할 경우 발생하는 손실위험이다.
③ 신용위험 중에서 파생결합증권 등 장외파생상품 발행기관이 채무를 이행하지 못할 위험을 거래상대방위험이라고 한다.
④ 국가가 보유 외화가 부족하여 외채를 만기에 상환하지 못하면 부도위험에 노출되는데, 국가의 신용위험을 국가위험 또는 소버린리스크라고 한다.

정답 | ②

해설 | ② 신용위험에 대한 설명이다.

★★☆
15 유동성위험에 해당하는 위험으로 가장 적절한 것은?

① 금리위험
② 환위험
③ 거래상대방위험
④ 미스매치 위험

정답 | ④

해설 | • 시장위험은 투자하는 금융상품에 따라서 주식위험, 금리위험, 상품위험 및 환위험으로 세분화할 수 있다.
• 신용위험 중에서 파생결합증권 등 장외파생상품 발행기관이 채무를 이행하지 못할 위험을 거래상대방위험이라고 한다.
• 자산과 부채의 만기불일치로 발생하는 위험을 미스매치 위험이라고 한다. 미스매치 위험은 보유하고 있는 자산의 유동성이 낮아서 발생하는 위험이라고도 할 수 있다.

16 금융상품의 투자위험에 대한 적절한 설명으로 모두 묶인 것은?

★★☆

> 가. 신용위험 – 자산의 가격변동에 기인하여 발생하는 손실위험을 말한다.
> 나. 금리위험 – 금리가 상승할 때 채권가격이 하락하여 손실이 발생하는 위험이다.
> 다. 시장위험 – 거래량이 매우 적은 주식을 매도하기 위해서는 시장가격보다 호가를 큰 폭으로 낮춰야 하는데, 이 경우 시장가격에 매도할 때와 비교하여 매매손실이 커질 수 있다.
> 라. 유동성위험 – 보유자산이 부채보다 많은 경우 부채를 만기에 상환하지 못하는 위험인 신용위험은 낮더라도 보유자산의 현금흐름 일정과 부채의 상환 일정이 서로 맞지 않아 일시적으로 지급불능위험에 직면할 수 있다.

① 가, 다   ② 나, 라

③ 가, 나, 다   ④ 나, 다, 라

정답 | ②

해설 | 가. 시장위험에 대한 설명이다.
　　　다. 유동성위험에 대한 설명이다. 유동성위험이 높은 금융상품은 시장에서 매도할 때 호가 차이로 인한 손실이 상대적으로 크게 발생하는 경향이 있다.

학습가이드 ■ ■

학습 목표	학습 중요도
Tip 경제환경을 분석하는 문제해결형 문제에 대한 학습 필요	
Tip 다양한 사례의 계산문제 학습 필요	
1. 국민소득의 개념과 측정방법을 이해할 수 있다.	★★★
2. 거시경제 관련 주요 지표의 의미를 이해하고 활용할 수 있다.	★★★
3. 경기순환 국면을 판단할 수 있는 주요 경기지표를 이해할 수 있다.	★★★

···TOPIC 1 국민소득

★★★
01 어떤 나라의 최종생산물이 철광석과 자동차 두 가지뿐이며 2021년과 2023년의 생산량과 가격이 다음과 같다. 2021년을 기준연도라고 가정할 때, 2023년의 실질 GDP로 가장 적절한 것은?

구분	철광석		자동차	
	단위가격(원)	생산량(톤)	단위가격(원)	생산량(대)
2021년	10	20	20	5
2023년	15	24	25	6

① 300원
② 360원
③ 425원
④ 510원

정답 | ②
해설 | 실질 GDP = 기준연도 물가×당해 연도 생산량 = 10×24＋20×6 = 360원

★★★
02 A국가의 GDP가 다음과 같을 때, 2022년 대비 2023년도 경제성장률(%)과 2023년도 GDP 디플레이터로 가장 적절한 것은?

연도	명목 GDP	실질 GDP
2022	29,500	23,000
2023	55,000	28,000

	경제성장률(%)	GDP 디플레이터
①	21.74%	196.43
②	21.74%	239.13
③	96.43%	196.43
④	96.43%	239.13

정답 | ①

해설 | • 경제성장률(%) $= \dfrac{\text{금년도 실질 GDP} - \text{전년도 실질 GDP}}{\text{전년도 실질 GDP}} \times 100 = \dfrac{28,000 - 23,000}{23,000} \times 100 = 21.74\%$

  • GDP 디플레이터 $= \dfrac{\text{명목 GDP}}{\text{실질 GDP}} \times 100 = \dfrac{55,000}{28,000} \times 100 = 196.43$

★★★
03 다음과 같은 사례에서 국내총생산(GDP)에 대한 설명으로 적절하지 않은 것은?

> • 2022년 GDP 디플레이터는 2% 상승하였다.
> • 2023년 GDP 갭은 음수가 될 것으로 기대된다.

① 국내총생산은 한 국가 내에서 이루어진 생산활동의 가치를 측정하므로 그 나라의 경제활동 수준을 가장 잘 나타낼 수 있다.

② GDP 디플레이터는 GDP 산정에 포함된 재화와 서비스의 가격변동을 측정하는 지수로서 명목 GDP를 실질 GDP로 나누어 계산한다.

③ 2022년 명목 GDP 상승률이 실질 GDP 상승률보다 높다.

④ 2023년에는 경기가 과열되어 인플레이션을 가속화할 수 있으므로 총수요를 억제할 필요가 있다.

정답 | ④

해설 | ④ 실제 GDP에서 잠재 GDP를 차감한 값을 GDP 갭이라고 한다. 잠재 GDP가 실제 GDP보다 커서 GDP 갭이 음수이면, 경제가 보유하고 있는 생산요소 중 일부가 생산활동에 활용되지 않는 유휴상태라는 것을 의미한다. 반대로 GDP 갭이 양수이면, 실제 GDP가 잠재 GDP보다 높다는 것을 의미하므로 경기가 과열상태라고 할 수 있다.

04 국민소득에 대한 적절한 설명으로 모두 묶인 것은?

> 가. 국민소득을 측정하는 지표로서 국내총생산(GDP)이 널리 사용되는데, 국내총생산은 한 국가 내에서 이루어진 생산활동의 가치를 측정하므로 그 나라의 경제활동 수준을 가장 잘 나타낼 수 있다.
> 나. 국내총생산은 한 국가 안에서 일정 기간 생산된 모든 최종 재화와 서비스의 시장가치를 합한 금액이다.
> 다. 실질 GDP는 물가가 변동하면 변동하지만, 명목 GDP는 물가가 변동하더라도 일정하다.
> 라. 경제성장률은 명목 GDP의 증가율로 측정된다.
> 마. 국민소득은 최종 재화와 서비스의 생산 측면, 최종 재화와 서비스의 지출 측면 그리고 생산요소의 분배 측면에서 계산할 수 있고 생산, 지출 및 분배 측면에서 측정한 국민소득은 모두 금액이 동일한데, 이를 '국민소득 3면 등가의 원칙'이라고 한다.

① 가, 나   ② 다, 라
③ 가, 나, 마   ④ 다, 라, 마

정답 | ③

해설 | 다. 명목 GDP는 물가가 변동하면 변동하지만, 실질 GDP는 기준연도의 가격으로 산정하므로 물가가 변동하더라도 일정하다. 따라서 한 국가의 경제활동 수준이나 소득 수준을 측정할 때는 실질 GDP를 사용한다.
라. 경제성장률은 명목 GDP가 아닌 실질 GDP의 증가율로 측정된다.

···TOPIC 2 주요 경제지표

★★★

05 우리나라 경제활동인구 현황이 다음과 같다고 가정할 경우 경제활동참가율과 실업률이 적절하게 연결된 것은?

> • 비경제활동인구 : 1,677만명
> • 취업자 : 2,727만명
> • 실업자 : 104만명

	경제활동참가율	실업률
①	60.5%	3.4%
②	60.5%	3.7%
③	62.8%	3.4%
④	62.8%	3.7%

정답 | ④

해설 | • 경제활동인구 = 취업자 + 실업자 = 2,727만명 + 104만명 = 2,831만명

• 생산연령인구(만 15세 이상 인구) = 경제활동인구 + 비경제활동인구 = 4,508만명

• 경제활동참가율 = $\dfrac{\text{경제활동인구}}{\text{생산연령인구}} \times 100 = \dfrac{2,831만명}{4,508만명} \times 100 = 62.8\%$

• 실업률 = $\dfrac{\text{실업자}}{\text{경제활동인구}} \times 100 = \dfrac{104만명}{2,831만명} \times 100 = 3.67\%$

★★★
06 실업에 대한 설명으로 적절하지 않은 것은?

① 생산연령인구 중 수입이 있는 일에 종사하고 있는 사람과 취업을 위하여 구직활동 중인 사람을 경제활동인구라고 하며, 비경제활동인구는 생산연령인구 중 전업주부, 학생, 연로자 및 구직을 단념한 사람 등을 말한다.

② 취업자는 수입을 목적으로 1시간 이상 일한 사람을 말한다.

③ 실업자는 수입이 있는 일을 하지 않고 있는 사람 중 지난 4주간 적극적으로 구직활동을 한 사람으로서 일자리가 주어지면 즉시 취업이 가능한 사람을 말한다.

④ 현재 일을 하지 않고 있지만, 구직활동을 열심히 하던 사람이 일자리를 찾을 수 없어서 구직 활동을 포기하거나 취업준비를 하게 되는 경우 실업자에 포함된다.

정답 | ④

해설 | ④ 현재 일을 하지 않고 있지만, 구직활동을 열심히 하던 사람이 일자리를 찾을 수 없어서 구직활동을 포기하거나 취업준비를 하게 되는 경우 실업자에서 제외되므로 실업률은 낮아지게 된다. 이처럼 구직단념자는 실질적으로는 실업자이지만 실업자 공식 통계에는 포함되지 않으므로 국민이 실제로 체감하는 실업률과 통계로 잡히는 실업률 간의 차이를 느끼게 한다.

★★★
07 실업에 대한 설명이 적절하게 연결된 것은?

가. 새로운 일자리 탐색과정에서 발생하는 실업
나. 특정 산업의 침체 등으로 노동 공급이 수요보다 커서 발생되는 실업
다. 경기순환에 따라 발생하는 실업

	가	나	다
①	경기적 실업	구조적 실업	마찰적 실업
②	구조적 실업	마찰적 실업	경기적 실업
③	마찰적 실업	경기적 실업	구조적 실업
④	마찰적 실업	구조적 실업	경기적 실업

정답 | ④

해설 | 가. 마찰적 실업
나. 구조적 실업
다. 경기적 실업

★★★
08 실업에 대한 설명으로 적절하지 않은 것은?

① 고용률은 만 15세 이상 인구 중 취업자의 비율이고 실업률은 경제활동인구 중 실업자의 비율이다.

② 경기순환에 따라 발생하는 경기적 실업 외에도 새로운 일자리 탐색과정에서 발생하는 마찰적 실업, 특정 산업의 침체 등으로 노동 공급이 수요보다 커서 발생되는 구조적 실업이 존재한다.

③ 마찰적 실업과 구조적 실업은 경기와 무관하게 발생되는 자연적이고 정상적인 실업이라고 할 수 있다.

④ 완전고용 실업률은 일할 능력과 의사를 가진 사람이 모두 고용되어 실업률이 0%인 상태를 말한다.

정답 | ④

해설 | ④ 경제가 완전고용을 달성하고 있다고 하더라도 실업률은 일정 수준 이하로는 떨어지지 않는다. 경제학에서는 경기적 실업이 없는 상태를 완전고용 실업률이라고 한다. 완전고용 실업률은 자연적 실업인 마찰적 실업과 구조적 실업에 해당하는 실업률이라고 해서 자연실업률이라고도 한다.

★★★
09 금융기관유동성(Lf) 통화지표에 포함되지 않는 것은?

① 시장금리부 수시입출식예금(MMDA)
② 금융채
③ 3년 만기 정기예금
④ 국고채

정답 | ④

해설 | ④ 금융기관유동성지표(Lf)는 M2(광의통화)와 예금취급기관의 만기 2년 이상 정기예 · 적금, 금융채, 금전신탁 등과 생명보험회사의 보험계약준비금, 증권금융의 예수금 등 유동성이 상대적으로 낮은 금융상품을 포함한다. 광의유동성(L)은 Lf보다 금융상품 포괄범위가 넓은 광의유동성지표로서 Lf와 기업 및 정부 등이 발행하는 기업어음, 회사채, 국고채 등 유가증권을 합산한 지표이다.

★★★
10 통화공급 요인으로 모두 묶인 것은?

> 가. 가계나 기업이 외부에서 자금을 조달하는 경우
> 나. 정부가 공무원에게 급여를 주거나 물자를 조달한 후 대금을 지급하는 경우
> 다. 해외제품을 수입하거나 국내기관이나 개인이 해외자산에 투자하는 경우
> 라. 국제수지가 적자일 경우

① 가, 나   ② 다, 라

③ 가, 나, 다   ④ 나, 다, 라

정답 | ①

해설 | 다. 수출이 증가하거나 해외 기관투자자가 국내에서 주식이나 채권에 투자하면 외화가 국내에 유입되어 원화로 환전되면서 통화가 공급된다. 해외제품을 수입하거나 국내기관이나 개인이 해외자산에 투자하면 보유하고 있는 원화가 외화로 환전되면서 은행으로 돈이 환류되므로 통화량이 감소한다.

라. 국제수지가 흑자일 경우 국내에 통화량이 증가하고 반대로 적자일 경우 통화량이 감소한다.

★★★
11 주요 경제지표에 대한 설명으로 가장 적절한 것은?

① 경제성장률은 물가가 변동하더라도 일정한 실질 GDP의 증가율로 측정되며, GDP 디플레이터는 GDP 산정에 포함된 재화와 서비스의 가격 변동을 측정하는 지수로서 실질 GDP를 명목 GDP로 나누어 계산한다.

② 구조적 실업은 새로운 일자리 탐색과정에서 발생하는 실업을 말한다.

③ 완전고용 실업률은 일할 능력과 의사를 가진 사람이 모두 고용되어 실업률이 0%인 상태를 말한다.

④ M1(협의통화)은 화폐의 지급결제수단으로서의 기능을 중시한 지표인 반면, M2(광의통화)는 M1에 유동성이 상대적으로 적은 만기 2년 미만의 저축성상품, 시장형 금융상품, 실적배당형 금융상품, 금융채, 거주자외화예금 등을 포함하여 산출한다.

정답 | ④

해설 | ① GDP 디플레이터는 GDP 산정에 포함된 재화와 서비스의 가격 변동을 측정하는 지수로서 명목 GDP를 실질 GDP로 나누어 계산한다.

② 마찰적 실업에 대한 설명이다. 구조적 실업은 특정 산업의 침체 등으로 노동 공급이 수요보다 커서 발생되는 실업이다.

③ 경제가 완전고용을 달성하고 있다고 하더라도 실업률은 일정 수준 이하로는 떨어지지 않는다. 경제학에서는 경기적 실업이 없는 상태를 완전고용 실업률이라고 한다. 완전고용 실업률은 자연적 실업인 마찰적 실업과 구조적 실업에 해당하는 실업률이라고 해서 자연실업률이라고도 한다.

★★★
12 다음과 같은 경제상황에 대한 설명 중 적절하지 않은 것은?

> 소비자물가상승률은 이번 달 2.0%(전년동기대비)를 기록했으나, 미국과 유럽발 재정위기 등으로 글로벌 금융시장이 혼란에 빠진 가운데 한국은행은 13일 기준금리를 1.5%로 두 달 연속 동결하는 결정을 내렸다.

① 금융자산을 가진 사람이 실물자산 보유자보다 불리하다.
② 기준금리 기준으로 현재 명목금리는 1.5%이다.
③ 기준금리 기준으로 현재 실질금리는 0.5%이다.
④ 기준금리 수준에서 예금하며 물가상승률이 현재대로 유지된다면 예금 만기 시 실질자산이 감소할 것이다.

정답 | ③
해설 | ③ 실질금리 = 명목금리 − 예상 인플레이션율 = 1.5% − 2.0% = −0.5%

★★★
13 다음과 같은 한국은행의 결정이 시장경제에 미치는 영향으로 가장 적절한 것은?

> 한국은행은 기준금리를 1.25%에서 1.50%로 상향조정하였다.

① 물가상승률에 변화가 없다면 기준금리(명목금리) 상승은 실질금리를 하락시키는 요인이 된다.
② 가계 및 기업의 자금 수요량은 증가한다.
③ 금리와 자금 수요량과의 관계를 나타내는 자금의 수요곡선은 우하향한다.
④ 다른 조건이 동일하다면, 자금시장에서 자금의 공급량이 감소한다.

정답 | ③
해설 | ① 실질금리 = 명목금리 − 예상 인플레이션율
② 가계 및 기업의 차입비용이 증가하므로 자금 수요량은 감소한다.
④ 금리가 상승할 때 다른 조건이 동일하다면, 높은 이자수익을 얻기 위해 가계는 저축을 증가시키게 되고 이는 자금시장에서 자금의 공급량을 증가시킨다.

★★★
14 다음과 같은 중앙은행의 결정이 시장경제에 미치는 영향으로 모두 묶인 것은?

올해 물가상승률은 연 2.0%로 예상되고 있으며 글로벌 경기침체가 계속되는 가운데 중앙은행은 기준금리를 1.50%로 하향조정하는 결정을 내렸다.

가. 기준금리 하락으로 은행 정기예금 금리가 연 2%로 변동되었다면 정기예금 가입자의 실질 금리는 0.5% 수준이 된다.
나. 차입비용이 낮아져서 기업은 투자를 증가시키고 이는 자금의 수요량은 증가시킨다.
다. 가계도 주택을 구입하기 위해 주택자금 대출을 받기 때문에 가계의 자금 수요량도 증가한다.
라. 저축이 감소하여 자금의 공급량이 감소한다.
마. 금리와 자금의 공급량과의 관계를 나타내는 자금의 공급곡선은 우하향한다.

① 가, 나, 다
② 가, 나, 마
③ 나, 다, 라
④ 다, 라, 마

정답 | ③
해설 | 가. 실질금리 = 명목금리 − 예상 인플레이션율 = 2% − 2% = 0%
마. 금리와 자금의 공급량과의 관계를 나타내는 자금의 공급곡선은 우상향한다.

★★★
15 시장금리의 상승을 가져오는 경우로 모두 묶인 것은?

가. 자금의 초과공급이 발생한 경우
나. 경기가 침체될 것으로 예상되는 경우
다. 정부의 국채 발행 증가
라. 물가가 상승할 것으로 예상되는 경우

① 나
② 가, 나
③ 가, 라
④ 다, 라

정답 | ④
해설 | 가. 자금 수요량이 공급량을 초과하여 초과수요가 발생하면 금리는 초과수요가 해소될 때까지 상승한다. 반대로 현재 금리가 시장금리보다 높아서 자금의 공급량이 수요량을 초과한다면 금리는 자금의 초과공급이 해소될 때까지 하락한다.
나. 경기가 호전될 것으로 예상되면 기업은 투자를 증가시키기 위해 자금차입을 증가시킨다. 자금차입이 증가한다는 것은 자금수요곡선이 우측으로 이동한다는 것을 의미하고 현 시장금리 수준에서는 자금의 초과수요가 발생하여 시장금리는 상승한다. 반대로 경기가 침체될 것으로 예상되면 기업은 투자를 축소하므로 자금수요곡선이 좌측으로 이동하게 되고 이에 따라 시장금리는 하락한다.

16 시장금리의 결정에 대한 다음 설명 중 가장 적절한 것은?

① 현재 금리가 시장금리보다 높아서 자금 수요량이 공급량을 초과한다면 금리는 초과수요가 해소될 때까지 상승한다.

② 경기가 호전될 것으로 예상되면 자금수요곡선이 좌측으로 이동하여 시장금리는 하락한다.

③ 정부가 국채 발행을 증가시키면 자금수요곡선이 좌측으로 이동하여 시장금리는 하락한다.

④ 물가가 상승할 것으로 예상되면 자금의 공급은 감소하여 자금공급곡선이 좌측으로 이동하는 반면, 자금의 수요는 증가하여 수요곡선은 우측으로 이동하여 시장금리는 상승할 것이다.

정답 | ④

해설 | ① 자금 수요량이 공급량을 초과하여 초과수요가 발생하면 금리는 초과수요가 해소될 때까지 상승한다. 반대로 현재 금리가 시장금리보다 높아서 자금의 공급량이 수요량을 초과한다면 금리는 자금의 초과공급이 해소될 때까지 하락한다.

② 경기가 호전될 것으로 예상되면 기업은 투자를 증가시키기 위해 자금차입을 증가시킨다. 자금차입이 증가한다는 것은 자금수요곡선이 우측으로 이동한다는 것을 의미하고 현 시장금리 수준에서는 자금의 초과수요가 발생하여 시장금리는 상승한다. 반대로 경기가 침체될 것으로 예상되면 기업은 투자를 축소하므로 자금수요곡선이 좌측으로 이동하게 되고 이에 따라 시장금리는 하락한다.

③ 정부가 국채 발행을 증가시키면 자금수요곡선이 우측으로 이동하여 시장금리는 상승한다.

17 시장금리의 결정에 대한 다음 설명 중 가장 적절한 것은?

① 물가에 대한 기대심리는 자금의 수요와 공급에 별다른 영향을 미치지 않는다.

② 물가가 상승하면 돈을 빌리는 사람은 실질적으로 손해를 보고 돈을 빌려주는 사람은 이익을 본다.

③ 물가가 상승할 것으로 예상되면 자금의 공급은 증가하여 자금공급곡선이 우측으로 이동하는 반면, 자금의 수요는 감소하여 수요곡선은 좌측으로 이동하여 시장금리는 하락할 것이다.

④ 다른 조건이 동일하다면 물가 상승으로 인한 이자의 실질가치가 하락한 만큼 명목금리는 상승하지만 실질금리는 변동하지 않는다.

정답 | ④

해설 | ① 물가에 대한 기대심리도 자금의 수요와 공급에 영향을 미친다.

② 물가가 상승하면 돈의 가치가 하락하여 이자의 실질가치도 하락하므로 돈을 빌려주는 사람은 실질적으로 손해를 보고 돈을 빌리는 사람은 이익을 본다.

③ 물가가 상승할 것으로 예상되면 자금의 공급은 감소하여 자금공급곡선이 좌측으로 이동하는 반면, 자금의 수요는 증가하여 수요곡선은 우측으로 이동하여 시장금리는 상승할 것이다.

★★★
18 물가지수에 대한 설명이 적절하게 연결된 것은?

> 가. 국내총생산을 측정하는데 포함되는 모든 재화와 서비스의 가격을 사용하여 산정된 물가지수
> 이므로 타 물가지수보다 한 국가의 전반적인 물가 수준을 더 잘 나타낸다고 볼 수 있다.
> 나. 물가의 장기 추이나 지속성을 파악하기 위해서 소비자물가지수에 포함되는 품목 중 식료품과
> 에너지 관련 품목을 제외한 나머지 품목을 기준으로 산정된 물가지수
> 다. 국내 생산자가 생산한 상품 및 서비스의 종합적인 가격수준을 지수화한 물가지수로, 소비재
> 뿐만 아니라 생산과정에서 투입되는 원재료 및 중간재 등 자본재를 포함하여 산출한다.

	가	나	다
①	GDP 디플레이터	근원물가지수	생산자물가지수
②	GDP 디플레이터	생산자물가지수	근원물가지수
③	소비자물가지수	근원물가지수	생산자물가지수
④	소비자물가지수	생산자물가지수	근원물가지수

정답 | ①
해설 | 가. GDP 디플레이터
　　　나. 근원물가지수
　　　다. 생산자물가지수

★★★
19 다음 경제 관련 기사 내용 중 (가)~(나)에 들어갈 용어로 적절하게 연결된 것은?

> 한국은행이 발표한 지난해 11월 국제수지에 따르면 지난해 11월 (가)는 71억 6000만달러 흑자
> 로 집계됐다. (가)란 국가 간 상품, 서비스의 수출입과 함께 자본, 노동 등 모든 경제적 거래를
> 합산한 통계이다.
> 지난해 11월 (나)는 59억 5000만달러 흑자로 나타났다. 흑자폭은 1년 전보다 40억달러 축소됐
> 다. (나)는 수출과 수입의 격차를 의미하는데, 11월 수입 증가폭이 수출 증가폭을 웃돌면서
> 흑자 규모가 줄었다고 한국은행은 설명했다.

	가	나
①	경상수지	상품수지
②	자본수지	상품수지
③	경상수지	자본수지
④	상품수지	자본수지

정답 | ①
해설 | 경상수지는 상품수지, 서비스수지, 본원소득수지 및 이전소득수지로 세분화된다. 상품수지는 상품 수출액에서
　　　상품 수입액을 차감한 금액을 말한다. 수출액이 수입액보다 크면 상품수지는 흑자(+)가 되고, 반대로 수입액이
　　　수출액보다 큰 경우 상품수지는 적자(−)가 된다.

20 다음 경제 관련 기사 내용 중 (가)~(나)에 들어갈 용어로 적절하게 연결된 것은?

> 한국은행 발표에 따르면 지난해 우리나라는 상품의 수출이 수입보다 많아 상품수지는 (가)로 나타났다. 하지만 유가, 천연가스 등 원자재 가격이 뛰면서 원자재 수입이 급증한 영향으로 경상수지 (가)폭이 (나)됐다.

	가	나
①	흑자(＋)	축소
②	적자(－)	확대
③	적자(－)	축소
④	흑자(＋)	확대

정답 | ①

해설 | 경상수지는 상품수지, 서비스수지, 본원소득수지 및 이전소득수지로 세분화된다. 상품수지는 상품 수출액에서 상품 수입액을 차감한 금액을 말한다. 수출액이 수입액보다 크면 상품수지는 흑자(＋)가 되고, 반대로 수입액이 수출액보다 큰 경우 상품수지는 적자(－)가 된다.

21 다음 경제 관련 기사 내용 중 (가)~(나)에 들어갈 국제수지표 항목으로 적절하게 연결된 것은?

> • (가)는 1억 4천만달러 적자로 집계됐다. 하지만 전년 11월과 비교하면 적자 폭이 8억 4천만달러 줄었다. (가) 가운데 특히 1년 전 4억 5천만달러에 불과했던 운송수지 흑자가 17억 1천만달러로 뛰었다. 하지만 여행수지 적자 규모는 전년 11월보다 더 커졌다.
> • (나)은 우리나라가 보유한 외화자산의 순증가금액을 표시한다. 해외직접투자(FDI)가 440억달러, 해외 주식 및 채권 투자가 196억달러 증가하였다. 또한 한국은행 외환보유액이 144억달러 증가하였다.

	가	나		가	나
①	서비스수지	자본수지	②	서비스수지	금융계정
③	이전소득수지	자본수지	④	이전소득수지	금융계정

정답 | ②

해설 | • 서비스수지는 외국과의 서비스거래로부터 수취한 외화에서 지급한 외화를 차감한 금액이다. 우리나라의 선박이나 항공기가 상품을 수송한 대가로 외국으로부터 받은 운임, 외국 관광객이 국내에서 쓴 외화 등은 서비스 수입이 된다. 반대로 우리나라가 외국기업에 지급한 운임, 우리나라 국민의 해외여행 또는 유학경비, 국내 기업이 외국기업으로부터 받은 특허권 사용료 등은 모두 서비스 지급이 된다.
• 금융계정은 직접투자, 증권투자, 파생금융상품, 기타투자 및 준비자산으로 구성된다. 금융계정은 국내 거주자 입장을 기준으로 자산 또는 부채 여부를 판단한다. 예를 들어 국내 거주자가 미국 주식에 투자하면 금융계정의 자산 항목에 기록된다. 비거주자인 외국 사람이나 해외기관의 국내투자는 부채 항목에 기록된다. 국제수지표상 금융계정의 수치는 해당 거래로 인한 우리나라의 외화자산 순증액이 외화부채 순증액보다 크면 양수(＋)로 표시되고 반대인 경우 음수(－)로 표시된다.

★★★
22 환율에 대한 설명으로 적절하지 않은 것은?

① 환율은 해외 통화에 대한 가격이라고 할 수 있다.

② 자국통화표시법은 외국통화 1단위에 상응하는 자국통화 금액을 표시하는 방법이다.

③ 우리나라는 외국통화표시법을 기준으로 환율을 표시하고 있으므로 원달러환율이 상승하면 원화가치가 상승하게 된다.

④ 국제금융시장에서 환율을 표시하는 관행은 기준통화를 먼저 표시하고 가격 통화를 나중에 표시한다.

정답 | ③

해설 | ③ 우리나라는 자국통화표시법을 기준으로 환율을 표시하고 있으므로 원달러환율이 상승하면 원화가치가 하락하게 된다.

★★★
23 환율상승 요인으로 모두 묶인 것은?

> 가. 경상수지가 흑자가 된 경우
> 나. 경상수지가 적자가 된 경우
> 다. 국내외환시장에서 미 달러화 수요가 증가한 경우
> 라. 국내외환시장에서 미 달러화 수요가 감소한 경우

① 가, 다   ② 가, 라

③ 나, 다   ④ 나, 라

정답 | ③

해설 | 경상수지가 흑자가 되어 미 달러화가 국내외환시장에 유입되면 미 달러화 공급이 증가하고, 다른 조건이 동일하다면 미 달러화 가격인 원달러환율이 하락한다. 반면, 국내외환시장에서 미 달러화 수요가 증가하면 원달러환율은 상승한다.

★★★
24 환율에 대한 다음 설명 중 (가)~(나)에 들어갈 내용으로 적절하게 연결된 것은?

> 우리나라에서는 미 달러화를 제외한 타 통화의 환율은 (가)로 표시된다. (가)을 계산하기 위해서는 (나)가 필요하다. (나)란 미 달러화와 타 해외통화 간 환율로서 우리나라에서는 서울외국환중개가 매일 해외 외환시장에서 결정된 환율을 기준으로 고시한다.

	가	나
①	시장환율	크로스레이트
②	시장환율	매매기준율
③	재정환율	크로스레이트
④	재정환율	매매기준율

정답 | ③

해설 | 우리나라에서는 미 달러화를 제외한 타 통화의 환율은 재정환율로 표시된다. 재정환율을 계산하기 위해서는 크로스레이트가 필요하다. 크로스레이트란 미 달러화와 타 해외통화 간 환율로서 우리나라에서는 서울외국환 중개가 매일 해외 외환시장에서 결정된 환율을 기준으로 고시한다.

★★★
25 다음 관계에서 계산된 원화의 엔화에 대한 환율로 가장 적절한 것은?

> • 원화와 달러화 환율 : U$1 = ₩992.10
> • 달러와 엔화 간 환율 : U$1 = ¥115.60

① 100¥ = ₩114.69
② 100¥ = ₩116.52
③ 100¥ = ₩686.76
④ 100¥ = ₩858.22

정답 | ④

해설 | ₩/100¥ = [매매기준율(₩/U$) ÷ 미국 달러화와 일본 엔화와의 환율(¥/U$)] × 100

$$= \frac{992.10}{115.60} \times 100 = 858.22$$

★★★
26 환율의 결정에 대한 설명으로 적절하지 않은 것은?

① 타 재화의 시장처럼 외환시장에서도 수요곡선은 우하향하고 공급곡선은 우상향한다.
② 경상수지가 흑자가 되면 원달러환율은 상승한다.
③ 재정이란 가격 차이를 이용한 차익기회를 의미하는데, 원달러환율과 크로스레이트를 사용하여 타 해외통화환율을 계산하면 차익기회가 발생하지 않는 환율이라는 측면에서 재정환율이라고 한다.
④ 원달러환율(USD/KRW)이 1,200원이고 크로스레이트인 위안달러환율(USD/CNY)이 6.75라고 할 때, 원위안환율(CNY/KRW)은 177.78원이 된다.

정답 | ②

해설 | ② 경상수지가 흑자가 되어 미 달러화가 국내외환시장에 유입되면 미 달러화 공급이 증가하고, 다른 조건이 동일하다면 미 달러화 가격인 원달러환율이 하락한다. 반면, 국내외환시장에서 미 달러화 수요가 증가하면 원달러환율은 상승한다.

④ 원달러환율(USD/KRW)이 1,200원이고 크로스레이트인 위안달러환율(USD/CNY)이 6.75라고 할 때, 원위안환율(CNY/KRW)은 1,200을 6.75로 나눈 177.78원이 된다.

★★★
27 환율의 종류에 대한 설명으로 가장 적절한 것은?

① 매매기준율이란 은행이 고객에게 외환을 사고 팔 때 기준이 되는 환율로서 서울외국환중개가 산출하여 고시하며, 외환시장이 처음 개장될 때 고시되는 매매기준율은 전일 거래된 미 달러 거래의 종가 환율이다.

② 은행이 고객으로부터 외환을 살 때 적용하는 환율을 매입률, 고객에게 팔 때 적용하는 환율을 매도율이라고 하며, 매입률과 매도율은 매매기준율을 기준으로 일정 스프레드가 가감되어 결정된다.

③ 은행에서 해외로 송금하면 전신환매입율이 적용되고 송금받은 외환을 원화로 환전할 때에는 전신환매도율이 적용된다.

④ 외환을 전신환으로 취급할 때 발생하는 비용이 현금이나 여행자수표보다 높아서 전신환매매율 스프레드가 여행자수표나 현찰보다 높다.

정답 | ②

해설 | ① 외환시장이 처음 개장될 때 고시되는 매매기준율은 전일 거래된 미 달러 거래의 평균 환율이다.
　　　③ 은행에서 해외로 송금하면 전신환매도율이 적용되고 송금받은 외환을 원화로 환전할 때에는 전신환매입율이 적용된다.
　　　④ 외환을 현금으로 취급할 때 발생하는 비용이 전신환이나 여행자수표보다 높아서 현찰매매율 스프레드가 여행자수표나 전신환보다 높다.

···TOPIC ❸　경기순환

★★★
28 경기순환주기에 대한 적절한 설명으로 모두 묶인 것은?

> 가. 경기는 항상 일정한 수준을 유지하는 것이 아니라 확장 → 후퇴 → 수축 → 회복의 과정을 반복하면서 끊임없이 변동한다.
> 나. 경기의 진폭이 클수록 경기저점의 경제 상황과 경기정점의 경제 상황의 차이가 확대된다.
> 다. 실질 GDP가 2분기 연속 감소하면 경기가 침체국면에 진입한 것으로 판단한다.
> 라. 어떤 분기의 실질 GDP가 추세선 위에 있을 때 그다음 분기에도 추세선 위에 머무르려는 경향이 있다면 경기변동이 지속성을 갖고 있다고 한다.

① 가, 나　　　　　　　　　　　② 다, 라
③ 가, 다, 라　　　　　　　　　④ 가, 나, 다, 라

정답 | ④

해설 | 모두 적절한 설명이다.

★★★
29 경기지표에 대한 적절한 설명으로 모두 묶인 것은?

가. 경기가 하강하기 시작하면 재고가 줄게 되며, 반대로 경기가 회복되는 경우 재고가 늘어나게 된다.

나. 동행종합지수에서 순환변동을 제거한 동행종합지수 추세변동치가 현재의 경기상황을 판단하는데 유용하게 활용되고 있지만, 경기의 국면과 전환점을 판단하는 참고지표이고 대상기간 등에 따라 추세변동치가 달라질 수 있다.

다. 경기종합지수가 상승하면 경기가 호전되고 반대로 하락하면 경기가 악화된다는 것을 의미하므로 동 지수의 증감률을 기준으로 경기변동의 진폭을 가늠할 수 있다.

라. 경기종합지수가 경제의 종합적인 활동 상태를 판단하는 가늠자 역할을 할 수 있다는 장점이 있으나 실제 경기변동을 잘 반영하지 못하는 경우도 있으므로 다른 요인도 종합적으로 고려하여 경기변동을 파악할 필요가 있다.

① 가, 나
② 다, 라
③ 가, 다, 라
④ 가, 나, 다, 라

정답 | ②

해설 | 가. 경기가 하강하기 시작하면 출하는 바로 줄어들지만 생산은 바로 조정되지 않는 경우가 많은데, 이 경우 재고가 늘어나게 된다. 반대로 경기가 회복되는 경우 출하가 늘면서 재고가 줄게 되고 생산도 늘어나게 된다.

나. 동행종합지수에서 추세변동을 제거한 동행종합지수 순환변동치가 현재의 경기상황을 판단하는데 유용하게 활용되고 있다. 하지만, 동행종합지수 순환변동치에 전적으로 의존해서 경기상황을 판단해서는 곤란하다. 동행종합지수 순환변동치는 경기의 국면과 전환점을 판단하는 참고지표이고, 대상기간 등에 따라 순환변동치가 달라질 수 있기 때문이다.

★★★
30 다음 경기지표 분석에 대한 설명으로 가장 적절한 것은?

> 경기지표 중 경기선행지수는 전월대비 증가율이 3개월째 상승세를 유지하고 있는 가운데, 기업 경기실사지수(BSI)는 95로, 소비자동향지수(CSI)는 110으로 조사되었다.

① 경기선행지수로 판단할 경우 향후 경기는 상승할 가능성이 높다.
② BSI로 판단할 경우 대다수의 기업가들은 향후 경기가 상승할 것이라고 보고 있다.
③ CSI로 판단할 경우 대다수의 소비자들은 향후 경기가 하락할 것이라고 보고 있다.
④ 경기선행지수는 경제주체들의 주관적 판단에 근거한 수치이므로, 객관적 수치로 산출한 BSI 와 CSI로 판단하는 것이 더 합리적이다.

정답 | ①

해설 | 경제심리지표란 기업가 또는 소비자의 경제에 대한 인식을 조사하여 작성한 지표이다. 경제심리지수에는 조사 대상을 기업가로 하는 기업경기실사지수(BSI)와 소비자로 하는 소비자동향지수(CSI) 등이 있다. BSI의 값은 0~200 사이이고, 100이면 향후 경기를 긍정적으로 보는 기업의 수와 부정적으로 보는 기업의 수가 동일하다 는 것을 의미한다. BSI 값이 100을 초과하는 경우 향후 경기를 긍정적으로 보는 기업이 부정적으로 보는 기업보 다 많다는 것을 의미하고 이는 심리적인 측면이지만, 기업가들이 경기가 호전될 것으로 보고 있다고 판단한다. CSI는 0에서 200까지의 값을 갖는데, 동 지수가 100을 초과한 경우 긍정적인 답변을 한 소비자가 부정적인 답변을 한 소비자보다 많다는 것을 의미하며 100 미만인 경우는 그 반대를 의미한다. 기업경기실사지수나 소비 자동향지수와 같은 심리지표는 전통적인 경제지표가 포착하기 어려운 경제주체의 심리적 변화를 측정하는 데 유용하다. 또한 해당 월의 지수를 그 달에 조사·공표하는 등 여타 경기 관련 지표에 비해 더 빨리 습득하여 활용할 수 있는 장점이 있다.

CHAPTER

03 현대포트폴리오 이론

출제비중 : 20~30% / 6~9문항

학습가이드 ■ ■

학습 목표	학습 중요도
Tip 공식의 암기는 물론, 공식을 활용하여 다양한 사례를 분석할 수 있는 문제에 대한 학습 필요	
Tip 다양한 사례의 계산문제 학습 필요	
1. 투자성과 측정을 위한 수익률과 위험의 의미와 측정방법을 이해할 수 있다.	★★★
2. 투자 포트폴리오 구성을 위한 다양한 통계량을 이해하고 활용할 수 있다.	★★★
3. 현대포트폴리오 이론을 이해하고 활용할 수 있다.	★★★

···TOPIC 1 수익률

★★★

01 다음의 3가지 투자안이 있다. 주식A를 10,000원에 매수하여 3개월 후 10,100원에 매도한 경우와 주식B를 20,000원에 매수하여 중간에 배당금을 2,000원 수령하고 2년 후 19,000원에 매도한 경우, 주식C를 5,000원에 매수하여 1년 후 5,500원에 매도한 경우 각각의 연환산 보유기간수익률로 가장 적절한 것은?

	주식A	주식B	주식C
①	4%	−2.53%	5%
②	4%	2.47%	10%
③	4.06%	−2.53%	5%
④	4.06%	2.47%	10%

정답 | ④

해설 | • 주식A의 연환산 보유기간수익률 $= \left(1 + \dfrac{10,100 - 10,000}{10,000} \right)^{4} - 1 = 4.06\%$

• 주식B의 연환산 보유기간수익률 $= \left(1 + \dfrac{19,000 - 20,000 + 2,000}{20,000} \right)^{1/2} - 1 = 2.47\%$

• 주식C의 연환산 보유기간수익률 $= \left(1 + \dfrac{5,500 - 5,000}{5,000} \right) - 1 = 10.00\%$

★★★
02 다음 정보를 토대로 A주식의 2년간 가격변동에 따른 산술평균수익률과 기하평균수익률로 가장 적절한 것은?

〈A주식 가격의 변동 내역〉

연도	연초 가치	연말 가치	연간 수익률
1	10,000	20,000	+100%
2	20,000	10,000	−50%

	산술평균수익률	기하평균수익률
①	0%	0%
②	0%	25%
③	25%	0%
④	25%	25%

정답 | ③

해설 | • 산술평균 = (+100% − 50%) ÷ 2 = 25%

• 기하평균 = $\left\{ \left(\left(\dfrac{10,000}{10,000} \right)^{\frac{1}{2}} - 1 \right) \right\} \times 100 = 0\%$

★★★
03 수익률에 대한 설명으로 적절하지 않은 것은?

① 산술평균은 기하평균과 같거나 더 높게 나타난다.
② 여러 기간에 걸친 투자수익률을 계산할 때는 기하평균을 사용하는 것이 바람직하다.
③ 미래의 기대수익률을 예측하려면 기하평균수익률을 사용하는 것이 적절하다.
④ 기대수익률은 현재 특정 투자를 통해서 얻을 수 있는 평균적인 투자수익률을 의미하며, 예상수익률을 확률로 가중평균한 값으로 예상수익률에 확률을 곱한 기댓값의 합계이다.

정답 | ③

해설 | ③ 미래의 기대수익률을 예측하려면 산술평균수익률을, 여러 기간에 걸쳐 펀드매니저의 투자성과를 측정하려면 기하평균수익률을 사용하는 것이 적절하다.

★★★
04 경제환경에 따라 예상되는 투자수익률이 달라지는 주식A의 수익률 분포를 아래와 같이 가정할 경우 기대수익률로 적절한 것은?

경제환경	확률	주식A(현재가 10,000)	
		예상주가	수익률
호황	30%	12,000	20%
보통	40%	10,800	8%
불황	30%	9,600	−4%

① 3.2%   ② 6%

③ 8%   ④ 12%

정답 | ③
해설 | • A주식의 기대수익률 = 0.3×20% + 0.4×8% + 0.3×(−4%) = 0.08 = 8%

★★★
05 투자자가 요구수익률을 결정할 때 고려해야 하는 요소로 적절하지 않은 것은?

① 현재의 소비를 미루는 시간에 대한 보상
② 투자기간 동안 예상되는 물가상승률에 대한 보상
③ 투자의 불확실성에 대한 보상
④ 투자 선택에 따른 기회손실에 대한 보상

정답 | ④
해설 | • 투자자는 요구수익률을 결정할 때 현재의 소비를 미루는 시간에 대한 보상인 실질무위험수익률, 투자기간 동안 예상되는 물가상승률, 투자의 불확실성에 대한 보상, 즉 위험보상률을 고려해야 한다.
      • 요구수익률 = 실질무위험수익률 + 물가상승률 + 위험보상률

★★★
06 다음 주식의 요구수익률을 구하고 기대수익률을 기준으로 투자매력도가 높은 순으로 배열된 것은(기대수익률과 요구수익률의 차이가 클수록 투자매력도가 높다고 가정)?

투자대상	실질무위험수익률	예상 물가상승률	위험보상률	기대수익률
주식A			6.0%	12.0%
주식B	1.0%	3.5%	1.0%	3.5%
주식C			1.5%	6.0%
주식D			0.5%	10.0%

① A > D > B > C   ② A > D > C > B

③ D > A > B > C   ④ D > A > C > B

해설 | • 주식 요구수익률과 매력도

투자대상	요구수익률	투자매력도
주식A	1.0% + 3.5% + 6.0% = 10.5%	12.0% − 10.5% = 1.5%
주식B	1.0% + 3.5% + 1.0% = 5.5%	3.5% − 5.5% = −2.0%
주식C	1.0% + 3.5% + 1.5% = 6.0%	6.0% − 6.0% = 0.0%
주식D	1.0% + 3.5% + 0.5% = 5.0%	10.0% − 5.0% = 5.0%

• 투자매력도 순 : D > A > C > B

★★★
07 다음 자료를 토대로 투자대상을 고를 때 요구수익률보다 높은 성과를 기대할 수 있는 투자대상으로 가장 적절한 것은?

> • 명목무위험수익률 : 3.5%　　　　• 실질무위험수익률 : 2.0%

① A예금 : 기대수익률 3.5%, 위험보상률 0%
② B펀드 : 기대수익률 5%, 위험보상률 2%
③ C펀드 : 기대수익률 7%, 위험보상률 4%
④ D펀드 : 기대수익률 10%, 위험보상률 5%

정답 | ④
해설 | • 요구수익률 = 실질무위험수익률 + 물가상승률 + 위험보상률 = 명목무위험수익률 + 위험보상률
　　　　• 요구수익률 < 기대수익률 : 시장가격 < 내재가치 → 저평가상태, 정상적 투자행위
　　　　① 기대수익률 3.5% = 요구수익률 3.5%
　　　　② 기대수익률 5% < 요구수익률 5.5%
　　　　③ 기대수익률 7% < 요구수익률 7.5%
　　　　④ 기대수익률 10% > 요구수익률 8.5%

★★★
08 김미순씨는 총 1억원의 투자 포트폴리오를 가지고 있는데, 이 중에서 4,000만원은 A펀드에 투자하였고, B펀드에 4,000만원, C펀드에 2,000만원을 투자하였다. 1년 후 A펀드는 5,000만원, B펀드는 4,200만원, C펀드는 2,200만원이 되었다면 가중평균수익률로 가장 적절한 것은?

투자대상	기초투자금액	기말평가금액	연간수익률
A펀드	40,000,000	50,000,000	25%
B펀드	40,000,000	42,000,000	5%
C펀드	20,000,000	22,000,000	10%

① 13%
② 14%
③ 15%
④ 16%

정답 | ②
해설 |

투자대상	기초투자금액	투자비중	기말평가금액	연간수익률	가중수익률^{주)}
A펀드	40,000,000	0.4	50,000,000	25%	10%
B펀드	40,000,000	0.4	42,000,000	5%	2%
C펀드	20,000,000	0.2	22,000,000	10%	2%
합계	100,000,000	1.0	114,000,000		14%

주) 가중수익률＝투자비중×연간 수익률

09 시간가중수익률과 금액가중수익률에 대한 적절한 설명으로 모두 묶인 것은?

> 가. 시간가중수익률은 투자가 다기간에 일어난 경우, 투자의 신규 현금흐름이 발생한 시점을 기준으로 투자기간을 구분하여 수익률을 계산하는 방식이다.
> 나. 시간가중수익률은 측정기간 중 현금유출입에 따른 투자수익률의 왜곡을 조정하는 방식으로 산술평균과 같다.
> 다. 금액가중수익률은 내부수익률(IRR)이라고도 불리며, 현금의 유출과 유입의 현재가치를 동일하게 만드는 수익률이다.
> 라. 금액가중수익률은 미래 현금흐름 현재가치의 합을 0이 되도록 결정하는 수익률이다.
> 마. 수익률 계산방식의 차이를 고려했을 때, 시간가중수익률은 투자자의 수익률을 평가하는 방식으로 활용된다.

① 가, 나   ② 가, 다, 라
③ 다, 라, 마   ④ 나, 다, 라, 마

정답 | ②

해설 | 나. 시간가중수익률은 측정기간 중 현금유출입에 따른 투자수익률의 왜곡을 조정하는 방식으로 기하평균과 같다.

마. 수익률 계산방식의 차이를 고려했을 때, 시간가중수익률은 현금유출입의 영향을 받지 않는 수익률이므로 투자운용자의 운용능력을 평가하는 방식으로 사용되며, 금액가중수익률은 총투자한 금액을 고려한 수익률로 투자자의 수익률을 평가하는 방식으로 활용된다.

★★★

10 경제환경에 따라 예상되는 투자수익률이 달라지는 두 가지 투자안의 수익률 분포를 아래와 같이 가정할 경우 투자수익률과 위험에 대한 설명으로 가장 적절한 것은?

경제환경	확률	주식A	주식B
호황	30%	20%	36%
보통	40%	8%	8%
불황	30%	−4%	−20%

① 주식A의 기대수익률이 주식B의 기대수익률보다 더 높다.

② 두 자산의 위험이 동일하다.

③ 지배원리에 따르면 투자자들은 두 자산 중 주식A를 선택할 것이다.

④ 두 자산의 기대수익률과 위험이 각기 달라 지배원리에 따라 투자 우선순위를 가릴 수 없다.

정답 | ③

해설 |

경제환경	확률	주식A		주식B	
		수익률	표준편차	수익률	표준편차
호황	0.3	20%		36%	
보통	0.4	8%		8%	
불황	0.3	−4%		−20%	
합계	1.0	8%	9.30%	8%	21.69%

- A 표준편차 : $\sqrt{(20-8)^2 \times 0.3 + (8-8)^2 \times 0.4 + (-4-8)^2 \times 0.3}$ = 9.30%
- B 표준편차 : $\sqrt{(36-8)^2 \times 0.3 + (8-8)^2 \times 0.4 + (-20-8)^2 \times 0.3}$ = 21.69%

★★★
11 과거 10년 동안 주식A의 수익률이 다음과 같을 때 분산과 표준편차로 적절하게 연결된 것은?

연도	투자수익률	편차	편차²
2014	5.00%	1.50%	0.02%
2015	9.00%	5.50%	0.30%
2016	−4.00%	−7.50%	0.56%
2017	−5.00%	−8.50%	0.72%
2018	10.00%	6.50%	0.42%
2019	15.00%	11.50%	1.32%
2020	−7.00%	−10.50%	1.10%
2021	10.00%	6.50%	0.42%
2022	−8.00%	−11.50%	1.32%
2023	10.00%	6.50%	0.42%
평균	3.50%		
합계			6.63%

	분산	표준편차
①	0.66%	8.14%
②	0.66%	8.58%
③	0.74%	8.14%
④	0.74%	8.58%

정답 | ④

해설 | • 분산 : $\dfrac{6.63\%}{9} = 0.74\%$

　　　• 표준편차 : $\sqrt{0.74\%} = 8.58\%$

★★★
12 정규분포하에서 과거 평균수익률이 10%이고, 수익률의 표준편차가 7%인 펀드의 기대수익률이 3~17% 사이에 위치할 확률로 가장 적절한 것은?

① 50%

② 68.27%

③ 95.45%

④ 99.73%

정답 | ②

해설 | • 정규분포하에서 기대수익률이 평균의 $\pm 1\sigma$에 있을 확률은 68.27%, $\pm 2\sigma$에 있을 확률은 95.45%, $\pm 3\sigma$에 있을 확률은 99.73%이다.

　　　• 기대수익률이 10±7%, 즉 3~17% 사이에 위치할 확률이 68.27%이다.

13 기대수익률의 확률분포가 정규분포라고 가정하면 다음 (가)~(나)에 들어갈 수치가 적절하게 연결된 것은?

> 과거 평균수익률이 5%이고, 수익률의 표준편차가 10%라면 기대수익률이 −5% 미만일 확률은 (가), 기대수익률이 15% 초과일 확률은 (나)이다.

	가	나
①	15.87%	15.87%
②	31.73%	31.73%
③	31.73%	68.27%
④	68.27%	68.27%

정답 | ①

해설 | • 평균의 ±1σ가 −5~15%이므로 기대수익률이 평균의 ±1σ 안에 있을 확률은 68.27%이고, 해당 범위를 벗어날 확률은 31.73%이다.
  • 정규분포 형태이므로 −5% 미만일 확률과 15% 초과일 확률은 각각 15.87%이다.

14 A주식 수익률의 표준편차가 0.16, KOSPI 수익률의 표준편차가 0.12, A주식과 KOSPI 수익률의 공분산이 +0.0072라고 가정한다면 A주식과 KOSPI 수익률 간의 상관계수로 가장 적절한 것은?

① 0.280

② 0.375

③ 0.500

④ 0.670

정답 | ②

해설 | • 상관계수 $= \dfrac{COV}{\sigma_A \times \sigma_B} = \dfrac{+0.0072}{(0.16 \times 0.12)} = 0.375$

15 상관계수에 대한 설명으로 적절하지 않은 것은? ★★★

① 공분산은 두 자산 수익률의 흩어진 정도를 나타내는 값으로, 공분산이 양수이면 두 자산의 수익률이 같은 방향으로 움직인다는 것을 의미하고, 음수이면 두 자산의 수익률이 다른 방향으로 움직인다는 것을 의미한다.

② 공분산은 그 값들의 범위에 제한이 없어 상관계수보다 상대적인 비교를 하기 쉽다는 장점이 있다.

③ 상관계수는 공분산을 표준화한 것으로 공분산이 0의 값을 가지면 상관계수도 0의 값을 가진다.

④ 상관계수 값이 양수라면 두 자산의 수익률은 같은 방향으로 움직이는 성향이 있음을 의미하며, 반대로 상관계수 값이 음수라면 두 자산의 수익률은 다른 방향으로 움직이는 성향이 있음을 알 수 있다.

정답 | ②

해설 | ② 공분산은 그 값들의 범위에 제한이 없어 개별 변량들의 크기에 민감하게 계산되기 때문에, 올바른 비교를 위해서는 범위를 조정해야 한다. 상관계수는 공분산을 표준화한 값으로, 그 범위를 −1에서 +1 사이로 조정한 지표이다. 상관계수를 통해서 투자하려는 자산들 간의 상관관계를 파악하고 포트폴리오를 구성하면 투자의 위험을 줄일 수 있다. 상관계수는 두 자산 수익률의 공분산을 각 자산 수익률의 표준편차의 곱으로 나누어 계산하여 공분산의 문제점을 극복하고 자산 간의 관련을 서로 비교할 수 있다.

16 다음 정보를 고려할 때, 시장수익률이 지속적으로 하락하는 상황에서 수익률이 상승할 것으로 예상되는 주식으로 가장 적절한 것은? ★★★

	주식 종목	시장수익률과 각 주식수익률 간 상관계수
①	A주식	+0.71
②	B주식	+0.52
③	C주식	+0.15
④	D주식	−0.73

정답 | ④

해설 | 상관계수 값이 양수라면 두 자산의 수익률은 같은 방향으로 움직이는 성향이 있음을 의미한다. 반대로 상관계수 값이 음수라면 두 자산의 수익률은 다른 방향으로 움직이는 성향이 있음을 알 수 있다. 또 상관계수가 +1에 가까울수록 두 자산의 수익률은 같은 방향으로 움직이려는 성향이 강함을 나타내고, 반대로 −1에 가까울수록 다른 방향으로 움직이려는 성향이 강하다는 것을 의미한다.

★★★
17 다음 펀드 관련 정보를 고려할 때 펀드투자에 대한 적절한 설명으로 모두 묶인 것은?

펀드	평균수익률	수익률의 표준편차
A	8.0%	10.0%
B	10.0%	15.0%

※ A, B 펀드 수익률 간 공분산 : −0.0105

> 가. 공분산으로 판단 시 A펀드 수익률과 B펀드 수익률은 같은 방향으로 움직일 가능성이 크다.
> 나. A펀드와 B펀드의 상관계수는 양의 값을 갖는다.
> 다. 상관계수로 판단할 경우 A펀드와 B펀드로 포트폴리오를 구성하면 분산투자효과를 높일 수 있다.

① 다
③ 나, 다

② 가, 나
④ 가, 나, 다

정답 | ①

해설 | 가. 공분산이 양수이면 두 자산의 수익률이 같은 방향으로 움직인다는 것을 의미하고, 음수이면 두 자산의 수익률이 다른 방향으로 움직인다는 것을 의미한다.

　　나. 상관계수 $= \dfrac{COV}{\sigma_A \times \sigma_B} = \dfrac{-0.0105}{0.1 \times 0.15} = -0.7$

★★★
18 다음과 같이 자산 간의 상관관계가 나타날 경우, 이를 활용한 포트폴리오 구성에 대한 설명으로 가장 적절한 것은?

상관계수	한국주식	미국주식	국내채권	미국채권	원자재
한국주식	1.00	−	−	−	−
미국주식	0.87	1.00	−	−	−
국내채권	−0.85	−0.50	1.00	−	−
미국채권	−0.65	−0.80	0.43	1.00	−
원자재	0.23	0.34	−0.10	0.05	1.00

① 투자위험관리 목적을 기반으로 포트폴리오를 구성한다고 가정하면, 한국주식을 포트폴리오에 편입했다면, 미국주식을 포트폴리오에 편입하는 것이 바람직하다.

② 원자재를 포트폴리오에 편입했다면, 미국채권을 편입하는 것이 위험관리 측면에서 좋다.

③ 현재 미국주식을 편입하고 있고 주식자산 상승에 확신을 가지고 있지만 위험관리가 필요한 투자자라면, 음의 상관관계를 갖는 국내채권, 미국채권을 포트폴리오에 추가하는 것이 좋은 대안이 될 수 있다.

④ 포트폴리오의 절대 투자위험도를 낮추기 위한 목적이라면 분산투자효과가 높은 포트폴리오를 구성해야 할 것이고, 투자전략상 상대적인 위험도를 조정하기 위한 목적이라면, 분산투자효과는 떨어지지만 기대수익률을 유지하면서 위험을 조정하는 포트폴리오를 구성해야 한다.

정답 | ④

해설 | ① 투자위험관리 목적을 기반으로 포트폴리오를 구성한다고 가정하면, 한국주식을 포트폴리오에 편입했다면, 미국주식보다는 음의 상관관계가 있는 국내채권(상관계수 : −0.85), 미국채권(상관계수 : −0.65)을 포트폴리오에 편입하는 것이 바람직하다.

② 원자재를 포트폴리오에 편입했다면, 미국채권(상관계수 : 0.05)보다는 국내채권(상관계수 : −0.10)을 편입하는 것이 위험관리 측면에서 좋다.

③ 현재 미국주식을 편입하고 있고 주식자산 상승에 확신을 가지고 있지만 위험관리가 필요한 투자자라면, 음의 상관관계를 갖는 국내채권(상관계수 : −0.50), 미국채권(상관계수 : −0.80)을 포트폴리오에 추가하기보다 원자재(상관계수 0.34)를 편입하는 것이 좋은 대안이 될 수 있다. 왜냐하면 음의 상관관계 자산을 편입하는 경우 투자자의 기대수익률을 하락시킬 수 있기 때문에 현재의 포트폴리오를 다소 완화시키기 위한 목적이라면 현재 보유하고 있는 자산과 양의 상관관계를 가지고 있는 자산 중 낮은 상관관계(상관계수 : 0.34)를 보이는 원자재를 편입하는 것이 바람직하다.

···TOPIC 3 포트폴리오의 기대수익률과 위험

★★★
19 개별 주식 수익률과 표준편차가 다음과 같을 경우 포트폴리오 수익률과 표준편차로 적절하게 연결된 것은(주식A : 주식B = 50% : 50%)?

구분	주식A	주식B
평균수익률	9.00%	3.00%
표준편차(위험)	29.66%	13.04%
두 자산의 상관계수	0.914	

　　포트폴리오의 수익률　　포트폴리오의 표준편차
① 　　3.00%　　　　　　　　　20.96%
② 　　6.00%　　　　　　　　　21.35%
③ 　　6.00%　　　　　　　　　20.96%
④ 　　9.00%　　　　　　　　　21.35%

정답 | ③

해설 | • 수익률 = 0.5×9% + 0.5×3 = 6%

• 표준편차 = $\sqrt{(0.5^2 \times 0.2966^2) + (0.5^2 \times 0.1304^2) + 2 \times 0.5 \times 0.2966 \times 0.5 \times 0.1304 \times 0.914}$
　　　　　 = 20.96%

★★★
20 포트폴리오의 분산투자에 대한 설명으로 적절하지 않은 것은?

① 주식의 수가 늘어남에 따라 포트폴리오의 표준편차는 감소하기는 하지만 완전히 위험을 없앨 수는 없으며, 주식의 분산투자를 통해서 위험을 줄일 수 있는 부분을 비체계적 위험이라 한다.

② 모든 주식을 포함하여 비체계적인 위험을 완전히 제거한 포트폴리오를 시장포트폴리오라고 한다.

③ 분산투자의 효과는 초기에 빠르게 나타나며, 국내외 연구들에 의하면 편입종목의 수가 10~15개일 경우 높은 수준의 분산투자효과가 나타나는 것으로 밝혀져 있다.

④ 베타계수(β)는 포트폴리오의 총위험(비체계적 위험 + 체계적 위험)을 나타내는데, 이 중 체계적 위험을 나타내는 지표가 표준편차이다.

정답 | ④

해설 | ④ 표준편차는 포트폴리오의 총위험(비체계적 위험 + 체계적 위험)을 나타내는데, 이 중 체계적 위험을 나타내는 지표가 베타계수(β)이다.

★★★
21 베타계수를 활용한 체계적 위험과 비체계적 위험에 대한 다음 분석 내용 중 (가)~(나)에 들어갈 내용으로 적절하게 연결된 것은?

> 현재 베타계수가 1.2인 주식에 투자를 하고 있다고 생각해 볼 경우, 전일 시장은 2.0%가 상승했고, 보유하고 있는 주식은 3.0% 상승했다면, (가)는 체계적 위험의 영향으로 상승했고, (나)는 비체계적 위험의 영향으로 상승했다고 판단할 수 있다. 같은 주식을 보유 중이며 전일 시장이 1.0% 하락했고, 보유주식은 2.0% 하락했다면, 체계적 위험의 영향으로 (다) 하락했고, 비체계적 위험의 영향으로 (라)가 하락했다고 판단할 수 있다.

	가	나	다	라
①	1.2%	0.6%	2.4%	0.8%
②	1.2%	0.8%	2.4%	0.6%
③	2.4%	0.6%	1.2%	0.8%
④	2.4%	0.8%	1.2%	0.6%

정답 | ③

해설 | 현재 베타계수가 1.2인 주식에 투자를 하고 있다고 생각해 볼 경우, 전일 시장은 2.0가 상승했고 보유하고 있는 주식은 3.0% 상승했다면, 2.4%는 체계적 위험의 영향으로 상승했고 0.6%는 비체계적 위험의 영향으로 상승했다고 판단할 수 있다. 같은 주식을 보유 중이며 전일 시장이 1.0% 하락했고 보유주식은 2.0% 하락했다면, 체계적 위험의 영향으로 1.2% 하락했고 비체계적 위험의 영향으로 0.8%가 하락했다고 판단할 수 있다.

22 베타계수를 통한 성과분석이 다음과 같을 경우 체계적 위험 요인과 비체계적 위험 요인에 의한 성과 내용이 적절하게 연결된 것은?

구분	베타계수(β)	시장수익률	개별 주식 수익률
시장상승	1.3	2.0%	3.0%
시장하락	1.3	−1.0%	−2.0%

	체계적 위험 요인		비체계적 위험 요인	
①	시장상승	1.3%	시장상승	0.4%
	시장하락	−2.6%	시장하락	−0.7%
②	시장상승	1.3%	시장상승	0.7%
	시장하락	−2.6%	시장하락	−0.4%
③	시장상승	2.6%	시장상승	0.4%
	시장하락	−1.3%	시장하락	−0.7%
④	시장상승	2.6%	시장상승	0.7%
	시장하락	−1.3%	시장하락	−0.4%

정답 | ③

해설 |

구분	베타계수(β)	시장수익률	개별 주식 수익률	체계적 위험 요인	비체계적 위험 요인
시장상승	1.3	2.0%	3.0%	2.6%	0.4%
시장하락	1.3	−1.0%	−2.0%	−1.3%	−0.7%

23 베타계수에 대한 설명으로 적절하지 않은 것은?

① 표준편차는 포트폴리오의 총위험(비체계적 위험 + 체계적 위험)을 나타내는데, 이 중 체계적 위험을 나타내는 지표가 베타계수(β)이다.

② 베타계수는 0을 기준으로 하는데, 베타계수가 0이라는 의미는 해당 자산의 수익률 변동이 시장수익률의 변동과 일치한다는 것이다.

③ 어느 주식의 β가 1.5라는 것은 시장수익률이 10% 상승하면 이 주식의 수익률은 체계적 위험의 영향으로 15% 상승한다는 의미이다.

④ 주식시장이 상승할 것이라고 판단되면 베타계수가 1보다 높은 주식을 선택하는 것이 투자의 방법이 될 수 있으며, 베타계수가 1보다 높은 주식을 고베타 주식으로 부르기도 한다.

정답 | ②

해설 | ② 베타계수는 1을 기준으로 하는데, 베타계수가 1이라는 의미는 해당 자산의 수익률 변동이 시장수익률의 변동과 일치한다는 것이다.

★★★
24 베타계수에 대한 적절한 설명으로 모두 묶인 것은?

> 가. 인덱스펀드의 베타계수는 0이다.
> 나. 개별 주식 수익률 표준편차가 클수록 그 주식의 베타가 커진다.
> 다. 베타계수가 높아질수록 변동성도 커진다.
> 라. 주식시장이 하락하는 경우 베타가 1보다 높은 주식에 투자하는 것이 유리하다.

① 가, 나　　　　　　　　　　② 가, 라
③ 나, 다　　　　　　　　　　④ 다, 라

정답 | ③

해설 | 가. 인덱스펀드의 베타계수는 1에 가깝다.
　　　라. 주식시장이 상승할 것이라고 판단되면 베타계수가 1보다 높은 주식을, 하락할 것이라고 예상되면 베타계수
　　　　 가 1보다 낮은 주식을 선택하는 것이 투자의 방법이 될 수 있다. 이를 구분하기 위해서 베타계수가 1보다
　　　　 높은 주식을 고베타 주식, 1보다 낮은 주식은 저베타 주식으로 구분하여 부르기도 한다.

★★★
25 다음의 포트폴리오 베타로 가장 적절한 것은?

보유주식	투자 비중(%)	베타계수(β)
A	20%	1.0
B	10%	0.8
C	30%	1.5
D	40%	−0.5
합계	100%	

① 0.33　　　　　　　　　　② 0.53
③ 0.73　　　　　　　　　　④ 0.93

정답 | ②

해설 |

보유주식	투자 비중(%)	베타계수(β)	가중베타계수
A	20%	1.0	20%×1.0=0.20
B	10%	0.8	10%×0.8=0.08
C	30%	1.5	30%×1.5=0.45
D	40%	−0.5	40%×−0.5=−0.20
합계	100%		0.53

★★★
26 분산투자에 대한 적절한 설명으로 모두 묶인 것은?

> 가. 일반적으로 포트폴리오 위험은 개별 자산의 가중평균위험보다는 작게 나타나는데 이는 개별 자산들의 수익률 간에 상관관계가 존재하기 때문이다.
> 나. 두 자산이 서로 양의 상관계수를 가지는 경우 포트폴리오의 분산투자의 효과를 볼 수 없다.
> 다. 분산투자로도 줄일 수 없는 부분을 체계적 위험이라고 하며, 모든 주식을 포함하여 비체계적인 위험을 완전히 제거한 포트폴리오를 시장포트폴리오라고 한다.
> 라. 주식시장이 하락할 것으로 예상되는 경우 위험을 최소화하기 위해 베타계수가 큰 주식을 보유하고 베타계수가 낮은 주식을 매도하는 것이 바람직하다.

① 가   ② 가, 나
③ 가, 다   ④ 나, 라

정답 | ③

해설 | 나. 상관계수가 1에 가깝지만 1은 아닌 두 자산의 결합으로도 포트폴리오의 위험을 줄일 수 있다. 이를 분산투자효과라고 한다. 분산투자효과는 상관계수가 −1에 가까울수록 전체포트폴리오의 위험이 낮아져 분산투자효과가 커지며, 극단적으로 −1이 되었을 때 포트폴리오의 위험이 0이 되는 포트폴리오를 구성할 수 있으므로 분산투자효과가 가장 커진다. 반대로 상관계수가 1에 가까워질수록 분산투자 효과는 줄어들며, 1이 되었을 때 분산투자 효과는 0이 되어 포트폴리오의 위험은 개별 자산의 가중평균위험과 동일하게 된다.
라. 주식시장이 상승할 것이라고 판단되면 베타계수가 1보다 높은 주식을, 하락할 것이라고 예상되면 베타계수가 1보다 낮은 주식을 선택하는 것이 투자의 방법이 될 수 있다. 이를 구분하기 위해서 베타계수가 1보다 높은 주식을 고베타 주식, 1보다 낮은 주식은 저베타 주식으로 구분하여 부르기도 한다.

★★★
27 투자위험을 줄이는 방법에 대한 적절한 설명으로 모두 묶인 것은?

> 가. 표준편차가 상대적으로 작은 투자대상을 선택한다.
> 나. 상관계수가 낮은 자산들로 포트폴리오를 구성한다.
> 다. 베타계수가 1보다 큰 주식 종목을 선택한다.

① 가, 나   ② 가, 다
③ 나, 다   ④ 가, 나, 다

정답 | ①

해설 | 다. 베타계수는 시장 수익률 변동에 따라 개별 주식 수익률이 베타(β)배 만큼 변동함을 의미한다.

28 다음과 같은 기대수익률과 위험을 보유하고 있는 4개의 주식이 있다고 가정할 경우, 지배원리에 대한 적절한 설명으로 모두 묶인 것은?

구분	주식A	주식B	주식C	주식D
기대수익률	10%	8%	3%	3%
위험(표준편차)	14%	14%	8%	6%

> 가. 지배원리는 동일한 기대수익률에서는 상대적으로 낮은 위험의 자산을, 동일한 위험에서는 상대적으로 높은 기대수익률의 자산을 선택하는 원리이다.
> 나. 주식A와 주식B를 비교해 보면 두 주식 모두 위험은 14%로 동일하나, 주식A의 기대수익률이 주식B보다 높기 때문에 주식A가 주식B보다 우수한 투자라 판단할 수 있다.
> 다. 주식C와 주식D를 비교해 보면 두 주식 모두 기대수익률은 3%로 동일하나, 주식D의 위험이 주식C보다 낮기 때문에 주식D가 주식C보다 우수한 투자이다.

① 가, 나   ② 가, 다
③ 나, 다   ④ 가, 나, 다

정답 | ④
해설 | 모두 적절한 설명이다.

★★★
29 효율적 투자기회선에 대한 설명으로 적절하지 않은 것은?

① 위험자산 투자기회 집합에 지배원리를 적용하면 최종적으로 점들의 가장 왼쪽 경계를 연결하는 선을 만들 수 있는데 이를 효율적 투자기회선이라고 하며, 또 이때에 분산이 가장 적은 포트폴리오를 최소분산 포트폴리오라고 부른다.

② 무위험자산과 위험자산을 혼합한 포트폴리오는 절편이 R_f이고 기울기가 $[E(R_A) - R_f]/\sigma_A$ 인 직선으로 표시되는데 이를 자본배분선(CAL)이라고 한다.

③ 무위험자산을 포함하는 포트폴리오의 위험감소 효과가 제한적이라면, 위험자산으로만 구성되어 있는 포트폴리오는 포트폴리오의 위험이 0이 될 때까지 투자기회 집합이 확대된다.

④ 무위험자산이 포트폴리오 내 존재하는 경우 지배원리가 작용하여 효율적 투자기회선이 직선으로 변화하며, 이는 자본배분선 중 기존의 효율적 투자기회선의 접점을 통과하는 직선이 된다.

정답 | ③
해설 | ③ 위험자산으로만 구성되어 있는 포트폴리오의 위험감소 효과가 제한적이라면, 무위험자산을 포함하는 포트폴리오는 포트폴리오의 위험이 0이 될 때까지 투자기회 집합이 확대된다.

30 자본자산가격결정이론(CAPM)에 대한 적절한 설명으로 모두 묶인 것은?

> 가. 시장포트폴리오 M을 포함하는 자본시장선은 변동성 보상비율이 가장 높아서 투자자의 위험
>   선호도와 관계없이 모든 투자자는 위험자산 포트폴리오로 M을 선택하게 된다.
> 나. 체계적 위험은 경기순환, 인플레이션, 환율, 금리 등의 경제상황에 의해서 발생되는 거시경
>   제요인을 뜻하며, 비체계적 위험은 기업고유요인을 의미한다.
> 다. 자본시장선과 증권시장선 모두 무위험자산과 시장포트폴리오 M을 통과하는 직선으로 표현
>   할 수 있으나, 자본시장선(CML)의 경우 체계적 위험과 비체계적 위험을 합한 총위험(σ)과
>   기대수익률의 관계를 나타낸다.
> 라. 자본시장선상에 존재하지 않는 개별 자산, 비효율적 포트폴리오라고 할지라도 증권시장선상
>   에는 존재하며 그 값은 체계적 위험의 배수로 각각의 기대수익률을 구할 수 있다.

① 가, 라
② 가, 나, 다
③ 나, 다, 라
④ 가, 나, 다, 라

정답 | ④
해설 | 모두 적절한 설명이다.

31 자본자산가격결정이론(CAPM)에 대한 적절한 설명으로 모두 묶인 것은?

> 가. 무위험자산의 위험은 0이며, 일반적으로 투자기간과 동일한 만기를 가지는 국채를 무위험자
>   산으로 분류하고 있다.
> 나. 증권시장선은 완전한 선형관계를 이루며 체계적 위험(β)이 높을수록 기대수익률이 높아진다.
> 다. 증권시장선(SML)의 경우 체계적 위험과 비체계적 위험을 합한 총위험(σ)과 기대수익률의
>   관계를 나타낸다.
> 라. 증권시장선에는 효율적인 포트폴리오만 존재한다.
> 마. 개별 자산, 비효율적 포트폴리오라고 할지라도 증권시장선상에는 존재하며 그 값은 체계적
>   위험의 배수로 각각의 기대수익률을 구할 수 있다.

① 가, 나, 다
② 가, 나, 마
③ 나, 다, 라
④ 다, 라, 마

정답 | ②
해설 | 다. 자본시장선(CML)의 경우 체계적 위험과 비체계적 위험을 합한 총위험(σ)과 기대수익률의 관계를 나타낸
     다면, 증권시장선(SML)의 경우 체계적 위험(β)과 기대수익률의 관계를 나타내는 직선이다.
     라. 자본시장선은 효율적 투자기회선 중 완전히 분산된 시장포트폴리오 M(위험자산)과 무위험자산의 구성으로
     이루어진 포트폴리오이다. 자본시장선상에는 개별 자산, 비효율적인 포트폴리오는 존재하지 않는다. 자본
     시장선에는 효율적인 포트폴리오만 존재한다. 개별 자산, 비효율적인 포트폴리오는 효율적 투자기회선의
     오른쪽 하단에 존재한다.

★★★
32 A기업의 주식에 대한 다음 설명 중 적절하지 않은 것은?

> • A기업 주식의 베타 : 1.25
> • 주식시장의 기대수익률 : 10%
> • 무위험이자율 : 4%

① A기업 주식은 주식시장 평균보다 위험이 더 큰 주식이다.
② 시장의 위험프리미엄은 6%이다.
③ A기업 주식의 위험프리미엄은 7.5%이다.
④ A기업 주식의 요구수익률은 12%이다.

정답 | ④
해설 | ② 시장의 위험프리미엄＝10%－4%＝6%
　　　③ A기업 주식의 위험프리미엄＝1.25×6%＝7.5%
　　　④ A기업 주식의 요구수익률＝4%＋7.5%＝11.5%

★★★
33 다음의 요구수익률 대비 기대수익률을 기준으로 가장 고평가된 주식은?

투자대상	명목무위험이자율	베타계수	주식시장의 위험프리미엄	기대수익률
A주식	4.0%	1	5.0%	8.7%
B주식	4.0%	0.4	5.0%	6.0%
C주식	4.0%	0.8	5.0%	8.2%

① A주식　　　　　　　　　　② B주식
③ C주식　　　　　　　　　　④ 세 주식 모두 동일

정답 | ①
해설 | • 요구수익률＝명목무위험이자율＋베타계수×주식시장의 위험프리미엄
　　　• A주식 요구수익률＝4.0%＋1.0×5.0%＝9.0%＞기대수익률 8.7% → 고평가상태
　　　• B주식 요구수익률＝4.0%＋0.4×5.0%＝6.0%＝기대수익률 6.0% → 균형상태
　　　• C주식 요구수익률＝4.0%＋0.8×5.0%＝8.0%＜기대수익률 8.2% → 저평가상태

★★★

34 A기업의 정보와 자본시장의 상황을 토대로 한 다음 설명 중 적절하지 않은 것은?

> • A기업 주식의 베타 : 1.5
> • A기업의 기대수익률 : 15%
> • 주식시장의 기대수익률 : 10%
> • 무위험이자율 : 5%

① A기업의 체계적 위험은 시장평균 위험보다 작다.
② 시장의 위험프리미엄은 5%이다.
③ A기업 주식의 요구수익률은 12.5%이다.
④ A기업의 주식은 저평가되어 있다.

정답 | ①

해설 | ① 베타계수는 시장 수익률 변동에 따라 개별 주식 수익률이 베타(β)배 만큼 변동함을 의미한다. 즉, 시장대비 개별 자산의 수익률 민감도이다. 베타계수는 1을 기준으로 하는데, 베타계수가 1.5라는 의미는 해당 자산의 수익률 변동이 시장수익률 변동보다 1.5배 만큼 변동함을 의미한다.

② 시장의 위험프리미엄 = 10% − 5% = 5%

③ A기업 주식의 요구수익률 = 5% + 1.5 × 5% = 5% + 7.5% = 12.5%

④ 요구수익률 12.5% < 기대수익률 15% : 시장가격 < 내재가치 → 저평가상태, 정상적 투자행위

CHAPTER
04 주식 및 채권투자

출제비중 : 20~30% / 6~9문항

학습가이드 ■ ■

학습 목표	학습 중요도
Tip 주식, 채권의 분류 및 용어에 대한 암기 필요	
Tip 주식, 채권가격 계산에 대한 개념이해 및 공식의 적용에 대한 학습 필요	
Tip 신종채권의 경우 권리 행사 시 발생하는 영향에 대한 학습 필요	
1. 주식의 종류와 발행방식을 이해하고 배당절차에 대해 설명할 수 있다.	★★★
2. 가치평가모형을 활용하여 주식을 분석할 수 있다.	★★★
3. 주식의 스타일 투자와 주가지수에 대해 설명할 수 있다.	★★
4. 채권의 특징과 종류에 대해 설명할 수 있다.	★★★
5. 채권가격과 수익률의 관계를 이해하고 채권투자의 위험에 대해 설명할 수 있다.	★★★
6. 다양한 신종채권과 해외채권에 대해 설명할 수 있다.	★★
7. 기본적 분석과 기술적 분석의 개념을 학습한다.	★★

···TOPIC 1 주식의 특징

★★★
01 보통주에 대한 적절한 설명으로 모두 묶인 것은?

> 가. 보통 주식이라고 할 때는 보통주를 말하며, 현재 우리나라에서 발행되는 주식의 대부분은 보통주이다.
> 나. 보통주의 주주는 기업의 소유주이므로 경영참가권 및 이익분배권을 갖고 있는 반면 그 기업의 위험을 부담해야 한다.
> 다. 보통주의 주주는 기업경영에 직접 참가할 임원을 선출하는 의결권을 가짐으로써 기업경영에 간접적으로 참가하게 된다.
> 라. 투자설계 영역에서 주주들은 소액 주주인 경우가 많고 경영권 참여보다는 배당과 주식매매에 의한 자본이득에 관심을 가지게 된다.

① 가, 나
② 나, 다
③ 다, 라
④ 가, 나, 다, 라

정답 | ④
해설 | 모두 적절한 설명이다.

★★★
02 배당에 따른 우선주의 구분이 적절하게 연결된 것은?

가. 당해 영업연도에 우선배당을 받지 못한 경우 그 미지급배당액을 다음 영업연도 이후에 우선하여 보충 배당받는 우선주

나. 당해 영업연도에 우선배당을 받지 못한 경우 그 미지급배당액을 다음 영업연도에도 보충 배당받지 못하는 우선주

다. 당해 영업연도에 우선배당을 받고 이익이 남는 경우에 다시 보통주 주주와 함께 배당에 참가할 수 있는 우선주

라. 당해 영업연도에 우선배당만 받는 우선주

	가	나	다	라
①	누적적 우선주	비누적적 우선주	비참가적 우선주	참가적 우선주
②	누적적 우선주	비누적적 우선주	참가적 우선주	비참가적 우선주
③	비누적적 우선주	누적적 우선주	비참가적 우선주	참가적 우선주
④	비누적적 우선주	누적적 우선주	참가적 우선주	비참가적 우선주

정답 | ②

해설 | 가. 누적적 우선주에 대한 설명이다.   나. 비누적적 우선주에 대한 설명이다.
       다. 참가적 우선주에 대한 설명이다.   라. 비참가적 우선주에 대한 설명이다.

★★★
03 우선주에 대한 적절한 설명으로 모두 묶인 것은?

가. 우선주는 보통주에 비해 배당이나 잔여재산분배에 있어서 사채 소유자보다는 우선순위가 높은 주식을 말한다.

나. 일반적으로 우선주는 고정적 배당률을 확정하지만, 무배당 등의 형태로도 가능하다.

다. 우선주는 의결권이 제한되어 있으므로 경영권을 소유하고 있는 대주주 입장에서 경영권의 위협 없이 자기자본을 조달하는 수단으로 인식된다.

라. 신형우선주는 보통주에 연동해 배당률이 결정되며 보통주보다 +1% 정도 더 높은 배당률을 적용받는 반면, 만기가 없고 의결권이 없으며 잔여재산분배에 우선권이 있는 우선주를 말하며 주식의 종목명에 '우' 등을 붙여서 구분한다.

마. 구형우선주는 최저배당률이 확정되어 있고 누적적 우선주이며 일반적으로 만기가 있고 일정 기간이 지난 후 보통주로 전환할 수 있는 전환권이 존재한다.

---

① 가, 나   ② 나, 다
③ 다, 라, 마   ④ 가, 나, 다, 라

정답 | ②

해설 | 가. 우선주는 보통주에 비해 배당이나 잔여재산분배에 있어서 사채 소유자보다는 우선순위가 낮으나 보통주 주주보다는 우선권(선순위 변제권)이 있는 주식을 말한다.
       라. 구형우선주에 대한 설명이다.
       마. 신형우선주에 대한 설명이다.

★★★
04 유상증자 시 신주인수권 배정방식이 적절하게 연결된 것은?

> 가. 기존주주와 우리사주조합에게 신주를 배정하고 실권주가 발생하면 이사회의 결의에 따라 그 처리방법 결정
>
> 나. 기존주주와 우리사주조합에게 신주를 배정하고 실권주 발생 시 일반투자자를 대상으로 청약을 받은 다음 청약이 미달되면 이사회의 결의에 따라 그 처리방법 결정
>
> 다. 기존주주 대신 관계회사나 채권은행 등 제3자가 신주인수를 하도록 하는 방식
>
> 라. 주주에게 신주인수 권리를 주지 않고 일반투자자를 대상으로 청약을 받는 방식

	가	나	다	라
①	주주배정방식	주주우선공모방식	일반공모방식	제3자 배정방식
②	주주배정방식	주주우선공모방식	제3자 배정방식	일반공모방식
③	주주우선공모방식	주주배정방식	일반공모방식	제3자 배정방식
④	주주우선공모방식	주주배정방식	제3자 배정방식	일반공모방식

정답 | ②

해설 | 가. 주주배정방식에 대한 설명이다.
　　　나. 주주우선공모방식에 대한 설명이다.
　　　다. 제3자 배정방식에 대한 설명이다.
　　　라. 일반공모방식에 대한 설명이다.

★★★
05 주식분할에 대한 설명으로 가장 적절한 것은?

① 주식분할을 할 경우 기존 주식 보유자의 주식 수는 줄어든다.
② 현금 대신 주식으로 배당을 실시함으로써 이익을 자본으로 전입하는 것을 의미하며 절차와 방식은 상법에 따른다.
③ 투자자가 보유하고 있는 주식의 시장가치는 변동하지 않는다.
④ 주가가 아주 낮은 경우 주가를 적정 수준까지 올리기 위해 실시한다.

정답 | ③

해설 | ① 주식분할은 주식분할 전에 비교하여 더 많은 주식을 소유한다.
　　　② 주식배당에 대한 설명이다. 주식분할은 주식배당처럼 현금배당 대신에 지급되는 것은 아니며 우리나라의 경우 주식의 액면가가 있어 주식을 분할하게 되면 액면가가 달라지게 된다. 따라서 주식의 분할을 액면분할 이라고 한다.
　　　④ 주식병합에 대한 설명이다. 주식분할은 보다 많은 투자자들에게 그 기업의 주식을 매수할 수 있게 하기 위해 주식의 시장가격을 낮추고자 할 때 발생한다.

★★★
06 주식의 종류와 발행에 대한 설명으로 가장 적절한 것은?

① 당해 영업연도에 우선배당을 받지 못한 경우 그 미지급배당액을 다음 영업연도 이후에도 우선하여 보충 배당받는 우선주를 누적적 우선주라 한다.
② 구형우선주는 최저배당률이 확정되어 있고 누적적 우선주이며 일반적으로 만기가 있고 일정 기간이 지난 후 보통주로 전환할 수 있는 전환권이 존재한다.
③ 무상증자 후 기업 전체의 주식 수에는 변동이 없다.
④ 주가가 아주 낮은 경우 주가를 적정 수준까지 올리기 위해 주식분할을 실시한다.

정답 | ①
해설 | ② 신형우선주에 대한 설명이다. 구형우선주는 보통주에 연동해 배당률이 결정되며 보통주보다 +1% 정도 더 높은 배당률을 적용 받는 반면, 만기가 없고 의결권이 없으며 잔여재산분배에 우선권이 있는 우선주를 말하며 주식의 종목명에 '우' 등을 붙여서 구분한다.
　　③ 무상증자는 자본금을 늘리기 위해 기업 내부의 잉여금을 자본금으로 바꾸기 위해서 활용하는 방법이다. 이를 위해서 이사회의 결의로 준비금 또는 자산재평가적립금 등을 자본에 전입하고 전입액만큼 발행한 신주를 기존 주주에게 소유 주식 수에 비례하여 무상으로 교부하기 때문에 무상증자라고 부른다. 무상증자 후 기업과 주주의 실질재산에는 변동이 없다.
　　④ 주식병합에 대한 설명이다. 주식분할은 보다 많은 투자자들에게 그 기업의 주식을 매수할 수 있게 하기 위해 주식의 시장가격을 낮추고자 할 때 발생한다.

★★★
07 다음 자료를 토대로 계산한 해당 기업의 배당성향, 배당수익률, 배당률로 가장 적절한 것은?

- 주당배당금(DPS) : 600원
- 주당순이익(EPS) : 2,000원
- 현재주가 : 10,000원
- 주당액면금액 : 5,000원

	배당성향	배당수익률	배당률
①	12%	6%	6%
②	30%	6%	12%
③	12%	12%	6%
④	30%	12%	6%

정답 | ②
해설 | • 배당성향 : $\dfrac{\text{주당배당금(DPS)}}{\text{주당순이익(EPS)}} = \dfrac{600원}{2,000원} = 30\%$

　　• 배당수익률 : $\dfrac{\text{주당배당금(DPS)}}{\text{현재주가}} = \dfrac{600원}{10,000원} = 6\%$

　　• 배당률 : $\dfrac{\text{주당배당금(DPS)}}{\text{주당액면금액}} = \dfrac{600원}{5,000원} = 12\%$

08 다음 자료를 토대로 계산한 해당 기업의 배당성향과 배당률로 가장 적절한 것은?

> • 주당배당금(DPS) : 1,000원
> • 주당순이익(EPS) : 2,000원
> • 현재주가 : 20,000원
> • 주당액면금액 : 5,000원

	배당성향	배당률
①	20%	5%
②	20%	20%
③	50%	5%
④	50%	20%

정답 | ④

해설 | • 배당성향 : $\dfrac{주당배당금(DPS)}{주당순이익(EPS)} = \dfrac{1,000원}{2,000원} = 50\%$

　　　• 배당률 : $\dfrac{주당배당금(DPS)}{주당액면금액} = \dfrac{1,000원}{5,000원} = 20\%$

09 12월 말 결산법인인 A기업의 배당금을 받기 위해서 A기업의 주식을 매수해야 하는 마지막 시한이 되는 날로 가장 적절한 것은?

월	화	수	목	금	토	일
12월 27일	12월 28일	12월 29일	12월 30일	12월 31일	1월 1일	1월 2일

※ 12월 31일은 휴장임

① 12월 27일　　　　　　　　　② 12월 28일
③ 12월 29일　　　　　　　　　④ 12월 30일

정답 | ②

해설 | 배당기준일이란 배당을 받을 권리를 정하는 기준일자이다. 유통시장에서 매일 주식거래가 이루어지는 상황에서 주주들에게 배당금을 지급하기 위해서는 특정일을 기준으로 주주를 확정할 필요가 있다. 일반적으로 우리나라에서는 매 사업연도의 결산일이 배당기준일이 되므로 12월 결산법인의 경우 12월 31일이 배당기준일이 된다. 배당기준일에 기업은 명의개서를 마감하고 이 날 현재 주주들의 명부를 작성한다. 배당을 받고자하는 투자자는 배당기준일 현재 주주명부에 이름이 기재되어야 하기 때문에 주식의 매수는 배당기준일 전 2일까지 해야 한다. 왜냐하면 매수일 이후 2일째 되는 영업일(매수일 포함 3일째 되는 날)에 결제가 이루어져 주주가 되기 때문이다.

10 상장기업인 토마토기업이 중간배당을 실시하고자 한다. 토마토기업에서 중간배당을 받기 위해 투자자가 주식을 매수해야 하는 마지막 날로 가장 적절한 것은(토마토기업의 중간배당 기준일은 6월 30일)?

수	목	금	토	일	월
6월 25일	6월 26일	6월 27일	6월 28일	6월 29일	6월 30일

① 6월 25일
② 6월 26일
③ 6월 27일
④ 6월 28일

정답 | ②

해설 | 배당기준일이란 배당을 받을 권리를 정하는 기준일자이다. 유통시장에서 매일 주식거래가 이루어지는 상황에서 주주들에게 배당금을 지급하기 위해서는 특정일을 기준으로 주주를 확정할 필요가 있다. 일반적으로 우리나라에서는 매 사업연도의 결산일이 배당기준일이 되므로 12월 결산법인의 경우 12월 31일이 배당기준일이 된다. 배당기준일에 기업은 명의개서를 마감하고 이 날 현재 주주들의 명부를 작성한다. 배당을 받고자하는 투자자는 배당기준일 현재 주주명부에 이름이 기재되어야 하기 때문에 주식의 매수는 배당기준일 전 2일까지 해야 한다. 왜냐하면 매수일 이후 2일째 되는 영업일(매수일 포함 3일째 되는 날)에 결제가 이루어져 주주가되기 때문이다.

11 배당에 대한 설명이 적절하게 연결된 것은?

> A. 당기순이익에 대한 현금배당액의 비율
> B. 투자자금에 대하여 배당이 어느 정도 되는가를 나타내는 비율
> C. 현재의 배당금에 대한 권리가 주식 매입일에 상실되는 날
> D. 배당을 받을 권리를 정하는 기준일자

	배당기준일	배당락일	배당수익률	배당성향
①	C	D	A	B
②	C	D	B	A
③	D	C	A	B
④	D	C	B	A

정답 | ④

해설 | A. 배당성향
B. 배당수익률
C. 배당락일
D. 배당기준일

12 배당에 대한 설명으로 적절하지 않은 것은?

① 배당은 자기자본을 출자한 주주들에게 출자에 대한 보상으로 지급하는 현금 또는 기타 자산을 말한다.

② 배당수익률이란 투자자금에 대하여 배당이 어느 정도 되는가를 나타내는 비율로서, 주당배당금(DPS)을 현재의 주가 또는 매입가격으로 나눈 비율이다.

③ 배당에 관련된 날들은 우리나라에서는 배당락일 → 배당발표일 → 배당기준일 → 배당지급일 순서로 이루어진다.

④ 일반적으로 우리나라에서는 매 사업연도의 결산일이 배당기준일이 되므로 12월 결산법인의 경우 12월 31일이 배당기준일이 된다.

정답 | ③

해설 | ③ 우리나라에서는 배당락일 → 배당기준일 → 배당발표일 → 배당지급일 순서로 이루어진다.

13 주식투자의 특징에 대한 설명으로 적절하지 않은 것은?

① 주식투자는 이자수익에 비해 훨씬 높은 기대수익이 예상된다.

② 주식은 증권시장을 통하여 수시로 거래가 이루어지기 때문에 부동산 투자대비 환금성이 높고 거래비용도 상대적으로 저렴하다.

③ 주식은 온라인 거래가 가능하며, 투자기간 도중 발생하는 권리행사 등에 따른 모든 부수 업무와 보관까지 증권회사에서 대행해주고 있어 관리가 편리하다.

④ 주식투자 시 소액주주의 상장주식 매매차익과 배당에 대해서 세금이 없기 때문에 일반적으로 부동산투자 시 부과되는 양도소득세 대비 유리하다.

정답 | ④

해설 | ④ 주식투자 시 소액주주의 상장주식 매매차익에 대해서는 금융투자소득세(2025년 예정), 배당에 대해서는 배당소득세를 부과하고 있기 때문에 일반적으로 부동산투자 시 부과되는 양도소득세 대비 유리하다.

★★★
14 A기업의 주식의 베타가 0.8, 주식시장의 위험프리미엄이 5%, 실질무위험이자율이 1%, 물가
상승률이 1.5%일 경우 A기업 주식의 요구수익률로 가장 적절한 것은?

① 5%   ② 6%

③ 6.5%   ④ 7.5%

정답 | ③

해설 | • A기업 주식의 위험프리미엄 = 0.8×5% = 4%

• 명목무위험이자율 = 실질무위험이자율 1% + 물가상승률 1.5% = 2.5%

• A기업 주식의 요구수익률 = 4% + 2.5% = 6.5%

★★★
15 A기업 주식 요구수익률이 12%, 주식시장의 기대수익률이 9%, 무위험이자율이 3%일 경우
A기업 주식의 베타로 가장 적절한 것은?

① 1   ② 1.25

③ 1.5   ④ 1.75

정답 | ③

해설 | • A기업 주식의 요구수익률 12% = 3% + β×(9% - 3%)

• β×(9% - 3%) = (12% - 3%)

• β = (12% - 3%) ÷ (9% - 3%) = 9% ÷ 6% = 1.5

★★★
16 주식A는 작년과 동일하게 올해 배당금이 1,000원으로 예상되고 내년 초 주가가 20,000원으로
예상된다. 무위험이자율이 3%, 시장수익률이 5%, 베타가 1.5인 주식A의 현재가치로 가장
적절한 것은?

① 18,100원   ② 18,868원

③ 19,005원   ④ 19,811원

정답 | ④

해설 | • 요구수익률A = 3% + 1.5×(5% - 3%) = 6%

• 주식A의 가치 = $\dfrac{(1,000 + 20,000)}{(1 + 0.06)}$ = 19,811원

17 A기업은 작년도 배당이 주당 800원이었으며 배당성장률이 5%이어서 올해는 주당 840원의 배당금이 기대된다. 명목무위험이자율이 4%이고 시장수익률이 11%, A기업 주식의 베타가 0.9라면 정률성장 배당할인모형으로 계산한 A기업 주식의 가치와 가장 가까운 것은?

① 11,428원　　　　　　　　　② 13,094원
③ 13,333원　　　　　　　　　④ 15,849원

정답 | ④

해설 | • $k = R_f + \beta \times (R_m - R_f) = 4\% + 0.9 \times (11\% - 4\%) = 10.3\%$

• $V_0 = \dfrac{D_0(1+g)}{k-g} = \dfrac{D_1}{k-g} = \dfrac{840}{(0.103 - 0.05)} = 15,849$원

18 다음 토마토기업 관련 정보를 토대로 계산한 정률성장 배당할인모형에 의한 토마토기업 주식의 적정 가치로 가장 적절한 것은?

- 토마토기업의 배당성장률(g) : 10%
- 토마토기업의 내년도 주당 예상배당금 : 1,000원
- 토마토기업 주식의 베타 : 1.5
- 무위험이자율 : 5%
- 시장수익률 : 10%

① 40,000원　　　　　　　　　② 45,000원
③ 50,000원　　　　　　　　　④ 55,000원

정답 | ①

해설 | • $k = R_f + \beta \times (R_m - R_f) = 5\% + 1.5 \times (10\% - 5\%) = 12.5\%$

• $V_0 = \dfrac{D_0(1+g)}{k-g} = \dfrac{D_1}{k-g} = \dfrac{1,000}{(0.125 - 0.1)} = 40,000$원

19 A기업은 작년도 배당이 주당 2,000원이었으며 5%의 배당성장이 기대된다. 무위험이자율이 4%이고 시장수익률이 10%, A기업 주식의 베타가 1.2라면 정률성장 배당할인모형으로 계산한 A기업 주식의 가치와 가장 가까운 것은?

① 28,720원　　　　　　　　　　② 30,310원

③ 32,260원　　　　　　　　　　④ 33,870원

정답 | ④

해설 | • $k = R_f + \beta \times (R_m - R_f) = 4\% + 1.2 \times (10\% - 4\%) = 11.2\%$

　　　 • $V_0 = \dfrac{D_0(1+g)}{k-g} = \dfrac{D_1}{k-g} = \dfrac{2,000(1+0.05)}{(0.112-0.05)} = 33,871$원

20 다음 토마토건설 관련 정보를 토대로 계산한 정률성장 배당할인모형에 의한 토마토건설 주식의 적정 가치로 가장 적절한 것은?

> • 토마토건설의 배당성장률(g) : 5%
> • 토마토건설의 직전년도 주당배당금 : 1,000원
> • 토마토건설 주식의 베타 : 1.2
> • 무위험이자율 : 3%
> • 시장수익률 : 8%

① 20,000원　　　　　　　　　　② 21,000원

③ 25,000원　　　　　　　　　　④ 26,250원

정답 | ④

해설 | • $k = R_f + \beta \times (R_m - R_f) = 3\% + 1.2 \times (8\% - 3\%) = 9\%$

　　　 • $V_0 = \dfrac{D_0(1+g)}{k-g} = \dfrac{D_1}{k-g} = \dfrac{1,000(1+0.05)}{(0.09-0.05)} = 26,250$원

21 매년 200원씩 배당을 지급하는 우선주가 있고 할인율이 5%라면 이 주식의 가치로 가장 적절한 것은?

① 1,900원　　　　　　　　　　② 2,000원

③ 2,500원　　　　　　　　　　④ 4,000원

정답 | ④

해설 | • $V_0 = \dfrac{200}{(5\%)} = 4,000$원

22 정률성장 배당할인모형을 통해 주식의 가치를 평가할 때 주식가치 상승을 가져오는 요소로 적절하게 연결된 것은?

	요구수익률	주식의 베타	시장수익률	배당성장률
①	상승	상승	상승	하락
②	상승	상승	하락	상승
③	하락	하락	상승	하락
④	하락	하락	하락	상승

정답 | ④
해설 | • $k = R_f + \beta \times (R_m - R_f)$

• $V_0 = \dfrac{D_0(1+g)}{k-g} = \dfrac{D_1}{k-g}$

23 정률성장 배당할인모형에서 주식의 가치가 높아지는 경우로 모두 묶인 것은?

> 가. 예상 배당(D_1)이 작은 경우
> 나. 할인율(k)이 낮은 경우
> 다. 배당의 예상 성장률(g)이 낮은 경우

① 나
② 가, 다
③ 나, 다
④ 가, 나, 다

정답 | ①
해설 | 가. 예상 배당(D_1)이 큰 경우
다. 배당의 예상 성장률(g)이 높은 경우

24 다음 자료를 토대로 계산한 토마토기업의 주가수익비율(PER)로 가장 적절한 것은?

> • 주가 : 5,000원
> • 발행주식수 : 1억주
> • 당기순이익 : 500억원
> • 매출액 : 2,500억원

① 2배
② 5배
③ 8배
④ 10배

정답 | ④
해설 | • 주당순이익(EPS) : 500억원÷1억주 = 500원
• PER = 주가÷주당순이익(EPS) = 5,000원÷500원 = 10배

★★★
25 A통신회사의 주당순이익은 3,000원이고 매년 10%의 성장이 예상되며, 동종 산업 내 경쟁업체의 평균 PER는 10배일 경우, A통신회사의 1년 후 주가로 가장 적절한 것은?

① 3,000원　　　　　　　　　　　　② 3,300원
③ 30,000원　　　　　　　　　　　　④ 33,000원

정답 | ④
해설 | • 1년 후 주당순이익(EPS) : 3,000×1.1=3,300원
　　　• 1년 후 주가=3,300×10=33,000원

★★★
26 A씨는 현재 거래소에서 주당 10,000원에 거래되고 있는 토마토건설의 주식 매수 여부를 고민하고 있다. A씨는 건설업종 PER로 산출한 적정가치를 벤치마크로 해서 과소평가된 주식을 매수하려고 한다. 토마토건설의 1년 후 예상 주당순이익(EPS)은 800원이고 건설업종 평균 PER은 15일 경우, A씨의 의사결정으로 가장 적절한 것은?

① 10,000원이면 업종 평균 PER로 산출한 적정가치이므로 매수한다.
② 10,000원이면 업종 평균 PER로 산출한 적정가치이므로 매수하지 않는다.
③ 업종 평균 PER로 산출한 적정가치보다 2,000원 저렴하므로 매수한다.
④ 업종 평균 PER로 산출한 적정가치보다 2,000원 비싸므로 매수하지 않는다.

정답 | ③
해설 | • 1년 후 주가=800×15=12,000원

★★★
27 평소 A기업에 대한 주식투자 계획을 가지고 있는 김미순씨가 최근 조사한 A기업에 대한 아래 정보를 참고하여 기업의 적정가치를 추정에 대한 적절한 설명으로 모두 묶인 것은?

〈A기업 관련 정보〉
• A기업 PER : 10
• 동종 산업 내 경쟁업체 평균 PER : 5
• 시장 평균 PER : 6

가. A기업은 주당순이익보다 주가가 낮은 상황이다.
나. A기업 주식은 동종 산업 내 경쟁업체보다 과대평가되어 있다.
다. A기업 주식은 시장 평균 대비 과소평가되어 있다.

① 나　　　　　　　　　　　　　　　② 다
③ 가, 나　　　　　　　　　　　　　④ 가, 다

정답 | ①

해설 | 가. A기업 PER은 10배로 주당순이익보다 주가가 높은 상황이다.

다. A기업 PER은 10배로 시장 평균 PER 6배에 비해 상대적으로 과대평가되어 있다.

★★★
28 주가순자산비율(PBR)에 대한 다음 설명 중 (가)~(나)에 들어갈 내용으로 적절하게 연결된 것은?

> 일반적으로 PBR은 1을 기준으로 하며 지표가 1보다 낮으면 (가)대비 주가의 수준이 (나)로 인식된다.

	가	나
①	시장가격	저평가
②	시장가격	고평가
③	장부가격	저평가
④	장부가격	고평가

정답 | ③

해설 | • 일반적으로 PBR은 1을 기준으로 하며 지표가 1보다 낮으면 장부가격대비 주가의 수준이 낮은 저평가로 인식된다.

★★★
29 상대가치평가모형에 대한 다음 설명 중 (가)~(나)에 들어갈 투자지표로 적절하게 연결된 것은?

> • 일반적으로 (가)은 1을 기준으로 하며 지표가 1보다 낮으면 장부가격대비 주가의 수준이 낮은 저평가로 인식된다.
> • 일반적으로 (나)이 1.0보다 낮은 주식은 저평가, 3.0보다 큰 주식은 고평가되어 있다고 판단하기도 한다.

	가	나
①	주가수익비율(PER)	주가순자산비율(PBR)
②	주가수익비율(PER)	주가매출액비율(PSR)
③	주가순자산비율(PBR)	주가순자산비율(PBR)
④	주가순자산비율(PBR)	주가매출액비율(PSR)

정답 | ④

해설 | • 일반적으로 PBR은 1을 기준으로 하며 지표가 1보다 낮으면 장부가격대비 주가의 수준이 낮은 저평가로 인식된다.
• 일반적으로 PSR이 1.0보다 낮은 주식은 저평가, 3.0보다 큰 주식은 고평가되어 있다고 판단하기도 한다.

★★★
30 상대가치평가모형의 공식이 적절하게 연결된 것은?

A. $\dfrac{주가}{주당순이익}$	B. $\dfrac{주가}{주당매출액}$	C. $\dfrac{주가}{주당장부가치}$

	PER	PBR	PSR
①	A	B	C
②	A	C	B
③	B	A	C
④	B	C	A

정답 | ②

해설 | A. $PER = \dfrac{주가}{주당순이익(EPS)}$

B. $PSR = \dfrac{주가}{주당매출액(SPS)}$

C. $PBR = \dfrac{주가}{주당장부가치(BPS)}$

★★★
31 다음 정보를 토대로 PER 및 PBR을 활용해 분석한 토마토전자 주식에 대한 적절한 설명으로 모두 묶인 것은?

〈㈜S전자 관련 정보〉
- 현재 주가 : 20,000원/주
- 주당순장부가치 : 10,000원
- 주당순이익(EPS) : 2,000원
- 동종 산업 내 경쟁업체 평균 PER : 8배

가. 토마토전자 주식의 PER은 5배이다.
나. PER로 판단할 경우 토마토전자 주식은 동종 산업 내 경쟁업체보다 과소평가되어 있다.
다. 토마토전자 주식의 PBR은 0.5배이다.
라. PBR로 판단할 경우 토마토전자 주식의 주가가 장부가치보다 높다.

① 나
③ 가, 나
② 라
④ 다, 라

정답 | ②

해설 | 가. 토마토전자 주식의 PER : 20,000원÷2,000원=10배
나. 동종 산업 내 경쟁업체 평균 PER로 산출한 적정주가 : 2,000×8=16,000원 → 현재 거래되는 시장가격이 20,000원이면 업종 평균 PER로 산출한 적정주가 16,000보다 4,000원 과대평가되어 있다.
다. 토마토전자 주식의 PBR : 20,000원÷10,000원=2배

★★★
32 상대가치평가모형에 대한 설명으로 적절하지 않은 것은?

① 이익은 지속적으로 나고 있지만 배당을 하지 않는 기업에서는 PER 적용이 불가능하다.

② PER이 기업의 수익가치와 대비한 상대적인 주가수준을 나타내는 지표라면, PBR은 기업의 장부가치와 대비한 상대적인 주가수준을 나타낸다.

③ 일반적으로 PBR은 1을 기준으로 하며 지표가 1보다 낮으면 장부가격대비 주가의 수준이 낮은 저평가로 인식된다.

④ PSR은 배당이나 이익이 발생하지 않는 기업의 가치평가를 위해서 활용이 가능하다는 장점이 있으나 주로 보조지표로 많이 사용되고 있다.

정답 | ①
해설 | ① PER은 이익은 지속적으로 나고 있지만 배당을 하지 않는 기업에서도 적용이 가능한 평가방법이다.

★★★
33 주식의 가치평가에 대한 설명으로 가장 적절한 것은?

① 보통주의 가치를 평가할 때 일반적으로 기업이 영속적으로 존재한다는 계속기업을 가정하는데, 이때 주식의 배당을 이용하여 적용한 현금흐름할인모형을 배당할인모형(DDM)이라고 한다.

② PBR은 현재의 주가를 주당순이익으로 나눈 것이다.

③ PER은 기업의 장부가치와 대비한 상대적인 주가수준을 나타내는 지표이다.

④ 일반적으로 PSR이 1.0보다 낮은 주식은 고평가되어 있다고 판단한다.

정답 | ①
해설 | ② 주가수익비율(PER)에 대한 설명이다. 주가순자산비율(PBR)은 현재의 주가를 주당장부가치로 나눈 값이다.
③ PER이 기업의 수익가치와 대비한 상대적인 주가수준을 나타내는 지표라면, PBR은 기업의 장부가치와 대비한 상대적인 주가수준을 나타낸다.
④ 일반적으로 PSR이 1.0보다 낮은 주식은 저평가, 3.0보다 큰 주식은 고평가되어 있다고 판단하기도 한다.

★★☆
34 가치 스타일에 대한 설명으로 적절하지 않은 것은?

① 가치 스타일은 기업의 미래 성장성에 투자하는 운용방법이다.

② 가치 스타일은 기본적으로 기업의 수익이 평균으로 회귀하는 경향을 가지고 있다는 점에 주목한다.

③ 가치 스타일에는 저PER 투자, 고배당수익률 투자 등 장기적인 통찰력을 바탕으로 가치평가에 확신이 드는 종목에 집중하여 투자한다.

④ 가치 스타일은 예상하는 투자기간 내에 투자종목의 저평가 수준이 해소되지 않으면, 기대하는 수익률을 달성하기 위해서는 투자기간이 장기화될 수 있는 위험을 내포하고 있다.

정답 | ①

해설 | ① 가치 스타일은 기업의 미래 성장성보다는 현재의 수익이나 자신의 가치관점에서 상대적으로 가격이 싼 주식에 투자하는 운용방법이다.

★★☆
35 워렌버핏의 투자원칙에 대한 적절한 설명으로 모두 묶인 것은?

> 가. 자기자본이익률(ROE)보다 주당순이익(EPS)이 높은 기업에 투자
> 나. 주주잉여현금흐름(FCFE)이 높은 기업에 투자
> 다. 매출액이익률이 높은 기업에 투자
> 라. 사내유보금을 적절하게 활용하는 기업에 투자
> 마. 내재가치보다 높은 가격으로 시장에서 거래되는 기업에 투자

① 가, 마   ② 나, 다, 라
③ 가, 나, 다, 라   ④ 나, 다, 라, 마

정답 | ②

해설 | 가. 주당순이익(EPS)보다 자기자본이익률(ROE)이 높은 기업에 투자
　　　 마. 내재가치보다 낮은 가격으로 시장에서 거래되는 기업에 투자

★★☆
36 성장 스타일에 대한 설명으로 적절하지 않은 것은?

① 성장 스타일은 기업 미래의 수익성에 집중하여 투자하는 운용전략이다.
② 기본적으로 기업의 주당순이익(EPS)이 미래에 증가하고 PER이 낮아지지 않는다면 주가는 상승할 것이라고 가정한다.
③ 성장 스타일 전략은 성장률이 높은 기업에 대해 시장의 PER보다 높은 가격을 지불하여 투자하며, 보다 더 높은 산업에 투자하려는 경향을 보이며, 일반적으로 이러한 주식은 매출증가율이 시장보다 높으며 고PER, 고PBR을 보이는 특징을 가지고 있다.
④ 단기 이익의 탄력성에 투자하는 전략은 고PER을 지니는 경향이 있는 반면에, 장기 지속적인 성장성에 투자하는 전략은 높은 주가의 탄력성이 기대되지만 성장이 지속되기는 어렵다는 점에서 투자에 주의할 필요가 있다.

정답 | ④
해설 | ④ 장기 지속적인 성장성에 투자하는 전략은 고PER을 지니는 경향이 있는 반면에, 단기 이익의 탄력성에 투자하는 전략은 높은 주가의 탄력성이 기대되지만 성장이 지속되기는 어렵다는 점에서 투자에 주의할 필요가 있다.

★★☆
37 주식스타일에 대한 적절한 설명으로 모두 묶인 것은?

> 가. 투자자들은 스타일 투자전략을 활용하면 해당 펀드의 스타일 투자전략을 통해서 펀드매니저의 전문분야를 알 수 있고, 펀드매니저의 성과를 스타일 투자전략에 비추어 정확히 평가할 수 있으며, 효과적인 분산투자가 가능하다는 장점을 얻을 수 있다.
> 나. 최근에 기업의 이익이 평균보다 낮았고, 그 결과 미래의 이익전망에 대해서 시장에서 과도하게 낮게 측정되었다면 가치 스타일에서는 투자에 적합한 종목이 된다.
> 다. 성장 스타일은 기업의 가치에 집중한 나머지 현재 시장에서 해당 주식을 낮은 가치로 평가하는 이유를 간과할 위험이 있기 때문에, 예상하는 투자기간 내에 투자종목의 저평가 수준이 해소되지 않으면 기대하는 수익률을 달성하기 위해서는 투자기간이 장기화될 수 있는 위험을 내포하고 있다.
> 라. 성장 스타일의 A주식의 실적이 예상을 하회했을 경우 그동안 시장에서 평가받고 있던 주당순이익과 PER이 동시에 하락하기 때문에 주가는 크게 하락할 수 있다.
> 마. 주식은 시가총액을 기준으로 대형, 중형, 소형 등으로 스타일을 나누기도 한다.

① 가, 나
② 다, 라, 마
③ 가, 나, 라, 마
④ 나, 다, 라, 마

정답 | ③
해설 | 다. 가치 스타일에 대한 설명이다.

★★☆
38 다음 자료를 토대로 산출한 시가총액 가중방법에 의한 평가시점의 주가지수로 가장 적절한 것은?

> • 기준시점 시가총액 합계 : 199,000천원
> • 평가시점 시가총액 합계 : 249,000천원
> • 기준시점 주가지수 : 100

① 100   ② 103.67

③ 106.15   ④ 125.13

정답 | ④

해설 | • 시가총액 변화율 $= \dfrac{249{,}000{,}000}{199{,}000{,}000} - 1 = 25.13\%$

        • 평가시점의 주가지수를 100으로 한다면 비교시점의 주가지수는 125.130이다.

★★☆
39 우리나라 주가지수의 종류가 적절하게 연결된 것은?

> 가. 유가증권시장에 상장된 주식 중 시장대표성, 업종대표성 및 유동성 등을 감안하여 선정되는 종목으로 산출되는 지수로서 선물 및 옵션거래에 활용되도록 하기 위해 개발되었으며, 지수 계산방식은 최대주주 지분, 자기주식, 정부 지분 등을 제외한 유동주식만의 시가총액을 합산하여 계산된다.
> 나. 유가증권시장 및 코스닥시장 상장종목 중 한국경제 및 증권시장을 대표하기에 적합한 초우량 종목을 선정하여 구성된 지수로 가격가중방식(주가평균방식)으로 계산한다.

	가	나
①	KOSPI 지수	KRX300 지수
②	KOSPI 지수	KTOP30 지수
③	KOSPI200 지수	KRX300 지수
④	KOSPI200 지수	KTOP30 지수

정답 | ④

해설 | 가. KOSPI200 지수에 대한 설명이다.
       나. KTOP30 지수에 대한 설명이다.

★★☆

40 주가지수에 대한 설명으로 적절하지 않은 것은?

① 일본의 Nikkei 225는 동일가중방법으로 지수를 산출한다.

② KOSPI 지수의 기준시점은 1980년 1월 4일이며 기준지수는 100인데, 지수계산 방식은 시가총액방식으로 유가증권시장 전체의 주가 움직임을 파악하기에 적합한 지수이다.

③ KRX100 지수는 유가증권시장과 코스닥시장 전체를 대표하는 보통주 중 우량주 100개 종목으로 구성된 지수이다.

④ 독일 DAX 지수는 프랑크푸르트 증권거래소에 상장된 40개 우량기업을 시가총액가중한 주가지수이다.

정답 | ①

해설 | ① 미국의 Dow Jones Industrial Average 지수, 일본의 Nikkei 225 등은 대표적인 가격가중방법의 지수이다.

··· TOPIC 4 채권의 특징

★★★

41 채권의 특성에 대한 설명으로 적절하지 않은 것은?

① 채권은 발행 시에 발행자가 지급하여야 할 약정이자와 만기상환금액이 정해져 있는 확정이자부증권이다.

② 채권은 발행 시에 원금과 이자의 상환기간이 정해지는 기한부증권이므로, 만기로 갈수록 현금으로 변하는 특성 때문에 가격의 변동성이 낮아진다.

③ 채권자는 주주의 배당에 우선하여 이자를 지급받고, 회사의 청산 등의 경우에는 주주에 우선하여 회사재산에 대한 청구권이 있다.

④ 채권은 만기 이전에는 현금화하기 어렵다는 단점이 있다.

정답 | ④

해설 | ④ 채권은 만기 이전에 유통시장에서 매매하여 현금화할 수 있다.

42 채권에 대한 다음 설명 중 (가)~(나)에 들어갈 용어가 적절하게 연결된 것은?

> (가)이란 이미 발행된 채권이 일정 기간이 경과한 시점부터 (나)일(원금상환일)까지의 기간을
> 의미한다. 예를 들어 (나)가 5년인 채권이 발행일로부터 3년이 경과했다면, (가)은 2년이 된다.

	가	나
①	원금상환기간	거치기간
②	잔존기간	거치기간
③	거치기간	만기
④	잔존기간	만기

정답 | ④

해설 | 잔존기간이란 이미 발행된 채권이 일정 기간이 경과한 시점부터 만기일(원금상환일)까지의 기간을 의미한다. 예를 들어 만기가 5년인 채권이 발행일로부터 3년이 경과했다면, 잔존기간(만기)은 2년이 된다.

43 채권의 기본용어에 대한 설명으로 적절하지 않은 것은?

① 액면이란 채권 한 장마다 권면 위에 표시되어 있는 금액을 말하며, 채권의 액면가액은 정할 수 있으나 관행적으로 10,000원을 사용한다.

② 표면이율이란 채권 액면에 기재된 이율로 1년간 지급될 이자를 액면으로 나눈 비율이다.

③ 매매단가는 채권을 유통시장에서 매매할 때 적용되는 가격으로 액면 10,000원당 매매수익률을 적용하여 계산한다.

④ 수익률은 채권에 투자했을 때 발생되는 투자수익을 투자원금으로 나누어 1년 단위로 계산한 것으로, 1bp는 1%를 의미한다.

정답 | ④

해설 | ④ 일반적으로 채권은 거래단위가 크고 금리에 민감하게 수익률이 계산되므로 베이시스포인트(bp)로 표시하는데 1bp는 1/100%(0.01%)를 의미한다. 따라서 100bp는 1%와 같다.

44 지난주에 연 2.0%이던 채권수익률이 일주일 사이에 5bp 상승하였을 경우 이번 주 채권수익률로 가장 적절한 것은?

① 1.50%　　　　　　　　　② 1.95%

③ 2.05%　　　　　　　　　④ 2.50%

정답 | ③

해설 | 일반적으로 채권은 거래단위가 크고 금리에 민감하게 수익률이 계산되므로 베이시스포인트(bp)로 표시하는데 1bp는 1/100%(0.01%)를 의미한다. 따라서 이자율이 5bp 상승하였다면 1%의 5/100(0.05%)만큼 상승한 것을 의미한다.

★★★
45 채권에 대한 설명으로 모두 묶인 것은?

가. 기한부증권	나. 자기자본
다. 타인자본	라. 배당을 받을 권리
마. 만기에 원금상환됨	

① 가, 나, 라   ② 가, 다, 라

③ 가, 다, 마   ④ 나, 라, 마

정답 | ③
해설 | 〈주식과 채권의 차이점〉

구분	주식	채권
발행자	주식회사	정부, 지방자치단체, 주식회사 등
자본조달방법	자기자본	타인자본
지위	주주	채권자
권리	결산 시 사업이익에 따라 배당을 받을 권리	확정이자를 받을 권리
원금상환	원금상환 안 됨	만기에 원금상환됨
가격변동위험	높음	낮음

★★★
46 주식과 채권의 차이점에 대한 설명으로 적절하지 않은 것은?

① 주식 소유자는 주주총회에서 주주로서의 의사결정에 참여할 수 있지만, 채권 소유자는 의사결정에 참여할 수 없다.
② 주식의 발행은 타인자본을 증가시키지만, 채권의 발행은 회사의 자기자본을 증가시킨다.
③ 회사가 청산 시에 채권은 주식에 우선하여 청산 받을 권리를 갖는다.
④ 주식은 원금상환이 안되지만 채권은 만기에 원금상환이 된다.

정답 | ②
해설 | ② 주식의 발행은 회사의 자기자본을 증가시키지만, 채권의 발행은 타인자본(부채)을 증가시킨다.

★★★
47 발행주체별 채권 분류에 해당하지 않는 것은?

① 국채   ② 지방채
③ 회사채   ④ 할인채

정답 | ④
해설 | ④ 이자지급방법에 따른 채권의 분류이다. 채권의 종류는 발행주체에 따라 국채, 지방채, 특수채, 회사채 등으로 구분된다.

★★★

48 할인채의 가격을 계산하는 공식으로 가장 적절한 것은(단, 세금 및 기타비용은 없다고 가정함)?

> • 채권종류 : 할인채
> • 액면 10,000원, 만기 2년, 표면이율 5%, 매매수익률 8%

① $10,000 \div (1+0.05)^2$

② $10,000 \div (1+0.08)^2$

③ $[10,000 \times (1+0.05)^2] \div (1+0.08)^2$

④ $[10,000 \times (1+0.08)^2] \div (1+0.05)^2$

정답 | ②

해설 | • 할인채의 가격 = $10,000 \div (1+0.08)^2 = 8,573$원(원 미만 절사)

★★★

49 복리채의 가격을 계산하는 공식으로 가장 적절한 것은(단, 세금 및 기타비용은 없다고 가정함)?

> • 채권종류 : 연 단위 복리채
> • 액면 10,000원, 만기 5년, 표면이자율 3%, 매매수익률 6%

① $10,000 \div (1+0.03)^5$

② $10,000 \div (1+0.06)^5$

③ $[10,000 \times (1+0.03)^5] \div (1+0.06)^5$

④ $[10,000 \times (1+0.06)^5] \div (1+0.03)^5$

정답 | ③

해설 | • 복리채의 만기상환금액 = $10,000 \times (1+0.03)^5 = 11,592$원(원 미만 절사)
• 복리채의 가격 = $11,592 \div (1+0.06)^5 = 8,662$원(원 미만 절사)

★★★
50 채권수익률과 채권가격에 대한 설명으로 적절하지 않은 것은?

① 채권가격은 미래의 현금흐름을 채권수익률로 할인하여 구하기 때문에 채권가격과 채권수익률은 서로 반대방향으로 움직인다.
② 채권수익률이 상승하면 채권가격은 하락하고 채권수익률이 하락하면 채권가격은 상승한다.
③ 채권수익률은 원점에 대해서 볼록한 모습을 보이는데, 이는 채권수익률 하락에 따른 가격상승과 채권수익률 상승에 따르는 가격 하락이 비대칭적이라는 것을 의미한다.
④ 채권수익률이 하락하는 경우 가격의 상승폭이 채권수익률이 상승하는 경우 가격의 하락폭보다 더 작다.

정답 | ④
해설 | ④ 채권수익률이 하락하는 경우 가격의 상승폭이 채권수익률이 상승하는 경우 가격의 하락폭보다 더 크다.

★★★
51 채권가격과 수익률에 대한 설명으로 가장 적절한 것은?

① 만기 2년, 채권수익률이 8%인 할인채의 현재가격은 액면가보다 작다.
② 채권수익률이 상승하면 채권가격은 상승하고 채권수익률이 하락하면 채권가격은 하락한다.
③ 채권수익률은 원점에 대해서 오목한 모습을 보이는데, 이는 채권수익률 하락에 따른 가격 상승과 채권수익률 상승에 따르는 가격 하락이 비대칭적이라는 것을 의미한다.
④ 채권수익률이 하락하는 경우 가격의 상승폭이 채권수익률이 상승하는 경우 가격의 하락폭보다 더 작다.

정답 | ①
해설 | ② 채권수익률이 상승하면 채권가격은 하락하고 채권수익률이 하락하면 채권가격은 상승한다.
　　　③ 채권수익률은 원점에 대해서 볼록한 모습을 보이는데, 이는 채권수익률 하락에 따른 가격상승과 채권수익률 상승에 따르는 가격 하락이 비대칭적이라는 것을 의미한다.
　　　④ 채권수익률이 하락하는 경우 가격의 상승폭이 채권수익률이 상승하는 경우 가격의 하락폭보다 더 크다.

★★★
52 채권에 대한 설명으로 가장 적절한 것은?

① 이표채의 현금흐름은 만기에 한 번뿐이다.
② 채권가격과 채권수익률은 서로 같은 방향으로 움직인다.
③ 채권수익률이 0으로 접근하면 채권가격은 무한대가 된다.
④ 채권수익률이 하락하는 경우 가격의 상승폭이 채권수익률이 상승하는 경우 가격의 하락폭보다 더 크다.

정답 | ④

해설 | ① 이표채는 채권을 실물로 발행할 때, 채권의 권면에 이표(coupon)가 붙어 있고 이자지급일에 이표와 이자를 교환했기 때문에 붙여진 이름이다. 이표채는 정해진 주기로 이자를 지급하며 만기에 원금을 상환받는 채권이다. 우리나라의 경우 보통 3개월 단위로 이자를 지급하고 있으며 대부분의 회사채가 이표채로 발행되고 있다.

② 채권가격은 미래의 현금흐름을 채권수익률로 할인하여 구하기 때문에, 채권가격과 채권수익률은 서로 반대 방향으로 움직인다.

③ 채권수익률이 상승하면 채권가격은 하락하고 채권수익률이 하락하면 채권가격은 상승한다.

***
53 채권투자의 위험에 대한 설명이 적절하게 연결된 것은?

> 가. 채권을 매수하고 중도에 매매수익률보다 높은 시장이자율로 매도한다면 채권투자의 손실이 발생할 수 있다.
>
> 나. 시장금리가 하락하여 투자기간 동안 받은 이자를 매매수익률보다 낮은 금리로 재투자한다면 최초의 기대했던 재투자 이익보다 실제 재투자이익이 감소할 것이다.

	가	나
①	지급불능위험	신용위험
②	지급불능위험	재투자위험
③	가격변동위험	신용위험
④	가격변동위험	재투자위험

정답 | ④

해설 | 가. 채권의 가격변동위험에 대한 설명이다.
　　　나. 재투자위험에 대한 설명이다.

***
54 채권투자의 위험 중 채권보유자의 입장에서 채권을 만기까지 보유할 경우 크게 줄어드는 위험으로 모두 묶인 것은?

> 가. 지급불능위험 　　　　　나. 가격변동위험
> 다. 재투자위험 　　　　　　라. 유동성위험

① 가, 다　　　　　　　　　② 가, 라
③ 나, 다　　　　　　　　　④ 나, 라

정답 | ④

해설 | 채권보유자의 입장에서는 채권의 가격변동위험과 유동성위험은 채권을 중도에 매매하지 않고 만기까지 보유할 경우 회피할 수 있다.

★★★
55 채권투자의 위험에 대한 설명으로 적절하지 않은 것은?

① 만기에 채권의 원리금을 지급받지 못할 위험을 유동성위험이라고 한다.

② 일반적으로 채권은 위험을 기준으로 국공채와 같은 무위험채권과 무위험채권 외인 위험채권으로 구분할 수 있다.

③ 매매수익률은 시장이자율에 따라 변동되므로 채권을 만기까지 보유하지 않는 한 언제든 채권가격이 변할 수 있으며, 채권가격은 이자를 매매수익률로 재투자한다는 가정으로 계산되는데, 실제로는 당시 시장이자율로 재투자되는 위험들을 채권의 이자율위험이라고 한다.

④ 조기상환위험은 콜위험이라 불리며 채권발행자의 콜옵션이 첨가되어 있는 채권에서 발생한다.

정답 | ①

해설 | ① 채권투자에 있어서 가장 큰 위험은 만기에 채권의 원리금을 지급받지 못할 위험인데 이를 지급불능위험 또는 신용위험이라고 한다. 유동성위험이란 채권투자자가 언제든 유통시장에서 채권을 적절한 가격으로 매도하지 못할 위험을 의미한다.

★★★
56 채권투자의 위험에 대한 설명이 적절하게 연결된 것은?

① 재투자위험 – 매수와 매도 호가차이인 스프레드가 작을수록 낮다고 판단하고 스프레드가 클수록 높다고 평가한다.

② 조기상환위험 – 채권발행자는 발행금리보다 시장금리가 낮을 경우 콜옵션을 행사한다.

③ 신용위험 – 시장금리가 하락하여 투자기간 동안 받은 이자를 매매수익률보다 낮은 금리로 재투자한다면 최초의 기대했던 재투자 이익보다 실제 재투자이익이 감소할 것이다.

④ 유동성위험 – 만기에 채권의 원리금을 지급받지 못할 위험이다.

정답 | ②

해설 | ① 유동성위험에 대한 설명이다.
　　　③ 재투자위험에 대한 설명이다.
　　　④ 신용위험에 대한 설명이다.

★★☆

57 전환사채에 대한 설명으로 적절하지 않은 것은?

① 전환사채는 사전에 정해진 조건으로 채권투자자가 채권을 주식으로 전환할 수 있는 권리가 부여된 채권이다.

② 전환사채와 관련된 용어로는 전환사채를 주식으로 전환할 수 있는 기간인 전환권행사기간, 보통주 1주를 바꾸는데 필요한 금액인 전환가액, 전환사채를 주식으로 전환할 수 있는 비율인 전환비율 등이 있다.

③ 주가가 상승하면 유리하고 하락하면 불리한 손익구조를 가지고 있다.

④ 전환사채는 전환권 행사 후에도 채권이 존속된다.

정답 | ④

해설 | ④ 전환사채는 전환권을 행사하면 채권이 소멸한다.

★★☆

58 신주인수권부사채에 대한 적절한 설명으로 모두 묶인 것은?

가. 신주인수권부사채는 발행자의 신주를 인수할 수 있는 권리가 첨가되어 있는 채권이다.
나. 주가가 상승하면 유리하고 하락하면 불리한 손익구조를 가지고 있다.
다. 신주인수권부사채는 신주인수권 행사 후 채권이 소멸한다.

① 가, 나　　　　　　　　　　　② 가, 다
③ 나, 다　　　　　　　　　　　④ 가, 나, 다

정답 | ①

해설 | 다. 신주인수권부사채는 신주인수권을 행사해도 채권은 존재한다.

★★☆

59 권리행사시 기업의 부채감소를 가져오는 신종채권으로 모두 묶인 것은?

가. 전환사채　　　　　　　　　　나. 신주인수권부사채
다. 교환사채　　　　　　　　　　라. 옵션부채권

① 가, 나　　　　　　　　　　　② 가, 다
③ 나, 다　　　　　　　　　　　④ 나, 라

정답 | ②

해설 | 전환권을 행사할 경우 해당 기업은 부채감소와 자본증가의 재무상태 변화가 나타난다. 교환권 행사 시 발행회사의 자산(유가증권)과 부채(교환사채의 원리금)가 동시에 감소하는 특징이 있다.

★★☆

60 옵션부채권에 대한 다음 설명 중 (가)~(나)에 들어갈 내용으로 가장 적절한 것은?

> 채권발행자는 발행 이후 금리가 (가)할 것이라고 예상되면 수의상환채권을 발행하는 것이 유리하고(발행 시점보다 낮은 금리로 채권을 재발행할 수 있기 때문에), 채권투자자는 투자 시점에 향후 금리가 (나)할 것이라고 예상되면 수의상환청구채권에 투자하는 것이 유리하다(발행 시점보다 높은 금리로 재투자할 수 있기 때문에).

	가	나
①	상승	상승
②	상승	하락
③	하락	상승
④	하락	하락

정답 | ③

해설 | 채권발행자는 발행 이후 금리가 하락할 것이라고 예상되면 수의상환채권을 발행하는 것이 유리하고(발행 시점보다 낮은 금리로 채권을 재발행할 수 있기 때문에), 채권투자자는 투자 시점에 향후 금리가 오를 것이라고 예상되면 수의상환청구채권에 투자하는 것이 유리하다(발행 시점보다 높은 금리로 재투자할 수 있기 때문에).

★★☆

61 신종채권에 대한 설명이 적절하게 연결된 것은?

> 가. 기준금리가 상승하면 채권의 금리는 상승하고 기준금리가 하락하면 채권의 금리는 하락하는 구조를 갖는다.
> 나. 주가가 상승하면 유리하고 하락하면 불리한 손익구조를 가지고 있지만 권리를 행사해도 채권은 존재한다.

	가	나
①	변동금리채권(FRN)	전환사채(CB)
②	물가연동채권	전환사채(CB)
③	변동금리채권(FRN)	신주인수권부사채(BW)
④	물가연동채권	신주인수권부사채(BW)

정답 | ③

해설 | 가. 변동금리채권(FRN)에 대한 설명이다.
　　　나. 신주인수권부사채(BW)에 대한 설명이다.

62 신종채권에 대한 설명으로 적절하지 않은 것은?

① 변동금리채권(FRN)의 경우 이자율은 기준금리와 발행 시 정해진 스프레드의 합으로 이루어지는데, 기준금리는 시장이자율로 스프레드는 발행 당시 발행자의 신용등급에 의해서 결정된다.

② 전환사채는 사전에 정해진 조건으로 채권투자자가 채권을 주식으로 전환할 수 있는 권리가 부여된 채권이다.

③ 신주인수권부사채는 발행자의 신주를 인수할 수 있는 권리가 첨가되어 있는 채권이다.

④ 교환사채는 발행자가 발행한 신주로 교환할 수 있는 권리가 부여된 채권이다.

정답 | ④
해설 | ④ 교환사채는 발행자가 보유하고 있는 유가증권으로 교환할 수 있는 권리가 부여된 채권이다. 교환사채는 이미 발행되어 있는 주식(유가증권)을 교환조건으로 발행되기 때문에 신주가 발행되지는 않는다.

63 신종채권에 대한 설명으로 적절하지 않은 것은?

① 변동금리채권(FRN)의 경우 이자율은 기준금리와 발행 시 정해진 스프레드의 합으로 이루어지는데, 기준금리는 시장이자율로 스프레드는 발행 당시 발행자의 신용등급에 의해서 결정된다.

② 전환사채와 신주인수권부사채는 공통적으로 주가가 상승하면 유리하고 하락하면 불리한 손익구조를 가지고 있지만 전환사채는 전환권을 행사하면 채권이 소멸하는 반면, 신주인수권부사채는 신주인수권을 행사해도 채권은 존재하는 차이점도 있다.

③ 채권소유자가 발행자에게 조기상환을 요청할 수 있는 채권을 수의상환채권이라고 한다.

④ 인플레이션연계채권이란 물가상승에 연동하여 원금과 이자가 지급되는 채권으로 실질구매력을 보장하기 위한 기능을 한다.

정답 | ③
해설 | ③ 발행자가 만기일 이전에 상환할 수 있는 권리를 가지고 있는 채권을 수의상환채권이라고 하고, 채권소유자가 발행자에게 조기상환을 요청할 수 있는 채권을 수의상환청구채권이라고 한다.

64 현재 원달러환율이 1,300원이고 1년 만기 한국금리가 3%, 미국금리가 1%인 경우 1년 만기 선물환율로 가장 적절한 것은?

① 1,274.76원
② 1,313.13원
③ 1,325.74원
④ 1,352.39원

정답 | ③
해설 | • 선물환율 = 현물환율 $\times \left(\dfrac{1 + \text{국내금리}}{1 + \text{해외금리}} \right)$ = $1,300 \times \left(\dfrac{1 + 0.03}{1 + 0.01} \right)$ = 1,325.74원

★★☆
65 해외채권에 대한 설명으로 적절하지 않은 것은?

① 브라질국채 투자의 경우 국내 국채보다 높은 금리를 제공하고 있으므로 금리의 수준으로만 보면 투자매력이 높으나 투자 전에 국가 신용위험, 정치 및 사회적 안정성, 환율변동을 고려해야 한다.

② 하이일드 채권은 투자등급 채권보다는 재무적으로 덜 안정적이므로 주로 경기가 호황기에 접어들었을 때 투자자들에게 인기가 높다.

③ 경기 호황기에는 신용스프레드가 확대되고 불황기에는 축소되는 모습을 보이므로, 신용스프레드 수준을 참고한다면 하이일드 채권의 가격 수준을 판단해 볼 수 있다.

④ 선진국 채권은 상대적으로 신용등급이 높기 때문에 이머징 채권, 하이일드 채권보다 수요가 많고 거래가 활발한 편이지만, 안정성이 높은 선진국 채권이라도 국가별 환율의 위험과 신용위험 수준이 서로 다르기 때문에 투자에 주의가 필요하다.

정답 | ③

해설 | ③ 신용스프레드는 안전 자산인 국채와 회사채 금리의 차이를 나타내는 지표로 경기 호황기에는 신용스프레드가 축소되고 불황기에는 확대되는 모습을 보인다. 따라서 신용스프레드 수준을 참고한다면 하이일드 채권의 가격 수준을 판단해 볼 수 있다.

··· TOPIC 7 기본적 분석과 기술적 분석

★★☆
66 투자결정 시 하향식(Top-down) 분석의 접근방식이 순서대로 나열된 것은?

① 경제분석 → 산업분석 → 기업분석
② 산업분석 → 기업분석 → 경제분석
③ 기업분석 → 경제분석 → 산업분석
④ 기업분석 → 산업분석 → 경제분석

정답 | ①

해설 | 기본적 분석의 접근방법에는 경제로부터 시작해서 산업, 개별 기업 순으로 분석하는 하향식(Top-down)과 이와 반대로 개별 기업으로부터 시작해서 산업, 경제 순으로 분석하는 상향식(Bottom-up)이 있다.

★★☆

67 산업생명주기에 대한 설명이 적절하게 연결된 것은?

> A. 시장의 수요가 높아지고 기업의 생산량이 빠르게 증가하며 경쟁자가 시장에 진입
> B. 성장률이 둔화되고 현금 창출이 이루어지며, 사업자 간 경쟁이 심화되어 가격과 이익이 하락하게 됨
> C. 신제품이 보급되고 시장 수요와 경쟁이 낮은 상태

	태동기	성장기	성숙기
①	A	B	C
②	B	A	C
③	C	A	B
④	C	B	A

정답 | ③

해설 | A. 성장기에 대한 설명이다.
　　　B. 성숙기에 대한 설명이다.
　　　C. 태동기에 대한 설명이다.

★★☆

68 산업분석에 대한 설명으로 적절하지 않은 것은?

① 태동기는 시장의 수요가 높아지고 기업의 생산량이 빠르게 증가하며, 경쟁자가 시장에 진입하지만 성장기보다 낮은 경쟁 단계이다.

② 성숙기는 성장률이 둔화되고 현금 창출이 이루어지며, 사업자 간 경쟁이 심화되어 가격과 이익이 하락하게 된다.

③ 산업구조 분석은 산업의 경쟁을 결정하는 요인을 분석하는 것을 말한다.

④ 마이클포터의 모형에 따르면 기존기업 간의 경쟁, 진입장벽, 공급자 교섭력, 구매자 교섭력, 대체재 위협과 같은 5가지 경쟁 강도를 결정하는 요인이 존재한다.

정답 | ①

해설 | ① 태동기는 신제품이 보급되고 시장 수요와 경쟁이 낮은 상태이다. 성장기는 시장의 수요가 높아지고 기업의 생산량이 빠르게 증가하며, 경쟁자가 시장에 진입하지만 성숙기보다 낮은 경쟁 단계이다.

★★☆
69 기업분석을 위한 재무비율 중 활동성 비율로 모두 묶인 것은?

가. 매출채권회전율	나. 재고자산회전율
다. 총자산증가율	

① 가, 나   ② 가, 다
③ 나, 다   ④ 가, 나, 다

정답 | ①
해설 | 다. 성장성 비율에 해당한다.

★★☆
70 기본적 분석에 대한 설명으로 적절하지 않은 것은?

① 일반적으로 상향식을 많이 활용한다.
② 내재가치 분석에는 많은 시간과 노력이 들고 다양하고 복잡한 이론들이 존재하기 때문에 전문가가 아니면 이해하기 어렵다는 단점이 있다.
③ 내재가치 분석을 위한 자료는 주로 회계 정보를 바탕으로 하는데 회계 정보의 신뢰성의 문제와 시의성에 대한 의문이 발생되기도 한다.
④ 투자자의 심리 등 현재 증권에 영향을 미치는 요인들을 반영하기 어렵다는 한계가 있다.

정답 | ①
해설 | ① 일반적으로 하향식을 많이 활용하는데 이는 거시경제분석, 산업분석, 기업분석으로 범위를 좁히면서 분석 함에 따라 점점 분석역량을 기업분석에만 집중할 수 있는 장점이 있다.

★★☆
71 기술적 분석의 기본가정에 대한 설명으로 적절하지 않은 것은?

① 증권의 시장가치는 수요와 공급에 의해서만 결정된다.
② 주가는 시장의 사소한 변동을 고려하지 않는다면 상당 기간 동안 지속되는 추세에 따라 움직이는 경향이 있다.
③ 추세의 변화는 수요와 공급의 이동에 의하여 일어나게 되며 수요와 공급이 이동하는 속성은 투자자에 의해서 결정된다.
④ 수요와 공급의 변동은 그 발생 사유에 따라 달라지는 시장의 움직임을 차트에 의하여 추적이 가능하고 차트에 나타나는 주가모형은 그 발생 사유에 따라 달라지는 경향이 있다.

정답 | ④
해설 | ④ 수요와 공급의 변동은 그 발생 사유와 관계없이 시장의 움직임을 나타내는 차트에 의하여 추적이 가능하고 차트에 나타나는 주가모형은 스스로 반복하는 경향이 있다.

72 패턴분석 기법 중 반전형으로 모두 묶인 것은?

가. 헤드 앤 숄더	나. 이중천정/바닥형
다. 삼각형, 깃발형	라. 쐐기형, 직사각형

① 가, 나

② 가, 라

③ 나, 다

④ 다, 라

정답 | ①

해설 | 다. 지속형

　　　라. 지속형

73 지표분석 기법이 적절하게 연결된 것은?

가. MACD	나. MAO
다. 스토캐스틱, RSI	라. OBV, VR

	추세추종형 지표	추세반전형 지표	거래량 지표
①	가	나, 다	라
②	가	다	나, 라
③	가, 나	다	라
④	가, 나	라	다

정답 | ③

해설 | 가. 추세추종형 지표　　　나. 추세추종형 지표

　　　다. 추세반전형 지표　　　라. 거래량 지표

★★☆
74 기술적 분석에 대한 설명이 적절하게 연결된 것은?

> 가. 주가가 일정 기간 동안 추세를 보이며 움직이는 성질을 이용한다.
> 나. 사전에 여러 가지 주가 변동 모형을 미리 정형화한 후 실제 주가를 모형에 맞추어 주가를 예측하는 방법이다.
> 다. 현재의 수급상태가 과열상태인지, 침체상태인지를 파악하기 위하여 지표를 활용한다.
> 라. 장기간 시장의 움직임을 분석, 연구해 시장의 가격변동 논리를 해석하는 방법이다.

	가	나	다	라
①	추세분석	패턴분석	지표분석	시장구조이론
②	추세분석	패턴분석	시장구조이론	지표분석
③	패턴분석	추세분석	지표분석	시장구조이론
④	패턴분석	추세분석	시장구조이론	지표분석

정답 | ④

해설 | 가. 추세분석　　　　　나. 패턴분석
　　　다. 지표분석　　　　　라. 시장구조이론

★★☆
75 기술적 분석에 대한 설명으로 적절하지 않은 것은?

① 추세는 한번 형성되면 상당 기간 동안 지속되는 것이 일반적이지만 방향은 바뀔 수 있다.
② 추세분석은 주가의 정적인 움직임을 관찰하여 추세의 방향을 예측하지만, 패턴분석은 동적으로 전환시점을 파악한다.
③ 지표분석은 주로 매수/매도 시점의 보조지표로 이용된다.
④ 시장구조이론은 자연적 현상이나 사회적 현상으로 주가의 설명이나 예측을 하는 시장 접근 방법이다.

정답 | ②

해설 | ② 추세분석은 주가의 동적인 움직임을 관찰하여 추세의 방향을 예측하지만, 패턴분석은 정적으로 패턴을 지정해 놓고 전환시점을 파악한다.

★★☆
76 기술적 분석에 대한 적절한 설명으로 모두 묶인 것은?

> 가. 주가는 기본적 분석은 계량화가 불가능한 요인에 대해 평가를 하기 어려운데 반해 기술적
>   분석은 이를 보완이 가능하다.
> 나. 단기간에 주가의 추세와 변화 방향을 파악할 수 있다.
> 다. 과거의 주가추세나 패턴이 반복된다는 현실적인 가정을 담고 있다.
> 라. 동일한 주가를 대상으로 주가 변화의 시발점에 대한 해석이 다를 수 있다.
> 마. 투자가치 파악과 시장의 변동에 집중하여 시장의 변화요인을 분석이 가능하다.

① 가, 나   ② 가, 나, 라
③ 다, 라, 마   ④ 나, 다, 라, 마

정답 | ②

해설 | 다. 과거의 주가추세나 패턴이 반복된다는 기술적 분석의 가정은 비현실적이다.
　　　마. 투자가치를 무시하고 시장의 변동에만 집중하기 때문에 시장의 변화요인을 분석할 수 없다.

학습가이드 ■ ■

학습 목표	학습 중요도
Tip 개념 이해 중심으로 학습 필요 Tip 법률 및 규정의 경우 구체적인 내용 학습 필요	
1. 펀드의 기본 개념과 환매절차에 대해 이해하고 주요 펀드 유형에 대해 설명할 수 있다.	★★★
2. 상장지수펀드(ETF)의 투자방법을 이해할 수 있다.	★★
3. 자산유동화증권과 파생결합증권을 중심으로 구조화상품의 특성을 이해할 수 있다.	★★

···TOPIC 1 펀드

★★★
01 자본시장법상 집합투자기구의 종류에 해당하지 않는 것은?

① 증권펀드   ② 파생상품펀드
③ 부동산펀드   ④ 혼합자산펀드

정답 | ②
해설 | 자본시장법에 따르면 펀드는 주로 투자하는 자산의 종류에 따라 증권펀드, 단기금융펀드, 부동산펀드, 특별자산펀드, 혼합자산펀드로 분류된다.

★★★
02 공모펀드와 사모펀드에 대한 설명으로 가장 적절한 것은?

① 공모펀드는 50인 이상의 불특정 다수를 대상으로 홍보와 마케팅을 통하여 공개적으로 투자를 권유할 수 있는 펀드이다.

② 공모펀드는 동일 종목 투자 비중이 최대 20%이므로 20종목 이상에 투자해야 하는 분산투자 한도도 적용된다.

③ 사모펀드는 투자자 50명 미만의 투자자에게 비공개적으로 판매되는 펀드이다.

④ 사모펀드에서 일반투자자는 전문투자자가 아닌 개인투자자로서 하나의 사모펀드에 투자하기 위한 최소금액은 5억원이다.

해설 | ② 공모펀드는 동일 종목 투자 비중이 최대 10%(국내에서 출시된 국내주식형펀드의 경우 삼성전자 등 코스피지수 내 시가총액 비중이 10%를 넘는 종목은 예외적으로 시가총액 비중)이므로 10종목 이상에 투자해야 하는 분산투자 한도도 적용된다.
③ 사모펀드는 투자자 100명 이하(일반투자자는 50인 미만)의 투자자에게 비공개적으로 판매되는 펀드이다.
④ 일반투자자는 전문투자자가 아닌 개인투자자로서 하나의 사모펀드에 투자하기 위한 최소금액은 3억원(레버리지 200% 초과하는 펀드는 5억원)이다.

★★★
03 사모펀드에 대한 설명으로 적절하지 않은 것은?

① 일반사모펀드는 일반투자자가 제한 없이 투자할 수 있는 사모펀드를 말한다.
② 일반사모펀드는 원래 투자자보호 장치가 필요 없는 펀드이나, 최근 일부 사모펀드가 고객 분쟁에 휘말리면서 핵심투자설명서 등을 도입하는 등 다양한 규제 장치를 도입하여 일반투자자를 보호하기 위한 투명성 제고 장치를 강화하면서 준공모펀드화 되고 있다.
③ 기관전용사모펀드는 기관투자자 및 전문투자자만 투자할 수 있는 펀드로서 일반투자자 또는 개인투자자의 투자가 금지되어 있다.
④ 헤지펀드는 일반사모펀드로 분류되며, 경영참여형 사모펀드(PEF)는 기관전용사모펀드로 분류된다.

정답 | ①
해설 | ① 일반사모펀드는 적격투자자(전문투자자 및 3억원 이상 일반투자자)가 투자할 수 있는 사모펀드를 말한다.

★★★
04 모자형펀드와 재간접펀드에 대한 적절한 설명으로 모두 묶인 것은?

> 가. 모자형펀드는 모펀드와 자펀드로 구성된 펀드로서 자펀드를 판매하여 모집한 자금을 복수의 모펀드로 배분하여 운용하는 구조이다.
> 나. 자본시장법에 따르면 모펀드와 자펀드는 동일한 자산운용회사가 운용하여야 하고, 자펀드는 환헤지 또는 환매 대응에 필요한 유동성자금 등을 제외한 모든 자금은 모펀드에 투자하여야 한다.
> 다. 모자형펀드의 펀드수수료 및 보수비용은 모펀드에서만 부과할 수 있다.
> 라. 재간접펀드는 피투자펀드 당 10%를 초과하여 투자할 수 없으며, 동일한 자산운용회사가 운용하는 펀드들의 투자 비중의 합이 20%를 초과할 수 없다.
> 마. 재간접펀드는 피투자펀드와 재간접펀드 모두에서 펀드 보수비용이 부과되므로 재간접펀드의 보수비용은 피투자펀드의 보수비용도 합산하여 산정하여야 한다.

① 가, 나
② 가, 나, 마
③ 다, 라, 마
④ 나, 다, 라, 마

정답 | ②
해설 | 다. 모자형펀드의 펀드수수료 및 보수비용은 자펀드에서만 부과할 수 있다.
라. 재간접펀드는 피투자펀드 당 20%를 초과하여 투자할 수 없으며, 동일한 자산운용회사가 운용하는 펀드들의 투자 비중의 합이 50%를 초과할 수 없다.

★★★
05 펀드에 대한 설명으로 적절하지 않은 것은?

① 단기금융펀드는 비교적 안정성이 높은 경우 부동산이나 실물자산에 대한 투자도 가능하다.

② 혼합자산펀드는 증권, 부동산, 특별자산 중 어느 하나도 50% 이상 투자하지 않고 분산하여 투자하는 펀드를 말한다.

③ 펀드에서 지정된 기간까지 원칙적으로 환매가 금지된 펀드를 폐쇄형펀드라고 하며, 천재지변, 사망, 이민 등 특별한 경우 이외에는 환매가 금지되므로 거래소 상장을 의무화하여 투자자가 필요한 경우 현금화할 수 있도록 하고 있다.

④ 재간접펀드가 주식, 채권 등 유가증권에 직접 투자하지 않고 다른 펀드에 투자하는 이유는 다양한 섹터 또는 지역에 투자하고 싶지만, 자산운용사 내부에 이를 운용할 수 있는 역량이 부족한 경우에도 피투자펀드에 투자하여 상품을 출시할 수 있기 때문이다.

정답 ┃ ①
해설 ┃ ① 단기금융펀드(MMF)는 단기금융상품(국채는 5년 이하)에만 투자하는 펀드이다.

★★★
06 펀드 기준가격에 대한 설명으로 가장 적절한 것은?

① 기준가격은 펀드 순자산을 좌수로 나눈 값으로서 보통 1,000 좌당 가격으로 표시되며, 펀드가 처음 설정될 때 1,000원에서 시작하고 운용성과에 따라 매일 변동한다.

② 10만원으로 기준가격이 2,000원인 펀드를 매수한다면 매수한 좌수는 총 5천좌이다.

③ 국내자산에 투자하는 펀드는 펀드가 보유 중인 종목의 전일 종가를 사용하여 기준가격을 산정하여 다음 영업일에 고시한다.

④ 펀드 기준가격은 펀드 보수비용을 차감한 후 계산된 가격이므로 펀드수익률은 투자자가 달성한 세후 수익률을 의미하며, 기준가격 수익률은 금액가중수익률과 동일한 수익률 측정 방법이다.

정답 ┃ ①
해설 ┃ ② 좌수 $= 100,000 \div \left(\dfrac{2,000}{1,000} \right) = 50,000$좌

③ 국내자산에 투자하는 펀드는 펀드가 보유 중인 종목의 당일 종가를 사용하여 기준가격을 산정하고, 해외자산에 투자하는 펀드는 펀드가 보유 중인 종목의 전일 종가를 사용하여 기준가격을 산정하여 다음 영업일에 고시한다.

④ 펀드 기준가격은 펀드 보수비용을 차감한 후 계산된 가격이므로 펀드수익률은 투자자가 달성한 세전 수익률을 의미하며, 기준가격 수익률은 시간가중수익률과 동일한 수익률 측정방법이다.

07 펀드에서 투자자가 부담하는 비용에 대한 설명이 적절하게 연결된 것은?

> 가. 펀드에 가입하거나 환매할 때 1회성으로 부과되는 비용으로서 은행, 증권사 등 펀드 판매회사가 부과하는 비용이다.
>
> 나. 펀드 순자산에 비례하여 발생하는 비용으로서 매일 계산하여 순자산에서 차감한 후 기준가격이 계산된다.

	가	나
①	보수	수수료
②	보수	선취판매수수료
③	수수료	보수
④	수수료	후취판매수수료

정답 | ③

해설 | 가. 수수료는 펀드에 가입하거나 환매할 때 1회성으로 부과되는 비용으로서 은행, 증권사 등 펀드 판매회사가 부과하는 비용이다.
　　　나. 보수는 펀드 순자산에 비례하여 발생하는 비용으로서 매일 계산하여 순자산에서 차감한 후 기준가격이 계산된다.

08 펀드에 대한 설명으로 적절하지 않은 것은?

① MMF는 단기금융상품에(국채는 3년 이하)만 투자하는 펀드이다.
② 부동산펀드는 펀드 자산의 50% 이상을 부동산에 투자하는 펀드이다.
③ 자본시장법에 따르면 모자형펀드의 모펀드와 자펀드는 동일한 자산운용회사가 운용하여야 하고, 자펀드는 환헤지 또는 환매 대응에 필요한 유동성자금 등을 제외한 모든 자금은 모펀드에 투자하여야 한다.
④ 펀드 판매 방법 및 투자자 유형별로 상이한 판매수수료와 보수비용을 부과하기 위해 하나의 펀드에 여러 가지 클래스를 둘 수 있는데, 이를 종류형펀드라고 한다.

정답 | ①

해설 | ① MMF는 단기금융상품에(국채는 5년 이하)만 투자하는 펀드이다.

09 국내펀드의 환매에 대한 설명으로 적절하지 않은 것은?

① 국내주식형펀드 및 주식혼합형펀드는 마감시간 전 환매신청을 완료한 경우에는 환매신청일의 주식 종가로 산정되어 다음 날 고시되는 기준가격이 환매기준가격이 된다.

② 국내채권형펀드 및 채권혼합형펀드의 환매기준가격은 마감시간 전에 환매를 신청한 경우 그다음 날 채권이나 주식의 종가를 기준으로 계산한 기준가격, 즉 2영업일 후 고시된 기준가격이다.

③ 국내펀드는 환매신청일 기준 3영업일 후에 환매대금이 지급된다.

④ 펀드는 환매대금을 수령한 후에 다른 펀드나 자산에 투자할 수 있으나, ETF는 주식처럼 상장되어 매매되므로 주식처럼 하루에도 여러 번 사고 팔 수 있다.

정답 | ③

해설 | ③ 국내주식형펀드는 환매신청일 기준 3영업일 후, 국내채권형펀드는 환매신청일 기준 2영업일 후에 환매대금이 지급된다.

10 해외펀드의 환매에 대한 적절한 설명으로 모두 묶인 것은?

> 가. 펀드의 매입기준가격이나 환매기준가격을 결정할 때 미래가격원칙을 적용하는 것이 글로벌 표준이다.
> 나. 대부분의 해외펀드는 환매신청일 기준 3영업일 후 고시되는 기준가격이 환매기준가격이 된다.
> 다. 재간접펀드의 기준가격은 해당 재간접펀드가 투자하고 있는 하위펀드의 기준가격을 사용하여 계산함에 따라 일부 재간접펀드는 환매기준가격 적용일이 3영업일 후가 아닌 4영업일 후로 설정한다.
> 라. 해외펀드의 환매대금 수령일은 환매신청일 기준으로 약 9영업일 이내에서 결정된다.

① 가, 나
② 다, 라
③ 나, 다, 라
④ 가, 나, 다, 라

정답 | ④

해설 | 모두 적절한 설명이다.

11 펀드에 대한 적절한 설명으로 모두 묶인 것은?

> 가. 수수료는 펀드 순자산에 비례하여 발생하는 비용으로서 매일 계산하여 순자산에서 차감한 후 기준가격이 계산된다.
> 나. 펀드에서 발생하는 보수비용의 대부분은 신탁업자에게 지급하는 수탁보수와 자산운용회사에 게 지급하는 운용보수이다.
> 다. 해외펀드는 동일한 국가에 투자하는 펀드인 경우에도 자산운용사별로 환매기준가격 결정일 이나 환매대금 수령일이 1~2일 차이가 발생할 수 있으므로, 다른 조건이 동일하다면 환매 일정이 짧아서 환매대금을 더 빨리 받을 수 있는 펀드를 선택하는 것이 좋다.
> 라. 해외펀드의 환매대금은 해외시장에서 주식이나 채권을 매도하고 결제대금을 외화로 수령하 여 국내로 송금 후 원화로 환전되기까지의 기간을 반영하여 계산되므로 환매대금 수령일은 투자지역별로 차이가 크다.

① 가, 나
② 가, 라
③ 나, 다
④ 다, 라

정답 | ④

해설 | 가. 보수에 대한 설명이다. 수수료는 펀드에 가입하거나 환매할 때 1회성으로 부과되는 비용으로서 은행, 증권 사 등 펀드 판매회사가 부과하는 비용이다.
나. 펀드에서 발생하는 보수비용의 대부분은 판매회사에게 지급하는 판매보수와 자산운용회사에게 지급하는 운용보수이다. 신탁업자 등에 지급하는 보수도 있지만 크지 않다.

12 주식형펀드에 대한 설명으로 적절하지 않은 것은?

① 투자목표에 따라 총수익률이나 비교지수 대비 초과수익률을 추구하는 유형과 비교지수 수 익률과 동일한 수익률을 추구하는 유형으로 구분되는데, 전자를 패시브주식형펀드라고 하고 후자를 액티브주식형펀드라고 한다.
② 패시브펀드는 비교지수인 인덱스 수익률을 추구하므로 인덱스펀드라고도 한다.
③ 주식스타일박스를 작성할 때 가치 – 성장 척도는 주가수익비율(PER), 주가순자산비율(PBR) 등 주식의 가치와 성장을 대변하는 변수들을 조합하여 산출하며, 기업규모는 시가총액을 기 준으로 대형주, 중형주, 소형주로 구분한다.
④ 투자지역에 따라 국내주식형펀드와 해외주식형펀드로 분류되며, 해외주식형펀드는 글로벌 주식시장에 분산투자하는 글로벌주식형펀드와 특정 지역 또는 특정 국가의 주식에 한정하여 투자하는 펀드가 있다.

정답 | ①

해설 | ① 전자를 액티브주식형펀드라고 하고 후자를 패시브주식형펀드라고 한다.

★★★
13 다음 채권형펀드의 스타일박스를 분석한 내용으로 적절하지 않은 것은?

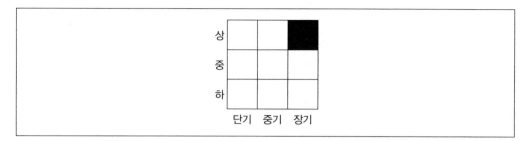

① 금리민감도를 기준으로 단기, 중기, 장기로 구분되는 수평축과 신용도를 기준으로 상, 중, 하로 분류되는 수직축으로 구성된다.
② 그림의 채권형펀드 스타일박스에 예시적으로 표시된 채권형펀드는 신용도가 우수하고 듀레이션이 장기인 채권에 투자하는 채권형펀드이다.
③ 채권형펀드의 스타일박스의 수평축에 표시되는 듀레이션을 구분하는 기준은 국내채권형펀드와 해외채권형펀드가 약간 다르다.
④ 채권형펀드 스타일박스의 수직축에 표시되는 신용도는 신용등급 A 이상을 상, A 미만 BB까지는 중, BB 미만을 하로 구분한다.

정답 | ④
해설 | ④ 채권형펀드 스타일박스의 수직축에 표시되는 신용도는 신용등급 AA 이상을 상, A 이하 BBB까지는 중, BB 이하를 하로 구분한다.

★★★
14 적격 TDF에 대한 적절한 설명으로 모두 묶인 것은?

> 가. 퇴직연금계좌에서 적립금의 100%까지 투자할 수 있다.
> 나. 은퇴 예상 시기 등 투자목표 시점이 다가올수록 위험자산의 비중을 점차 줄여나가는 생애주기형 자산배분전략을 통하여 투자위험을 낮추는 운용방법 등을 갖추어야 한다.
> 다. 투자 목표 시점을 펀드 설정일로부터 10년 이후로 하고 이를 펀드 명칭에 기재하여야 한다.
> 라. 주식 및 주식형펀드의 투자 한도를 펀드 자산총액의 80% 이내로 하고 투자 목표 시점 이후에는 40% 이내로 하여야 한다.
> 마. 투자적격등급 이외의 채무증권의 투자 한도를 펀드 자산총액의 10% 이내로 하고 채무증권 투자액의 40% 이내로 하여야 한다.

① 가, 나
② 가, 나, 라
③ 다, 라, 마
④ 나, 다, 라, 마

정답 | ②
해설 | 다. 투자 목표 시점(타깃데이트)을 펀드 설정일로부터 5년 이후로 하고 이를 펀드 명칭에 기재하여야 한다.
　　　마. 투자적격등급 이외의 채무증권(펀드에 투자하는 채무증권)의 투자 한도를 펀드 자산총액의 20% 이내로 하고 채무증권 투자액의 50% 이내로 하여야 한다.

★★★
15 주요 펀드 유형에 대한 적절한 설명으로 모두 묶인 것은?

> 가. 주식형펀드는 총자산의 60% 이상을 주식에 투자하여 배당수익뿐만 아니라 중장기적으로 주가 상승으로 인한 자본이득을 달성하는 것을 목표로 하는 펀드이다.
> 나. 채권형펀드는 주식에는 투자하지 않고 자산총액의 60% 이상을 채권에 투자하여 이자수익을 얻으면서 금리 하락 시 자본이득을 달성하는 것을 추구하는 펀드이므로, 주식 관련 자산에는 투자하지 않는다.
> 다. 혼합형펀드는 주식 비중이 60% 미만으로 투자하는 채권혼합형펀드와 주식 비중이 60% 이상인 주식혼합형펀드로 구분된다.
> 라. 타깃데이트펀드(TDF)는 은퇴 후 정기적으로 생활비를 인출하는 투자자를 대상으로 출시된 상품이다.

① 가, 나 　　　　　　　　　② 가, 라
③ 나, 다 　　　　　　　　　④ 다, 라

정답 | ①

해설 | 다. 혼합형펀드는 주식과 채권에 분산투자하는 펀드 중 주식형펀드와 채권형펀드에 속하지 않는 펀드이다. 혼합형펀드는 주식이나 채권에 분산투자하지만 주식이나 채권 중 어느 한 자산의 최소투자비중이 60% 이상으로 제한되지 않는 펀드이다. 최소투자비중이 60% 이상인 펀드는 주식형펀드나 채권형펀드로 분류되기 때문이다. 혼합형펀드는 주식 비중이 50% 미만으로 투자하는 채권혼합형펀드와 주식 비중이 50% 이상인 주식혼합형펀드로 구분된다.
라. 타깃인컴펀드(TIF)에 대한 설명이다. 타깃데이트펀드(TDF)는 퇴직연금 등 장기 적립식 투자자를 대상으로 가입자의 생애주기관점에서 적립금을 운용하도록 설계된 펀드로서 라이프사이클펀드 라고도 한다. 젊었을 때는 주식 비중을 높은 수준에서 유지하지만, 그 이후로 점진적으로 축소하여 은퇴 시점인 타깃데이트(투자목표시점)에 주식 비중을 50% 이하(국내 출시된 적격 TDF는 40% 이하)로 유지하는 자산배분전략을 채택한다.

···TOPIC ❷ 상장지수펀드(ETF)

★★☆
16 ETF와 공모펀드와의 차이점에 대한 설명으로 적절하지 않은 것은?

① 펀드는 환매 요청 후 환매자금을 현금으로 수령한 이후에 재투자할 수 있지만, ETF는 주식시장에서 횟수에 제한 없이 실시간으로 매매할 수 있다.

② ETF는 펀드와 비교하여 운용보수가 낮고 판매보수나 매매수수료가 없어서 거래비용이 저렴하다.

③ 펀드는 종가 기준으로 가입되거나 환매되지만, ETF는 거래소에서 매수자와 매도자의 호가가 일치하는 가격으로 매매가 체결된다.

④ ETF는 기준가격과 매매가격의 차이가 일정 수준 이내로 유지될 수 있도록 유동성제공기관(LP)을 두어 시장조성자 역할을 수행하도록 하고 있다.

정답 | ②
해설 | ② ETF는 펀드와 비교하여 운용보수가 낮고 판매보수나 수수료가 없어서 보수비용이 저렴하다. 단, ETF를 시장에서 매매할 때 주식처럼 매매수수료가 발생한다. 거래량이 취약한 ETF는 호가 차이가 커서 매매과정에서 펀드 보수비용보다 높은 거래비용이 발생할 수 있는 단점이 있다.

★★☆
17 ETF 기본 특성에 대한 설명으로 가장 적절한 것은?

① 괴리율이 양수이면 거래소에서 결정되는 시장가격이 ETF 순자산가치인 기준가격보다 더 낮게 거래된다는 것을 의미한다.

② 괴리율이 일정 수준 이상으로 확대되면 투자유의종목 지정 사유가 되는 만큼 패시브 ETF에 투자할 때에는 괴리율이 낮은 ETF에 투자하는 것이 바람직하다.

③ 국내에서 출시되는 ETF는 종목 수에는 제한이 없으나 시가총액이 작거나 거래량이 취약한 종목에 과다하게 투자하지 못하도록 종목별 최소 시가총액과 거래대금에 제한을 두고 있다.

④ 액티브펀드는 반드시 비교지수를 선정하여야 하지만 ETF는 비교지수를 선정하지 않는 경우도 있다.

정답 | ②

해설 | ① 괴리율이 양수이면 거래소에서 결정되는 시장가격이 ETF 순자산가치인 기준가격보다 더 높다는 것을 의미하고, 반대로 음수이면 시장가격이 기준가격보다 더 낮게 거래된다는 것을 의미한다.
③ 국내에서 출시되는 ETF는 10종목 이상에 투자하게 되어 있고 시가총액이 작거나 거래량이 취약한 종목에 과다하게 투자하지 못하도록 종목별 최소 시가총액과 거래대금에 제한을 두고 있다.
④ 액티브펀드는 비교지수(benchmark)를 선정하지 않는 경우도 있지만 ETF는 반드시 비교지수를 선정하여야 한다.

★★☆
18 패시브 ETF 및 액티브 ETF에 대한 설명으로 가장 적절한 것은?

① 패시브 ETF는 비교지수 수익률을 추종하는 것을 투자목표로 하는 ETF이고, 액티브 ETF는 비교지수 대비 초과성과를 추구하는 것을 투자목표로 하는 ETF이다.

② 액티브 ETF는 괴리율을 일정 수준 이내로 제한하는 제약이 적용되지만, 패시브 ETF는 괴리율에 대한 제한이 적용되지 않는다.

③ 패시브 ETF는 비교지수 수익률과의 상관계수를 0.7 이상으로 유지하여야 한다.

④ 패시브 ETF는 ETF 이름에 패시브가 표시되므로 액티브 ETF와 구별할 수 있다.

정답 | ①

해설 | ② 패시브 ETF는 괴리율을 일정 수준 이내로 제한하는 제약이 적용되지만, 액티브 ETF의 투자목표는 비교지수 대비 초과성과를 추구하는 것이므로 괴리율에 대한 제한은 적용되지 않는다.
③ 액티브 ETF는 비교지수 수익률과의 상관계수를 0.7 이상으로 유지하여야 한다.
④ 액티브 ETF는 ETF 이름에 액티브가 표시되므로 패시브 ETF와 구별할 수 있다.

19 ETF 주요 유형에 대한 설명으로 적절하지 않은 것은?

① 합성 ETF는 자산운용사가 증권사와의 스왑계약을 체결하여 비교지수의 수익률을 제공받고 이에 상응하는 비용을 지불하는 구조로서 실질적으로는 증권회사가 ETF를 운용하는 구조이다.

② 합성 ETF의 장점은 비교지수 구성종목을 실제로 편입하지 않아도 비교지수 수익률을 달성할 수 있어서 비용이나 성과 측면에서 효율적인 장점이 있다.

③ 합성 ETF는 장외파생상품인 스왑계약의 거래상대방인 증권사가 부도가 나거나, 지수가 폐지되는 사유 등으로 ETF가 청산되어 큰 폭의 손실이 발생할 수 있는 단점이 있다.

④ 코스피200지수가 비교지수인 ETF 이름에 '인버스'가 표시된 ETF는 코스피200지수 일간 수익률의 2배를 추구하는 ETF이다.

정답 | ④
해설 | ④ 레버리지 ETF에 대한 설명이다. 코스피200지수가 비교지수인 ETF 이름에 '인버스'가 표시된 ETF는 코스피200지수 일간 수익률과 음(−)의 배수 수익률을 추구하는 ETF이다.

···TOPIC 3 구조화상품

20 자산유동화증권의 특징에 대한 설명으로 가장 적절한 것은?

① 자산유동화증권은 현금흐름보다 자산의 가치를 중시한다.

② 자산유동화증권은 자산보유자의 신용도에 따라 증권의 신용도가 결정된다.

③ 자산유동화증권은 투자자의 선호에 맞추어 증권을 설계하기 때문에 일반적으로 트랜치구조로 발행된다.

④ 자산유동화증권은 일반적으로 자산보유자보다 낮은 신용도를 지닌 증권으로 발행된다.

정답 | ③
해설 | ① 자산유동화증권은 현금흐름에서 투자목적을 달성하기 때문에 자산의 가치보다 현금흐름을 중시한다.
② 자산유동화증권은 자산보유자의 신용도와 분리되어 발행되는데 기초자산의 신용도와 신용보강 등을 통해서 증권의 신용도가 결정된다.
④ 자산유동화증권은 다양한 구조화 신용보강을 통해서 일반적으로 자산보유자보다 높은 신용도를 지닌 증권으로 발행된다.

21 자산유동화증권에 대한 적절한 설명으로 모두 묶인 것은? ★★☆

> 가. 자산유동화란 기업이나 금융기관이 보유하고 있는 자산을 표준화하고 집합한 후 이를 기초로 유동화회사가 증권을 발행, 상환하는 일련의 과정을 말한다.
> 나. 유동화란 부동산, 매출채권, 증권, 주택저당채권 등 재산적 가치는 있으나 유동성이 낮은 자산을 유동성이 큰 자산으로 전환하는 증권화를 의미한다.
> 다. 자산유동화증권은 자산에 근거하여 증권을 발행하고 자산의 현금흐름을 기초로 증권을 상환하기 때문에 비교적 복잡한 구조로 설계된다.
> 라. ABS 발행과정은 우선 자산보유자가 기초자산을 모아서 이를 유동화전문회사에 양도한 후, 유동화전문회사는 양도받은 자산을 담보로 ASB를 발행하여 투자자에게 매각하고, 매각대금을 자산보유자에게 자산양도의 대가로 지급한다.

① 가, 나
② 다, 라
③ 가, 나, 다
④ 가, 나, 다, 라

정답 | ④
해설 | 모두 적절한 설명이다.

22 ABS의 주요참가자에 대한 적절한 설명으로 모두 묶인 것은? ★★☆

> 가. 자산보유자는 보유하고 있는 기초자산을 SPC에 양도, SPC로 하여금 ABS를 발행, ABS의 매각대금을 양도한 자산에 대한 대가로 받음으로써 자금을 조달하는 주체이다.
> 나. SPC는 ABS를 한 번만 발행할 수 있기 때문에 자산보유자는 자산유동화를 실시할 때마다 별도의 SPC 설립이 필요하다.
> 다. 자산관리자는 기초자산을 안전하게 보관하는 한편 SPC를 대신하여 ABS의 원리금상환, 채무불이행 시 담보권 행사 등 세부적인 실무 업무를 총괄한다.
> 라. 수탁기관의 지정은 의무며 주로 은행이 수탁기관을 수행한다.
> 마. 신용보강기관은 기초자산의 기대손실 및 신용보강기관의 신용도를 객관적으로 평가하여 ABS의 신용등급을 부여한다.

① 가, 나
② 가, 나, 라
③ 다, 라, 마
④ 나, 다, 라, 마

정답 | ②
해설 | 다. 수탁기관에 대한 설명이다. 자산관리자는 실체가 없는 서류상의 회사인 SPC를 대신하여 기초자산을 실질적으로 관리하고 채권의 추심 또는 채무자 관리 업무를 담당한다. 자산보유자, 신용정보업자 등이 자산관리자를 수행한다.
　　마. 신용평가기관에 대한 설명이다. 신용보강기관은 ABS의 안정성을 높이기 위해 일정 한도 내에서 지급보증, 신용공급 역할을 한다. ABS의 원리금은 일차적으로 기초자산에서 발생하는 현금흐름으로 상환되나 이것이 불충분할 경우에 대비하여 신용보강기관이 필요하다.

★★☆

23 자산유동화증권의 종류에 대한 설명이 적절하게 연결된 것은?

> 가. 채권을 기초로 발행되는 ABS를 말한다.
> 나. 금융기관의 대출채권을 기초자산으로 발행되는 ABS이다.
> 다. CP의 형태로 발행되는 ABS를 의미한다.
> 라. 주택저당채권을 기초로 발행되는 ABS이다.

	가	나	다	라
①	CBO	CLO	ABCP	MBS
②	CBO	MBS	ABCP	CLO
③	ABCP	CLO	CBO	MBS
④	ABCP	MBS	CBO	CLO

정답 | ①
해설 | 가. CBO　　　　나. CLO
　　　다. ABCP　　　라. 주택저당증권(MBS)

★★☆

24 자산유동화증권의 종류에 대한 설명으로 적절하지 않은 것은?

① 발행시장 CBO는 금융기관이 보유하고 있는 기발행 채권을 SPC에 매각하고 SPC는 신용을 보강한 다음 CBO를 발행하여 투자자에게 매각함으로써 자금을 조달하는 구조로 되어 있다.

② 우리나라의 경우 CLO가 대부분 무수익대출채권을 기초자산으로 발행되고 있는데 이를 NPL ABS라고 한다.

③ NPL ABS는 부실채권을 처분하여 금융기관의 재무건전성을 제고하기 위해 발행되는데 기초자산의 현금흐름이 없기 때문에 담보의 처분, 채권추심 등을 통해 얻을 수 있는 현금흐름과 수탁은행의 신용보강 및 선·후순위 구조화로 이루어진다.

④ MBS는 주택저당채권을 기초자산으로 ABS를 발행한다는 면에서 일반 ABS와 유사하지만 조기상환위험을 갖는다는 면에서 큰 차이가 있다.

정답 | ①
해설 | ① 유통시장 CBO에 대한 설명이다. 발행시장 CBO는 신용도가 낮아 회사채를 직접 발행하기 어려운 기업의 회사채 차환발행 또는 신규발행 시 이용되는데 이때 신용보강은 주로 수탁은행의 신용공여에 의해서 이루어진다.

★★☆
25 주식워런트증권에 대한 설명으로 적절하지 않은 것은?

① 특정 주권을 미리 정해진 가격으로 구입할 수 있는 권리가 부여된 워런트의 일종이지만, 발행인이 해당 주권발행인과 다른 제3자라는 점에서 신주인수권증권 등 다른 워런트와는 구별된다.

② ELW는 경제적 기능, 위험 및 손익구조 등 경제적 실질 측면에서 파생상품인 주식옵션이나 주가지수옵션과 동일하다.

③ ELW는 원금초과손실 가능성이 있으며, 파생상품시장에서 거래되어 증거금예탁 등의 복잡한 절차에 구애받는다는 단점이 있으나, 종목별로 유동성공급자(LP)가 선정되어 있어 옵션에 비해 유동성이 높다는 장점이 있다.

④ ELW는 기초자산에 대한 권리 유형에 따라 매수 권리인 콜 ELW와 매도 권리인 풋 ELW로 구분된다.

정답 | ③
해설 | ③ ELW는 옵션의 매수포지션만을 증권화한 것이므로 최대 손실이 투자원금으로 한정되며, 거래소에 상장되는 경우 장내 옵션거래에 비해 증거금예탁 등의 복잡한 절차에 구애받지 않고 소액투자가 가능하다는 점, 종목별로 유동성공급자(LP)가 선정되어 있어 옵션에 비해 유동성이 높다는 점 등에서 차이가 있다.

★★☆
26 주가연계증권에 대한 설명으로 가장 적절한 것은?

① ELS는 투자손익이 주가 변동에 연계되어 결정되고 투자자의 손익이 발행기관의 발행대금 운용성과와는 무관하게 사전에 약정된 방식에 따라 결정되며, 투자 원리금이 예금보호 대상이 아니라는 점 등에서 ELF, ELT 또는 ELD 등과 유사하다.

② 클리켓 유형은 만기 시점에 최종 기준가격이 일정 구간에 도달해 있는지의 여부에 따라 수익률이 둘 중 하나로 결정된다.

③ 베리어 유형은 만기 시점에서의 최종 기준가격에 따라 수익률이 상승하거나 하락하나, 최대 수익률은 일정 수준으로 고정된다.

④ 조기상환 유형은 발행 이후 기초자산 가격이 한계가격 미만으로 하락한 적이 없고 조기상환일의 평가가격이 일정 수준 이상이면 약정 수익률로 상환하며, 만기까지 조기 상환되지 않은 경우 만기 평가가격에 따라 수익률이 결정되는데, 최근에는 스텝다운형 ELS가 주로 발행되고 있다.

정답 | ④
해설 | ① ELS는 투자손익이 주가 변동에 연계되어 결정된다는 점에서 주가연계펀드(ELF), 주가연계신탁(ELT) 또는 주가연계예금(ELD) 등과 유사하지만 투자자의 손익이 발행기관의 발행대금 운용성과와는 무관하게 사전에 약정된 방식에 따라 결정되며, 투자 원리금이 예금보호 대상이 아니라는 점 등에서 다른 상품들과는 구별된다.
② 디지털 유형에 대한 설명이다. 클리켓 유형은 사전에 정한 산식으로 계산된 기초자산의 월별(분기별) 수익률의 누적 값에 따라 수익률이 비례적으로 결정된다.
③ 유러피안 유형에 대한 설명이다. 베리어 유형은 기준가격이 일정 구간 내에서 상승(하락)하면 수익률도 상승하나, 만기까지 한 번이라도 상한(하한)을 벗어난 경우 수익률은 고정된다.

★★☆
27 상장지수증권에 대한 설명으로 적절하지 않은 것은?

① ETN은 기초자산의 가치 변화에 따른 손익구조가 사전에 약정된 조건부 확정수익 상품이라는 점에서 ELS나 DLS와 유사하다.

② ETN은 거래소에 상장되어 별도의 중도 상환절차 없이 실시간 매매를 통해 수익 확정이 가능하다는 점에서 집합투자업자가 발행하는 상장지수펀드와 매우 유사하다.

③ ETF가 보유자산을 신탁재산으로 별도 보관함에 따라 신용위험에 노출되지 않고 별도의 만기도 없는 것과는 달리 ETN은 발행기관의 신용위험에 노출되고 만기도 1~20년 사이에서 정해져 있다는 차이가 있다.

④ ETF는 보유 자산의 운용을 통해 기초지수를 추적하는 과정에서 부분 복제 등으로 인한 추적오차가 발생할 수 있지만, ETN은 발행기관이 기초지수와 연계한 약정수익의 지급을 보장하기 때문에 추적오차에서 자유롭다는 점 등의 차이가 있다.

정답 | ①

해설 | ① ELW가 옵션 상품이고 ELS와 DLS가 기초자산의 가치 변화에 따른 손익구조가 사전에 약정된 조건부 확정 수익 상품이라면, ETN은 발행 당시 목표로 정해진 기초지수의 누적 수익률이 곧바로 투자수익률이 되는 지수 연동 상품이라는 점 등에서 다른 파생결합증권과 구별된다.

★★☆
28 파생결합증권에 대한 설명이 적절하게 연결된 것은?

> 가. 특정 주권의 가격이나 주가지수의 변동과 연계하여 미리 정해진 방법에 따라 그 주권의 매매나 금전을 수수하는 거래를 성립시킬 수 있는 권리가 표시된 파생결합증권
> 나. 특정 주권이나 주가지수의 가격변동에 연계하여 사전에 약정된 조건에 따라 투자손익이 결정되는 파생결합증권
> 다. 특정 주권의 가격이나 주가지수를 제외하고 금리, 환율, 일반상품의 가격 및 신용위험 지표 등의 변동과 연계된 파생결합증권
> 라. 투자의 손익이 기초지수의 변동에 연동되도록 구조화된 장내파생결합증권

	가	나	다	라
①	ELW	ELS	DLS	ETN
②	ELW	DLS	ELS	ETN
③	ELF	ELS	DLS	ETF
④	ELF	DLS	ELS	ETF

정답 | ①

해설 | 가. 주식워런트증권(ELW) 나. 주가연계증권(ELS)
　　　다. 기타파생결합증권(DLS) 라. 상장지수증권(ETN)

06 투자전략

출제비중 : 17~27% / 5~8문항

학습가이드 ■■

학습 목표	학습 중요도
Tip 투자전략의 특징에 대해 상호비교 중심으로 학습 필요	
Tip 선물과 옵션의 경우 손익구조에 대한 깊이 있는 학습 필요	
1. 주식투자에 활용되는 다양한 투자전략을 이해할 수 있다.	★★
2. 채권투자에 활용되는 다양한 투자전략을 이해할 수 있다.	★★
3. 선물·옵션의 기본 개념 및 헤지기법을 이해할 수 있다.	★★★
4. 투자자 성향을 파악하여 투자전략을 수립할 수 있다.	★★
5. 투자수익률을 제고하기 위한 투자전략 조정기법을 이해할 수 있다.	★★

···TOPIC **1** 주식투자전략

★★☆

01 주식투자전략 중 액티브 전략에 대한 적절한 설명으로 모두 묶인 것은?

> 가. 액티브 전략은 비교지수와 동일한 수익률을 달성하기 위해 비교지수 내 종목 비중을 복제하려고 하는 전략으로서 인덱싱전략이라고도 한다.
>
> 나. 비교지수 대비 초과성과를 달성하기 위해서는 타 종목보다 높은 성과를 달성할 것으로 예상되는 우량종목을 선별할 수 있는 능력이 중요하다.
>
> 다. 우량종목의 투자 비중은 비교지수 내 해당 종목의 비중보다 높게 가져가는데, 이를 비중확대라고 하며, 반대로 비교지수 내 종목 비중보다 투자 비중을 낮게 가져가는 경우 이를 비중축소라고 한다.
>
> 라. 하향식 접근법은 기업의 펀더멘털 분석 능력을 중요시하지만, 일정 수준 산업에 대한 기본적 분석도 수반되는 것이 일반적이다.
>
> 마. 샤프지수는 무위험수익률 대비 펀드의 초과수익률을 베타계수로 나눈 값으로서 샤프지수의 값이 높을수록 투자성과는 우수하다고 평가된다.

① 나, 다   ② 라, 마

③ 가, 나, 다   ④ 다, 라, 마

정답 | ①

해설 | 가. 패시브 전략에 대한 설명이다. 액티브 전략은 기본적 분석을 통하여 수익률이 우수할 것으로 예상되는 종목을 발굴하여 투자하는 전략으로 비교지수 대비 초과수익률을 달성하고자 한다.

라. 상향식 접근법은 기업의 펀더멘털 분석 능력을 중요시하지만, 일정 수준 산업에 대한 기본적 분석도 수반되는 것이 일반적이다.

마. 샤프지수는 무위험수익률 대비 펀드의 초과수익률을 수익률 변동성(표준편차)으로 나눈 값으로서 샤프지수의 값이 높을수록 투자성과는 우수하다고 평가된다.

★★☆
02 주식투자전략 중 패시브 전략에 대한 적절한 설명으로 모두 묶인 것은?

가. 패시브 전략의 특징은 우량종목을 선별하고자 하는 노력이 필요하다는 점이다.

나. 포트폴리오 수익률과 비교지수 수익률 차이가 작을수록 추적오차는 낮아져서 포트폴리오 수익률이 비교지수 수익률에 근접하게 되므로, 비교지수 수익률을 추구하는 패시브 투자전략은 추적오차가 작을수록 성과는 우수하다고 평가된다.

다. 운용 규모가 크지 않아서 비교지수를 완전히 복제할 수 없을 때에는 층화추출법 등을 사용하여 비교지수 수익률을 가장 잘 추적할 수 있도록 포트폴리오를 구성한다.

라. ETF 보유 종목에서 발생하는 현금배당을 분배받지 않고 지수에 재투자하기를 원하는 경우 가격지수를 비교지수로 하는 ETF에 투자하면 된다.

---

① 가, 나　　　　　　　　② 가, 라

③ 나, 다　　　　　　　　④ 다, 라

정답 | ③

해설 | 가. 패시브 전략의 특징은 우량종목을 선별하고자 하는 노력이 필요하지 않고 비교지수 구성비와 비슷하게 포트폴리오를 구성하므로 관리비용이 적고 다수의 종목에 분산하여 투자한다는 점이다.

라. 가격지수를 비교지수로 하는 ETF는 보유 종목에서 발생하는 현금배당은 정기적으로 투자자에게 분배하지만, 총수익지수를 비교지수로 하는 ETF는 현금배당이 재투자된다. ETF 보유 종목에서 발생하는 현금배당을 분배받지 않고 지수에 재투자하기를 원하는 경우 총수익지수를 비교지수로 하는 ETF에 투자하면 된다.

★★☆

03 주식의 종류가 적절하게 연결된 것은?

가. 경기가 호황일 때에는 매출과 이익이 급증하여 주가가 큰 폭으로 상승하지만, 경기가 침체국면으로 진입하면 실적이 악화되면서 주가도 하락하는 주식을 말하며, 일반적으로 경기에 따라 수요의 변화가 심한 자동차산업, 반도체산업, 철강, 조선업 및 건설업종의 주식

나. 경기순환 국면에 상관없이 수요가 큰 변화 없이 지속되면서 주가 변동도 크지 않은 종목들로써 음식료, 제약업 가스 및 전력업종 주식

	가	나
①	성장주	가치주
②	성장주	방어주
③	경기순환주	가치주
④	경기순환주	방어주

정답 | ④
해설 | 가. 경기순환주에 대한 설명이다.
　　　나. 방어주(비순환주)에 대한 설명이다.

★★☆

04 스타일로테이션 전략에 대한 적절한 설명으로 모두 묶인 것은?

가. 앞으로 대형가치주가 유행할 것이라고 전망되면 대형가치주 위주로 포트폴리오를 구성하고 대형성장주가 유행할 것이라고 예상하면 대형성장주 위주로 투자한다.

나. 주식시장이 거시경제 순환 국면에 따라 순환하는 것처럼 주식스타일지수도 추세를 중심으로 상승과 하락을 반복하는 순환주기를 가지고 있다.

다. 스타일로테이션은 스타일펀드가 비교지수 스타일이 아닌 타 스타일에 속한 종목들로 포트폴리오를 구성한 결과 펀드의 스타일이 일시적으로 변동하는 것을 의미한다.

라. 경기가 확장국면에 진입할 것으로 예상되면 경기순환주에 주로 투자하고, 경기 침체가 예상되면 방어주에 투자하는 것이 경기순환주와 방어주의 스타일로테이션 전략이다.

① 가, 나　　　　　　② 다, 라
③ 가, 나, 다　　　　④ 나, 다, 라

정답 | ①
해설 | 다. 스타일로테이션은 주식시장에서 성과가 우수할 것으로 예상되는 스타일로 주식을 교체매매하는 것을 의미하고 스타일드리프트는 스타일펀드가 비교지수 스타일이 아닌 타 스타일에 속한 종목들로 포트폴리오를 구성한 결과 펀드의 스타일이 일시적으로 변동하는 것을 의미한다. 스타일펀드를 운용하는 펀드에서 스타일드리프트가 발생하는 것은 바람직하지 않은 것으로 평가된다.
　　　라. 경기순환주와 방어주 섹터로테이션 전략에 대한 설명이다.

★★☆
05 채권투자전략 중 패시브 전략으로 모두 묶인 것은?

가. 듀레이션전략	나. 크레딧전략
다. 인덱싱전략	라. 만기보유전략
마. 현금흐름일치전략	

① 가, 나
③ 다, 라, 마

② 가, 나, 다
④ 나, 다, 라, 마

정답 | ③

해설 | • 액티브 전략 : 듀레이션전략, 크레딧전략
　　 • 패시브 전략 : 인덱싱전략, 만기보유전략, 현금흐름일치전략

★★☆
06 채권투자전략에 대한 설명이 적절하게 연결된 것은?

가. 향후 금리 전망을 기초로 듀레이션을 적극적으로 조정하여 초과수익을 달성하고자 하는 전략이다.

나. 신용도가 우수한 채권에 투자하여 높은 이자수익을 받음과 동시에 신용도가 향상될 때 추가수익을 달성하고자 하는 전략이다.

다. 비교지수인 채권지수의 수익률을 달성하기 위해 비교지수와 동일한 비중으로 투자하는 전략이다.

	가	나	다
①	듀레이션전략	크레딧전략	인덱싱전략
②	듀레이션전략	인덱싱전략	크레딧전략
③	현금흐름일치전략	크레딧전략	인덱싱전략
④	현금흐름일치전략	인덱싱전략	크레딧전략

정답 | ①

해설 | 가. 듀레이션전략에 대한 설명이다.
　　 나. 크레딧전략에 대한 설명이다.
　　 다. 인덱싱전략에 대한 설명이다.

★★☆
07 채권투자전략 중 크레딧전략에 대한 다음 설명 중 (가)~(다)에 들어갈 내용이 적절하게 연결된 것은?

> 채권을 발행한 기업의 신용도가 향상되어 신용등급이 높아지면 채권의 신용스프레드가 (가)한다. 신용스프레드가 (가)하면 해당 채권의 금리가 (나)하여 채권가격이 (다)한다.

	가	나	다
①	확대	상승	하락
②	확대	하락	상승
③	감소	상승	하락
④	감소	하락	상승

정답 | ④

해설 | 채권을 발행한 기업의 신용도가 향상되어 신용등급이 높아지면 채권의 신용스프레드가 감소한다. 신용스프레드가 감소하면 해당 채권의 금리가 하락하여 채권가격이 상승한다.

★★☆
08 채권투자전략에 대한 설명이 적절하게 연결된 것은?

> 가. 금리가 상승하면 채권가격은 하락하고, 반대로 금리가 하락하면 채권가격은 상승하는데, 듀레이션이 클수록 금리가 동일한 정도로 변동하더라도 채권가격은 더 큰 폭으로 변동한다.
> 나. 채권을 매수한 후 만기일까지 보유하는 전략이다.
> 다. 미래 기간별로 지급이 예상되는 현금흐름을 파악하고 동 현금흐름 일정에 맞춰 채권 포트폴리오를 구성하는 전략이다.

	가	나	다
①	듀레이션전략	인덱싱전략	만기보유전략
②	듀레이션전략	만기보유전략	현금흐름일치전략
③	크레딧전략	인덱싱전략	현금흐름일치전략
④	크레딧전략	만기보유전략	인덱싱전략

정답 | ②

해설 | 가. 듀레이션전략에 대한 설명이다.
　　　나. 만기보유전략에 대한 설명이다.
　　　다. 현금흐름일치전략에 대한 설명이다.

09 채권투자전략에 대한 설명이 적절하게 연결된 것은? ★★☆

> 가. 듀레이션전략 : 금리가 상승할 것으로 예상되면 듀레이션을 축소하여 손실을 통제하고 금리가 하락할 것으로 예상되면 듀레이션을 확대하여 수익률을 높일 수 있다.
>
> 나. 크레딧전략 : 채권을 발행하는 기업이나 국가의 신용도가 향상되면 신용스프레드가 축소되어 채권가격은 상승하므로, 회사채 등에 투자할 때 채권을 발행한 기업이나 기관의 신용도를 면밀히 분석하여 향후 신용도가 향상될 것으로 예상되는 채권에 투자하면 채권가격 상승으로 인해 추가 수익을 얻을 수 있다.
>
> 다. 현금흐름일치전략 : 비교지수에 포함된 종목들의 만기와 섹터를 대표할 수 있는 종목을 중심으로 포트폴리오를 구성하여 비교지수의 수익률을 복제하는 경우가 많다.
>
> 라. 인덱싱전략 : 투자할 때의 만기수익률이 보유기간 수익률이 되므로 예상수익률을 알 수 있고, 교체매매가 없으므로 관리비용이 최소화되어 수익률을 제고할 수 있다.
>
> 마. 만기보유전략 : 채권의 특징은 정기적으로 이자를 수령하고 만기일에 원금이 상환된다는 점이므로 미래에 상환해야 하는 부채의 만기구조에 맞춰 채권 포트폴리오를 구성하는 경우, 향후 금리가 변동하더라도 자산과 부채가 동일하게 영향을 받으므로 금리변동위험에 노출되지 않고 추가적인 부담 없이 부채를 상환할 수 있다.

① 가, 나
② 가, 나, 다
③ 다, 라, 마
④ 나, 다, 라, 마

정답 | ①

해설 | 다. 채권 인덱싱전략에 대한 설명이다.
　　　라. 만기보유전략의 장점에 대한 설명이다.
　　　마. 현금흐름일치전략에 대한 설명이다.

★★★
10 선물거래에서 증거금에 대한 적절한 설명으로 모두 묶인 것은?

> 가. 선물시장은 현재 시점에서 매매계약을 체결하지만, 상품 인도 및 대금 결제는 미래에 이루어
> 지므로 계약이행에 대한 안전장치로 증거금 및 일일정산 제도를 두고 있다.
> 나. 증거금은 선물거래를 위해서 중개회사에 예치하여야 하는 금액으로서 선물계약의 매수자뿐만
> 아니라 매도자도 예치하여야 한다.
> 다. 유지증거금은 선물거래 개시 이후 매일 유지되어야 하는 최소 증거금 수준이다.
> 라. 추가증거금은 선물거래 계좌의 잔액이 유지증거금 밑으로 감소하였을 때 증거금을 개시증거
> 금으로 회복하기 위해 필요한 증거금 수준이다.

① 가, 나　　　　　　　　　　② 나, 다
③ 다, 라　　　　　　　　　　④ 가, 나, 다, 라

정답 | ④
해설 | 모두 적절한 설명이다.

★★★
11 선물거래에 대한 내용이 다음과 같을 경우, 매일 손익을 정산하는 과정에서 1일차 일일정산 시
추가증거금과 2일차 일일정산 시 인출 가능금액으로 적절하게 연결된 것은?

> • 개시증거금 : 10,000천원
> • 유지증거금 : 개시증거금의 50%
> • 1일차 일일정산 시 증거금 계좌 잔액 : 3,000천원
> • 2일차 일일정산 시 증거금 계좌 잔액 : 12,000천원

	1일차 일일정산 시 추가증거금	2일차 일일정산 시 인출 가능금액
①	2,000천원	2,000천원
②	2,000천원	5,000천원
③	7,000천원	2,000천원
④	7,000천원	7,000천원

정답 | ③
해설 | 일일정산 과정에서 증거금계좌의 잔액이 유지해야 할 증거금 수준 밑으로 하락하게 되면 거래개시 시점의 최초
증거금 수준으로 증거금을 납입할 것을 요청을 받게 되는데 이를 마진콜이라고 하고, 이때 추가로 납부하는
증거금을 추가증거금이라고 한다. 선물 가격의 변동으로 증거금계좌 잔액이 거래개시 시점의 최초 증거금 수준
을 상회하는 경우에는 초과분에 해당하는 현금을 인출할 수 있다.

12 선물거래의 특징에 대한 설명으로 가장 적절한 것은?

① 선물거래는 거래소가 정한 표준화된 계약을 대상으로 거래가 이루어진다.

② 선물거래는 계약 당사자의 책임하에 실물 인도와 대금 결제가 이루어지므로 거래상대방 중 한쪽이 계약을 이행하지 않을 가능성이 존재한다.

③ 증거금은 선물거래를 위해서 중개회사에 예치하여야 하는 금액으로서 선물계약의 매수자는 매도자와 달리 증거금이 필요 없다.

④ 선물거래는 만기에 누적손익 전체를 일시에 정산하므로 거래상대방이 계약을 이행하지 못하는 위험에 노출된다.

정답 | ①

해설 | ② 장외파생상품인 선도계약에 대한 설명이다. 선물거래는 손익 정산과정에 청산기관이 개입하여 매수자에 대해서는 매도자의 역할을 하고 매도자에 대해서는 매수자의 역할을 대행하여 계약불이행위험을 최소화한다. 청산기관은 거래상대방의 신용상태를 파악하기 위해 필요한 시간과 비용을 절약하는 경제적 기능을 수행한다.

③ 증거금은 선물거래를 위해서 중개회사에 예치하여야 하는 금액으로서 선물계약의 매수자뿐만 아니라 매도자도 예치하여야 한다.

④ 선도거래와 같은 장외파생상품계약은 만기에 누적손익 전체를 일시에 정산하므로 거래상대방이 계약을 이행하지 못하는 위험에 노출되지만, 선물거래는 일일정산 제도를 통하여 거래불이행위험을 최소화하고 있다.

★★★
13 선물에 대한 적절한 설명으로 모두 묶인 것은?

> 가. 선물이란 미래 일정 시점에 인수도 할 상품의 가격을 현재 시점에서 미리 확정하고 만기일에 쌍방이 이행하는 계약을 말한다.
>
> 나. 선물매도자는 선물 만기일에 계약 체결 시 확정된 가격으로 계약상품을 인도해야 하고, 선물 매수자는 대금을 지불하고 현물을 매입해야 하는 의무를 진다.
>
> 다. 선물에 대한 기초상품의 종류, 기본수량, 품질, 인도월 등 계약조건이 정형화되어 매매되므로 거래가 편리하고 시장 유동성도 높다.
>
> 라. 매일 선물계약의 가격변동을 계산하여 손해를 본 계좌에서 손실에 해당하는 만큼의 증거금을 이익을 본 계좌로 이체하여 손익을 정산하는 일일정산 제도를 채택하고 있다.

① 가, 나
③ 가, 다, 라
② 다, 라
④ 가, 나, 다, 라

정답 | ④

해설 | 모두 적절한 설명이다.

★★★
14 코스피200지수선물 32계약을 200에 매수하였는데, 선물 만기일의 코스피200지수가 220인 경우 선물매수자의 손익으로 가장 적절한 것은(단, 선물거래승수는 1계약당 250천원으로 계산하며, 세금 등 기타의 비용은 없다고 가정함)?

① −160,000천원   ② +160,000천원
③ −320,000천원   ④ +320,000천원

정답 | ②
해설 | 선물매수자의 손익 = (만기일의 현물가격 − 매수가격)×선물거래승수×선물계약수 = (220 − 200)×250천원
　　　×32계약 = +160,000천원

★★★
15 코스피200지수선물 4계약을 200에 매도하였는데, 선물 만기일의 코스피200지수가 180인 경우 선물매도자의 손익으로 가장 적절한 것은(단, 선물거래승수는 1계약당 250천원으로 계산하며, 세금 등 기타의 비용은 없다고 가정함)?

① −20,000천원   ② +20,000천원
③ −40,000천원   ④ +40,000천원

정답 | ②
해설 | 선물매도자의 손익 = (매도가격 − 만기일의 현물가격)×선물거래승수×선물계약수 = (200 − 180)×250천원
　　　×4계약 = +20,000천원

★★★
16 현재 코스피200지수는 200이며, 3개월 만기 코스피200지수 선물가격은 201이다. 선물거래에 대한 적절한 설명으로 모두 묶인 것은(단, 선물거래승수는 1계약당 250천원으로 계산하며, 세금 등 기타의 비용은 없다고 가정함)?

> 가. 증거금은 선물계약의 매수자만 예치하며, 선물계약의 매도자는 증거금을 예치하지 않아도 된다.
> 나. 선물매수는 만기일에 기초자산을 매수할 목적으로 사전에 매수가격을 확정하는 거래로서 이때 매수한 선물 포지션을 매수 포지션이라고 한다.
> 다. 선물매도자가 유지하는 포지션을 매도 포지션이라고 한다.
> 라. 코스피200지수선물 100계약을 201에 매도하였는데, 선물 만기일의 코스피200지수가 179인 경우 선물매도자의 손익은 +550,00천원이다.

① 라   ② 가, 나
③ 나, 다   ④ 나, 다, 라

정답 | ④
해설 | 가. 증거금은 선물거래를 위해서 중개회사에 예치하여야 하는 금액으로서 선물계약의 매수자뿐만 아니라 매도자도 예치하여야 한다.
　　　라. 선물매도자의 손익 = (매도가격 − 만기일의 현물가격)×선물거래승수×선물계약수 = (201 − 179)×250천원
　　　×100계약 = +550,000천원

★★★
17 옵션에 대한 적절한 설명으로 모두 묶인 것은?

> 가. 기초자산이란 옵션거래의 대상이 되는 자산으로, 우리나라 주가지수 옵션의 기초자산은 코스피200지수이다.
> 나. 콜옵션 매수자는 기초자산 가격이 행사가격 밑으로 하락했을 때 그 권리를 행사한다.
> 다. 옵션매수자는 시장 상황이 자신에게 유리한 경우에 권리를 행사하게 되는데 그 권리는 특정 시점에만 행사하거나 만기일 이전 언제든지 행사할 수 있으며, 전자를 미국형 옵션, 후자를 유럽형 옵션이라고 한다.
> 라. 옵션매수자는 자신에게 유리한 경우에 그 권리를 행사하여 이익을 누리는 반면, 옵션매도자는 옵션매수자의 권리행사에 응해야 하는 의무를 지닌다.
> 마. 옵션매도자는 옵션매수자에게 대가를 지불하게 되는데 이를 프리미엄 또는 옵션가격이라고 한다.

① 가, 라
② 나, 다
③ 다, 라, 마
④ 가, 다, 라, 마

정답 | ①
해설 | 나. 콜옵션 매수자는 기초자산 가격이 행사가격 이상으로 상승했을 때 그 권리를 행사한다. 반면에 풋옵션 매수자는 기초자산 가격이 행사가격 밑으로 하락했을 때 그 권리를 행사한다.
다. 옵션매수자는 시장 상황이 자신에게 유리한 경우에 권리를 행사하게 되는데 그 권리는 특정 시점에만 행사하거나 만기일 이전 언제든지 행사할 수 있으며, 전자를 유럽형 옵션, 후자를 미국형 옵션이라고 한다.
마. 옵션거래는 옵션매수자가 권리행사로부터 수익을 얻는 만큼 옵션매도자는 손해를 보는 제로섬게임과 같다. 따라서 옵션매도자는 일방적으로 불리한 상황에 처하게 되기 때문에 옵션매수자로부터 권리 부여에 대한 대가를 요구하게 되는데, 이를 프리미엄 또는 옵션가격이라고 한다.

★★★
18 현재가 30,000원인 A전자주식을 9월 둘째 주 목요일에 40,000원에 팔 수 있는 권리(put)를 5,000원에 샀을 경우에 대한 다음 설명 중 적절하지 않은 것은?

① 만기일은 9월 둘째 주 목요일이다.
② 프리미엄(옵션가격)은 30,000천원이다.
③ 만기까지 현재 상태로 유지된다면 해당 풋옵션은 이익을 보는 옵션이다.
④ 기초자산가격이 상승하여 행사가격보다 높아지면 이익과 손실이 없는 상태가 된다.

정답 | ②
해설 |

용어	내용
옵션의 종류	풋옵션(팔 권리)
기초자산	A전자주식
행사가격	40,000원
만기일	9월 둘째 주 목요일
프리미엄(옵션가격)	5,000원

19 코스피 200지수가 250인 경우 이익을 보는 옵션으로 가장 적절한 것은?

① 행사가격이 245인 풋옵션
② 행사가격이 250인 콜옵션
③ 행사사격이 257.5인 콜옵션
④ 행사가격이 257.5인 풋옵션

정답 | ④

해설 | 내가격(ITM)옵션은 권리행사를 하면 매수자에게 이익이 발생하는 옵션을 말한다. 콜옵션에서는 기초자산가격보다 낮은 권리행사가격의 옵션을 말하고, 풋옵션에서는 대상자산가격보다 높은 권리행사가격의 옵션을 말한다.

20 현재 코스피200지수가 200인 경우 이익을 보는 옵션으로 모두 묶인 것은?

구분	옵션	권리행사가격
가	코스피200콜옵션	195.00
나	코스피200콜옵션	205.00
다	코스피200풋옵션	195.00
라	코스피200풋옵션	205.00

① 가, 나
② 가, 라
③ 나, 다
④ 다, 라

정답 | ②

해설 | 내가격(ITM)옵션은 권리행사를 하면 매수자에게 이익이 발생하는 옵션을 말한다. 콜옵션에서는 기초자산가격보다 낮은 권리행사가격의 옵션을 말하고, 풋옵션에서는 대상자산가격보다 높은 권리행사가격의 옵션을 말한다. 코스피200지수가 200인 경우 행사가격이 195인 콜옵션은 내가격옵션이 된다. 같은 상황에서 행사가격이 205인 풋옵션도 내가격옵션이 된다.

21 주가지수가 상승함에 따라 이론적으로 최대이익이 무제한인 주가지수 옵션 수익구조로 가장 적절한 것은?

① 콜옵션 매수
② 콜옵션 매도
③ 풋옵션 매수
④ 풋옵션 매도

정답 | ①

해설 | 콜옵션 매수의 최대이익은 기초자산의 가격이 상승함에 따라 이론적으로 무제한이다.

22 행사가격이 200인 코스피200 콜옵션을 2포인트의 프리미엄을 주고 10계약 매수한 경우 최대 이익과 최대손실로 적절하게 연결된 것은?

	최대이익	최대손실
①	무제한	5,000천원
②	무제한	무제한
③	5,000천원	5,000천원
④	5,000천원	무제한

정답 | ①
해설 | • 최대이익 : 무제한
　　　• 최대손실 : 옵션 프리미엄 2pt×250천원×10계약 = 5,000천원

23 행사가격이 250인 코스피200 콜옵션을 2포인트의 프리미엄을 주고 1계약 매수한 경우 최대 손실과 만기 손익분기점으로 적절하게 연결된 것은?

	최대손실	만기 손익분기점
①	무제한	248pt
②	무제한	252pt
③	500천원	248pt
④	500천원	252pt

정답 | ④
해설 | • 최대손실 : 옵션 프리미엄 2pt×250천원 = 500천원
　　　• 만기 손익분기점 : 행사가격 + 최초 지불 프리미엄 = 250 + 2 = 252pt

24 콜옵션 매도 시 만기 손익분기점으로 가장 적절한 것은?

① 행사가격
② 행사가격 + 콜옵션 만기가격
③ 행사가격 + 최초 수취 프리미엄
④ 행사가격 − 최초 수취 프리미엄

정답 | ③
해설 | 콜옵션 매도 시 만기 손익분기점 : 행사가격 + 최초 수취 프리미엄

25 행사가격이 200인 코스피200 콜옵션을 4포인트의 프리미엄을 받고 2계약 매도한 경우 최대손실로 가장 적절한 것은?

① 200,000원   ② 1,020,000원

③ 2,000,000원   ④ 무제한

정답 | ④

해설 | 콜옵션 매도 시 최대손실 : 무제한

26 행사가격이 200인 코스피200 콜옵션을 2포인트의 프리미엄을 받고 10계약 매도한 경우 최대이익과 최대손실로 적절하게 연결된 것은?

	최대이익	최대손실		최대이익	최대손실
①	무제한	5,000천원	②	무제한	무제한
③	5,000천원	5,000천원	④	5,000천원	무제한

정답 | ④

해설 | • 최대이익 : 옵션 프리미엄 2pt×250천원×10계약=5,000천원
  • 최대손실 : 무제한

27 옵션의 수익구조에 대한 설명이 적절하게 연결된 것은?

> 가. 기초자산의 가격이 하락할 것을 기대하지만 그 폭이 크지 않을 거라는 예상에 근거한 전략으로 최대손실이 무제한이다.
> 나. 기초자산의 가격이 적지 않게 하락할 것을 기대하면서도 혹시 생길 수 있는 가격상승의 위험에 대비하는 전략으로 최대이익이 무제한이다.
> 다. 기초자산의 가격이 상승할 것을 기대하지만 그 폭이 크지 않을 거라는 예상에 근거한 전략으로 최대이익이 일정한 수준으로 제한된다.

	가	나	다
①	콜옵션 매도	풋옵션 매수	콜옵션 매수
②	콜옵션 매도	풋옵션 매수	풋옵션 매도
③	풋옵션 매수	콜옵션 매도	콜옵션 매수
④	풋옵션 매수	콜옵션 매도	풋옵션 매도

정답 | ②

해설 | 가. 콜옵션 매도에 대한 설명이다.
  나. 풋옵션 매수에 대한 설명이다.
  다. 풋옵션 매도에 대한 설명이다.

★★★
28 옵션의 수익구조에 대한 설명으로 적절하지 않은 것은?

① 콜옵션 매수의 만기 손익분기점은 행사가격＋최초 지불 프리미엄이다.
② 콜옵션 매도의 최대손실은 무제한이다.
③ 풋옵션 매수의 만기 손익분기점은 행사가격＋최초 지불 프리미엄이다.
④ 풋옵션 매도의 최대이익은 옵션을 매도할 때 수취한 프리미엄이다.

정답 | ③
해설 | ③ 풋옵션 매수의 만기 손익분기점은 행사가격－최초 지불 프리미엄이다.

★★★
29 다음 사례의 만기 손익분기점으로 적절하게 연결된 것은(단, 세금 등 기타의 비용은 없다고 가정함)?

> 가. 행사가격이 250인 코스피200 콜옵션을 3포인트의 프리미엄을 주고 1계약 매수
> 나. 행사가격이 250인 코스피200 풋옵션을 2.8포인트의 프리미엄을 받고 1계약 매도

	가	나
①	247pt	247.2pt
②	247pt	252.8pt
③	253pt	247.2pt
④	253pt	252.8pt

정답 | ③
해설 | • 콜옵션 매수 만기 손익분기점 : 행사가격＋최초 지불 프리미엄＝250＋3＝253pt
　　　• 풋옵션 매도 만기 손익분기점 : 행사가격－최초 수취 프리미엄＝250－2.8＝247.2pt

★★★
30 주식 포트폴리오를 보유하고 있는 펀드매니저가 주가하락 위험을 피하기 위하여 선물시장에서 주가지수선물을 이용할 경우 취할 선물포지션으로 가장 적절한 것은?

① 선물매수헤지　　　　　　　　② 선물매도헤지
③ 매수차익거래　　　　　　　　④ 매도차익거래

정답 | ②
해설 | 주식 포트폴리오를 보유하고 있는 펀드매니저의 지수선물매도와 같이 현물시장 매수포지션의 가격하락 위험을 피하기 위하여 선물시장에서 매도포지션을 취하는 것을 매도헤지라 한다.

31 코스피200 ETF에 10억원을 투자하고 있는 투자자가 주가 하락을 우려하여 코스피200지수 선물을 매도하였다고 가정하자. 지수선물의 매도가격이 350일 때 코스피200 ETF를 완전히 헤지하기 위해서 매도해야 하는 코스피200지수선물의 계약 수로 가장 적절한 것은(코스피200 ETF의 베타는 1이고 선물거래승수는 25만원으로 가정)?

① 9계약   ② 11계약
③ 13계약   ④ 15계약

정답 | ②

해설 | • 지수선물 명목평가액 = 매도가격×선물거래승수×선물계약수

• 선물계약수 = $\frac{1,000,000천원}{(350 \times 250천원)}$ = 11.42계약

32 주식포트폴리오에 50억원을 투자하고 있는 투자자가 주가 하락을 우려하여 코스피200지수 선물을 매도하였다고 가정하자. 지수선물의 매도가격이 200일 때 주식포트폴리오를 완전히 헤지하기 위해서 매도해야 하는 코스피200지수선물의 계약 수로 가장 적절한 것은(주식포트폴 리오의 베타는 1.5이고 선물거래승수는 25만원으로 가정)?

① 50계약   ② 100계약
③ 150계약   ④ 200계약

정답 | ③

해설 | 선물계약수 = $\frac{5,000,000천원}{(200 \times 250천원)}$ × 1.5 = 150계약

33 현물을 보유한 사람이 현재의 현물가격을 행사가격으로 하는 풋옵션을 매수하였다고 가정할 경우 헤지전략에 대한 설명으로 적절하지 않은 것은?

① 현물가격이 행사가격 밑으로 하락하면 현물보유에서 손실이 발생하지만, 이는 풋옵션매수 포지션에서 발생한 수익에 의해 상쇄된다.
② 현물가격이 상승하면 현물자산의 수익은 가격상승에 비례하여 상승하지만, 풋옵션매수 포 지션의 손실은 옵션프리미엄으로 한정된다.
③ 선물을 매도한 경우와 달리 풋옵션을 매수하여 헤지를 실행하면 옵션프리미엄을 지급해야 하고 이는 헤지를 실행할 때 발생하는 비용으로써 손실이다.
④ 풋옵션의 경우 행사가격이 현재 현물가격보다 낮을수록 손실 발생 가능성이 줄어든다.

정답 | ④

해설 | ④ 풋옵션의 경우 행사가격이 현재 현물가격보다 낮을수록 옵션프리미엄이 낮아서 헤지에 따른 비용을 감소시 킬 수 있다. 반면 행사가격이 낮을수록 현물가격과 행사가격 사이에서는 현물가격이 하락할 때 헤지효과가 발생하지 않아서 손실이 발생할 수 있다.

34 김미순씨는 최근 주가하락이 지속되고 있는 가운데 향후에도 주가하락은 지속되리라고 예상하고 있다. 이 경우 김미순씨가 취할 수 있는 투자전략으로 적절하지 않은 것은?

① 주식 비중을 줄이고 채권 비중을 늘린다.
② 주가지수 선물을 매도한다.
③ 주가지수 옵션 중 콜옵션을 매도한다.
④ 주가지수 옵션 중 풋옵션을 매도한다.

정답 | ④
해설 | ④ 주가지수 옵션 중 풋옵션을 매수한다. 풋옵션을 매수하는 경우 기초자산 가격이 행사가격 이하로 하락하면 하락 폭에 비례하여 수익이 발생한다. 현물을 보유하고 있는 상황에서 풋옵션을 매수한 경우 현물자산의 가격이 하락하더라도 손실이 발생하지 않는다.

···TOPIC 4 투자자 유형별 투자전략

35 투자자성향 파악에 대한 적절한 설명으로 모두 묶인 것은?

> 가. 금융소비자보호법에 따르면 일반금융소비자에게 투자성 상품을 권유하기 위해서는 적합성원칙, 적정성원칙 및 설명의무를 준수하여야 한다.
> 나. 적합성원칙을 충족하기 위해서는 면담·질문 등을 통하여 해당 금융상품 취득 또는 처분 목적, 재산상황, 취득 또는 처분 경험, 연령, 금융상품에 대한 이해도, 기대이익 및 기대손실 등을 고려한 위험에 대한 태도 등의 정보를 파악하도록 하고 있다.
> 다. MMF, 국채, 지방채, 특수채 등 위험이 크지 않은 금융투자상품만을 거래하는 투자자 및 환매조건부채권을 매매하는 투자자에 대하여는 투자자 정보를 보다 간략한 방법으로 파악할 수 있다.
> 라. 표준투자권유준칙에 따르면 투자자정보확인서에 대한 일반금융소비자의 답변 내용을 점수화하여 5~7개의 유형으로 투자자를 구분하도록 하고 있다.

① 가, 나
② 다, 라
③ 가, 다, 라
④ 가, 나, 다, 라

정답 | ④
해설 | 모두 적절한 설명이다.

★★☆
36 투자성상품 위험등급 분류에 대한 설명으로 적절하지 않은 것은?

① 자산운용회사는 펀드 위험등급을 금융감독원이 제시하는 가이드라인에 따라 6등급으로 구분하여 투자설명서 등에 기재한다.
② 펀드 위험등급 분류기준은 변동성지표로 활용되는 펀드수익률의 베타계수이다.
③ 해외투자펀드의 위험등급은 국내펀드 분류기준을 준용하되 환헤지 여부, 투자국가 등을 고려하여 필요 시 위험등급을 조정하도록 되어 있다.
④ 금융기관별로 일반금융소비자의 위험등급별 투자성 상품 위험등급 분류체계는 상이할 수 있다.

정답 | ②
해설 | ② 펀드의 위험등급은 최대손실률지표인 VaR(Value-at-Risk)를 기준으로 분류한다.

★★☆
37 적정성원칙 대상 금융투자상품으로 모두 묶인 것은?

가. 금적립 계좌
나. 최대 원금손실 가능금액이 원금의 120%를 초과하는 파생상품이나 파생결합증권
다. 위험평가액이 자산총액의 20%를 초과하는 파생상품펀드
라. 레버리지 · 인버스 ETF
마. 합성 ETF

① 가, 나
② 나, 다, 라
③ 다, 라, 마
④ 가, 다, 라, 마

정답 | ②
해설 | [적정성원칙 대상 금융투자상품]

- 파생상품
- 파생결합증권(단, 금적립 계좌 등은 제외)
- 전환사채, 조건부자본증권
- 고난도금융투자상품, 고난도금전신탁계약, 고난도투자일임계약
- 파생형 집합투자증권(레버리지 · 인버스 ETF 포함, 합성 ETF 제외)
- 펀드 재산의 50%를 초과하여 파생결합증권에 운용하는 펀드
- 위 적정성원칙 대상상품 중 어느 하나를 취득 · 처분하는 금전신탁계약의 수익증권

※ 고난도금융투자상품이란 최대 원금손실 가능금액이 원금의 120%를 초과하는 파생상품이나 파생결합증권 그리고 위험평가액이 자산총액의 20%를 초과하는 파생상품펀드를 말한다.

38 적정성원칙 대상 금융투자상품에 대한 설명으로 적절하지 않은 것은?

★★☆

① 투자자가 투자권유를 희망하지 않는 경우에도 적정성원칙 대상 금융투자상품을 판매하는 경우 면담·질문 등을 통하여 투자자 정보를 확인하여야 하며, 이에 응하지 않을 경우 해당 금융투자상품에 대한 거래가 제한된다는 사실을 알려야 한다.

② 투자자 정보에 비추어 해당 적정성원칙 대상상품이 그 투자자에게 적정하지 않다고 판단될 경우 거래가 제한된다.

③ 투자자가 장외파생상품을 거래하고자 하는 경우 투자권유 여부와 상관없이 장외파생상품 투자자정보확인서를 이용하여 투자자 정보를 파악하여야 한다.

④ 장외파생상품의 상대방이 자본시장법에 따른 일반투자자인 경우에는 위험회피목적에 한하여 거래할 수 있는데, 투자자가 장외파생상품 거래를 통하여 회피하려는 위험의 종류와 금액을 확인하고 관련 자료를 보관하여야 한다.

정답 | ②

해설 | ② 투자자 정보에 비추어 해당 적정성원칙 대상상품이 그 투자자에게 적정하지 않다고 판단될 경우 이를 투자자에게 알려야 한다.

39 고령투자자와 숙려기간에 대한 다음 설명 중 (가)~(나)에 들어갈 내용으로 적절하게 연결된 것은?

★★☆

> 고령투자자에게 금융투자상품을 판매하는 경우 적합성 판단 기준과 강화된 고령투자자 보호 기준을 준수하여야 한다. 특히 (가) 이상인 고령투자자를 대상으로 금융투자상품을 판매하는 경우에는 판매과정을 녹취하고 투자자가 요청하면 녹취한 파일을 제공하여야 하며, 판매과정에서 (나) 이상의 숙려기간을 부여하여야 한다.

	가	나
①	65세	2영업일
②	65세	3영업일
③	70세	2영업일
④	70세	3영업일

정답 | ①

해설 | 고령투자자에게 금융투자상품을 판매하는 경우 적합성 판단 기준과 강화된 고령투자자 보호 기준을 준수하여야 한다. 특히 65세 이상인 고령투자자를 대상으로 금융투자상품을 판매하는 경우에는 판매과정을 녹취하고 투자자가 요청하면 녹취한 파일을 제공하여야 하며, 판매과정에서 2영업일 이상의 숙려기간을 부여하여야 한다.

★★☆
40 자산배분에 대한 적절한 설명으로 모두 묶인 것은?

> 가. 전략적 자산배분전략은 중장기적으로 자산별 기대수익률과 기대위험을 기초로 자산별 투자
> 비중을 결정하는 과정으로서 투자자의 투자목표, 투자기간 및 투자자성향을 반영하여 수립
> 된다.
> 나. 투자 가능한 자산의 장기 기대수익률과 위험의 조합을 사용하여 효율적 투자기회선을 도출하
> 고 투자자의 투자목표와 투자기간에 적합한 투자자성향별 자산배분비중을 결정하는 것을 전
> 략적 자산배분이라고 할 수 있다.
> 다. 투자목표가 특정 수준의 수익률을 달성하는 것이 목표라면 해당 목표수익률을 달성하기 위한
> 전술적 자산배분전략을 수립한다.
> 라. 효율적 투자기회선에 의하여 목표수익률과 목표위험은 1:1 대응 관계에 있으므로 전술적 자
> 산배분전략은 특정 목표위험 수준에 대응한 자산배분전략이라고도 할 수 있다.

① 가, 나 　　　　　　　　② 가, 라
③ 나, 다 　　　　　　　　④ 다, 라

정답 | ①
해설 | 다. 투자목표가 특정 수준의 수익률을 달성하는 것이 목표라면 중장기적으로 해당 목표수익률을 달성하기 위한
　　　　전략적 자산배분전략을 수립한다.
　　　라. 효율적 투자기회선에 의하여 목표수익률과 목표위험은 1:1 대응 관계에 있으므로 전략적 자산배분전략은
　　　　특정 목표위험 수준에 대응한 자산배분전략이라고도 할 수 있다.

★★☆
41 전술적 자산배분에 대한 적절한 설명으로 모두 묶인 것은?

> 가. 전술적 자산배분전략은 자산 시장에 대한 단기수익률에 대한 전망 등을 기초로 전략적 자산배분
> 전략 대비 자산별 투자 비중을 조정하여 초과수익을 달성하고자 하는 단기투자전략을 말한다.
> 나. 장기투자전략인 전략적 자산배분전략 대비 자산별 비중을 조정한다는 점에서 패시브 투자전
> 략의 일종이다.
> 다. 전술적 자산배분전략을 수립할 때 자산별 투자 비중을 큰 폭으로 조정하는 경우 시장이 예상과
> 달리 움직일 때에는 전략적 자산배분전략의 성과보다 크게 저조할 가능성이 존재한다.
> 라. 전술적 자산배분전략을 수립하여 실행하는 경우 전술적 자산배분전략의 자산별 비중확대 또
> 는 비중축소 크기에 대한 제한을 두지 않는 것이 일반적이다.

① 가, 다 　　　　　　　　② 나, 라
③ 가, 나, 다 　　　　　　　④ 나, 다, 라

정답 | ①

해설 | 나. 장기투자전략인 전략적 자산배분전략 대비 자산별 비중을 조정한다는 점에서 액티브 투자전략의 일종이다.

라. 전술적 자산배분전략을 수립하여 실행하는 경우 전략적 자산배분전략에 의한 자산별 비중보다 과도한 차이가 발생하지 않도록 전술적 자산배분전략의 자산별 비중확대 또는 비중축소 크기에 대한 제한을 두는 것이 일반적이다.

★★☆
42 핵심 – 위성전략에 대한 적절한 설명으로 모두 묶인 것은?

> 가. 핵심포트폴리오는 투자목표에 적합한 비교지수를 설정하고, 비교지수 수익률을 달성하기 위한 자산배분전략을 실행하는 포트폴리오이다.
> 나. 핵심포트폴리오는 자산별로 투자 관련 비용이 낮은 인덱스펀드 또는 ETF 등에 주로 투자하여 단기간 보유하는 전략을 채택하는 경향이 있다.
> 다. 위성포트폴리오는 핵심포트폴리오 대비 초과수익률을 달성할 수 있도록 포트폴리오를 구성한다.
> 라. 위성포트폴리오는 원자재, 부동산 등 대체자산이나 이머징마켓 주식 등 핵심포트폴리오가 투자하지 않는 자산에 투자하는 경향이 있다.
> 마. 위성포트폴리오는 핵심포트폴리오에 포함되는 주식, 채권 등 전통적 자산군에 투자하는 경우 패시브 전략을 실행하여 초과수익률을 달성하고자 한다.

① 가, 나
② 가, 다, 라
③ 다, 라, 마
④ 나, 다, 라, 마

정답 | ②

해설 | 나. 핵심포트폴리오는 투자목표가 비교지수 수익률을 복제하는 것이므로 자산별로 투자 관련 비용이 낮은 인덱스펀드 또는 ETF 등에 주로 투자하여 장기간 보유하는 전략을 채택하는 경향이 있다.

마. 핵심포트폴리오에 포함되는 주식, 채권 등 전통적 자산군에 투자하더라도 패시브 전략이 아닌 액티브 전략을 실행하여 초과수익률을 달성하고자 한다.

★★☆

43 핵심 – 위성전략에 대한 적절한 설명으로 모두 묶인 것은?

> 가. 핵심 – 위성전략이란 대부분의 자산을 초과수익을 달성할 수 있는 핵심포트폴리오에 투자하고 나머지는 위성포트폴리오에 투자하는 전략을 말한다.
>
> 나. 핵심포트폴리오는 적극적으로 운용하고 위성포트폴리오는 장기보유전략을 유지하므로 투자전략의 조정은 핵심포트폴리오를 통하여 이루어진다.
>
> 다. 생애주기 관점에서 적립식으로 투자하여 노후자금을 마련하고자 하는 경우 핵심포트폴리오는 타깃데이트펀드(TDF)라고 할 수 있다.
>
> 라. 핵심포트폴리오는 위성포트폴리오보다 수익률이 우수할 것으로 예상되는 자산에 투자하여 단기적으로 초과수익률을 달성하고자 한다.
>
> 마. 위성포트폴리오가 투자하는 상품은 액티브 전략을 실행하므로 핵심포트폴리오보다 포트폴리오를 관리하는 비용이 커서 투자목표가 달성된다 하더라도 포트폴리오 전체의 수익률은 낮아질 수 있다.

① 다
② 가, 나
③ 라, 마
④ 나, 다, 라

정답 | ①

해설 | 가. 핵심 – 위성전략이란 대부분의 자산을 핵심포트폴리오에 투자하고 나머지는 초과수익을 달성할 수 있는 위성포트폴리오에 투자하는 전략을 말한다.

　　나. 핵심포트폴리오는 장기보유전략을 유지하고 위성포트폴리오는 적극적으로 운용하므로 투자전략의 조정은 위성포트폴리오를 통하여 이루어진다.

　　라. 위성포트폴리오는 핵심포트폴리오보다 수익률이 우수할 것으로 예상되는 자산에 투자하여 단기적으로 초과수익률을 달성하고자 한다.

　　마. 위성포트폴리오가 투자하는 상품은 액티브 전략을 실행하므로 핵심포트폴리오보다 포트폴리오를 관리하는 비용이 크다. 하지만, 위성포트폴리오는 비용 차감 후 기준으로 초과수익률을 추구하므로 투자목표가 달성된다면 포트폴리오 전체의 수익률은 향상될 수 있다.

★★☆
44 리밸런싱에 대한 적절한 설명으로 모두 묶인 것은?

> 가. 실제 자산별 투자 비중이 목표로 하는 수익에서 일정 수준 이탈한 경우 다시 목표 수준으로 재조정하는 전략을 말한다.
> 나. 주로 전략적 및 전술적 자산배분전략을 수립하여 실행하는 투자자가 정기적으로 투자 비중을 재조정할 때 사용하는 기법이다.
> 다. 리밸런싱을 실행하면 목표 대비 투자 비중이 높은 자산은 매도하고 투자 비중이 낮은 자산은 추가 매수하는, 즉 저점매수·고점매수전략이 자동으로 실행된다.
> 라. 리밸런싱은 주기적으로 자주 실행하는 것이 바람직하다.
> 마. 리밸런싱과 전술적 자산배분전략은 유사한 개념으로, 전략적 자산배분전략 대비 초과성과를 달성하기 위해 의도적으로 전략적 자산배분전략 대비 자산별 투자 비중을 조정하는 액티브 전략이다.

① 가, 나
② 가, 나, 다
③ 다, 라, 마
④ 가, 다, 라, 마

정답 | ②

해설 | 라. 리밸런싱을 자주 실행하게 되면 거래비용이 증가하고 해외펀드의 경우 리밸런싱에 따른 환매기간이 길어서 리밸런싱으로 인한 위험이 존재하므로, 주기적으로 실행하기보다는 전체적인 시장 상황과 거래비용 등을 감안하여 실행하는 것이 바람직하다.

마. 리밸런싱과 전술적 자산배분전략은 다른 개념이다. 전술적 자산배분전략은 전략적 자산배분전략 대비 초과성과를 달성하기 위해 의도적으로 전략적 자산배분전략 대비 자산별 투자 비중을 조정하는 액티브 전략이다. 리밸런싱은 실제 투자 비중이 자산배분전략 대비 일정 수준 이상 괴리가 발생할 때 이를 다시 원래의 전략 수준으로 재조정하므로 수동적 관점에서 비중을 재조정하는 것이다.

★★☆
45 마켓타이밍에 대한 다음 설명 중 적절하지 않은 것은?

① 마켓타이밍은 성과가 저조할 것으로 전망되는 자산은 아예 투자하지 않는 등 매우 공격적으로 자산배분 비중을 조정하는 것을 의미한다.
② 마켓타이밍은 비교지수를 두지 않고 절대수익률을 추구하는 투자전략에서 주로 사용된다.
③ 마켓타이밍과 전술적 자산배분은 수익률을 제고하기 위해 실행된다는 점에서는 동일하다.
④ 마켓타이밍은 전략적 자산배분 대비 미리 설정된 범위 이내에서 조정하여 전략적 자산배분 대비 초과수익률을 추구하는 액티브 전략이다.

정답 | ④

해설 | ④ 전술적 자산배분은 전략적 자산배분 대비 미리 설정된 범위 이내에서 조정하여 전략적 자산배분 대비 초과수익률을 추구하는 액티브 전략이다. 반면, 마켓타이밍은 자산별 투자 비중 변화 폭에 대한 제약 없이 시장 전망에 따라 자산별 투자 비중을 0~100%까지 조정하는 경향이 있다.

★★☆
46 투자전략의 조정에 대한 설명으로 적절하지 않은 것은?

① 자산별 실제 투자 비중이 자산배분전략 대비 이탈할 수 있는 허용 한도를 설정한 후 동 한도에 도달하면 자산별 실제 투자 비중을 다시 전략 수준으로 재조정하게 되는 것을 리밸런싱이라고 한다.

② 리밸런싱전략을 실행하면 가격이 하락한 자산의 투자 비중은 높이고, 가격이 상승한 자산의 비중은 낮춰서 자산 가격이 시장 추세 수준으로 회귀할 때 수익률을 제고시킬 수 있다.

③ 마켓타이밍은 리밸런싱과는 다른 개념이다.

④ 마켓타이밍은 적극적으로 자산배분 비중을 조정하여 플러스 수익률을 달성하고자 하는 패시브 전략이고, 리밸런싱은 실제 투자 비중이 목표 수준에서 일정 수준 이상으로 벗어나면 다시 목표 수준으로 복귀시키는 액티브 전략이라고 할 수 있다.

정답 | ④

해설 | ④ 마켓타이밍은 적극적으로 자산배분 비중을 조정하여 플러스 수익률을 달성하고자 하는 액티브 전략이고, 리밸런싱은 실제 투자 비중이 목표 수준에서 일정 수준 이상으로 벗어나면 다시 목표 수준으로 복귀시키는 패시브 전략이라고 할 수 있다.

CHAPTER 07 대체자산 투자

출제비중 : 3~10% / 1~3문항

학습가이드 ■■

학습 목표	학습 중요도
Tip 개념 이해 중심으로 학습 필요	
1. 대체투자상품의 기본 개념과 종류를 이해할 수 있다.	★★
2. 헤지펀드의 기본 개념과 운용전략을 이해할 수 있다.	★
3. 부동산투자의 기본 개념과 부동산 간접투자상품의 특성을 이해할 수 있다.	★
4. 기타 대체자산으로서 원자재 및 가상자산의 기본 특성을 이해할 수 있다.	★

••••TOPIC 1 대체투자상품

★★☆
01 대체투자상품의 일반적인 특징에 대한 설명으로 가장 적절한 것은?

① 대체투자상품은 역사적으로 전통적인 자산과 높은 상관관계를 갖는다.

② 기존의 전통적인 투자 포트폴리오에 대체투자를 포함하면 위험은 커지나 기대수익률이 높아지는 효과를 기대할 수 있다.

③ 대체투자상품은 부동산, 원자재 등 실물에 투자하는 자산이 많아 인플레이션 헤지가 가능하다.

④ 대체투자상품은 별다른 규제가 존재하지 않아 투자대상, 투자전략을 다양하게 운용할 수 있다.

정답 | ③

해설 | ① 대체투자상품은 역사적으로 전통적인 자산과 낮은 상관관계를 갖는다. 이를 통해서 효율적 투자선이 상향되어 더 효율적인 포트폴리오를 구성할 수 있다.

② 대체투자상품은 포트폴리오 내 투자수단을 다양화하기 때문에 다변화된 포트폴리오를 설계할 수 있다. 기존의 전통적인 투자 포트폴리오에 대체투자를 포함하면 위험은 작아지고 기대수익률이 높아지는 효과를 기대할 수 있다.

④ 대체투자상품은 자산에 따른 다양한 규제가 존재한다. 투자대상, 투자전략이 다양하므로 투자상품 운용 시에는 다양한 규제를 적용받는다.

★★☆

02 대체투자상품 투자 시 유의점에 대한 적절한 설명으로 모두 묶인 것은?

> 가. 대체투자상품은 최근까지도 전통적인 투자상품과 낮은 상관관계를 가지고 있어 효율적인 포트폴리오 구성이 가능하다.
> 나. 대체투자상품에서 거래하는 자산 중 대부분은 환금성이 높다는 장점이 있으나, 투자대상의 개별성, 불투명성으로 투자위험을 정형화하기 어려워 경제여건 급변 시 손실이 장기화되는 등 다양한 위험요인도 존재하고 있다는 단점이 있다.
> 다. 대체투자상품은 매수 중심의 거래방식 외에 공매도, 차입, 레버리지, 파생상품 활용 등 다양한 운용전략을 활용하기 때문에 위험관리가 매우 중요하다.
> 라. 대체투자상품은 대부분 누구나 쉽게 운용이 가능한 거래전략으로 대체투자상품 수익률은 공시되는 자료가 많고 투자대상별로 다양하기 때문에 역사적인 성과 활용이 가능하다.
> 마. 대체투자상품은 보수율이 높으며 성공보수가 존재하기도 한다.

① 가, 나
② 다, 마
③ 가, 나, 라
④ 다, 라, 마

정답 | ②

해설 | 가. 대체투자상품은 과거 전통적인 투자상품과 낮은 상관관계를 가지고 있어 효율적인 포트폴리오 구성이 가능하였지만 최근에는 기존의 자산들과 점점 동조화되면서 상관관계가 높아지고 있다. 따라서 대체투자상품을 포트폴리오 편입 시에 실제 대체투자상품으로서의 역할을 할 수 있는지 검토가 필요하다.
　나. 대체투자상품에서 거래하는 자산 중 대부분은 장외시장에서 거래되는 자산으로 환금성이 떨어지기 때문에 환매금지기간이 있고 투자기간이 길다. 또 투자대상의 개별성, 불투명성으로 투자위험을 정형화하기 어려워 경제여건 급변 시 손실이 장기화되는 등 다양한 위험요인도 존재하고 있다.
　라. 대체투자상품은 대부분 새로운 자산과 거래전략으로 운용자와 운용역량이 중요하다. 또 대체투자상품 수익률은 공시되는 자료가 부족하고 투자대상별로 다양하기 때문에 역사적인 성과를 활용하기 어렵다.

★★☆

03 전통투자방식과 다른 대체투자방식의 각 요소별 특징으로 적절하게 연결된 것은?

	수익요소	위험요소
①	자산배분이 중요	유동성위험
②	운용자의 운용능력	운용역 위험
③	시장의 성과	시장위험
④	위험관리능력	신용위험

정답 | ②

해설 | 〈전통투자방식과 대체투자방식의 비교〉

구분	전통투자방식	대체투자방식
수익요소	• 자산배분이 중요 • 시장의 성과	• 운용자의 운용능력 • 위험관리능력
위험요소	• 시장위험 • 신용위험	• 유동성위험 • 운용역 위험

★☆☆
04 헤지펀드의 속성에 대한 적절한 설명으로 모두 묶인 것은?

> 가. 통상적인 펀드에 부과되는 차입규제를 동일하게 받는다.
> 나. 운용보수가 부과되나 성과보수는 부과가 금지된다.
> 다. 헤지펀드 운용자 자신이 거액의 자기 자금을 투자할 수 있다.
> 라. 투기적인 목적으로 공매도, 파생상품의 활용이 가능하다.
> 마. 다양한 리스크 또는 복잡한 구조를 가지고 있다.

① 가, 나　　　　　　　　　② 다, 마
③ 가, 나, 라　　　　　　　④ 다, 라, 마

정답 | ④
해설 | 가. 통상적인 펀드에 부과되는 차입규제를 받지 않아 높은 수준의 차입이 가능하다.
　　　 나. 운용보수 및 성과보수가 부과된다.

★☆☆
05 헤지펀드에 대한 적절한 설명으로 모두 묶인 것은?

> 가. 헤지펀드는 제한된 숫자의 투자자들로부터 사모방식으로 투자자금을 모집하여 운용하는 펀드로 일반 공모펀드 대비 다양한 투자자산과 강화된 제약을 가지고 있는 펀드이다.
> 나. 최소가입금액이 전문투자자가 아닌 개인투자자는 5억원으로 많은 투자자가 헤지펀드에 가입할 수 있는 환경이 조성되었다.
> 다. 일반적으로 헤지펀드는 소수 투자자로부터 자금을 조달하고 주식이나 채권과 같은 유가증권, 파생상품, 실물자산 등에 투자하여 절대수익률을 추구하는 사모펀드의 일종으로 이해할 수 있다.
> 라. 운용회사의 매니저는 운용전략을 수립하고 헤지펀드에 운용지시를 한다.
> 마. 프라임브로커는 헤지펀드를 대상으로 유가증권 대여, 대출, 순자산가치 계산, 청산 및 결제, 펀드관리 서비스를 제공한다.

① 가, 나　　　　　　　　　② 다, 라
③ 가, 나, 다　　　　　　　④ 다, 라, 마

정답 | ②
해설 | 가. 헤지펀드는 제한된 숫자의 투자자들로부터 사모방식(투자자 49인 이하)으로 투자자금을 모집하여 운용하는 펀드로 일반 공모펀드 대비 다양한 투자자산과 완화된 제약을 가지고 있는 펀드이다.
　　　 나. 최소가입금액이 전문투자자가 아닌 개인투자자는 3억원(레버리지 200% 초과하는 펀드는 5억원)으로 많은 투자자가 헤지펀드에 가입할 수 있는 환경이 조성되었다.
　　　 마. 프라임브로커는 헤지펀드를 대상으로 유가증권 대여, 대출, 청산 및 결제, 펀드관리 서비스를 제공한다. 사무관리회사와 수탁회사는 일반펀드와 동일하게 순자산가치 계산, 수탁서비스를 제공한다.

06 헤지펀드의 방향성전략과 비방향성전략에 대한 구분이 적절하게 연결된 것은?

	방향성전략	비방향성전략
①	주식롱숏전략, 글로벌매크로전략	이머징마켓헤지전략, 차익거래전략
②	글로벌매크로전략, 이머징마켓헤지전략	주식롱숏전략, 이벤트드리븐전략
③	주식롱숏전략, 글로벌매크로전략	차익거래전략, 이벤트드리븐전략
④	이머징마켓헤지전략, 차익거래전략	주식롱숏전략, 이벤트드리븐전략

정답 | ③

해설 | 〈헤지펀드의 방향성전략과 비방향성전략〉

구분	주요 전략
방향성전략	주식롱숏전략, 글로벌매크로전략, 이머징마켓헤지전략 등
비방향성전략	차익거래전략, 이벤트드리븐전략 등

07 헤지펀드 개별 전략의 주요특징에 대한 설명이 적절하게 연결된 것은?

> 가. 개별주식의 방향성을 기대하며, 롱숏 비율을 조절하여 방향성전략으로 활용
> 나. 금리, 경제정책, 인플레이션 등과 같은 요인을 고려하여 세계경제 추세를 예측하고 포트폴리오를 구성하는 전략
> 다. 주로 신흥시장에서 거래되는 모든 증권에 대해서 포지션 보유

	가	나	다
①	주식롱숏전략	글로벌매크로전략	이머징마켓헤지전략
②	주식롱숏전략	이벤트드리븐전략	차익거래전략
③	차익거래전략	글로벌매크로전략	이머징마켓헤지전략
④	주식롱숏전략	글로벌매크로전략	이벤트드리븐전략

정답 | ①

해설 | 가. 주식롱숏전략에 대한 설명이다.
　　　나. 글로벌매크로전략에 대한 설명이다.
　　　다. 이머징마켓헤지전략에 대한 설명이다.

★☆☆

08 헤지펀드 개별 전략 중 차익거래전략에 대한 설명으로 거리가 먼 것은?

① 주로 공매도와 차입을 활용하여 시장의 비효율성 및 가격 불일치에 기초하여 시장 변동성 중립 포지션을 활용한다.
② 전환사채 차익거래는 전환사채와 주가 간의 가격 불일치를 활용한다.
③ 채권 차익거래는 채권 간의 상대적 가치평가의 비효율성, 스프레드 변화를 활용한다.
④ 주식 중립형은 가격상승(하락)이 기대되는 종목에 롱(숏) 포지션을 취하여 이익을 추구한다.

정답 | ④
해설 | ④ 주식롱숏전략에 대한 설명이다. 주식 중립형은 동일한 규모의 롱/숏 포지션을 통해 베타를 중립화시켜 시장에 관계없이 절대수익을 추구한다.

★☆☆

09 헤지펀드 개별 전략 중 이벤트드리븐전략에 대한 적절한 설명으로 모두 묶인 것은?

> 가. 위험을 적극적으로 취하며, 공매도를 허용하지 않기 때문에 주로 매수전략을 사용한다.
> 나. 기업의 합병, 사업 개편, 청산 및 파산 등의 큰 이벤트를 예측하고 가격변동을 이용하여 수익을 창출하는 전략이다.
> 다. 부실채권 투자는 파산신청 중이거나 파산상태의 저평가 채권을 매수하여 채무잔액을 보유하여 기업회생 등의 과정에 적극적으로 참여한다.
> 라. 합병차익거래는 기업합병과 관련하여 기업인수를 시도하는 기업의 주식을 매수하는 전략이다.

① 가, 나
② 가, 라
③ 나, 다
④ 다, 라

정답 | ③
해설 | 가. 위험을 적극적으로 취하고, 상황에 따라서 공매도와 차입을 활용한다.
　　　라. 합병차익거래는 기업합병과 관련하여 기업인수를 시도하는 기업의 주식을 공매도하고, 매수대상기업의 주식을 매수하는 전략이다.

★☆☆
10 부동산 간접투자상품에 대한 설명으로 거리가 먼 것은?

① 세제효과　　　　　　　　　　② 운용 전문성
③ 상품의 다양성　　　　　　　　④ 낮은 안정성

정답 | ④
해설 | ④ 안정성: 폐쇄형 공모펀드의 경우 한국거래소에 상장되어 직접투자 대비 유동성이 제고되며, 각종 보고 및
　　　　공시로 관리의 투명성이 확보됨

★☆☆
11 부동산 간접투자상품의 공모와 사모를 비교한 것으로 적절하지 않은 것은?

① 부동산 간접투자의 경우 물건 확보 경쟁, 거래의 복잡성 등 부동산 투자의 독특한 특성 때문
에 대부분 사모형태로 투자가 이루어진다.
② 공모 및 사모투자의 방식은 투자물건의 특성과 투자자금에 따라서 결정되며 향후 부동산
간접투자 시장이 확대가 되면 공모펀드의 시장도 더욱 활성화가 될 것으로 기대된다.
③ 투자방식의 경우 사모는 주로 실물자산의 지분 매입을 통해 이루어지며, 공모는 다양한 지분
출자 및 대출을 통해 이루어진다.
④ 폐쇄형 공모펀드의 경우 상장의무가 있어 유동성이 제고되나, 사모펀드의 경우 비상장으로
유동성이 낮다.

정답 | ③
해설 | 〈부동산 간접투자상품의 공모와 사모 구분〉

구분	공모	사모
투자방식	주로 실물자산의 지분 매입	다양한 지분 출자 및 대출
상장 여부	폐쇄형의 경우 상장의무	비상장
유동성	보통	낮음
기대수익률	상대적으로 낮음	상대적으로 높음
투자조건	조건 변경 불가	투자자 요구사항에 따른 계약조건
및 상품구조 변경 가능

12 부동산 간접투자상품의 Equity(자본)와 Debt(부채)를 비교한 것으로 적절하지 않은 것은?

① 부동산 간접투자상품은 투자자 성향, 기대수익, 투자기간 등 투자자금의 속성에 따라서 Equity투자와 Debt투자가 달라진다.
② 일반적으로 부동산 시장의 상승기에는 고수익 창출이 가능한 Equity투자에, 하락기에는 안정적인 Debt투자에 집중되는 경향이 있다.
③ Equity투자에는 실물매입형과 개발형이 있다.
④ Debt투자는 개발이익＋운영이익＋자산가치상승이 수익원천이다.

정답 | ④
해설 | 〈부동산 간접투자상품의 Equity(자본)와 Debt(부채)의 구분〉

구분	Equity(자본)		Debt(부채)
투자방식	실물매입형	개발형	대출형(PF, 담보대출)
펀드기간	중기(5~7년)	장기(7년~)	단기(3~5년)
수익원천	운영이익+자산가치 상승	개발이익+운영이익+자산가치 상승	이자수익
현금흐름	Fixed Income, 청산 시 매각차익	사업 청산 시 대부분 수익이 발생	Fixed Income
기대수익률	보통	높음	낮음
위험수준	보통	높음	낮음
주요 위험	시장 위험, 임차인 위험	시행사, 인허가, 파이낸싱, 시장위험	차주 위험, 담보가치 위험

13 부동산투자에 대한 설명으로 적절하지 않은 것은?

① 부동산 간접투자상품은 직접투자 대비 세제효과, 운용 전문성, 상품의 다양성, 안정성 등과 같은 장점이 있다.
② 공모 및 사모투자의 방식은 투자물건의 특성과 투자자금의 성격에 따라서 결정된다.
③ 부동산 간접투자상품은 투자자 성향, 기대수익, 투자기간 등 투자자금의 속성에 따라서 Equity투자와 Debt투자가 달라진다.
④ 일반적으로 부동산 시장의 상승기에는 고수익 창출이 가능한 Debt투자에, 하락기에는 안정적인 Equity투자에 집중되는 경향이 있다.

정답 | ④
해설 | ④ 일반적으로 부동산 시장의 상승기에는 고수익 창출이 가능한 Equity(자본)투자에, 하락기에는 안정적인 Debt(부채)투자에 집중되는 경향이 있다.

14 부동산투자에 대한 다음 설명 중 적절하지 않은 것은?

★☆☆

① 일반적으로 부동산투자는 주식과 채권의 중간 수준의 수익과 위험을 가지고 있는 것으로 알려져 있다.

② 부동산투자는 투자목적에 따라서 다양한 방법으로 투자할 수 있는데, 자산배분 관점에서 부동산 간접투자상품을 포트폴리오에 편입 시 분산투자 효과가 발생한다.

③ 공모펀드는 불특정 다수의 개인들이 투자하므로 사모펀드에 비해 기대수익률이 높은 편이다.

④ 부동산펀드는 PF대출, 실물매입, 개발사업 지분 참여 등의 방식으로 투자할 수 있다.

정답 | ③

해설 | ③ 공모펀드는 불특정 다수의 개인들이 투자하여 비교적 안정적인 부동산에 투자하므로 상대적으로 기대수익률이 낮은 편이다.

···T O P I C **4** 기타 대체자산

---

15 원자재시장의 특징에 대한 적절한 설명으로 모두 묶인 것은?

★☆☆

> 가. 원자재시장은 현물이 거래가 되는 시장이므로 생산, 가공, 운반에 오랜 시간이 필요하고, 한정되어 있는 자원이기 때문에 이론적으로 언제든 고갈이 가능하며, 배송지에 따라 다른 상품으로 취급받는다.
>
> 나. 원자재시장에는 투자자 외에 다양한 기업, 정부 등의 다양한 참여자가 선물, 선도, 스왑과 같은 다양한 파생상품을 활용하여 개별 니즈를 충족한다.
>
> 다. 원자재시장은 시장의 지역적 특성, 수요와 공급 등의 비탄력성, 물리적 제약 등으로 발생하는 계절성이 존재한다.
>
> 라. 원자재시장에는 지역별, 거래소별, 원자재의 종류가 다양하다 보니 무게를 나타내는 톤, 중량을 나타내는 DWT, 귀금속에서 사용되는 온스, 에너지에 사용되는 베럴, BTU, 농산물에 쓰이는 부셀 등 다양한 거래단위가 존재할 수밖에 없다.
>
> 마. 원자재시장은 다른 투자자산 시장보다 크고 공급의 탄력적인 특성 때문에 상대적으로 가격의 변동성이 작게 나타난다.

① 가, 나

② 나, 다, 라

③ 다, 라, 마

④ 가, 나, 다, 라

정답 | ④

해설 | 마. 원자재는 상대적으로 가격의 변동성이 크다. 원자재시장은 다른 투자자산 시장보다 작기 때문에 작은 충격에도 큰 영향을 받을 수 있고 공급의 비탄력적인 특성 때문에 변동성이 높게 나타난다.

★☆☆

16 원자재투자에 대한 적절한 설명으로 모두 묶인 것은?

> 가. 원자재에 직접투자하는 펀드는 원자재 투자에 경험이 많은 해외전문가를 통해 운용이 이루어지며 해외 수탁회사를 활용하는 경우가 많다.
>
> 나. 해외 펀드에 투자하는 재간접펀드는 다양한 실물자산 관련 해외펀드에 분산투자할 수 있는 장점이 있으며, 주로 해외에 설정된 실물 관련 주식형펀드나 실물 관련 지수를 추적하는 ETF 등에 투자한다.
>
> 다. 원자재투자는 관련 지수선물에 투자하는 펀드 또는 지수수익과 연동되는 장외파생상품에 투자하는 방식으로, 다양한 기초자산에 투자할 수 있는 장점이 있다.
>
> 라. 원자재 관련 기업에 투자하는 주식형펀드는 원자재 관련 사업을 영위하는 회사의 주식에 투자한다.

① 가, 나   ② 다, 라
③ 가, 나, 라   ④ 가, 나, 다, 라

정답 | ④
해설 | 모두 적절한 설명이다.

★☆☆

17 가상자산에 대한 설명으로 가장 적절한 것은?

① 가상자산은 중앙은행의 역할을 하는 별도의 시스템이 존재하여 통화발행, 거래, 검증이 이루어진다.

② 가상자산의 총통화량은 제한되어 있지 않기 때문에 기존 화폐의 인플레이션/디플레이션 문제가 발생한다.

③ 가상자산은 익명성이 보장되고 24시간 거래가 가능하기 때문에 낮은 변동성을 가지고 있다.

④ 가상자산이 통상적인 지불적 수단의 화폐가 되기 위해서는 사회적 합의가 필요한데 이 부분에는 다양한 시각이 존재한다.

정답 | ④
해설 | ① 가상자산은 관리주체가 없는 시스템이다. 중앙은행의 역할을 하는 별도의 시스템이 존재하지 않기 때문에 해당 가상자산을 사용하는 사용자 간 합의를 통해서 통화발행, 거래, 검증이 이루어진다.
② 가상자산의 총통화량은 제한되어 있다. 비트코인의 경우 2,100만 BTC로 정해져 있어 기존 화폐의 인플레이션/디플레이션 문제가 발생하지 않는다.
③ 가상자산은 높은 변동성을 가지고 있다. 이는 가상자산이 익명성이 보장되고 24시간 거래가 가능하기 때문에 투기적인 수요와 투자수요 등 다양한 니즈의 수급이 존재하기 때문으로 추정된다.

MEMO

PART **08**

세금설계

CONTENTS

01 세금설계 총론

출제비중 : 3~10% / 1~3문항

학습가이드 ■■

학습 목표	학습 중요도
Tip 개념 이해 중심으로 학습 필요	
Tip 세금의 신고 및 납세와 조세구제제도에 대해서는 구체적인 내용 학습 필요	
1. 세금설계의 개념과 세금설계에서 재무설계사의 역할과 범위에 대해 알 수 있다.	★
2. 세금의 개념을 이해하고 다양한 기준에 따라 분류할 수 있다.	★★
3. 세법의 기본원칙과 국세부과의 원칙, 세법적용원칙에 대하여 설명할 수 있다.	★★
4. 납세의무와 신고납부 절차에 대해 설명할 수 있다.	★★
5. 조세구제제도의 유형과 절차에 대하여 설명할 수 있다.	★★

···TOPIC 1 세금설계 개요

★☆☆
01 세금설계에 대한 설명으로 적절하지 않은 것은?

① 세금설계는 재무설계의 모든 분야와 함께 고려되어야 하는 중요한 의사결정 요소 중의 하나이고 고객의 재무목표를 효율적이고 효과적으로 달성할 수 있게 하는 분야이다.

② 세금설계란 미래에 일어날 거래나 사건들에 대하여 합법적으로 세금을 절세할 수 있는 적절하고 일관성 있는 전략을 수립하는 과정을 말한다.

③ 세금설계는 별도의 독립적인 재무설계의 한 분야로서 실행되는 것이 일반적이다.

④ 재무설계사는 세금설계 진행 시에 자산과 소득에 대한 세금이나 거래비용을 정확히 예측하여 순현금흐름 및 세후예상수익률을 합리적으로 추정하고, 재무설계 과정에서 나타날 수 있는 세금 문제를 합법적이고 효과적으로 설계함으로써 궁극적으로 고객의 재무목표 달성에 도움을 주는 것을 목표로 한다.

정답 | ③

해설 | ③ 세금설계는 별도의 독립적인 재무설계의 한 분야로서 실행되기 보다는 다른 재무설계 분야에 포함되어 실행되는 것이 일반적이다.

★☆☆
02 세금설계에서 재무설계사의 역할에 대한 설명으로 적절하지 않은 것은?

① 세금설계란 미래에 일어날 거래나 사건들에 대하여 합법적으로 세금을 절세할 수 있는 적절하고 일관성 있는 전략을 수립하는 과정을 말하며, 별도의 독립적인 재무설계의 한 분야로서 실행되기보다는 다른 재무설계 분야에 포함되어 실행되는 것이 일반적이다.

② 금융소득의 종합과세 또는 상속이나 증여에 대한 의사결정에서와 같이 세금 관련 지식은 상속을 대비하기 위한 사전증여전략의 실행, 소득 유형 변경을 통한 종합과세 절세 등에 대한 의사 결정에 있어서 중요한 역할을 한다.

③ 재무설계사의 역할을 잘 수행하기 위해서는 제반 세무적 요소인 과세대상 여부, 비과세 요건, 과세체계, 세율구조, 세액공제 및 감면 요건, 세금납부시기 등에 관하여 체계적인 학습이 필요하다.

④ 재무설계사는 일반적인 재무설계 수행에 있어서 조세에 대한 상담이나 자문을 포함한 개별적인 세금설계 또는 재무설계 시 구체적인 절세 대안의 제시 등을 무상으로 수행한다면 특별히 제한받지 않는다.

정답 | ④
해설 | ④ 조세에 관한 상담 또는 자문업무를 포함한 세무대리업무는 세무사법에 의하여 등록한 세무사, 변호사(변호사의 직무로서 행하는 경우와 세무대리업무등록부에 등록한 경우), 세무대리업무등록부에 등록한 공인회계사만이 수행할 수 있도록 법령으로 규정되어 있다. 따라서 재무설계사는 일반적인 재무설계 수행에 있어서 순현금흐름이나 세후예상수익률 추정 등의 업무와 관련된 세금설계 분야는 특별히 제한받지 않으나, 조세에 대한 상담이나 자문을 포함한 개별적 세금설계 또는 재무설계 시 구체적인 절세 대안의 제시 등은 결국 세무대리 업무에 포함될 수 있는 것이기 때문에 관련 법령에 의하여 제한받을 수 있다는 점을 명심해야 한다.

★☆☆
03 조세부담 경감 행위 중 절세에 해당하지 않는 것은?

① 분리과세제도 활용 시 유의할 점은 소득세율 체계가 초과누진세율구조로 되어 있기 때문에 세금부담자의 한계세율을 고려하여 분리과세를 선택한다.

② 증여세 부담이 없는 범위 내에서 가족 간에 금융자산을 증여하여 가족 간에 금융소득을 분산하는 경우 조세 부담이 줄어든다.

③ 소액주주가 보유한 상장주식의 경우 배당락일 직전에 주식을 매도하는 것도 절세의 한 방법으로 고려해볼 수 있다.

④ 증여세 부담을 줄이기 위해 부모와 자식 간에 부동산을 저가에 양도하고 합법적으로 양도소득세를 신고하는 것도 절세의 한 방법이다.

정답 | ④
해설 | ④ 특수관계자 간 자산의 저가양도, 고가매입, 저리 자금대여 등은 조세회피에 해당할 수 있다. 조세회피를 막기 위하여 세법에서는 '부당행위계산부인제도'를 명문화하고 있다. 조세회피에 해당하는 경우 과소납부한 세액은 추가 징수되며 가산세가 부과되지만 형사적 처벌은 가해지지 않는다.

★★☆
04 세금의 개념에 대한 설명으로 적절하지 않은 것은?

① 세금은 국가나 지방자치단체가 부과 · 징수하며, 공공단체가 공공사업에 필요한 경비에 충당하기 위하여 부과하는 공과금은 세금이 아니다.

② 세금은 국가나 지방자치단체의 재정수입을 조달하기 위한 목적으로 부과 · 징수하는 것으로, 국가 또는 지방자치단체가 존립하기 위해서는 반드시 세금이 필요하며 국가수입 중에서 가장 중요한 재원이다.

③ 세금은 법률에 규정된 과세요건을 충족한 모든 자에게 부과 · 징수한다.

④ 납세자에게 세금을 납부하는 대가로 국가 또는 지방자치단체에서 개별적인 반대급부를 제공한다.

정답 | ④
해설 | ④ 세금이란 국가나 지방자치단체가 경비 충당을 위한 재정수입확보를 목적으로 법률에 규정된 과세요건을 충족한 모든 자에게 개별적인 반대급부 없이 부과 · 징수하는 금전 급부를 말한다.

★★☆
05 세금을 전가할 수 있느냐에 따라 세금을 분류하는 경우 그 성격이 나머지와 다른 것은?

① 소득세   ② 법인세
③ 종합부동산세   ④ 부가가치세

정답 | ④
해설 |

직접세	소득세, 법인세, 상속세, 증여세, 종합부동산세
간접세	부가가치세, 개별소비세, 주세, 교통 · 에너지 · 환경세, 인지세, 증권거래세

★★☆
06 세금의 분류에 대한 적절한 설명으로 모두 묶인 것은?

> 가. 소득세, 법인세, 부가가치세는 내국세에 해당한다.
> 나. 국세로 분류되는 상속세는 직접세에 해당한다.
> 다. 대표적인 간접세로는 부가가치세가 있다.
> 라. 국세에서 농어촌특별세는 부가세에 해당한다.
> 마. 직접세는 납세의무자가 세금을 부담하는 것이고 간접세는 납세의무자에게 부과된 세금이 다른 자에게 전가될 것으로 입법자가 예정하고 있는 세금을 의미한다.

① 가, 나, 다, 라   ② 가, 다, 라, 마
③ 나, 다, 라, 마   ④ 가, 나, 다, 라, 마

정답 | ④
해설 | 모두 적절한 설명이다.

★★☆
07 세금의 분류에 대한 설명으로 적절하지 않은 것은?

① 소득세, 법인세, 상속세, 증여세, 종합부동산세 등은 직접세에 해당하고, 대표적인 간접세로는 부가가치세가 있다.
② 국세에서 목적세는 교육세, 농어촌특별세 등이 있고, 지방세에서는 목적세로서 교통ㆍ에너지ㆍ환경세, 지방교육세 등이 있다.
③ 보통세는 세수의 용도를 특정하지 않은 세금이고 목적세는 세수의 용도를 특정하여 해당 경비에만 충당되는 세금을 의미한다.
④ 부가세는 다른 세금에 부과되는 세금을 의미하는데, 대표적인 부가세에는 교육세, 농어촌특별세 등이 있다.

정답 | ②
해설 | ② 국세에서 목적세는 교육세, 교통ㆍ에너지ㆍ환경세, 농어촌특별세 등이 있고, 지방세에서는 목적세로서 지역자원시설세, 지방교육세 등이 있다.

★★☆
08 국세부과의 원칙에 해당하지 않는 것은?

① 실질과세의 원칙 ② 신의성실의 원칙
③ 근거과세의 원칙 ④ 소급과세금지의 원칙

정답 | ④
해설 | ④ 세법 적용의 원칙에 해당한다. 국세부과의 원칙은 실질과세의 원칙, 신의성실의 원칙, 근거과세의 원칙 및 조세감면의 사후관리 규정을 두고 있다.

★★☆
09 국세부과의 원칙에 대한 다음 설명 중 적절하지 않은 것은?

① 실질과세의 원칙 : 법적형식이나 외관에 관계없이 경제적 실질에 따라 과세하는 원칙을 말한다.
② 신의성실의 원칙 : 상대방의 신뢰에 어긋나지 않도록 신의와 성실로 행동하여야 한다는 원칙이다.
③ 근거과세의 원칙 : 납세자의 재산권을 부당하게 침해하지 않도록 하기 위하여 주관적인 상황까지 고려하도록 한 원칙이다.
④ 조세감면의 사후관리 : 정부가 국세를 감면한 경우에 필요하다고 인정하면 세법에서 정하는 바에 따라 감면한 세액에 상당하는 자금 또는 자산의 운용범위를 정할 수 있고, 그에 따르지 않을 경우에는 감면을 취소하고 징수할 수 있다.

정답 | ③
해설 | ③ 근거과세의 원칙 : 납세자의 재산권을 부당하게 침해하지 않도록 하기 위하여 객관적인 근거와 직접적인 자료에 따라 납세의무를 확정해야 한다는 원칙이다.

10 세법적용의 원칙에 대한 설명으로 적절하지 않은 것은?

① 세법을 해석하고 적용할 때는 과세의 형평과 해당 조항의 합목적성에 비추어 납세자의 재산 권이 부당하게 침해되지 않도록 하여야 하며, 원칙에 따라 엄격하게 해석하고 확장해석이나 유추해석은 허용하지 않는다.

② 세법개정으로 세율을 인상한 경우 이미 납세의무가 성립한 소득 또는 거래에 대하여 해당 개정 법률을 적용할 수 있다.

③ 세무공무원이 재량으로 직무를 수행할 때에는 과세의 형평과 해당 세법의 목적에 비추어 일반적으로 적당하다고 인정되는 한계를 엄수해야 한다.

④ 세무공무원이 국세의 과세표준을 조사 · 결정할 때에는 해당 납세의무자가 계속하여 적용 하고 있는 기업회계의 기준 또는 관행으로서 일반적으로 공정 · 타당하다고 인정되는 것은 세법에 특별한 규정이 없는 한 존중해야 한다.

정답 | ②

해설 | ② 입법상 소급과세의 금지 : 납세자의 법적 안정성과 예측가능성을 보장하기 위하여 국세를 납부할 의무가 성립한 소득, 수익, 재산, 행위 또는 거래에 대해서는 그 성립 후의 새로운 세법에 따라 소급하여 과세하지 않는다.

11 세법의 기본원리와 적용원칙에 대한 적절한 설명으로 모두 묶인 것은?

> 가. 동일한 경제력을 가진 납세자는 동일한 조세부담을 지도록 하는 것은 수직적 공평이다.
> 나. 국세부과의 원칙 중 실질과세의 원칙이란 납세자의 재산권을 부당하게 침해하지 않도록 하기 위하여 객관적인 근거와 자료에 따라 납세의무를 확정해야 한다는 원칙이다.
> 다. 정부가 국세를 감면한 경우에 필요하다고 인정하면 세법에서 정하는 바에 따라 감면한 세액 에 상당하는 자금 또는 자산의 운용범위를 정할 수 있고, 그 운용범위를 벗어난 자금 또는 자산에 상당하는 감면세액은 감면을 취소하고 징수할 수 있다.
> 라. 납세자의 법적 안정성과 예측가능성을 보장하기 위하여 국세를 납부할 의무가 성립한 소득, 수익, 재산, 행위 또는 거래에 대해서는 그 성립 후의 새로운 세법에 따라 소급하여 과세하지 않는다.

① 가, 나

② 가, 라

③ 나, 다

④ 다, 라

정답 | ④

해설 | 가. 동일한 경제력을 가진 납세자는 동일한 조세부담을 지도록 하는 것은 수평적 공평이며, 경제력이 큰 납세자 에게 상대적으로 무겁게 과세하고 경제력이 작은 납세자에게는 가볍게 과세한다는 것은 수직적 공평이다.

나. 근거과세의 원칙에 대한 설명이다. 실질과세의 원칙은 법적형식이나 외관에 관계없이 경제적 실질에 따라 과세하는 원칙을 말한다.

★★☆
12 납세의무의 성립에 필요한 과세요건으로 모두 묶인 것은?

가. 과세관청		나. 과세대상
다. 납세의무자		라. 과세표준
마. 세율		바. 결정세액

① 가, 나, 마, 바 ② 나, 다, 라, 마
③ 나, 다, 라, 바 ④ 나, 라, 마, 바

정답 | ②
해설 | 납세의무의 성립이란 각 세법에서 정하는 과세요건이 충족되어 납세의무가 객관적으로 발생하는 것을 의미한다. 즉, 납세의무는 특정의 시기에 특정 사실 또는 상태가 존재함으로써 **과세대상**이 **납세의무자**에게 귀속되어 세법이 정하는 바에 따라 **과세표준**의 산정 및 **세율**의 적용이 가능하게 되는 때에 성립한다.

★★☆
13 납세의무의 확정에 대한 설명으로 적절하지 않은 것은?

① 성립된 납세의무는 추상적인 형태에 불과한 것이므로 납부 또는 징수의 대상이 되기 위해서는 별도의 구체적인 확정절차가 필요하다.
② 납세의무의 확정이란 이미 성립한 납세의무에 대하여 과세표준과 세액을 계산하는 등 구체적으로 납세의무를 확정하는 절차를 의미한다.
③ 납세의무의 확정은 법정 절차에 의하여 확정되는 경우와 별도의 확정절차 없이 자동으로 확정되는 경우로 구분할 수 있다.
④ 부과처분 또는 신고는 별도의 확정절차 없이 자동으로 확정되는 경우라고 할 수 있다.

정답 | ④
해설 | ④ 부과처분 또는 신고는 별도의 구체적인 확정절차에 해당한다.

★★☆

14 납세의무의 소멸 원인으로 적절하지 않은 것은?

① 거래의 취소   ② 납부

③ 충당   ④ 부과처분의 취소

정답 | ①

해설 | 소멸의 원인은 납부, 충당, 부과처분의 취소, 조세부과제척기간의 만료, 조세징수권의 소멸시효 완성과 같이 구분할 수 있다.

★★☆

15 납세의무의 소멸 원인으로 적절하지 않은 것은?

① 납부   ② 결손처분

③ 조세부과제척기간의 만료   ④ 조세징수권의 소멸시효 완성

정답 | ②

해설 | 소멸의 원인은 납부, 충당, 부과처분의 취소, 조세부과제척기간의 만료, 조세징수권의 소멸시효 완성과 같이 구분할 수 있다.

★★☆

16 납세의무의 소멸에 대한 설명으로 가장 적절한 것은?

① 충당은 납세자에게 환급할 국세환급금과 당해 납세자가 납부할 세액을 서로 상계시켜 세입으로 하는 것과 강제징수절차에 따른 매각대금으로 체납액에 보전하는 것을 말한다.

② 부과처분의 취소가 있더라도 원칙적으로 납세의무는 소멸하지 않는다.

③ 조세부과의 제척기간이 만료되더라도 납세의무는 소멸하지 않는다.

④ 일반적으로 조세징수권의 소멸시효기간은 3년이며 해당 소멸시효기간의 완성으로 국세와 강제징수비 및 이자 상당액도 함께 소멸하게 된다.

정답 | ①

해설 | ② 부과처분의 취소로서 납세의무는 소멸한다.

③ 조세부과제척기간의 만료는 과세관청이 부과권을 행사할 수 있는 기간을 제한함으로써 조세법률관계를 조속히 안정시켜 납세의무자의 법적 안정성을 도모하려는 것으로, 조세부과제척기간의 만료로서 납세의무는 소멸한다.

④ 일반적으로 소멸시효기간은 5년이며 5억원 이상의 국세에 관하여는 10년이 적용되고 해당 소멸시효기간의 완성으로 국세와 강제징수비 및 이자 상당액도 함께 소멸하게 된다.

17 세금의 신고에 대한 설명으로 적절하지 않은 것은?

① 납세의무자는 세법에서 정하는 법정신고기한 내에 과세표준신고서를 제출하여야 한다.

② 과세표준신고서를 법정신고기한 내에 제출한 경우에는 수정신고 또는 경정청구를 통하여 그 내용을 정정할 수 있다.

③ 수정신고란 이미 신고한 과세표준 및 세액이 세법이 정하는 방법에 따라 산출한 세액에 과소 또는 환급세액이 과대한 경우 또는 이미 신고한 내용이 불완전한 경우에 납세의무자가 이를 바로잡고자 내용을 정정하여 신고하는 제도를 의미한다.

④ 법정신고기한까지 과세표준신고서를 제출하지 아니한 경우 별도의 신고절차는 없으며, 관할세무서장이 세법에 따라 해당 국세의 과세표준과 세액을 결정하여 통지하기 전까지 기다려야 한다.

정답 | ④

해설 | ④ 기한후신고란 법정신고기한까지 과세표준신고서를 제출하지 않은 자가 관할 세무서장이 세법에 따라 해당 국세의 과세표준과 세액을 결정하여 통지하기 전까지 기한후과세표준신고서를 제출할 수 있는 제도를 의미한다. 기한후신고를 하는 경우에는 납세자 입장에서 가산세를 감면받을 수 있는 실익이 있다.

18 세금의 신고에 대한 다음 설명 중 (가)~(나)에 들어갈 내용으로 적절하게 연결된 것은?

> • (가)란 이미 신고한 과세표준 및 세액이 세법이 정하는 방법에 따라 산출한 세액에 과소(또는 환급세액이 과대)한 경우 또는 이미 신고한 내용이 불완전한 경우에 납세의무자가 이를 바로잡고자 내용을 정정하여 신고하는 제도를 의미한다. (가)를 하는 경우에는 납세자 입장에서 가산세를 감면받을 수 있는데 실익이 있다.
>
> • (나)란 이미 신고한 과세표준 및 세액이 세법이 정하는 방법에 따라 산출한 세액에 과대(또는 환급세액이 과소)한 경우 과세관청으로 하여금 이를 정정하여 결정 또는 경정하도록 촉구하는 제도를 의미한다.

	가	나
①	수정신고	기한후신고
②	수정신고	경정청구
③	기한후신고	수정신고
④	기한후신고	경정청구

정답 | ②

해설 | • 수정신고란 이미 신고한 과세표준 및 세액이 세법이 정하는 방법에 따라 산출한 세액에 과소(또는 환급세액이 과대)한 경우 또는 이미 신고한 내용이 불완전한 경우에 납세의무자가 이를 바로잡고자 내용을 정정하여 신고하는 제도를 의미한다. 수정신고를 하는 경우에는 납세자 입장에서 가산세를 감면받을 수 있는데 실익이 있다.
• 경정청구란 이미 신고한 과세표준 및 세액이 세법이 정하는 방법에 따라 산출한 세액에 과대(또는 환급세액이 과소)한 경우 과세관청으로 하여금 이를 정정하여 결정 또는 경정하도록 촉구하는 제도를 의미한다.

★★☆
19 국세기본법 및 감사원법에 의한 국세불복절차로 적절하지 않은 것은?

① 이의신청 → 국세청 심사청구 → 행정소송

② 이의신청 → 조세심판원 심판청구 → 행정소송

③ 이의신청 → 감사원 심사청구 → 행정소송

④ 감사원 심사청구 → 행정소송

정답 | ③

해설 | 국세기본법 및 감사원법에 의한 국세불복절차의 진행은 청구인의 선택에 따라 위 보기 ①, ②, ④ 중 하나에 의하여야 한다.

★★☆
20 불복절차에 대한 설명으로 가장 적절한 것은?

① 이의신청을 한 경우에는 국세청에 심사청구를 제기할 수 없다.

② 불복청구인은 이의신청절차를 거치지 않고서는 바로 조세심판원에 심판청구를 제기할 수 없다.

③ 심사청구, 심판청구, 감사원 심사청구 세 가지 절차 중 하나를 선택하여 청구할 수 있으며 중복하여 청구할 수는 없다.

④ 불복청구 절차의 결과 납세자의 신청이 받아들여지지 않으면 행정소송을 제기할 수 없다.

정답 | ③

해설 | ① 이의신청을 한 경우에는 감사원 심사청구는 제기할 수 없으며, 국세청에 심사청구를 하거나 조세심판원에 심판청구를 제기할 수 있다.

② 불복청구인은 이의신청절차를 거치지 않고 국세청에 심사청구를 제기하거나, 조세심판원의 심판청구 또는 감사원에 심사청구를 제기할 수 있다.

④ 불복청구 절차의 결과 납세자의 신청이 받아들여지지 않으면 행정소송을 제기할 수 있다.

02 소득세

출제비중 : 33~43% / 10~13문항

학습가이드 ■ ■

학습 목표	학습 중요도
Tip 문제해결형 문제가 빈번히 출제되므로 깊이 있는 학습 필요	
Tip 다양한 사례의 계산문제 학습 필요	
Tip 개인사업자의 경우 부가가치세(사업자 등록)와 깊은 연관이 있으므로 연계하여 학습 필요	
1. 소득세 유형과 과세원칙, 과세방법에 대해 설명할 수 있다.	★★★
2. 소득세의 납세의무 및 계산구조에 대해 설명할 수 있다.	★★★
3. 사업소득의 범위와 계산방법에 대하여 설명할 수 있다.	★★★
4. 부동산임대사업자 과세방법에 대하여 설명할 수 있다.	★★★
5. 성실신고확인제도에 대하여 설명할 수 있다.	★
6. 근로소득의 범위를 이해하고 근로소득금액을 계산할 수 있다.	★★★
7. 기타소득의 범위를 이해하고 기타소득 과세방법에 대하여 이해할 수 있다.	★★
8. 종합소득공제의 항목을 이해하고 종합소득 과세표준을 계산할 수 있다.	★★★
9. 종합소득 산출세액을 계산하고 세액공제와 감면 내용에 대하여 이해할 수 있다.	★★★
10. 종합소득세의 신고와 납부 방법에 대하여 설명할 수 있다.	★★★
11. 지방소득세의 계산구조를 설명할 수 있다.	★★
12. 원천징수제도에 대하여 이해하고 설명할 수 있다.	★★

···**TOPIC 1** 소득세의 유형과 과세원칙, 과세방법

★★★
01 종합소득에 해당하지 않는 것은?

① 이자소득　　　　　　　　　　② 사업소득
③ 기타소득　　　　　　　　　　④ 퇴직소득

정답 | ④
해설 | 종합소득은 당해 연도에 발생하는 이자소득, 배당소득, 사업소득(부동산임대소득 포함), 근로소득, 연금소득과
　　　기타소득을 합산한 소득을 의미하고, 종합소득에 대한 소득세를 종합소득세라고 한다.

★★★
02 종합소득에 대한 소득세 납세의무가 발생하지 않는 것은?

① A씨는 3년 전 5,000만원을 이자율 5% 특판 정기예금에 가입하였고, 정기예금의 만기일이 이번 달 말일이다.

② B씨는 작년 코스피 시장에 상장되어 있는 S전자 주식 100주를 매입하였고, 이번 달 5일에 배당금을 수취하였다.

③ C씨는 상가를 임대하고 월세 110만원(부가가치세 포함)을 수취하고 있다.

④ D씨는 대기업에서 기획부서 부장으로 일하고 있다가 금년에 정년퇴직하여 퇴직급여를 일시금으로 수령하였다.

정답 | ④
해설 | 종합소득은 당해 연도에 발생하는 이자소득, 배당소득, 사업소득(부동산임대소득 포함), 근로소득, 연금소득과 기타소득을 합산한 소득을 의미하고, 종합소득에 대한 소득세를 종합소득세라고 한다.
　　① 이자소득에 대한 이자소득세 납세의무 발생
　　② 배당소득에 대한 배당소득세 납세의무 발생
　　③ 월세 100만원에 대한 사업소득세 납세의무 발생과 함께 부가가치세 납세의무 발생
　　④ 퇴직소득에 대한 퇴직소득세 납세의무 발생

★★★
03 소득세 과세원칙과 과세방법으로 적절하지 않은 것은?

① 개인단위 과세　　　　　　　② 비례세율 구조
③ 기간별 합산과세　　　　　　④ 종합과세, 분류과세, 분리과세

정답 | ②
해설 | ② 인적공제제도와 누진과세

★★★
04 소득세 과세원칙과 과세방법에 대한 설명으로 적절하지 않은 것은?

① 우리나라 소득세는 원칙적으로 개인을 단위로 하여 소득세를 과세하므로, 부부나 가족의 소득을 합산하여 과세하지 않는다.

② 법인세는 순자산이 증가하면 법인세가 과세되는 포괄주의방식을 채택하지만, 소득세법에서는 구체적으로 과세할 소득을 열거한 후 열거된 내용에 포함되어 있지 않으면 과세하지 않는 방식을 취하고 있다.

③ 양도소득, 이자소득, 배당소득에 대해서는 세법에 열거되어 있는 소득과 유사한 소득에 대하여도 동일하게 과세할 수 있도록 함으로써 소득세법은 일부 유형별 포괄주의 방식을 채택하고 있다.

④ 분류과세 대상 소득은 장기간에 걸쳐 발생한 소득이 일시에 실현되어 높은 세율을 적용받는 결집효과가 발생하기 때문에 이러한 점을 고려하여 분류과세하고 있는 것이다.

해설 | ③ 경제발전에 따라 새로운 거래 형태가 발생할 수 있는 이자소득, 배당소득, 사업소득에 대해서는 세법에 열거되어 있는 소득과 유사한 소득에 대하여도 동일하게 과세할 수 있도록 함으로써 소득세법은 일부 유형별 포괄주의 방식을 채택하고 있다.

★★★
05 거주자 이재경씨는 현재 기업체에 근로자로 재직하면서 별도로 상가임대업을 하고 있다. 한편 그 배우자 김미순씨는 단독으로 개인사업을 운영하고 있으며 금융소득(시중은행 정기예금이자) 연간 5천만원(소득세 원천징수세율 14%)이 발생하고 있다. 이들 부부의 소득세 과세에 대한 설명으로 적절하지 않은 것은?

① 이재경씨의 임대소득은 사업소득에 속한다.
② 이재경씨의 임대소득과 김미순씨의 사업소득은 합산되어 과세된다.
③ 이재경씨의 근로소득과 김미순씨의 금융소득은 서로 합산하여 과세하지 않는다.
④ 김미순씨의 사업소득과 금융소득은 합산되어 과세된다.

정답 | ②

해설 | ② 우리나라 소득세는 원칙적으로 개인을 단위로 하여 소득세를 과세하므로, 부부나 가족의 소득을 합산하여 과세하지 않는다.

★★★
06 소득세 과세원칙과 과세방법에 대한 적절한 설명으로 모두 묶인 것은?

> 가. 소득세는 개인의 과세대상 소득금액 자체에 대하여 과세하는 것으로 개인의 인적상황에 따라 달라지지 않는다.
> 나. 누진세율이란 과세표준이 커짐에 따라 세율도 높아지는 구조로써 현행 소득세법은 초과누진 세율 구조를 채택하고 있어 납세의무자의 담세력에 상응하며 수직적공평과 소득재분배의 기능을 수행한다.
> 다. 종합과세란 소득을 그 종류에 관계없이 일정한 기간을 단위로 합산하여 과세하는 방식을 말하며, 현행 소득세법은 종합과세를 기본원칙으로 하고 있다.
> 라. 퇴직소득과 양도소득 및 2025년부터 시행되는 금융투자소득에 대하여는 다른 소득과 합산하지 않고 각각의 소득별로 분류하여 과세하고 있다.
> 마. 분리과세란 그 소득을 귀속자별·기간별로 합산하지 아니하고 그 소득이 발생할 때 각 소득별로 과세하는 방식을 말하며, 현행 소득세법에서는 일정한 소득에 대하여 그 소득이 지급될 때 소득세를 원천징수함으로써 납세의무를 종결시키고 있다.

① 라, 마 ② 가, 나, 다
③ 가, 나, 다, 라 ④ 나, 다, 라, 마

정답 | ④

해설 | 가. 현행 소득세는 개인의 부담능력에 따라 과세가 이루어진다. 공평한 세부담을 실현하기 위하여 동일한 소득 상황에서 부양해야 할 가족의 수가 다를 경우 담세력에 차이가 있기 때문에 인적공제제도를 두고 있다.

★★★
07 소득세에 대한 거주자의 납세의무 범위와 납세지가 적절하게 연결된 것은?

	납세의무의 범위	납세지
①	국내외 모든 원천소득	주소지
②	국내외 모든 원천소득	사업장의 소재지
③	국내원천소득	주소지
④	국내원천소득	사업장의 소재지

정답 | ①

해설 |

구분	납세의무의 범위	납세지
거주자	국내외 모든 원천소득	주소지(주소지가 없는 경우에는 거소지)
비거주자	국내원천소득	주된 국내사업장 소재지(국내사업장이 없는 경우에는 국내원천소득이 발생하는 장소)

★★★
08 홍범도씨가 중국에 위치한 부동산에서 양도차익을 올린 경우 납세의무에 대한 적절한 설명으로 모두 묶인 것은?

> 가. 홍범도씨에게는 중국의 세법에 따라서 해당 양도소득에 대한 납세의무가 결정된다.
> 나. 홍범도씨가 거주자인 경우 중국에의 납세의무와 별개로 우리나라에 소득세를 납부할 의무가 발생한다.
> 다. 홍범도씨가 비거주자인 경우에는 국내원천소득이 아니므로 우리나라에 소득세를 납부할 의무가 없다.

① 가, 나 　　　　　　　　② 가, 다
③ 나, 다 　　　　　　　　④ 가, 나, 다

정답 | ④

해설 | 모두 적절한 설명이다.

★★★
09 다음 조규현씨의 20××년 귀속 소득세 과세에 대한 설명으로 가장 적절한 것은?

> • 조규현(65세, 거주자)
> • 주소지 : 서울특별시 강북구
> • 조규현씨 20××년 귀속 소득내역
>   1. 조규현씨가 운영하는 식당에서 발생하는 사업소득
>   2. 국외에서 받는 예금의 이자소득
>   3. 20××년 1월 초 고양시 덕양구 소재 토지 A를 양도함에 따라 발생한 양도소득

① 국외에서 받는 예금의 이자소득은 원칙적으로 소득세 과세대상이 아니다.
② 만약 조규현씨가 20××년 9월에 사망하더라도 조규현씨의 소득세 과세기간은 20××년 1월 1일부터 12월 31일까지이다.
③ 토지 A에 대한 양도소득세의 납세지는 토지 A의 소재지인 고양시 덕양구가 되며, 양도소득세는 덕양구 관할세무서에 신고해야 한다.
④ 조규현씨는 1년에 한번 종합소득 과세표준 확정신고 의무가 있다.

정답 | ④
해설 | ① 조규현씨가 거주자이므로 외국에의 납세의무와 별개로 우리나라에 소득세를 납부할 의무가 생긴다.
② 과세기간이란 세금 납부의 기준이 되는 기간으로 소득세의 과세기간은 1월 1일부터 12월 31일까지 1년이나, 거주자가 사망한 경우에는 1월 1일부터 사망한 날까지이다.
③ 토지 A에 대한 양도소득세의 납세지는 조규현 주소지인 서울특별시 강북구가 되며, 양도소득세는 강북구 관할세무서에 신고해야 한다.

★★★
10 소득세에 대한 적절한 설명으로 모두 묶인 것은?

> 가. 소득세법은 원칙적으로 모든 과세대상 소득을 합산하여 과세하는 종합과세제도를 채택하고 있으나, 연금소득과 양도소득에 대해서는 각각의 소득별로 분류하여 세액을 계산하는 분류과세제도를 채택하고 있다.
> 나. 소득세는 본인이 내야 할 세금을 납세의무자인 개인이 스스로 산정하여 납부하는 신고납세제도를 채택하고 있다.
> 다. 소득세법상 근로소득공제는 종합소득공제 항목에 해당하지 않으나, 연금소득공제는 종합소득공제 항목에 해당한다.
> 라. 종합소득 과세표준 확정신고는 해당 연도의 다음 연도 5월 1일부터 5월 31일까지 납세지 관할세무서장에게 하여야 한다.

① 가, 다
② 나, 라
③ 가, 나, 라
④ 나, 다, 라

정답 | ②

해설 | 가. 소득세법은 원칙적으로 모든 과세대상 소득을 합산하여 과세하는 종합과세제도를 채택하고 있으나, 소득이
여러 해에 걸쳐 발생되었다가 특정 시점에 일시에 실현되는 퇴직소득과 양도소득, 그리고 2023년부터 시행
되는 금융투자소득에 대해서는 각각의 소득별로 분류하여 세액을 계산하는 분류과세제도를 채택하고 있다.

다. 근로소득공제와 연금소득공제는 종합소득금액 산출 시 필요경비를 대체하는 항목에 해당하며, 종합소득공
제 항목이 아니다.

★★★
11 치킨을 판매하는 A씨의 종합소득세 계산구조에 대한 설명으로 적절하지 않은 것은?

① 치킨을 팔아서 얻은 수입을 '사업소득금액'이라 한다.

② A씨가 같은 해에 얻은 다른 종합소득 과세대상 소득금액과 합산하여 종합소득금액을 구
한다.

③ 종합소득금액에서 A씨의 부양가족 및 납부한 연금보험료 등을 고려한 종합소득공제를 차
감한 후의 금액이 소득세 과세표준이 된다.

④ 종합소득세는 과세표준에 세율을 곱해서 산출되는 산출세액에서 세액공제나 세액감면 등을
차감한 후의 금액을 납부하게 되며 이를 결정세액이라고 한다.

정답 | ①

해설 | ① 치킨을 팔아서 얻은 수입에서 치킨을 팔기 위해 들어간 인건비, 재료비 등을 차감한 후의 금액을 '사업소득금
액'이라 하며, A씨가 같은 해에 얻은 다른 종합소득 과세대상 소득금액과 합산하여 종합소득금액을 구한다.

★★★
12 종합소득금액 구성 시 소득금액 산출방법에 대한 설명이 적절하게 연결된 것은?

A. 총수입금액＋Gross－up 금액
B. 총수입금액－필요경비
C. 총수입금액

	이자소득금액	배당소득금액	기타소득금액
①	A	B	C
②	A	C	B
③	B	A	C
④	C	A	B

정답 | ④
해설 | 〈종합소득금액 구성〉

구분	소득금액 산출방법
이자소득금액	총수입금액(세법상 인정되는 필요경비 없음)
배당소득금액	총수입금액+Gross-up 금액(세법상 인정되는 필요경비 없음)
사업소득금액	총수입금액－필요경비
근로소득금액	총수입금액(급여액)－근로소득공제(근로소득공제로 필요경비를 대체함)
연금소득금액	총수입금액(연금액)－연금소득공제(연금소득공제로 필요경비를 대체함)
기타소득금액	총수입금액－필요경비

★★★

13 종합소득금액의 구성에 대한 설명으로 가장 적절한 것은?

① 이자소득과 배당소득에서 필요경비가 발생한 경우 일정액을 공제한다.
② 배당소득금액은 총수입금액에 Gross-up 금액을 가산하여 산출한다.
③ 연금소득은 필요경비나 소득공제가 인정되지 않는다.
④ 기타소득과 기타소득금액은 같은 의미로 사용된다.

정답 | ②
해설 | 〈종합소득금액 구성〉

구분	소득금액 산출방법
이자소득금액	총수입금액(세법상 인정되는 필요경비 없음)
배당소득금액	총수입금액+Gross-up 금액(세법상 인정되는 필요경비 없음)
사업소득금액	총수입금액－필요경비
근로소득금액	총수입금액(급여액)－근로소득공제(근로소득공제로 필요경비를 대체함)
연금소득금액	총수입금액(연금액)－연금소득공제(연금소득공제로 필요경비를 대체함)
기타소득금액	총수입금액－필요경비

★★★
14 개인사업자의 사업소득금액 계산 시 필요경비 불산입항목으로 모두 묶인 것은?

> 가. 사업장 건물의 청소대행비
> 나. 사용자가 부담하는 직원의 국민건강보험료
> 다. 소득세
> 라. 업무 중 교통위반으로 지급한 벌과금
> 마. 사업자 본인의 인건비

① 가, 나   ② 가, 다, 마
③ 나, 다, 마   ④ 다, 라, 마

정답 | ④

해설 | 소득세, 가산세, 벌금, 과태료, 업무무관경비, 가사 관련 경비, 접대비(2024.1.1. 이후 기업업무추진비) 한도초과액 등은 필요경비에 산입하지 않는다. 또한 법인사업자의 대표이사 급여는 법인의 손금으로 인정되지만, 개인사업자인 경우 본인에 대한 급여는 필요경비로 인정받지 못한다.

★★★
15 세법상 사업소득금액 계산에 대한 설명으로 적절하지 않은 것은?

① 사업소득 총수입금액은 비과세 사업소득을 제외하고 해당 과세기간에 수입했거나 수입할 금액의 합계액으로 한다.
② 소득세 환급금, 전년도부터 이월된 소득금액, 부가가치세 매출세액 등은 총수입금액에 산입하지 않는다.
③ 사용자가 부담하는 국민건강보험료, 접대비 등은 전액 필요경비에 산입한다.
④ 소득세, 가산세, 벌금, 과태료, 업무무관경비, 가사 관련 경비 등은 필요경비에 산입하지 않는다.

정답 | ③

해설 | ③ 소득세, 가산세, 벌금, 과태료, 업무무관경비, 가사 관련 경비, 접대비(2024.1.1. 이후 기업업무추진비) 한도초과액 등은 필요경비에 산입하지 않는다.

16 개인사업자의 사업소득금액 계산에 대한 설명으로 적절하지 않은 것은?

① 거래상대방으로부터 받은 판매장려금은 총수입금액에 산입한다.
② 소득세 환급금, 전년도부터 이월된 소득금액, 부가가치세 매출세액 등은 총수입금액에 산입하지 않는다.
③ 일정 금액 이내의 접대비는 필요경비에 산입하지 않는다.
④ 개인사업자 본인에 대한 급여는 필요경비로 인정받지 못한다.

정답 | ③
해설 | • 사업소득금액의 계산에 있어서 필요경비에 산입할 금액은 당해 연도의 총수입금액에 대응하는 비용으로서 일반적으로 용인되는 통상적인 것의 합계액으로 한다.
• 소득세, 가산세, 벌금, 과태료, 업무무관경비, 가사 관련 경비, 접대비(2024.1.1. 이후 기업업무추진비) 한도초과액 등은 필요경비에 산입하지 않는다. 또한 법인사업자의 대표이사 급여는 법인의 손금으로 인정되지만, 개인사업자인 경우 본인에 대한 급여는 필요경비로 인정받지 못한다.

17 아래 정보를 참고하여 계산한 김세진씨의 사업소득금액으로 가장 적절한 것은?

> • 매출액 : 550,000천원(부가가치세 매출세액 50,000천원 포함)
> • 매출원가 및 관리비 등 : 300,000천원(김세진씨의 가사 관련 경비 70,000천원 포함)
> • 소득세 : 50,000천원

① 230,000천원　　　　　　　　　② 270,000천원
③ 300,000천원　　　　　　　　　④ 500,000천원

정답 | ②
해설 | • 소득세, 가산세, 벌금, 과태료, 업무무관경비, 가사 관련 경비, 접대비(2024.1.1. 이후 기업업무추진비) 한도초과액 등은 필요경비에 산입하지 않는다.
• 총수입금액 : 550,000 − 50,000 = 500,000천원
• 필요경비 : 300,000 − 70,000 = 230,000천원
• 사업소득금액 : 총수입금액 500,000 − 필요경비 230,000 = 270,000천원

18 아래 정보를 참고하여 계산한 개인사업자 이숙씨의 사업소득금액으로 가장 적절한 것은?

> • 매출액 : 350,000천원(부가가치세 매출세액 50,000천원 포함)
> • 매출원가 및 관리비 등 : 240,000천원(이숙씨 본인에 대한 급여 40,000천원 포함)
> • 소득세 : 30,000천원

① 30,000천원　　　　　　　　　② 60,000천원
③ 100,000천원　　　　　　　　　④ 120,000천원

정답 | ③

해설 | • 소득세, 가산세, 벌금, 과태료, 업무무관경비, 가사 관련 경비, 접대비(2024.1.1. 이후 기업업무추진비) 한도초과액 등은 필요경비에 산입하지 않는다. 또한 법인사업자의 대표이사 급여는 법인의 손금으로 인정되지만, 개인사업자인 경우 본인에 대한 급여는 필요경비로 인정받지 못한다.
- 총수입금액 : 350,000 − 50,000 = 300,000천원
- 필요경비 : 240,000 − 40,000 = 200,000천원
- 사업소득금액 : 총수입금액 300,000 − 필요경비 200,000 = 100,000천원

★★★
19 기준경비율 적용대상자가 사업소득금액 계산 시 주요경비에 해당하지 않는 것은?

① 매입비용   ② 임차료
③ 인건비   ④ 이자비용

정답 | ④

해설 | 기준경비율 적용 시 사업소득금액 = 수입금액 − 주요경비(매입비용 + 임차료 + 인건비) − [수입금액 × 기준경비율(복식부기의무자인 경우에는 '기준경비율 × 50%'를 적용)]

★★★
20 사업소득 신고방법에 대한 설명으로 적절하지 않은 것은?

① 사업소득이 있는 자가 장부를 비치하고 기장에 의해 사업소득금액을 계산할 경우 복식부기에 의해 사업소득금액을 계산하여 종합소득세를 신고하여야 하지만 일정한 사업자의 경우에는 간편장부에 의해 계산하는 것도 인정하고 있다.

② 단순경비율 적용대상자는 수입금액에 일정 배율을 적용하여 사업소득금액을 계산한다.

③ 기장세액공제는 간편장부대상자가 간편장부에 의해 사업소득금액을 계산하여 종합소득세를 신고한 경우 산출세액의 20%를 100만원 한도로 공제받을 수 있다.

④ 사업자가 기장에 의한 방법으로 소득세를 신고하면 해당 과세기간 소득금액 계산 시 결손금 및 이월결손금 공제를 적용받을 수 있다.

정답 | ③

해설 | ③ 간편장부대상자가 복식부기장부에 의해 사업소득금액을 계산하여 종합소득세를 신고한 경우 산출세액의 20%를 100만원 한도로 공제받을 수 있다.

21 사업소득 신고방법에 대한 설명으로 적절하지 않은 것은?

① 사업소득을 신고하는 방법에는 장부작성에 의한 신고방법과 추계에 의한 신고방법이 있다.

② 추계에 의한 방법은 사업자의 직전 연도 수입금액에 따라 기준경비율 적용대상자와 단순경비율 적용대상자로 구분해 달리 적용한다.

③ 복식부기의무자는 복식부기장부에 의해 사업소득금액을 계산하여 종합소득세를 신고하더라도 기장세액공제를 적용받을 수 없다.

④ 기준경비율 적용대상자는 단순경비율을 적용해 사업소득금액을 계산할 수 없다.

정답 | ④

해설 | ④ 기준경비율 적용대상자가 기준경비율이 아니라 단순경비율을 적용해 사업소득금액을 계산했다면 단순경비율에 의해 계산된 사업소득금액에 일정 배율을 곱한 금액이 기준경비율 적용대상자의 사업소득금액이 된다. 이때 적용되는 일정 배율은 장부의무에 따라 복식부기의무자는 3.4배, 간편장부대상자는 2.8배가 적용된다.

22 간편장부대상자에 대한 설명으로 적절하지 않은 것은?

① 간편장부는 일정 규모 미만의 사업자가 매출액, 경비지출사항, 고정자산의 증감사항 등을 장부에 기재하는 것을 말한다.

② 기장세액공제는 간편장부대상자가 복식부기장부에 의해 사업소득금액을 계산하여 종합소득세를 신고한 경우 산출세액의 20%를 100만원 한도로 공제받을 수 있다.

③ 간편장부대상자는 기장에 의한 방법에 의하지 않고 추계에 의한 방법으로 사업소득금액을 계산해 종합소득세를 신고하는 경우에도 가산세 등 세법상 불이익이 없다.

④ 기준경비율 적용대상자가 기준경비율이 아니라 단순경비율을 적용해 사업소득금액을 계산했다면 단순경비율에 의해 계산된 사업소득금액에 2.8배를 곱한 금액이 기준경비율 적용대상자의 사업소득금액이 된다.

정답 | ③

해설 | ③ 사업자(소규모 사업자 제외)가 기장을 하지 않은 경우에는 산출세액의 20%에 상당하는 무기장가산세를 부담해야 한다.

★★★
23 홍범도씨가 장부에 의하지 않고 추계로 종합소득세를 신고하였을 경우에 대한 설명으로 적절하지 않은 것은?

① 홍범도씨가 복식부기의무자인 경우 장부를 비치·기록하지 않고 기준경비율 또는 단순경비율에 의해 추계신고하는 경우에는 종합소득세 확정신고를 하지 아니한 것으로 보아 무신고가산세와 무기장가산세 중 큰 금액을 가산세로 부과한다.

② 간편장부대상자인 홍범도씨가 직전 과세기간 수입금액이 4,800만원 미만이라면 기준경비율 또는 단순경비율로 추계신고한 경우에는 해당 산출세액의 20%를 무기장가산세로 부과한다.

③ 홍범도씨는 해당 과세기간 소득금액 계산 시 결손금 및 이월결손금 공제를 적용받을 수 없다.

④ 기준경비율 적용대상자인 홍범도씨가 기준경비율이 아니라 단순경비율을 적용해 사업소득금액을 계산했다면 단순경비율에 의해 계산된 사업소득금액에 일정 배율을 곱한 금액이 홍범도씨의 사업소득금액이 된다.

정답 | ②

해설 | ② 간편장부대상자(소규모사업자 제외)가 기준경비율 또는 단순경비율로 추계신고한 경우에는 해당 산출세액의 20%를 무기장가산세로 부과한다. 여기서 소규모사업자란 신규 개업한 자, 직전 과세기간 수입금액 4,800만원 미만인 자, 연말정산대상 사업소득만 있는 자를 말한다.

★★★
24 다음 중 결손금과 이월결손금에 대한 설명으로 적절하지 않은 것은?

① 일반 사업소득에서 발생한 결손금의 공제방법은 해당 과세기간의 종합소득 과세표준을 계산할 때 근로소득금액 → 연금소득금액 → 기타소득금액 → 이자소득금액 → 배당소득금액의 순서로 공제 후 남은 결손금은 다음 과세기간으로 이월시킨다.

② 일반 부동산임대업에서 발생한 결손금은 다른 소득금액에서 공제하지 않고 다음 과세기간으로 이월하여 일반 부동산임대소득에서만 공제한다.

③ 주거용 부동산임대업에서 발생한 결손금은 일반 사업소득의 결손금과 동일하게 공제한다.

④ 이월결손금은 해당 이월결손금이 발생한 과세기간의 종료일부터 10년 이내에 종료하는 과세기간의 소득금액을 계산함에 있어서 먼저 발생한 과세기간의 이월결손금부터 순차로 해당 소득별로 이를 공제한다.

정답 | ④

해설 | ④ 이월결손금은 해당 이월결손금이 발생한 과세기간의 종료일부터 15년 이내(2008년 이전 발생분은 5년, 2009년부터 2019년까지의 발생분은 10년)에 종료하는 과세기간의 소득금액을 계산함에 있어서 먼저 발생한 과세기간의 이월결손금부터 순차로 해당 소득별로 이를 공제한다.

25 아래 자료를 토대로 계산한 거주자 윤태화씨의 올해 사업소득금액으로 가장 적절한 것은?

> • 올해 제조업 사업소득금액 : 3억원
> • 올해 부동산임대업(상가임대)에서 발생한 결손금 : 1억원
> • 작년도 부동산임대업(상가임대)에서 발생한 이월결손금 : 1억원
> • 작년도 제조업에서 발생한 이월결손금 : 1억원
> ※ 윤태화씨는 모든 소득에 대해서 복식부기에 의해 기장을 했으며, 최대한 절세되는 소득세 신고를 하려고 한다.

① 0원   ② 1억원
③ 2억원   ④ 3억원

정답 | ③

해설 | 부동산임대업에서 발생한 결손금 및 이월결손금은 부동산임대업의 소득에서만 공제 가능하므로 올해 사업소득금액은 2억원[3억원 – 1억원(작년도 제조업 발생분)]이 된다.

26 공동사업의 소득금액계산 특례에 대한 설명으로 적절하지 않은 것은?

① 공동사업장을 1거주자로 보아 그 사업장의 총수입금액에서 필요경비를 차감하여 그 공동사업자의 소득금액을 계산한다.
② 공동사업장의 소득금액을 각 사업자가 약정된 손익분배비율에 따라 공동사업자별로 분배하고, 각 공동사업자가 자신에게 분배된 소득금액을 자신의 종합소득에 합산한다.
③ 원칙적으로 각 공동사업자들은 공동사업소득에 대해 연대납세의무를 진다.
④ 특수관계인들 간에 조세회피목적으로 공동사업을 영위하는 경우에는 주된 공동사업자의 소득으로 합산하여 과세한다.

정답 | ③

해설 | ③ 소득세는 개인별로 과세되므로 분배받은 공동사업소득금액에 대해 각 개인별로 종합소득세를 납부하면 되기 때문에 다른 공동사업자의 세금에 대해서 연대납세의무를 부담하는 것은 원칙적으로 아니다. 다만, 조세회피목적 등으로 공동사업을 영위하는 경우에는 특수관계인의 소득금액을 주된 공동사업자의 소득으로 합산한다.

★★★
27 부동산임대사업자 과세방법에 대한 설명으로 적절하지 않은 것은?

① 부동산임대업에서 발생한 결손금은 다음 연도로 이월하여 그 과세기간 종료일로부터 15년 이내에 발생한 모든 종류의 소득금액에서 공제가 가능하다.

② 부동산임대업의 총수입금액은 임대료＋관리비＋임대보증금에 대한 간주임대료로 계산한다.

③ 상가 임대 시 발생되는 청소비 등 유지비와 관리비 등의 명목으로 지급받는 금액이 있는 경우 그 유지비와 관리비를 총수입금액에 산입한다.

④ 일반적인 부동산의 간주임대료 계산방법을 기장에 의한 경우 건설비 상당액을 고려한다.

정답 ｜ ①

해설 ｜ ① 일반 부동산임대업에서 발생한 결손금은 다른 소득금액에서 공제하지 않고 다음 과세기간으로 이월하여 일반 부동산임대소득에서만 공제한다. 주거용 부동산임대업에서 발생한 결손금은 일반 사업소득의 결손금과 동일하게 공제한다.

★★★
28 거주자 A가 추계에 의해 간주임대료를 계산할 경우 20××년도 간주임대료로 가장 적절한 것은?

> • 상가보증금 : 100,000천원
> • 월 임대료 : 500천원
> • 계약기간 : 20××년 1월 1일~12월 31일
> • 금융회사 등의 정기예금이자율을 고려하여 기획재정부령으로 정하는 이자율 : 2.9%

① 0원

② 2,900천원

③ 6,000천원

④ 8,900천원

정답 ｜ ②

해설 ｜ 추계에 의한 경우 간주임대료 : 보증금 등 적수×정기예금 이자율×1/365(윤년은 366)＝100,000천원× 2.9%＝2,900천원

★★★
29 과세대상 주택임대소득에 해당하지 않는 것은?

① 기준시가 700,000천원의 주택을 1채 보유한 A가 얻은 주택임대소득 20,000천원
② 기준시가 1,300,000천원의 주택을 1채 보유한 B가 얻은 주택임대소득 40,000천원
③ 국외의 주택 1채를 보유한 C가 얻은 주택임대소득 30,000천원
④ 주택을 3채 보유한 D가 얻은 주택임대소득 50,000천원

정답 | ①
해설 | 과세대상 주택임대소득은 고가주택(기준시가 12억원을 초과하는 주택)을 임대하는 경우, 국외의 주택을 임대하는 경우, 2개 이상의 주택을 소유한 자가 주택을 임대하는 경우(부부 합산 2주택 이상)이다.

★★★
30 주택임대소득에 대한 설명으로 가장 적절한 것은?

① 과세기간 종료일 현재 소득세법에 의한 국세청 기준시가가 12억원인 1개의 아파트를 소유한 자가 해당 아파트를 임대하고 지급받는 매월 100만원의 주택임대소득은 과세하지 않는다.
② 부부 합산 2주택을 소유한 자가 보증금 5천만원, 월세 50만원에 임대하는 경우에도 주택임대소득은 과세하지 않는다.
③ 3주택을 소유하는 자가 받은 보증금 합계가 3억원인 경우에는 간주임대료계산이 적용된다.
④ 2019년부터는 임대수입금액이 2,000만원을 초과하는 경우에만 과세가 가능하다.

정답 | ①
해설 | ② 과세대상 주택임대소득은 고가주택(기준시가 12억원을 초과하는 주택)을 임대하는 경우, 국외의 주택을 임대하는 경우, 2개 이상의 주택을 소유한 자가 주택을 임대하는 경우(부부 합산 2주택 이상)이다. 주택임대소득은 월세의 연간 합계액을 총수입금액으로 하여 소득세를 과세하고 전세금 또는 보증금에 대해서는 과세하지 않는다. 따라서 고가주택이나 2개 이상의 주택을 소유하면서 주택을 임대할 경우에는 월세보다는 전세로 임대하는 것이 유리하다.
③ 3주택 이상 보유자 중 전세금 또는 보증금 합계가 3억원을 초과하는 경우 초과하는 금액의 60%에 대해 정기예금이자 상당액만큼 총수입금액에 포함하여 소득을 계산한다.
④ 2019년부터는 수입금액에 상관없이 모두 과세하며, 임대수입금액이 2,000만원 이하일 경우에는 분리과세가 가능하다.

31 부동산임대사업자 과세방법에 대한 적절한 설명으로 모두 묶인 것은?

> 가. 부동산임대업에서 발생하는 소득도 사업소득이지만 임대료 외의 보증금에 대한 간주임대료 계산, 결손금·이월결손금의 공제를 다른 사업소득과 다르게 적용하고 있다.
> 나. 부동산임대업에서 발생한 결손금은 다음 연도로 이월되지 않는다.
> 다. 국가는 주거안정을 위한 목적으로 임대인이 주택을 임대하고 받는 임대료에 대한 소득세를 항상 비과세하고 있다.
> 라. 주택임대소득은 월세의 연간 합계액을 총수입금액으로 하여 소득세를 과세하고 전세금 또는 보증금에 대해서는 과세하지 않는다.

① 가, 라
② 나, 다
③ 가, 나, 라
④ 가, 나, 다, 라

정답 | ①

해설 | 나. 부동산임대업에서 발생한 결손금은 다음 연도로 이월하여 그 과세기간 종료일로부터 15년 이내에 발생한 부동산임대업의 소득금액에서 공제한다. 다만, 주거용 건물 임대소득에서 발생한 이월결손금은 일반 사업소득과 같이 통산 가능하다.

다. 임대인이 주택을 임대하고 임대료를 받게 되면 원칙적으로 소득세를 부담해야 하지만, 국가는 주거안정을 위한 목적으로 일정한 경우에만 소득세를 과세하고 있다. 과세대상 주택임대소득은 고가주택(기준시가 12억원을 초과하는 주택)을 임대하는 경우, 국외의 주택을 임대하는 경우, 2개 이상의 주택을 소유한 자가 주택을 임대하는 경우(부부 합산 2주택 이상)이다.

32 부동산임대사업자 과세방법에 대한 설명으로 적절하지 않은 것은?

① 부동산임대업에서 발생하는 소득도 종합소득에 포함된다.
② 부동산임대업에서 발생한 이월결손금은 근로소득에서 공제 가능하다.
③ 일반적인 부동산의 간주임대료 계산방법을 추계에 의한 경우 건설비 상당액이 차감되지 않는다.
④ 1주택을 소유한 1세대가 주택을 임대하는 경우 간주임대료에 대해서는 과세하지 않는다.

정답 | ②

해설 | 〈결손금 및 이월결손금 통산방법〉

구분	결손금 및 이월결손금	
	부동산임대업^{주)}에서 발생분	일반 사업소득에서 발생분
부동산임대업의 소득금액	통산 가능	통산 가능
일반 사업소득금액	통산 불가능	통산 가능

주) 주거용 건물 임대소득에서 발생한 이월결손금은 일반 사업소득과 같이 통산 가능

※ 종합소득금액 통산순서 : 사업소득금액, 근로소득금액, 연금소득금액, 기타소득금액, 이자소득금액 및 배당소득금액 순

★☆☆
33 성실신고확인제도에 대한 적절한 설명으로 모두 묶인 것은?

> 가. 성실신고확인대상 기준수입금액은 업종에 관계없이 모두 동일하다.
> 나. 성실신고확인비용에 대한 세액공제와 의료비·교육비세액공제를 적용받을 수 있다.
> 다. 성실신고확인대상사업자가 성실신고확인서를 제출하는 경우 성실신고확인에 직접 사용한 비용의 60%를 120만원 한도에서 해당 과세연도의 사업소득금액에서 공제받을 수 있다.
> 라. 성실신고확인의무를 위반하면 사업자에 대한 가산세 부과, 세무조사대상으로 선정 등의 불이익이 있다.
> 마. 추후 세무조사 등을 통해 성실신고확인 세무사가 확인을 제대로 하지 못한 사실이 밝혀지는 경우 성실신고확인 세무사 등에게도 징계책임이 있다.

① 가, 나
② 나, 라, 마
③ 다, 라, 마
④ 가, 나, 라, 마

정답 | ②
해설 | 가. 성실신고확인대상자는 업종별로 15억원, 7억 5천만원, 5억원 등 일정 규모 이상의 사업자에 대하여 적용한다.
　　　다. 성실신고확인비용에 대한 세액공제는 성실신고확인대상사업자가 성실신고확인서를 제출하는 경우 성실신고확인에 직접 사용한 비용의 60%를 120만원 한도에서 해당 과세연도의 사업소득에 대한 소득세에서 공제받을 수 있다.

•••TOPIC **6** 근로소득과 세금

★★★
34 세법상 근로소득에 해당하지 않는 것은?

① 근로를 제공함으로써 받는 봉급·급료·보수·세비·임금·상여·수당
② 법인의 주주총회·사원총회 또는 이에 준하는 의결기관의 결의에 따라 상여로 받는 소득
③ 법인세법에 따라 배당으로 처분된 금액
④ 종업원이 계약자이거나 수익자로 하는 보험의 보험료 중 연 70만원 초과금액

정답 | ③
해설 | ③ 법인세법에 따라 상여로 처분된 금액

35 근로소득 중 비과세 소득에 해당하지 않는 것은?

① 여비로서 실비변상정도의 금액
② 식사 기타 음식물을 제공받지 않는 근로자가 받은 월 20만원 이하의 식사대
③ 근로자 또는 그 배우자의 출산 관련 급여로서 월 20만원 이내의 금액
④ 일정 요건을 갖춘 근로자 자녀의 학자금

정답 | ④
해설 | ④ 업무와 관련된 교육 또는 훈련을 위하여 회사의 지급기준에 따라 지급된 학자금

36 소득세법상 비과세 소득에 해당하는 것으로 모두 묶인 것은?

> 가. 기준시가 12억원 이하 1개 주택을 소유한 자의 주택임대소득
> 나. 자가운전보조금 월 20만원 이내의 금액
> 다. 식사 기타 음식물을 제공받지 않는 근로자가 받은 월 20만원 이하의 식사대
> 라. 근로자 또는 그 배우자의 출산 관련 급여로서 월 20만원 이내의 금액

① 가, 나   ② 다, 라
③ 나, 다, 라   ④ 가, 나, 다, 라

정답 | ④
해설 | 모두 비과세 소득에 해당한다.

37 소득세법상 근로소득 과세방법에 대한 설명으로 가장 적절한 것은?

① 일반근로자의 근로소득금액은 비과세소득을 제외한 총급여액에서 근로소득공제액을 적용하여 계산하는데, 근로소득공제액은 총급여액보다 클 수 없으며 2천만원을 한도로 한다.
② 일용근로자의 근로소득은 원천징수로 과세를 종결하는데, 원천징수세액은 1일 급여에서 근로소득공제를 70% 공제하고 6%의 세율을 적용한다.
③ 연말정산은 근로소득에 대해 이미 원천징수한 세액은 고려하지 않는다.
④ 부동산임대소득이 있는 근로자는 연말정산 시 부동산 임대소득을 반영하여야 한다.

정답 | ①
해설 | ② 원천징수세액은 1일 급여에서 근로소득공제를 15만원 제하고 6%의 세율을 적용한다.
　　　③ 연말정산은 근로소득만 있다고 가정할 때 소득세 결정세액을 계산하여 이미 원천징수한 세액을 정산하는 과정이다.
　　　④ 연말정산은 근로소득자가 근로소득만 있는 경우를 가정하여 소득세를 산출하는 것으로 부동산임대소득 등 종합소득에 해당하는 다른 소득이 있는 경우에는 다음 연도 5월에 모두 합산하여 종합소득세 신고를 하여야 한다.

38 원천징수대상 근로소득을 수령하는 일용근로자가 아닌 근로자의 경우 근로소득 과세방법에 대한 설명으로 적절하지 않은 것은?

① 원천징수는 1년에 한번 납부할 의무가 있는 종합소득세에 대하여 지급하는 시점에서 미리 징수하는 것이다.

② 국내에서 근로소득을 지급하는 자, 즉 회사는 기본세율을 적용하여 계산한 소득세를 원천 징수하여 그 징수일이 속하는 달의 다음달 10일까지 관할 세무서에 납부하여야 한다.

③ 매월분의 근로소득에 대하여 소득세법 시행령이 정하는 '근로소득 간이세액표'에 따라 소득세를 원천징수하게 된다.

④ 다음 연도 3월분의 급여를 지급할 때 또는 퇴직자의 퇴직하는 달의 근로소득을 지급할 때에는 연말정산을 하여야 한다.

정답 | ④
해설 | ④ 다음 연도 2월분의 급여를 지급할 때 또는 퇴직자의 퇴직하는 달의 근로소득을 지급할 때에는 연말정산을 하여야 한다.

39 홍범도씨가 근무하던 직장(A)을 중도 퇴사하고 같은 해 다른 직장(B)에 재취업한 경우로서 연도 중 이직하여 두 군데 이상 근로소득이 발생하였을 경우 연말정산에 대한 설명으로 적절하지 않은 것은?

① 직장(B)에서 2월의 급여를 지급할 경우 실제 홍범도씨가 제출하는 부양가족과 종합소득공제 및 종합소득 세액공제 관련 자료를 토대로 근로소득에 대한 소득세 결정세액을 산정한다.

② 홍범도씨가 이전 근무지(A) 근로소득원천징수영수증을 퇴사한 연도의 다음 연도 2월분 급여를 받기 전까지 최종 근무지(B)에 제출하는 경우, 최종 원천징수의무자(B)는 이전 근무지(A)와 최종 근무지(B)의 근로소득을 합산하여 연말정산을 하여야 한다.

③ 만일 홍범도씨가 최종 근무지(B)에서 연말정산 시 이전 근무지(A)의 근로소득을 합산하지 않은 경우에는 5월에 종합소득세 확정신고를 하여야 한다.

④ 결정세액이 이미 원천징수한 세액보다 크면 그 차액을 2월 급여 지급 시 환급하고, 반대의 경우에는 그 차액을 2월 급여에서 원천징수하게 된다.

정답 | ④
해설 | ④ 결정세액이 이미 원천징수한 세액보다 크면 그 차액을 2월 급여에서 원천징수하고, 반대의 경우에는 그 차액을 2월 급여 지급 시 환급하게 된다.

★★★
40 A기업에 근무하면서 매월 급여를 받다가 금년 8월에 퇴직하는 거주자 최영훈씨는 금년 중에 부동산을 양도하여 양도소득이 발생하였다. 최영훈씨의 소득세 과세에 대한 설명으로 가장 적절한 것은?

① 매월분의 근로소득에 대하여 소득세법 시행령이 정하는 근로소득 간이세액표에 따라 소득세를 원천징수하는 것으로 과세가 종결된다.

② 퇴직 시 받는 퇴직금은 퇴직소득으로서 근로소득과 합산하여 종합과세한다.

③ 퇴직월의 급여를 지급할 경우 실제 최영훈씨가 제출하는 관련 자료를 토대로 근로소득에 대한 소득세 결정세액을 산정한다.

④ 연말정산은 근로소득자가 근로소득만 있는 경우를 가정하여 소득세를 산출하는 것으로 양도소득이 있는 최영훈씨는 다음 연도 5월에 모두 합산하여 종합소득세 신고를 하여야 한다.

정답 | ③
해설 | ① 퇴직자의 퇴직하는 달의 근로소득을 지급할 때에는 연말정산을 하여야 한다.
　　　 ② 소득세법은 원칙적으로 모든 과세대상 소득을 합산하여 과세하는 종합과세제도를 채택하고 있으나, 소득이 여러 해에 걸쳐 발생되었다가 특정 시점에 일시에 실현되는 퇴직소득과 양도소득, 그리고 2025년부터 시행되는 금융투자소득에 대해서는 각각의 소득별로 분류하여 세액을 계산하는 분류과세제도를 채택하고 있다.
　　　 ④ 연말정산은 근로소득자가 근로소득만 있는 경우를 가정하여 소득세를 산출하는 것으로 부동산임대소득 등 종합소득에 해당하는 다른 소득이 있는 경우에는 다음 연도 5월에 모두 합산하여 종합소득세 신고를 하여야 한다.

··· TOPIC **7** 기타소득과 세금

★★☆
41 기타소득의 범위에 해당하지 않는 것은?

① 퇴직함으로써 받는 소득으로서 퇴직소득에 속하지 아니하는 소득
② 공익사업과 관련한 지역권, 지상권의 대여료
③ 원고료
④ 고용관계 없이 일시적으로 용역을 제공하고 받는 대가

정답 | ①
해설 | ① 근로소득에 해당한다.

★★☆

42 근로소득자인 민영기씨가 20××년도 중 일시적 특별 강연료로 5,000천원(20××년 귀속 총수입금액)을 지급받았을 경우, 소득세법상 20××년 귀속 기타소득금액으로 가장 적절한 것은?

① 1,000천원   ② 2,000천원

③ 3,000천원   ④ 5,000천원

정답 | ②

해설 | • 일시적 인적용역제공 대가의 필요경비 : 총수입금액×60% = 5,000천원×60% = 3,000천원
        • 기타소득금액 = 기타소득 총수입금액 − 필요경비 = 5,000천원 − 3,000천원 = 2,000천원

★★☆

43 기타소득별 원천징수세율에 대한 다음 설명 중 (가)~(라)에 들어갈 내용이 적절하게 연결된 것은?

> • 슬롯머신 등을 이용하는 행위에 참가하여 받는 당첨금품 등 : 기타소득금액의 (가)(해당 기타소득금액이 3억원을 초과하는 경우 그 초과하는 분에 대해서는 (나))
> • 연금계좌로부터 연금외 수령한 기타소득 : 기타소득금액의 (다)
> • 그 밖의 기타소득 : 기타소득금액의 (라)

	가	나	다	라
①	15%	20%	15%	20%
②	15%	30%	20%	15%
③	20%	30%	15%	20%
④	20%	20%	20%	15%

정답 | ③

해설 | • 슬롯머신 등을 이용하는 행위에 참가하여 받는 당첨금품 등 : 기타소득금액의 20%(해당 기타소득금액이 3억원을 초과하는 경우 그 초과하는 분에 대해서는 30%)
        • 연금계좌로부터 연금외 수령한 기타소득 : 기타소득금액의 15%
        • 그 밖의 기타소득 : 기타소득금액의 20%

★★★
44 종합소득세 계산구조에 대한 적절한 설명으로 모두 묶인 것은?

> 가. 이자소득금액과 기타소득금액은 세법상 인정되는 필요경비가 없다.
> 나. 배당소득금액은 배당소득 총수입금액에 Gross-up 금액을 가산한 금액이다.
> 다. 종합과세하는 총연금액이 1,500만원 이하의 경우에는 분리과세와 종합과세를 선택할 수 있다.
> 라. 강연료 등의 기타소득은 총수입금액의 60%를 필요경비로 차감하여 기타소득금액을 계산한다.

① 가, 나   ② 가, 다
③ 나, 라   ④ 다, 라

정답 | ③
해설 | 가. 이자소득금액과 배당소득금액은 세법상 인정되는 필요경비가 없다.
　　　다. 종합과세하는 총연금액(공적연금 제외)이 1,200만원 이하의 경우에는 분리과세와 종합과세를 선택할 수 있다.

★★★
45 종합소득세 계산구조에 대한 설명으로 적절하지 않은 것은?

① 이자소득금액과 배당소득금액은 세법상 인정되는 필요경비가 없으며, 금융소득종합과세 기준금액 2천만원을 초과하는 때에는 종합과세대상으로 보고 있다.
② 근로소득금액은 근로소득공제로, 연금소득금액은 연금소득공제로 필요경비를 대체한다.
③ 공적연금을 포함하여 종합과세하는 총연금액이 1,200만원을 초과하는 경우에는 분리과세를 선택할 수 없다.
④ 강연료 등의 기타소득은 총수입금액의 60%를 필요경비로 차감하여 기타소득금액을 계산한다.

정답 | ③
해설 | ③ 종합과세대상 총연금액(공적연금 제외)이 1,200만원을 초과하면 종합과세하는 타 종합소득이 있든 없든 관계없이 종합과세되지만, 종합과세하는 총연금액(공적연금 제외)이 1,200만원 이하의 경우에는 분리과세와 종합과세를 선택할 수 있다.

46 직장에서 퇴직한 거주자 박영호(65세)씨는 현재 국민연금과 퇴직연금을 수령하며 생활하고 있다. 다음 정보를 토대로 박영호씨의 20××년 귀속 소득세 과세에 대한 설명으로 가장 적절한 것은?

> ⟨박영호씨의 20××년 귀속 소득 내역⟩
> • 국민연금 수령액 : ×××천원
> • 퇴직연금 수령액 : ×××천원(연금계좌세액공제를 받은 추가납입분)
> • 금융소득 : ×××천원
> • 일시적인 강연료 수입 : ×××천원

① 강연료 수입은 분리과세되므로 원천징수로 납부의무가 종결된다.
② 금융소득은 금액에 관계없이 무조건 분리과세된다.
③ 국민연금 수령액은 소득세법상 기타소득에 해당한다.
④ 퇴직연금 수령액이 12,000천원 이하인 경우에는 분리과세와 종합과세를 선택할 수 있다.

정답 | ④
해설 | ① 강연료 등 기타소득은 원칙적으로 종합과세하므로 다른 종합과세소득과 합산하여 종합소득세를 산출하고 원천징수된 세액을 기납부세액에서 공제한다.
② 무조건분리과세 금융소득을 제외한 일반금융소득에 대해서는 금융소득종합과세 기준금액 2천만원 이하인 경우에는 분리과세하도록 하고 있으며, 기준금액을 초과하는 때에는 금융소득금액 전체를 종합과세대상으로 보고 있다.
③ 국민연금, 직역연금 등의 공적연금은 연금소득에 해당한다.

···TOPIC 8 종합소득 과세표준과 종합소득공제

---

47 근로소득이 있는 경우에 한하여 공제할 수 있는 종합소득공제 항목으로 모두 묶인 것은?

> 가. 국민연금보험료
> 나. 주택담보노후연금 이자비용공제
> 다. 주택의 구입과 임차 관련 차입금의 이자비용에 대한 공제
> 라. 주택마련저축공제
> 마. 신용카드 등 사용금액에 대한 소득공제

① 가, 나
② 나, 다, 라
③ 다, 라, 마
④ 나, 다, 라, 마

정답 | ③

해설 | 〈종합소득공제와 적용대상자〉

종합소득공제	적용대상자
인적공제(기본공제 및 추가공제)	모든 거주자
연금보험료공제(국민연금 등)	
개인연금저축공제(2000.12.31. 이전 가입분)	
주택담보노후연금 이자비용공제	연금소득이 있는 자
특별소득공제	근로소득이 있는 자
주택마련저축공제	
신용카드 등 사용금액에 대한 소득공제	

★★★
48 치킨가게를 운영하는 김세진씨가 20××년 귀속 종합소득세 신고 시 소득공제를 적용받을 수 있는 지출범위로 가장 적절한 것은?

① 국민연금보험료　　　　　　　　　② 자동차보험료
③ 발목 치료비　　　　　　　　　　　④ 대학원 등록금

정답 | ①

해설 | 거주자 본인명의로 가입한 국민연금보험료를 납부한 경우 연간 연금보험료 등 납부금액의 전액을 종합소득금액에서 공제한다. 보장성보험료, 의료비, 교육비로 지출한 금액은 근로소득자의 특별세액공제 항목이다.

★★★
49 다음 근로소득자인 A, B, C, D 중 20××년 귀속 종합소득세 계산 시 인적공제 중 배우자공제를 적용받을 수 없는 것은(단, 각 사례에서 배우자는 제시된 소득 외에 다른 소득은 없다고 가정함)?

① A의 배우자는 20××년 가을 중소기업에 취업하였으며, 20××년 귀속 총급여액은 400만 원이다.
② B의 배우자는 상가를 보유하고 있는데, 공실 상태였던 상가가 하반기에 임대가 이루어져 20××년 귀속 상가 임대사업으로 인한 사업소득금액은 100만원이다.
③ C의 배우자는 번역을 통해 사업소득이 발생하며, 20××년 귀속 사업소득금액은 400만원 이다.
④ D의 배우자는 최근 오픈한 분식점을 통해 사업소득이 발생하며, 20××년 귀속 사업소득 금액은 100만원이다.

정답 | ③

해설 | 배우자공제는 배우자의 연간 소득금액이 100만원(근로소득만 있는 경우에는 총급여 500만원) 이하여야 한다.

★★★
50 다음 사례를 토대로 인적공제 중 기본공제액을 계산한 것으로 가장 적절한 것은?

관계	나이	연소득
본인	51세	총급여 4,000만원
배우자	49세	총급여 500만원
자녀(장애인)	21세	없음

① 1,500천원
② 2,000천원
③ 3,000천원
④ 4,500천원

정답 | ④
해설 | 〈기본공제대상자와 공제요건〉

구분	공제대상자	연령요건	연간 소득금액 요건
본인공제	본인	–	없음
배우자공제	배우자	–	100만원 이하 (근로소득만 있는 경우에는 총급여 500만원 이하)
부양가족공제 (생계를 같이 하는 것을 전제로 공제)	직계존속 (배우자의 직계존속 포함)	60세 이상	
	직계비속과 입양자	20세 이하	
	형제자매	20세 이하 또는 60세 이상	
	국민기초생활보장법 수급자	–	
	아동복지법에 따른 위탁아동	18세 미만	

※ 장애인의 경우에는 연령 제한 없음

★★★
51 종합소득 과세표준 계산 시 인적공제 중 추가공제에 대한 설명으로 적절하지 않은 것은?

① 경로우대자공제 : 기본공제대상자 중 65세 이상인 자를 대상으로 1인당 100만원을 추가공제한다.
② 장애인공제 : 기본공제대상자 중 장애인을 대상으로 1인당 200만원을 추가공제한다.
③ 부녀자공제 : 여성만을 대상으로 하는 추가공제이다.
④ 한부모공제 : 부녀자공제와 한부모공제에 모두 해당하는 경우에는 한부모공제를 적용한다.

정답 | ①
해설 | ① 경로우대자공제 : 기본공제대상자 중 70세 이상인 자를 대상으로 1인당 100만원을 추가공제한다.

★★★
52 종합소득공제 중 인적공제에 대한 설명으로 적절하지 않은 것은?

① 기본공제는 종합소득이 있는 거주자에 대하여 본인, 배우자 및 생계를 같이 하는 부양가족 1인당 150만원씩 공제한다.

② 배우자공제는 연령요건은 없으나, 연간 소득금액 100만원 이하의 소득요건을 만족해야 한다.

③ 장애인공제는 기본공제대상자 중 장애인을 대상으로 1인당 200만원의 추가공제를 적용받을 수 있다.

④ 한부모공제는 해당 거주자가 배우자가 없는 사람으로서 기본공제대상자인 직계비속 또는 입양자가 있는 경우 200만원의 추가공제를 적용받을 수 있다.

정답 | ④

해설 | ④ 한부모공제는 해당 거주자가 배우자가 없는 사람으로서 기본공제대상자인 직계비속 또는 입양자가 있는 경우 100만원의 추가공제를 적용받을 수 있다.

★★★
53 거주자 A의 인적공제에 대한 설명으로 가장 적절한 것은?

① 연간 소득금액 100만원 이하인 배우자는 나이와 상관없이 기본공제대상이다.

② 소득이 없는 여동생은 나이와 상관없이 기본공제 대상이다.

③ 기본공제대상자 중 67세의 아버지는 경로우대자공제 대상이다.

④ 종합소득금액이 3,000만원 이하이면서 배우자가 있는 여성인 경우 부녀자공제로 100만원의 추가공제를 적용받을 수 있다.

정답 | ①

해설 | ② 형제자매는 20세 이하 또는 60세 이상의 연령요건을 만족하여야 한다.
③ 경로우대자공제는 기본공제대상자 중 70세 이상인 자를 대상으로 한다.
④ 종합소득금액이 3,000만원 이하이면서 배우자가 있는 여성인 경우 부녀자공제로 50만원의 추가공제를 적용받을 수 있다.

★★★
54 근로소득자의 종합소득공제에 대한 설명으로 가장 적절한 것은?

① 형제자매는 연령 제한 없이 소득요건만 충족되면 기본공제대상자가 된다.

② 기본공제대상자 중 장애인이 있는 경우에는 장애인공제 1인당 200만원을 추가공제 받을 수 있다.

③ 추가공제 중 한부모공제는 여성만 받을 수 있다.

④ 국민연금보험료 및 국민건강보험료 납입액 중 연간 400만원 이내의 금액에 대해 소득공제를 받을 수 있다.

정답 | ②

해설 | ① 배우자와 장애인의 경우에는 연령 제한이 없으나, 형제자매는 20세 이하 또는 60세 이상의 연령요건을 갖추어야 한다.

③ 부녀자공제에 대한 설명이다.

④ 거주자 본인명의로 가입한 연금보험으로 국민연금법에 의하여 본인이 부담하는 연금보험료(사용자부담금 제외)를 납부한 경우 연간 연금보험료 등 납부금액의 전액을 종합소득금액에서 공제한다. 건강보험료 등 특별소득공제는 근로소득이 있는 거주자가 부담하는 건강보험료, 노인장기요양보험료, 고용보험료의 합으로 그 금액을 해당 과세기간의 근로소득금액 범위 내에서 공제한다.

★★★
55 종합소득공제 중 물적공제에 대한 다음 설명 중 (가)~(다)에 들어갈 내용이 적절하게 연결된 것은?

> • 주택임차차입금 원리금상환액공제 : 근로소득이 있는 거주자로서 주택을 소유하지 않은 세대의 세대주(세대주가 주택자금소득공제를 적용받지 않은 경우에는 근로소득이 있는 세대의 구성원)가 국민주택규모의 주택을 임차하기 위해 대출받은 차입금에 대하여 그 원리금상환액의 (가)를 일정 한도 내에서 소득공제한다.
> • 주택청약종합저축 등에 대한 소득공제 : 근로소득이 있는 거주자로서 과세연도 중 주택을 소유하지 않은 세대의 세대주가 가입한 주택청약종합저축 납입액에 대하여 (나)를 일정 한도 내에서 소득공제한다.
> • 신용카드 등 사용금액공제 : 근로소득이 있는 거주자가 법인 또는 개인사업자로부터 재화나 용역을 제공받고 총급여액의 (다) 이상의 금액을 신용카드, 직불카드 등으로 결제하거나 현금영수증을 수령한 경우 해당 사용금액의 일정 비율을 일정 금액 한도 내에서 소득공제한다.

	가	나	다
①	20%	40%	25%
②	20%	25%	40%
③	40%	40%	25%
④	40%	25%	40%

정답 | ③

해설 | • 주택임차차입금 원리금상환액공제 : 근로소득이 있는 거주자로서 주택을 소유하지 않은 세대의 세대주(세대주가 주택자금소득공제를 적용받지 않은 경우에는 근로소득이 있는 세대의 구성원)가 국민주택규모의 주택을 임차하기 위해 대출받은 차입금에 대하여 그 원리금상환액의 40%를 일정 한도 내에서 소득공제한다.
• 주택청약종합저축 등에 대한 소득공제 : 근로소득이 있는 거주자로서 과세연도 중 주택을 소유하지 않은 세대의 세대주가 가입한 주택청약종합저축 납입액에 대하여 40%를 일정 한도 내에서 소득공제한다.
• 신용카드 등 사용금액공제 : 근로소득이 있는 거주자가 법인 또는 개인사업자로부터 재화나 용역을 제공받고 총급여액의 25% 이상의 금액을 신용카드, 직불카드 등으로 결제하거나 현금영수증을 수령한 경우 해당 사용금액의 일정 비율을 일정 금액 한도 내에서 소득공제한다.

★★★
56 박영호씨의 20××년도 소득 및 공제내역이 다음과 같을 경우 종합소득 산출세액으로 가장 적절한 것은?

> • 사업소득금액 : 40,000천원
> • 근로소득금액 : 40,000천원
> • 퇴직소득금액 : 20,000천원
> • 토지A 양도소득금액 : 20,000천원
> • 종합소득공제 : 10,000천원
>
> [종합소득 기본세율]
>
> | 과세표준 | 세율 |
> |---|---|
> | 1,400만원 초과 5,000만원 이하 | 84만원＋1,400만원 초과액의 15% |
> | 5,000만원 초과 8,800만원 이하 | 624만원＋5,000만원 초과액의 24% |

① 4,200천원
② 9,240천원
③ 11,040천원
④ 16,800천원

정답 | ③
해설 | • 종합소득금액 : 사업소득금액 40,000 + 근로소득금액 40,000 = 80,000천원
　　• 종합소득 과세표준 : 종합소득금액 80,000 - 종합소득공제 10,000 = 70,000천원
　　• 종합소득 산출세액 : 종합소득 과세표준 × 기본세율
　　　→ 소득세법상 산식을 적용하는 방법 : 6,240 + (70,000 - 50,000) × 24% = 11,040천원
　　　→ 누진공제방식을 적용하는 방법 : 70,000 × 24% - 5,760 = 11,040천원

★★★
57 근로소득이 있는 경우에 한하여 공제할 수 있는 종합소득 세액공제 항목으로 모두 묶인 것은?

> 가. 연금계좌세액공제
> 나. 특별세액공제(기부금)
> 다. 특별세액공제(보장성보험료)
> 라. 월세액세액공제
> 마. 근로소득세액공제

① 가, 나
② 나, 다, 라
③ 다, 라, 마
④ 나, 다, 라, 마

해설 | 〈종합소득 세액공제와 적용대상자〉

종합소득 세액공제 항목	적용대상자
자녀세액공제	종합소득자
연금계좌세액공제	
표준세액공제	
특별세액공제(기부금)	
기장세액공제	사업소득자
특별세액공제(보장성보험료, 의료비, 교육비)	근로소득자 및 성실사업자 (보장성보험료 제외)
월세액세액공제	
근로소득세액공제	근로소득자
배당세액공제	배당소득자
외국납부세액공제	국외원천소득자

★★★
58 근로소득자인 최영훈씨(총급여액 7,000만원)의 자녀에 대한 정보가 다음과 같을 경우, 최영훈씨의 20××년 귀속 근로소득세 계산 시 최대로 적용받을 수 있는 자녀세액공제 금액으로 가장 적절한 것은?

- 최우식 : 자녀(11세, 소득 없음)
- 최민정 : 자녀(8세, 소득 없음)

① 15만원
② 20만원
③ 35만원
④ 65만원

정답 | ③
해설 | 종합소득이 있는 거주자의 기본공제대상자에 해당하는 8세 이상의 자녀 및 손자녀(입양자 및 위탁아동 포함)에 대해서 첫째 15만원, 둘째 20만원, 셋째 이상 30만원(2명 초과 1인당 30만원)을 종합소득 산출세액에서 공제한다. 예를 들어 자녀가 1명인 경우 15만원, 2명인 경우 35만원(첫째 15만원, 둘째 20만원), 3명인 경우 65만원(첫째 15만원, 둘째 20만원, 셋째 30만원)으로 계산된다.

★★★
59 표준세액공제에 대한 다음 설명 중 (가)~(다)에 들어갈 내용이 적절하게 연결된 것은?

> 근로소득이 있는 거주자로서 특별소득공제, 특별세액공제, 월세세액공제를 신청하지 않은 자에 대해서는 연 (가)을 종합소득 산출세액에서 공제하고, 일정 요건에 해당하는 성실사업자로서 세액공제 신청을 하지 아니한 사업자에 대해서는 연 (나)을 종합소득 산출세액에서 공제하며, 근로소득이 없는 거주자로서 종합소득이 있는 사람에 대해서는 연 (다)을 종합소득 산출세액에서 공제한다.

	가	나	다
①	12만원	13만원	7만원
②	12만원	7만원	13만원
③	13만원	12만원	7만원
④	13만원	7만원	12만원

정답 | ③

해설 | 근로소득이 있는 거주자로서 특별소득공제, 특별세액공제, 월세세액공제를 신청하지 않은 자에 대해서는 연 13만원을 종합소득 산출세액에서 공제하고, 일정 요건에 해당하는 성실사업자로서 세액공제 신청을 하지 아니한 사업자에 대해서는 연 12만원을 종합소득 산출세액에서 공제하며, 근로소득이 없는 거주자로서 종합소득이 있는 사람에 대해서는 연 7만원을 종합소득 산출세액에서 공제한다.

★★★
60 종합소득 세액공제에 대한 설명으로 적절하지 않은 것은?

① 특별소득공제, 특별세액공제, 월세세액공제를 신청하지 아니한 거주자는 일정 금액을 표준세액공제로 산출세액에서 공제할 수 있다.

② 기부금 특별세액공제는 종합소득을 신고하는 경우 적용 가능하며, 사업소득만 있는 경우에도 기부금 특별세액공제가 가능하다.

③ 근로소득이 있는 거주자에 대해서는 근로소득에 대한 종합소득 산출세액에서 근로소득세액공제를 적용한다.

④ 일정 금액 이하의 근로소득자인 무주택 세대주 또는 그의 기본공제대상자가 국민주택규모 이하 또는 기준시가 4억원 이하의 주택이나 준주택 중 오피스텔 또는 다중생활시설(고시원)을 임차하고 월세를 지급하는 경우 지급한 월세의 일정 비율을 공제한다.

정답 | ②

해설 | ② 기부금 특별세액공제는 종합소득을 신고하는 경우 적용 가능한 것이나, 사업소득만 있는 경우는 해당되지 않는다. 단, 사업소득자 중에서 보험모집인과 같은 연말정산대상 사업소득자에 한하여 기부금 특별세액공제가 가능하다.

★★★
61 종합소득에 대한 과세표준 확정신고 의무가 없는 자에 해당하지 않는 것은?

① 공적연금소득만 있는 자

② 연말정산되는 사업소득만 있는 자

③ 근로소득 및 퇴직소득만 있는 자

④ 종합과세 이자소득 · 배당소득 · 연금소득 및 기타소득만 있는 자

정답 | ④

해설 | ④ 분리과세이자소득 · 분리과세배당소득 · 분리과세연금소득 및 분리과세기타소득만 있는 자

★★★
62 다음은 거주자 4명의 20××년 귀속 소득 내역이다. 반드시 종합소득 과세표준 확정신고를 해야 하는 확정신고의무자에 해당하지 않는 것은?

① A기업 근로소득과 토지 양도에 대한 양도소득이 있는 사람

② B기업 근로소득과 부동산임대업에서 발생한 사업소득이 있는 사람

③ 연금소득(과세대상 총연금액 2,000만원)과 시중은행 정기예금 이자(5,000만원, 소득세 원천
징수세율 14%)가 있는 사람

④ 기타소득금액 350만원과 제조업 사업소득이 있는 사람

정답 | ①

해설 | ① 양도소득에 대해서는 분류과세제도를 채택하고 있으므로, 근로소득만 있는 경우에는 연말정산으로 종합소
득에 대한 신고의무가 종료된다.

★★★
63 종합소득의 신고에 대한 설명으로 적절하지 않은 것은?

① 종합소득이 있는 거주자는 1년에 한번 종합소득 과세표준 확정신고를 하여야 하나, 근로소
득만 있는 경우에는 연말정산으로 종합소득에 대한 신고의무가 종료된다.

② 사업소득자에게 해당 연도의 종합소득 과세표준이 없거나 결손금이 있을 때에는 종합소득
에 대한 과세표준 확정신고 의무가 없다.

③ 거주자는 해당 연도의 종합소득세 자진납부세액을 과세표준 확정신고기한까지 자진해서
납부하여야 한다.

④ 거주자로서 납부할 세액이 1천만원을 초과하는 자는 일정 금액을 납부기한 경과 후 2개월
이내에 분납할 수 있다.

정답 | ②
해설 | 종합소득에 대한 과세표준 확정신고 의무가 없는 자는 다음과 같다.

> ① 근로소득만 있는 자
> ② 공적연금소득만 있는 자
> ③ 연말정산대상 사업소득(보험모집인 등)만 있는 자
> ④ 원천징수되는 기타소득으로서 종교인소득만 있는 자
> ⑤ 퇴직소득만 있는 자
> ⑥ 근로소득 및 퇴직소득만 있는 자
> ⑦ 공적연금소득 및 퇴직소득만 있는 자
> ⑧ 연말정산이 되는 사업소득 및 퇴직소득만 있는 자
> ⑨ 원천징수되는 기타소득으로서 종교인소득 및 퇴직소득만 있는 자
> ⑩ 분리과세이자소득·분리과세배당소득·분리과세연금소득 및 분리과세기타소득만 있는 자
> ⑪ 위 ①~⑨에 해당하는 사람으로서 위 ⑩의 소득이 있는 자

★★★
64 종합소득의 신고에 대한 설명으로 가장 적절한 것은?

① 종합소득이 있는 거주자는 1년에 한번 종합소득 과세표준 확정신고를 하여야 하나, 근로소득만 있는 경우에는 연말정산으로 종합소득에 대한 신고의무가 종료된다.
② 사업소득자에게 결손금이 있을 때에는 종합소득에 대한 과세표준 확정신고 의무가 없다.
③ 거주자는 해당 연도의 종합소득세 자진납부세액을 과세표준 확정신고 후 1개월 이내에 자진해서 납부하여야 한다.
④ 거주자로서 납부할 세액이 1,100만원인 경우 분납이 불가능하다.

정답 | ①
해설 | ② 사업소득자에게 결손금이 있을 때에도 종합소득에 대한 과세표준 확정신고 의무가 있다.
　　　③ 거주자는 해당 연도의 종합소득세 자진납부세액을 과세표준 확정신고기한까지 자진해서 납부하여야 한다.
　　　④ 거주자로서 납부할 세액이 1천만원을 초과하는 자는 일정 금액을 납부기한 경과 후 2개월 이내에 분납할 수 있다.

★★★

65 거주자 A가 납부할 종합소득세 자진납부세액이 2,400만원일 경우 분납할 수 있는 세액과 분납 기한이 적절하게 연결된 것은?

	분납할 수 있는 세액	분납기한
①	1,200만원	6월 30일
②	1,200만원	7월 31일
③	1,400만원	6월 30일
④	1,400만원	7월 31일

정답 | ②

해설 | • 종합소득 과세표준 확정신고는 해당 연도의 다음 연도 5월 1일부터 5월 31일(성실신고확인대상사업자의 경우 6월 30일)까지 납세지 관할세무서장에게 하여야 한다.
• 분할납부 : 납부할 세액이 1천만원을 초과하는 경우 신청에 의해 다음의 세액을 납부기한이 지난 후 2개월 이내에 분할납부할 수 있다.

납부할 세액	분납할 수 있는 세액의 한도
1천만원 초과 2천만원 이하	납부할 세액 − 1천만원
2천만원 초과	납부할 세액의 50%

•••TOPIC 11 지방소득세

★★☆

66 지방세 납세절차에 대한 설명으로 적절하지 않은 것은?

① 신고납부는 납세의무자가 그 납부할 지방세의 과세표준과 세액을 신고하고 납부하는 것이다.
② 재산세 등은 보통징수의 예에 해당된다.
③ 특별징수는 세무공무원이 납부고지서를 해당 납세자에게 발급하여 징수하는 것이다.
④ 지방소득세는 특별징수의 예에 해당된다.

정답 | ③

해설 | ③ 보통징수에 대한 설명이다. 특별징수는 지방세를 징수할 때 편의상 징수할 여건이 좋은 자로 하여금 징수하여 납부하게 하는 것으로 지방소득세가 그 예에 해당된다.

★★☆
67 개인지방소득세에 대한 다음 설명 중 (가)~(다)에 들어갈 내용으로 적절하게 연결된 것은?

> • 종합소득, 퇴직소득, 양도소득 과세표준 (가)까지 신고납부하여야 한다. 단, 양도소득 과세표준을 예정신고하는 경우 해당 신고기한에 2개월을 더한 날까지 신고납부하여야 한다.
> • 소득세 원천징수의무자가 소득세를 원천징수하는 경우에는 원천징수하는 소득세의 (나)에 해당하는 금액을 개인지방소득세로 특별징수하여 그 징수일이 속하는 달의 다음 달 (다)까지 납부하여야 한다.

	가	나	다
①	확정신고기한	10%	10일
②	확정신고기한	20%	말일
③	확정신고기한 후 2개월	10%	10일
④	확정신고기한 후 2개월	20%	말일

정답 | ①
해설 | • 종합소득, 퇴직소득, 양도소득 과세표준 확정신고기한까지 신고납부하여야 한다. 단, 양도소득 과세표준을 예정신고하는 경우 해당 신고기간에 2개월을 더한 날까지 신고납부하여야 한다.
• 소득세 원천징수의무자가 소득세를 원천징수하는 경우에는 원천징수하는 소득세의 10%에 해당하는 금액을 개인지방소득세로 특별징수하여 그 징수일이 속하는 달의 다음달 10일까지 납부하여야 한다.

···TOPIC 12 원천징수제도

★★☆
68 원천징수제도에 대한 설명으로 적절하지 않은 것은?

① 1년에 한번 납부할 의무가 있는 종합소득세에 대하여 지급하는 시점에서 미리 징수하는 것은 납세의무자 입장에서는 세부담이 분산되며, 정부 입장에서는 안정적인 세금 수입을 확보할 수 있는 장점이 있다.

② 원천징수의무자인 회사가 근로자를 대신해서 매달 납부하는 소득세가 완납적 원천징수이며 근로자는 연말정산이나 종합소득세 신고를 통해 실제 납부할 세금을 확정한 후 기납부된 원천징수세액을 차감하고 납부 또는 환급받는 것이다.

③ 원천징수의무자는 원천징수한 소득세를 그 징수일이 속하는 달의 다음 달 10일까지 납부하여야 하는데, 영세업자들의 납세편의를 위하여 반기납부제도를 실시하고 있다.

④ 원천징수세액이 1,000원 미만인 경우에는 징수하지 않는 소액부징수가 적용되는데, 중간예납세액은 50만원 미만이면 소액부징수가 적용된다.

정답 | ②
해설 | ② 예납적 원천징수에 대한 설명이다. 완납적 원천징수는 원천징수로 과세를 종결하고 따로 정산을 하지 않는 방식이다.

★★☆

69 다음은 중소기업 직원으로 근무하는 황대헌씨의 20××년 귀속 근로소득에 대한 연말정산 결과 자료이다. 이에 대한 설명으로 가장 적절한 것은?

> • 소득세 총결정세액 : 40만원
> • 기납부세액(회사가 근로자를 대신해서 매달 납부한 원천징수세액) : 66만원

① 26만원의 소득세를 자진납부세액으로 납부하여야 한다.
② 26만원의 소득세를 환급받을 수 있다.
③ 40만원의 소득세를 자진납부세액으로 납부하여야 한다.
④ 66만원의 소득세를 환급받을 수 있다.

정답 | ②
해설 | 종합소득세 자진납부세액 = 종합소득 총결정세액 − 기납부세액 = 40 − 66 = − 26만원

학습가이드 ■■

학습 목표	학습 중요도
Tip 개념 이해 중심으로 학습 필요	
1. 법인세의 개념과 계산구조에 대하여 설명할 수 있다.	★★★

··· TOPIC 1 법인세

★★★
01 법인의 소득을 계산할 때 적용하는 사업연도로 모두 묶인 것은?

> 가. 법령에서 규정한 원칙
> 나. 정관에서 규정한 원칙
> 다. 관할세무서장에게 신고한 사업연도
> 라. 매년 1월 1일부터 12월 31일까지

① 가, 나   ② 나, 다
③ 다, 라   ④ 가, 나, 다, 라

정답 | ④

해설 | 사업연도란 법인의 소득을 계산하는 1회계기간을 의미한다. 다만, 사업연도는 원칙적으로 1년을 초과하지 못하며 다음과 같이 적용한다.

> ① 원칙 : 법령이나 정관에서 규정
> ② 법령이나 정관에서 규정하지 않은 경우
> • 사업연도 신고를 한 경우에는 신고한 내용으로 한다.
> • 사업연도를 신고하지 않은 경우에는 1월 1일부터 12월 31일까지로 한다.

02 법인세에 대한 설명으로 가장 적절한 것은? ★★★

① 토지 등 양도소득은 법인세 과세대상 소득이 아니다.

② 비영리법인은 법인세 납세의무가 없다.

③ 사업연도는 정관에 의해 정해지는 바에 따라 1년을 초과할 수 있다.

④ 법인세법상 각 사업연도의 소득금액과 기업회계기준상 당기순이익은 다를 수 있다.

정답 | ④

해설 | ① 법인세의 과세대상 소득에는 각 사업연도 소득, 토지 등 양도소득, 미환류소득, 청산소득 4가지가 있다. 법인세는 순자산의 증가를 가져오는 모든 소득에 대하여 과세하는 순자산증가설과 과세 제외로 열거된 항목을 제외한 모든 소득에 과세하는 포괄주의 입장을 취하고 있다.

② 법인세의 납세의무자는 법인이다. 법인에는 내국법인뿐만 아니라 외국법인, 비영리법인도 납세의무자에 해당한다.

③ 사업연도란 법인의 소득을 계산하는 1회계기간을 의미한다. 다만, 사업연도는 원칙적으로 1년을 초과하지 못한다.

03 법인세 계산구조에 대한 다음 설명 중 (가)~(다)에 들어갈 내용이 적절하게 연결된 것은? ★★★

> 공제 가능한 이월결손금은 각 사업연도의 개시일 전 (가) 이내에 개시한 사업연도에서 발생한 결손금으로서 그 후의 각 사업연도의 과세표준을 계산할 때 공제되지 않은 금액은 각 사업연도 소득금액의 (나)(중소기업은 (다)) 범위에서 공제 가능하다.

	가	나	다
①	10년	60%	80%
②	10년	80%	100%
③	15년	60%	80%
④	15년	80%	100%

정답 | ④

해설 | 공제 가능한 이월결손금은 각 사업연도의 개시일 전 15년 이내에 개시한 사업연도에서 발생한 결손금으로서 그 후의 각 사업연도의 과세표준을 계산할 때 공제되지 않은 금액은 각 사업연도 소득금액의 80%(중소기업은 100%) 범위에서 공제 가능하다.

★★★
04 회사의 결산서와 세법과의 차이조정을 위한 세무조정 과정에서 당기순이익에서 차감되는 항목으로 모두 묶인 것은?

가. 익금산입	나. 익금불산입
다. 손금산입	라. 손금불산입

① 가, 나 　　　　　　　　　　　② 가, 다
③ 가, 라 　　　　　　　　　　　④ 나, 다

정답 | ④
해설 | 가. 익금산입 : 결산서상 수익으로 계상하지 않았으나 세법상 익금에 해당하는 금액(가산조정)
　　　나. 익금불산입 : 결산서상 수익으로 계상하였으나 세법상 익금에 해당하지 않는 금액(차감조정)
　　　다. 손금산입 : 결산서상 비용으로 계상하지 않았으나 세법상 손금에 해당하는 금액(차감조정)
　　　라. 손금불산입 : 결산서상 비용으로 계상하였으나 세법상 손금에 해당하지 않는 금액(가산조정)
　　　• 당기순이익에 (+) 가산조정 항목은 익금산입 및 손금불산입이며, (−) 차감조정 항목은 익금불산입 및 손금산입이다.

★★★
05 법인세에 대한 적절한 설명으로 모두 묶인 것은?

가. 법인세 납세의무자는 내국법인뿐 아니라 외국법인도 납세의무자이며, 영리법인뿐 아니라 비영리법인도 납세의무자에 해당한다.
나. 사업연도는 원칙적으로 1년을 초과하지 못한다.
다. 각 사업연도의 종료일이 속하는 달의 말일부터 3개월 이내에 그 사업연도의 소득에 대한 법인세의 과세표준과 세액을 납세지 관할 세무서장에게 신고하여야 하나, 각 사업연도의 소득금액이 없거나 결손금이 있는 법인의 경우에는 적용하지 않는다.
라. 내국법인의 납부할 법인세액이 2천만원을 초과하는 경우에는 납부할 세액의 50%에 해당하는 금액을 납부기한이 지난날부터 2개월 이내에 분납할 수 있다.

① 가, 나 　　　　　　　　　　　② 다, 라
③ 가, 나, 다 　　　　　　　　　④ 나, 다, 라

정답 | ①
해설 | 다. 납세의무가 있는 내국법인은 각 사업연도의 종료일이 속하는 달의 말일부터 3개월(성실신고확인서를 제출하는 경우에는 4개월) 이내에 그 사업연도의 소득에 대한 법인세의 과세표준과 세액을 납세지 관할 세무서장에게 신고하여야 한다. 이 경우 각 사업연도의 소득금액이 없거나 결손금이 있는 법인의 경우에도 적용한다.
　　　라. 내국법인의 납부할 법인세액이 1천만원을 초과하는 경우에는 다음의 금액을 납부기한이 지난날부터 1개월(중소기업은 2개월) 이내에 분납할 수 있다.

구분	분납 금액
1,000만원 초과 2,000만원 이내	1천만원을 초과하는 금액
2,000만원 초과	납부할 세액의 50% 이하의 금액

06 법인세 납세절차에 대한 다음 설명 중 (가)~(라)에 들어갈 내용이 적절하게 연결된 것은?

> • 납세의무가 있는 내국법인은 각 사업연도의 종료일이 속하는 달의 말일부터 (가)(성실신고확인서를 제출하는 경우에는 (나)) 이내에 그 사업연도의 소득에 대한 법인세의 과세표준과 세액을 납세지 관할 세무서장에게 신고하여야 한다.
> • 사업연도의 기간이 (다)을 초과하는 내국법인은 각 사업연도 중 중간예납기간(해당 사업연도 개시일로부터 (다)이 되는 날까지)에 대한 법인세액을 납부할 의무가 있다. 다만, 관련 법률에 따라 설립된 학교법인이나 직전 사업연도의 중소기업으로서 직전 사업연도의 산출세액을 기준으로 계산한 금액이 (라) 미만인 내국법인은 납부할 의무에서 제외된다.

	가	나	다	라
①	2개월	4개월	6개월	100만원
②	2개월	5개월	1년	50만원
③	3개월	4개월	6개월	50만원
④	3개월	5개월	1년	100만원

정답 | ③

해설 | • 납세의무가 있는 내국법인은 각 사업연도의 종료일이 속하는 달의 말일부터 3개월(성실신고확인서를 제출하는 경우에는 4개월) 이내에 그 사업연도의 소득에 대한 법인세의 과세표준과 세액을 납세지 관할 세무서장에게 신고하여야 한다.
　　• 사업연도의 기간이 6개월을 초과하는 내국법인은 각 사업연도 중 중간예납기간(해당 사업연도 개시일로부터 6개월이 되는 날까지)에 대한 법인세액을 납부할 의무가 있다. 다만, 관련 법률에 따라 설립된 학교법인이나 직전 사업연도의 중소기업으로서 직전 사업연도의 산출세액을 기준으로 계산한 금액이 50만원 미만인 내국법인은 납부할 의무에서 제외된다.

07 A법인의 대주주인 경영자(CEO) 나영석씨가 법인으로부터 수령할 수 있는 소득원으로 적절하지 않은 것은?

① 근로소득　　　　　　　② 퇴직소득
③ 배당소득　　　　　　　④ 사업소득

정답 | ④

해설 | 경영자가 법인으로부터 수령할 수 있는 소득원으로는 근로소득(상여금 포함), 퇴직소득, 배당소득, 그리고 당해 법인 주식의 양도소득 등이 있다.

★★★
08 법인을 경영하는 임원의 소득원 처리에 대한 설명으로 가장 적절한 것은?

① 임원에 대한 급여 : 사업소득

② 임원의 퇴직금 : 배당소득

③ 잉여금을 재원으로 해당 법인으로부터 받는 배당 : 근로소득

④ 해당 법인 주식의 양도차익 : 양도소득

정답 | ④

해설 | ① 임원에 대한 급여 : 근로소득

② 임원의 퇴직금 : 퇴직소득

③ 잉여금을 재원으로 해당 법인으로부터 받는 배당 : 배당소득

04 부가가치세

출제비중 : 3~10% / 1~3문항

학습가이드 ■ ■

학습 목표	학습 중요도
Tip 개념 이해 중심으로 학습 필요	
1. 부가가치세의 개념과 납세의무에 대하여 이해할 수 있다.	★★★
2. 세금계산서와 영수증제도에 대하여 이해하고 설명할 수 있다.	★
3. 부가가치세의 계산과 신고납부방법에 대하여 설명할 수 있다.	★★★

TOPIC 1 부가가치세 개요

★★★
01 부가가치세의 특징에 대한 적절한 설명으로 모두 묶인 것은?

> 가. 부가가치세는 과세표준에 따른 누진세율을 적용하여 세액을 산출한다.
> 나. 부가가치세의 납세의무자는 사업자이나 담세자는 최종소비자가 된다.
> 다. 수출하는 재화나 국외에서 제공하는 용역 등에는 면세를 적용하며, 재화의 수입에 대해서는 영세율을 적용한다.
> 라. 현 단계인 매출단계에서 매출세액을 구한 후, 전 단계인 매입단계에서 부담한 매입세액을 공제하여 납부세액을 계산하는 전단계세액공제법을 사용한다.
> 마. 부가가치세는 과세관청이 과세표준과 세액을 결정하는 정부부과 제도를 시행하고 있다.

① 가, 다   ② 나, 라
③ 가, 나, 다   ④ 다, 라, 마

정답 | ②

해설 | 가. 부가가치세는 10%의 단일세율을 적용하여 세액을 산출한다. 과세표준에 따른 누진세율이 적용되는 소득세 등과는 구별된다.
다. 수출하는 재화나 국외에서 제공하는 용역 등에는 영세율을 적용하며, 재화의 수입에 대해서는 내국물품과 동일하게 과세한다.
마. 부가가치세는 납세의무자가 과세표준을 신고함으로써 납세의무가 확정되는 신고납세제도를 시행하고 있다. 과세관청이 과세표준과 세액을 결정하는 정부부과 제도와 구별된다.

★★★
02 부가가치세의 특징에 대한 설명으로 적절하지 않은 것은?

① 부가가치세법상 납세의무자는 재화나 용역을 공급하는 사업자이지만, 그 세액은 다음 거래 단계로 전가되어 조세부담이 결국 최종소비자에게 귀착된다.

② 부가가치세는 원칙적으로 모든 재화 또는 용역의 공급에 대하여 과세하는 일반소비세이다.

③ 일정 기간 동안 생산된 모든 최종 생산물의 부가가치에서 자본재구입액을 공제한 것으로 투자지출에 해당하는 부가가치에 대해서는 과세하지 아니하고 소비지출에 해당하는 부가가치만을 과세대상으로 하는 소비형 부가가치세를 채택하고 있다.

④ 수출하는 재화와 국외에서 제공하는 용역 등에는 면세를 적용한다.

정답 | ④

해설 | ④ 수출하는 재화나 국외에서 제공하는 용역 등에는 영세율을 적용하며, 재화의 수입에 대해서는 내국물품과 동일하게 과세한다. 이는 생산지국과 소비지국의 간접세율이 다른 경우에 간접세로 인한 가격 왜곡 현상을 방지하는데 목적이 있으며 부가가치세 제도를 도입한 대부분의 국가에서는 소비지국 과세원칙을 취하고 있다.

★★★
03 부가가치세법상 사업자에 대한 설명으로 적절하지 않은 것은?

① 개인사업자, 법인사업자와 법인격이 없는 사단·재단 또는 그 밖의 단체 모두 사업자에 해당되면 부가가치세법상 납세의무자가 된다.

② 부가가치세 과세 여부에 따라 과세사업자와 면세사업자로 구분할 수 있고, 과세사업자는 일반과세자와 간이과세자로 구분할 수 있다.

③ 면세사업자는 부가가치세법상 사업자에 해당하지 않는다.

④ 법인사업자도 직전 연도 공급대가의 합계액이 8,000만원에 미달하면 간이과세자가 될 수 있다.

정답 | ④

해설 | ④ 간이과세자는 직전 연도 공급대가의 합계액이 8,000만원(2024년 7월 이후 1억 4백만원)에 미달하는 개인사업자를 말한다. 다만 과세유흥장소를 경영하는 사업자 및 부동산임대사업자는 직전 연도 공급대가의 합계액이 4,800만원에 미달하는 개인사업자이어야 한다. 또한 간이과세자 규정을 적용받기 위해서는 일정한 요건(업종 등)을 갖추어야 한다.

04 사업자의 세법상 분류에 대한 적절한 설명으로 모두 묶인 것은?

> 가. 사업소득이 있는 자는 복식부기에 의해 사업소득금액을 계산하여 종합소득세를 신고하여야
>   하지만, 일정 규모 미만의 사업자의 경우에는 간편장부에 의해 계산하는 것도 인정하고 있다.
> 나. 법인사업자는 사업소득으로 인한 종합소득세와 부가가치세 납세의무가 있다.
> 다. 소득세법상 사업자는 일반과세자와 간이과세자로 구분된다.
> 라. 면세사업자는 부가가치세법상 사업자에 해당하지 않는다.

① 가, 나　　　　　　　　　　② 가, 라
③ 나, 다　　　　　　　　　　④ 다, 라

정답 | ②

해설 | 나. 법인사업장 입장에서 과세되는 주요 세금은 법인세, 부가가치세 등이 있으며, 법인을 운영하는 경영자 입장
　　　 에서 과세되는 주요 세금으로는 근로소득 또는 배당소득에 대한 소득세, 퇴직소득세 등이 있다.
　　　다. 부가가치세법상 과세사업자는 일반과세자와 간이과세자로 구분할 수 있으며, 면세사업자는 부가가치세법
　　　　 상 사업자에 해당하지 않는다.

05 수년 전부터 제조업(일반과세자)을 영위해 오고 있는 개인사업자 홍은균씨가 납부할 의무가
있는 다음 세금들 중 그 신고납부기한이 빠른 순서대로 나열된 것은?

> 가. 20××년 귀속 종합소득 과세표준 확정신고기한
> 나. 20××년 부가가치세 제1기 확정신고기한
> 다. 20××년 부가가치세 제2기 확정신고기한

① 가－나－다　　　　　　　　② 가－다－나
③ 나－가－다　　　　　　　　④ 나－다－가

정답 | ④

해설 | • 종합소득 과세표준 확정신고는 해당 연도의 다음 연도 5월 1일부터 5월 31일까지 납세지 관할세무서장에게
　　　 하여야 한다.
　　　• 부가가치세 확정신고기한은 다음과 같다.

구분	과세기간	예정신고기간	예정신고납부 기한	확정신고납부 기한
제1기	1/1~6/30	1/1~3/31	4/25	7/25
제2기	7/1~12/31	7/1~9/30	10/25	1/25

★★★
06 부가가치세 납세의무에 대한 다음 설명 중 (가)~(나)에 들어갈 내용이 적절하게 연결된 것은?

> • 사업자는 각 과세기간에 대한 과세표준과 세액을 그 과세기간 종료 후 (가) 이내에 신고납부하여야 한다.
> • 사업자는 사업장마다 사업개시일로부터 (나) 이내에 사업자등록을 신청하여야 한다.

	가	나
①	20일	20일
②	20일	25일
③	25일	20일
④	25일	25일

정답 | ③
해설 | • 사업자는 각 과세기간에 대한 과세표준과 세액을 그 과세기간 종료 후 25일 이내에 신고납부하여야 한다.
　　　• 사업자는 사업장마다 사업개시일로부터 20일 이내에 사업자등록을 신청하여야 한다.

★★★
07 서울특별시 마포구에 주소를 둔 거주자 최영훈씨는 금년 4월 1일 서울특별시 영등포구에서 사업장(제조업)을 개업하였다. 일반과세자인 개인사업자 최영훈씨와 관련된 세금에 대한 설명으로 적절하지 않은 것은?

① 최영훈씨의 종합소득세 납세지는 서울특별시 마포구가 되며, 종합소득세는 마포구 관할세무서에 신고해야 한다.
② 금년에 신규로 사업을 개시한 최영훈씨는 간편장부대상자이다.
③ 부가가치세 최초 과세기간은 금년 4월 1일부터 6월 30일까지이다.
④ 금년 부가가치세 제1기 확정신고기한은 5월 25일이다.

정답 | ④
해설 | ④ 금년 부가가치세 제1기 확정신고기한은 7월 25일이다.

★★★
08 부가가치세 과세거래에 대한 설명으로 적절하지 않은 것은?

① 부가가치세법상 부가가치세 과세대상거래는 재화의 공급과 용역의 공급, 재화의 수입으로
   규정하고 있다.
② 재화란 재산 가치가 있는 물건 및 권리를 말하며, 재화의 공급에는 실질공급과 간주공급으
   로 구분할 수 있다.
③ 재화의 공급과 다르게 실무상 용역의 간주공급에 대해서는 과세하지 않으며, 용역의 무상
   공급에 대해서는 용역의 공급으로 보지 않는다.
④ 수출신고가 수리된 물품으로서 선적되지 아니한 물품을 보세구역에서 반입하는 경우 재화의
   수입으로 간주한다.

정답 | ④

해설 | ④ 재화의 수입이란 외국으로부터 국내에 도착한 물품으로서 수입신고가 수리되기 전의 것(외국선박에 의하여
       공해에서 채집된 수산물을 포함), 수출신고가 수리된 물품(수출신고가 수리된 물품으로서 선적되지 아니한
       물품을 보세구역에서 반입하는 경우는 제외)을 국내로 반입하는 것을 말한다.

···· T O P I C **2** 세금계산서와 영수증제도

★☆☆
09 세금계산서에 대한 적절한 설명으로 모두 묶인 것은?

> 가. 세금계산서란 사업자가 재화 또는 용역을 공급할 때에 부가가치세를 거래징수하고 이를 증명
>   하기 위하여 공급받는 자에게 발급하는 증빙서류를 말한다.
> 나. 수입되는 재화에 대하여는 세관장이 세금계산서를 수입업자에게 발급한다.
> 다. 면세사업자도 세금계산서를 교부할 수 있다.
> 라. 전자세금계산서 발급 장려를 위하여 법인사업자와 개인사업자 모두 의무적으로 발급하도록
>   규정되어 있다.
> 마. 거래상대방이 폐업자이거나 세금계산서가 다른 사업자 명의로 발급된 때에는 실제거래를 하
>   였더라도 매입세액을 공제받을 수 없기 때문에 거래상대방이 정상 사업자인지, 세금계산서는
>   정당한 세금계산서인지 여부를 우선 확인해 보아야 한다.

① 가, 나   ② 가, 나, 마
③ 다, 라, 마   ④ 가, 나, 다, 라

정답 | ②

해설 | 다. 면세사업자는 부가가치세법상 사업자가 아니므로 세금계산서를 교부할 수 없고, 법인세법 또는 소득세법의
          규정에 의하여 계산서를 교부한다.
      라. 전자세금계산서 발급 장려를 위하여 법인사업자와 직전 연도의 사업장별 공급가액의 합계액이 1억원
          (2024.7.1. 이후 공급하는 분부터는 8천만원) 이상인 개인사업자는 의무적으로 발급하도록 규정되어 있다.

★☆☆

10 영수증에 대한 설명으로 가장 적절한 것은?

① 영수증을 교부받은 경우에는 원칙적으로 매입세액공제가 가능하다.

② 간이과세자 중 신규사업자는 세금계산서와 영수증 중 선택 발급이 가능하다.

③ 전문직, 병의원 등을 영위하는 사업자는 건당 5만원 이상 거래금액에 대하여 그 대금을 현금으로 받는 경우 소비자가 요청하지 않더라도 현금영수증을 발급하여야 한다.

④ 현금영수증 발급의무를 위반한 자에 대해서는 현금영수증 미발급 금액의 20/100에 상당하는 가산세가 부과된다.

정답 | ④

해설 | ① 영수증을 교부받은 경우에는 원칙적으로 매입세액을 공제받을 수 없지만 일정한 요건을 갖춘 신용카드매출전표, 현금영수증 등은 매입세액공제가 가능하다.
② 간이과세자 중 신규사업자와 직전 공급대가 4,800만원 미달인 사업자는 영수증만 발급하여야 한다.
③ 전문직, 병의원, 일반교습학원, 예술학원, 골프장업, 장례식장업, 예식장업, 부동산중개업 등을 영위하는 사업자는 건당 10만원 이상 거래금액(부가세 포함)에 대하여 그 대금을 현금으로 받는 경우 소비자가 요청하지 않더라도 현금영수증을 발급하여야 한다.

···TOPIC 3 부가가치세 세액과 신고납부

★★★

11 다음과 같이 상품을 1,000천원에 판매(구매)한 경우 부가가치세에 대한 설명으로 적절하지 않은 것은?

• 공급가액 : 1,000천원
• 부가가치세 : 100천원(공급가액 1,000천원 × 10%)
• 공급대가 : 1,100천원(공급가액 1,000천원 + 부가가치세 100천원)

① 판매자(공급자) 입장에서는 상품을 1,000천원에 판매 시 공급대가 1,100천원을 수취하고 공급가액 1,000천원과 세액 100천원에 대한 세금계산서를 구매자(공급받는 자)에게 발급하여야 한다.

② 구매자(공급받는 자)로부터 수취한 부가가치세 100천원은 부가가치세 신고 시에 납부하여야 하며 공급가액 1,000천원은 소득세 계산 시 매출액으로 계상된다.

③ 구매자(공급받는 자) 입장에서는 상품을 1,000천원에 구입 시 공급대가 1,100천원을 지급하고 공급가액 1,000천원과 세액 100천원에 대한 세금계산서를 판매자(공급자)로부터 발급받아야 한다.

④ 판매자(공급자)에게 지급한 부가가치세 100천원은 부가가치세 신고 시에 매입세액 공제를 받을 수 없으나 매입가액 1,000천원은 소득세 계산 시 매출원가로 계상된다.

정답 | ④

해설 | ④ 판매자(공급자)에게 지급한 부가가치세 100천원은 부가가치세 신고 시에 매입세액 공제받을 수 있으며 매입가액 1,000천원은 소득세 계산 시 매출원가(상품이 아닌 경우 다른 비용)로 계상된다.

★★★
12 부가가치세 과세표준에 대한 적절한 설명으로 모두 묶인 것은?

> 가. 재화 또는 용역의 대가가 금전인 경우에는 그 대가가 과세표준이 되며, 금전 외의 경우에는 공급한 재화 또는 용역의 시가가 된다.
> 나. 특수관계인 간의 거래로서 부당하게 낮은 대가를 받거나 대가를 받지 않은 경우에는 시가가 과세표준이 된다.
> 다. 부동산임대용역의 과세표준은 관리비를 제외하고 임대료 및 간주임대료의 합계액으로 한다.
> 라. 재화의 수입에 대한 부가가치세 과세표준은 관세의 과세가격과 관세 · 개별소비세 · 주세 · 교육세 · 교통세 및 농어촌특별세의 합계액으로 한다.
> 마. 재화 또는 용역을 공급한 후 그 공급가액에 대한 대손금, 장려금, 하자보증금, 마일리지 등은 과세표준에서 공제한다.

① 가, 나
② 가, 나, 라
③ 다, 라, 마
④ 가, 나, 다, 라

정답 | ②

해설 | 다. 부동산임대용역의 과세표준은 임대료, 간주임대료 및 관리비의 합계액으로 한다.
　　　 마. 재화 또는 용역을 공급한 후 그 공급가액에 대한 대손금, 장려금, 하자보증금, 마일리지 등은 과세표준에서 공제하지 않는다.

★★★
13 부가가치세 과세표준에 포함하지 않는 금액으로 모두 묶인 것은?

> 가. 일반과세자의 부가가치세
> 나. 매출에누리와 환입
> 다. 용역대가와 구분해 기재한 종업원의 봉사료
> 라. 공급받는 자가 부담하는 원자재 등의 가액
> 마. 재화 또는 용역을 제공한 후 그 공급가액에 대한 할인액

① 가, 라
② 나, 마
③ 가, 다, 라
④ 가, 나, 다, 라, 마

정답 | ④

해설 | 모두 부가가치세 과세표준에 포함하지 않는 금액이다.

14 부가가치세 매입세액으로 공제받을 수 없는 경우로 모두 묶인 것은?

가. 자기의 사업을 위하여 사용할 목적으로 수입하는 재화의 수입에 대한 부가가치세액
나. 비영업용 소형승용자동차 구입과 임차 및 유지에 관한 매입세액
다. 접대비(2024.1.1. 이후 기업업무추진비)와 이와 유사한 비용의 지출에 관련된 매입세액
라. 면세사업과 관련된 매입세액
마. 사업자등록 전 매입세액

① 가, 라
② 나, 마
③ 가, 다, 라
④ 나, 다, 라, 마

정답 | ④
해설 | 가. 매입세액으로 공제받을 수 있는 경우 : 사업자가 자기의 사업을 위하여 사용하였거나 사용할 목적으로 공급
받은 재화 또는 용역에 대한 부가가치세액, 사업자가 자기의 사업을 위해 사용하였거나 사용할 목적으로
수입하는 재화의 수입에 대한 부가가치세액

15 일반과세자인 나겸씨는 20××년 1기 확정신고기간에 부가가치세를 자진신고하였다. 아래 정보를 참고하여 계산한 납부할 부가가치세액으로 가장 적절한 것은?

• 공급가액 : 300,000천원(VAT 제외 금액)
• 세금계산서 매입세액 : 20,000천원(이 중 5,000천원은 사업과 직접 관련이 없는 지출에 대한 매입세액)
• 신용카드 매입세액 : 5,000천원
• 예정신고기간 고지세액 : 5,000천원

① 5,000천원
② 10,000천원
③ 20,000천원
④ 100,000천원

정답 | ①
해설 | • 과세표준 : 재화 · 용역의 공급가액 300,000천원(VAT 제외 금액)
• 매출세액 : 300,000천원×10% = 30,000천원
• 매입세액 : 20,000천원(세금계산서) + 5,000천원(신용카드) − 5,000천원(사업과 직접 관련이 없는 지출에
대한 매입세액) = 20,000천원
• 납부할 세액 : 매출세액 30,000천원 − 매입세액 20,000천원 − 5,000천원(예정고지세액) = 5,000천원

★★★
16 부가가치세 신고납부에 대한 설명으로 적절하지 않은 것은?

① 일반과세자는 각 과세기간의 예정신고기간이 끝난 후 25일 이내에 각 예정신고기간에 대한 과세표준과 세액을 신고 및 납부해야 하는데 이를 '예정신고납부'라고 한다.

② 개인사업자에 대하여는 예정신고의무를 면제하며, 납세지 관할 세무서장이 각 예정신고기간마다 직전 과세기간에 대한 납부세액에 50%를 곱한 금액을 결정하여 고지 징수하는데, 납부할 세액이 50만원 미만인 경우에는 고지하지 않는다.

③ 사업자는 각 과세기간에 대한 과세표준과 납부세액 또는 환급세액을 그 과세기간이 끝난 후 25일 이내에 관할 세무서장에게 확정신고납부하여야 한다.

④ 예정신고를 한 사업자의 경우에도 이미 신고한 과세표준과 납부한 납부세액을 확정 신고하여야 한다.

정답 | ④
해설 | ④ 예정신고를 한 사업자의 경우 이미 신고한 과세표준과 납부한 납부세액은 신고하지 아니한다.

★★★
17 부가가치세 제1기 과세기간과 확정신고기한이 적절하게 연결된 것은?

	제1기 과세기간	확정신고기한
①	1/1~3/31	4/25
②	1/1~3/31	4/30
③	1/1~6/30	7/25
④	1/1~6/30	7/31

정답 | ③
해설 | 〈부가가치세 예정신고 및 확정신고기한〉

구분	과세기간	예정신고기간	예정신고납부 기한	확정신고납부 기한
제1기	1/1~6/30	1/1~3/31	4/25	7/25
제2기	7/1~12/31	7/1~9/30	10/25	1/25

★★★
18 부가가치세법상 영세율과 면세제도에 대한 설명으로 적절하지 않은 것은?

① 면세란 일정한 재화 또는 용역의 공급에 대하여 부가가치세를 면제하는 제도를 의미한다.

② 면세정도의 경우 영세율제도는 완전면세이고, 면세제도는 불완전면세이다.

③ 영세율 적용 사업자는 매입세액공제가 가능하다.

④ 면세사업자는 부가가치세법상 사업자가 아니어도 매입세액이 매출세액을 초과하면 부가세 환급을 받을 수 있다.

정답 | ④

해설 | 〈영세율과 면세의 비교〉

구분	영세율제도	면세제도
특징	소비지국 과세원칙, 수출장려, 완전면세	불완전면세, 역진성완화
대상	수출 등	기초생활필수품 등
납세의무자	부가가치세법상 납세의무자에 해당	부가가치세법상 납세의무자에 해당하지 않음
매출세액	0% → 세액이 "0"	납세의무 면제 → 세액이 없음
매입세액	공제 가능	공제 불가
면세정도	완전면세	불완전면세

★★★
19 부가가치세법상 영세율제도에 대한 적절한 설명으로 모두 묶인 것은?

> 가. 일정한 재화 또는 용역의 공급에 대하여 부가가치세를 면제하는 제도를 의미한다.
> 나. 수출하는 재화나 용역에 대해서는 영세율을 적용한다.
> 다. 부가가치세법상 납세의무자에 해당한다.

① 가, 나　　　　　　　　　　　② 가, 다
③ 나, 다　　　　　　　　　　　④ 가, 나, 다

정답 | ③

해설 | 가. 면세제도에 대한 설명이다. 영세율이란 일정한 재화 또는 용역의 공급에 대해 0%의 세율을 적용하고 그 전 단계에서 부담한 부가가치세를 공제 또는 환급함으로써 부가가치세 부담을 완전히 면제하는 제도를 의미한다.

★★★
20 부가가치세법상 면세제도에 대한 적절한 설명으로 모두 묶인 것은?

> 가. 일정한 재화 또는 용역의 공급에 대하여 부가가치세를 면제하는 제도를 의미한다.
> 나. 수출하는 재화나 용역에 대해서는 면세를 적용한다.
> 다. 부가가치세법상 납세의무자에 해당하지 않는다.
> 라. 매입세액공제가 가능하다.

① 가, 다　　　　　　　　　　　② 가, 라
③ 나, 다　　　　　　　　　　　④ 다, 라

정답 | ①

해설 | 나. 수출하는 재화나 용역에 대해서는 영세율을 적용한다.
　　　라. 부가가치세법상 사업자가 아니므로 매입세액공제가 불가능하다.

★★★

21 간이과세제도에 대한 적절한 설명으로 모두 묶인 것은?

> 가. 간이과세자는 직전 연도 공급대가의 합계액이 8,800만원에 미달하는 개인사업자 및 법인사업자를 말한다.
>
> 나. 간이과세자의 부가가치세 계산구조는 공급대가×부가가치율×10%－매입세액(공급대가의 0.5%)·경감 및 공제세액－기납부세액＋가산세로 계산한다.
>
> 다. 간이과세자는 과세기간(1.1~12.31)의 과세표준과 납부세액을 그 과세기간이 끝난 후 25일 이내에 사업장 관할 세무서장에게 확정신고를 하고 납부하여야 한다.
>
> 라. 부가가치세를 확정신고하고 납부하는 경우에는 예정부과기간에 고지납부한 세액 또는 신고 납부한 세액을 공제하고 납부한다.
>
> 마. 간이과세사업자가 해당 과세기간에 대한 공급대가의 합계액이 8,000만원 미만이면 그 과세기간의 납부세액의 납부의무를 면제한다.

① 가, 다

② 가, 라, 마

③ 나, 다, 라

④ 다, 라, 마

정답 | ③

해설 | 가. 간이과세자는 직전 연도 공급대가의 합계액이 8,000만원(2024년 7월 이후 1억 4백만원)에 미달하는 개인사업자를 말한다. 다만 과세유흥장소를 경영하는 사업자 및 부동산임대사업자는 직전 연도 공급대가의 합계액이 4,800만원에 미달하는 개인사업자이어야 한다.

　　　마. 간이과세사업자가 해당 과세기간에 대한 공급대가의 합계액이 4,800만원 미만이면 그 과세기간의 납부세액의 납부의무를 면제한다.

05 금융자산 관련 세금

출제비중 : 13~23% / 4~7문항

학습가이드 ■■

학습 목표	학습 중요도
Tip '제2장 소득세'와 연계하여 학습 필요	
Tip 금융자산 종류별 과세체계에 대한 깊이 있는 학습 필요	
Tip Gross-up에 대한 깊이 있는 학습 필요	
Tip 다양한 사례의 계산문제 학습 필요	
1. 금융소득의 개념과 수입시기에 대해 설명할 수 있다.	★★
2. 금융소득의 과세방법을 설명할 수 있다.	★★★
3. 금융소득 종합과세에 대해 설명할 수 있다.	★★★
4. 금융투자와 소득세에 대해 설명할 수 있다.	★
5. 증권거래세를 계산할 수 있다.	★★
6. 금융자산별 부과되는 세금에 대해 설명할 수 있다.	★★

··· TOPIC **1** 금융소득의 의의

★★☆
01 소득세법에서 규정하고 있는 이자소득의 범위에 해당하지 않는 것은?

① 지방자치단체가 발행한 채권의 할인액

② 국외에서 받는 예금의 이자

③ 상호저축은행법에 의한 신용부금으로 인한 이익

④ 대부업자가 금전을 대여하고 받는 이자

정답 | ④

해설 | ④ 사업소득의 범위에 해당한다.

★★☆

02 소득세법에서 규정하고 있는 이자소득의 범위에 해당하지 않는 것은?

① 내국법인이 발행한 채권 또는 증권의 이자와 할인액
② 직장공제회 초과반환금
③ 비영업대금의 이익
④ 국내 또는 국외에서 받는 일정 요건을 갖춘 집합투자기구로부터의 이익

정답 | ④
해설 | ④ 배당소득의 범위에 해당한다.

★★☆

03 소득세법에서 규정하고 있는 배당소득의 범위에 해당하지 않는 것은?

① 환매조건부 채권 또는 증권의 매매차익
② 외국법인으로부터 받는 이익이나 잉여금의 배당 또는 분배금
③ 법인으로 보는 단체로부터 받는 배당금 또는 분배금
④ 국내 또는 국외에서 받는 일정 요건을 갖춘 집합투자기구로부터의 이익

정답 | ①
해설 | ① 소득세법에서 규정하고 있는 이자소득의 범위에 해당된다.

★★☆

04 다음 중 이자소득의 수입시기가 가장 빠른 것은?

> 가. 20××년 6월 10일에 무기명채권의 이자를 지급받았다.
> 나. 20××년 6월 10일이 만기인 정기예금의 원금과 이자를 6월 13일에 수령하였다.
> 다. 20××년 6월 10일이 만기인 정기예금을 5월 10일에 해지하였다.

① 가
② 나
③ 다
④ 모두 동일

정답 | ③
해설 | 가. 채권 등으로서 무기명인 것의 이자와 할인액 : 그 지급을 받은 날
　　　나. 보통예금ㆍ정기예금ㆍ적금 또는 부금의 이자(원칙) : 실제로 이자를 지급받는 날
　　　다. 보통예금ㆍ정기예금ㆍ적금 또는 부금의 해약으로 인하여 지급되는 이자 : 그 해약일

★★☆
05 배당소득의 수입 시기로 적절하지 않은 것은?

① 잉여금의 처분에 의한 배당 : 당해 법인의 잉여금처분결의일
② 해산으로 인한 의제배당 : 해산등기일
③ 분할합병으로 인한 의제배당 : 분할합병등기를 한 날
④ 집합투자기구로부터의 이익 : 집합투자기구로부터 이익을 지급받은 날

정답 | ②
해설 | ② 해산으로 인한 의제배당 : 잔여재산의 가액이 확정된 날

···TOPIC 2 이자소득과 배당소득의 과세방법

★★★
06 금융소득에 대한 다음 설명 중 (가)~(나)에 들어갈 내용이 적절하게 연결된 것은?

- 잉여금의 처분에 의한 실질배당의 수입시기 : (가)
- 비영업대금의 이익에 대한 소득세 원천징수세율 : (나)

	가	나
①	그 지급을 받은 날	20%
②	당해 법인의 잉여금처분결의일	20%
③	당해 법인의 잉여금처분결의일	25%
④	당해 법인의 해당 사업연도 결산확정일	25%

정답 | ③
해설 | • 잉여금의 처분에 의한 실질배당의 수입시기 : 당해 법인의 잉여금처분결의일
　　　• 비영업대금의 이익에 대한 소득세 원천징수세율 : 25%

★★★
07 금융소득의 원천징수세율이 낮은 순서대로 나열된 것은?

> 가. 법원보증금 및 경락대금의 이자
> 나. 비실명이자소득
> 다. 비영업대금의 이익
> 라. '금융실명거래 및 비밀보장에 관한 법률' 적용대상 비실명배당소득

① 가 – 다 – 나 – 라 　　　　　② 나 – 가 – 다 – 라
③ 나 – 다 – 가 – 라 　　　　　④ 다 – 나 – 가 – 라

정답 | ①

해설 | 가. 법원보증금 및 경락대금의 이자 : 14%
　　　나. 비실명이자소득 : 45%
　　　다. 비영업대금의 이익 : 25%
　　　라. '금융실명거래 및 비밀보장에 관한 법률' 적용대상 비실명배당소득 : 90%

★★★
08 금융소득의 원천징수세율이 적절하게 연결된 것은?

① 직장공제회초과반환금 : 30%

② 비영업대금의 이익 : 20%

③ 출자공동사업자의 배당소득 : 25%

④ 비실명배당소득 : 35%

정답 | ③

해설 | ① 직장공제회초과반환금 : 기본세율
　　　② 비영업대금의 이익 : 25%
　　　④ 비실명배당소득 : 45%('금융실명거래 및 비밀보장에 관한 법률' 적용대상은 90%)

09 개인종합자산관리계좌(ISA)에 대한 적절한 설명으로 모두 묶인 것은?

> 가. ISA에 대한 과세특례요건을 충족한 경우 금융소득 및 금융투자소득의 합계액 200만원 또는 400만원까지 비과세하고 초과분은 9%로 분리과세한다.
>
> 나. 가입 직전 3개 과세기간 중 1회 이상 금융소득 종합과세자는 가입할 수 없다.
>
> 다. ISA의 의무가입기간은 3년인데, ISA 보유자는 계약기간 만료일 전에 해당 계좌의 계약기간을 연장할 수 있으며 계좌 해지나 만료 후에도 재가입할 수 있다.
>
> 라. ISA의 가입자가 의무가입기간 내 ISA의 계약을 해지하거나 납입원금 범위 내 인출 시 과세특례를 적용받은 소득세에 상당하는 감면세액을 추징한다.
>
> 마. 총납입한도는 2억원이다.

① 가, 나

② 가, 나, 다

③ 다, 라, 마

④ 가, 나, 다, 라

정답 | ②

해설 | 라. 개인종합자산관리계좌의 가입자가 의무가입기간 내 개인종합자산관리계좌의 계약을 해지하는 경우에는 과세특례를 적용받은 소득세에 상당하는 세액(감면세액)을 추징한다. 단, 가입자의 사망·해외이주 등 대통령령으로 정하는 부득이한 사유로 계약을 해지하는 경우는 감면세액을 추징하지 않는다. 납입원금 범위 내 인출시 이자소득세 등 가입자가 과세특례를 적용받은 소득세에 상당하는 세액(감면세액)을 추징하지 않는다. 그러나 의무가입기간 만료일 전에 납입원금을 초과하는 금액을 인출하는 경우에는 해당 인출일에 개인종합자산관리계좌의 계약이 해지된 것으로 보아 감면세액을 추징한다.

마. 총납입한도는 1억원(재형저축 또는 장기집합투자증권저축에 가입한 거주자는 재형저축 및 장기집합투자증권저축의 계약금액 총액을 뺀 금액)이고, 연간 납입한도는 2,000만원×[1 + 계약기간 경과연수(최대 4년)] − 누적납입한도이다.

···TOPIC 3 금융소득 종합과세

10 금융소득 종합과세에 대한 설명으로 적절하지 않은 것은?

① 비과세 금융소득은 과세대상이 아니므로 소득세의 신고 및 납부의무가 없다.

② 무조건 분리과세 금융소득은 금융소득의 크기와 관계없이 해당 금융소득을 지급할 때 원천징수하기 때문에 해당 금융소득에 대한 납세의무가 종결되므로, 금융소득 종합과세는 무조건 종합과세와 조건부 종합과세로 나눠진다.

③ 국내에서 원천징수되지 아니한 국외발생금융소득은 무조건 분리과세대상이다.

④ 금융소득 합계가 연간 2천만원을 초과하면 종합과세하는 것을 조건부 종합과세라고 한다.

정답 | ③

해설 | ③ 원천징수하지 않은 금융소득(국외금융소득 포함), 출자공동사업자의 배당소득은 무조건 종합과세대상이므로 금액에 관계없이 종합과세신고를 해야 한다.

★★★
11 무조건 종합과세 금융소득에 해당하지 않는 것은?

① 비실명이자소득
② 출자공동사업자의 손익분배비율에 해당하는 배당소득
③ 국내에서 원천징수되지 아니한 국외발생금융소득
④ 원천징수되지 않는 비영업대금의 이익

정답 | ①
해설 | ① 분리과세이자소득에 해당한다.

★★★
12 금융소득 종합과세에 대한 적절한 설명으로 모두 묶인 것은?

> 가. 비과세·분리과세하는 금융소득을 제외한 금융소득의 연간 합계액이 2천만원을 초과하는 경우에는 배당가산액(Gross-up)을 더하여 종합과세한다.
> 나. 배당가산액은 법인단계에서 부담한 법인세의 일정 부분을 주주단계의 배당소득에 대한 소득세에서 공제하기 위하여 배당액에 10/100을 더하는 금액으로서 이중과세 방지를 위한 수단이다.
> 다. 출자공동사업자의 배당소득은 무조건 종합과세대상 금융소득이므로 종합과세기준금액 판단 시에도 포함된다.
> 라. Gross-up을 하는 배당소득이 있는 경우에는 Gross-up을 가산한 배당소득에 의하여 종합과세기준금액을 판단한다.

① 가, 나　　　　　　　　② 가, 라
③ 나, 다　　　　　　　　④ 다, 라

정답 | ①
해설 | 다. 출자공동사업자의 배당소득은 종합과세기준금액 판단 시 제외하며 무조건 종합과세한다.
　　　라. Gross-up을 하는 배당소득이 있는 경우에는 Gross-up을 하기 전의 배당소득에 의하여 종합과세기준금액을 판단한다.

★★★
13 금융소득 종합과세 판단 기준에 포함되는 금융소득으로 모두 묶인 것은?

> 가. ISA 비과세 한도 초과분　　　나. 배당가산액(Gross-up)
> 다. 국내은행 정기예금이자　　　라. 국내일반법인 현금배당액

① 가, 나　　　　　　　　② 다, 라
③ 가, 다, 라　　　　　　④ 나, 다, 라

정답 | ②

해설 | 〈금융소득 종합과세 판단 기준〉

구분	종합과세대상 금융소득
(무조건종합과세대상 금융소득＋ 조건부종합과세대상 금융소득)＞2천만원	무조건종합과세대상 금융소득과 조건부종합과세대상 금융소득 모두 종합과세
(무조건종합과세대상 금융소득＋ 조건부종합과세대상 금융소득)≤2천만원	무조건종합과세대상 금융소득만 종합과세

※ Gross－up 금액을 가산하기 전의 금액으로 판단하며, 출자공동사업자의 배당소득을 제외하고 국외에서
발생한 금융소득 등을 포함한 금액으로 판단함

★★★
14 홍길동씨의 소득 자료이다. 금융소득 종합과세대상이 되는 소득으로 가장 적절한 것은?

- 은행이자 10,000천원, 채권이자 9,000천원, 직장공제회 초과반환금 3,000천원
- 2012년 12월 31일 이전에 발행된 상환기간 30년인 채권의 이자(금융기관에 분리과세 신청)
  7,000천원

① 0원 ② 19,000천원

③ 22,000천원 ④ 29,000천원

정답 | ①

해설 | • 분리과세 : 직장공제회 초과반환금 3,000천원＋장기채권 이자(금융기관에 분리과세 신청) 7,000천원＝
10,000천원
　• 조건부 종합과세 : 은행이자 10,000천원＋채권이자 9,000천원＝19,000천원
　• 조건부 종합과세 금융소득이 2천만원 이하이므로 종합과세되는 금융소득 없음

★★★
15 다음 정보를 토대로 계산한 거주자 A의 20××년 귀속 종합소득세 신고 시 종합소득금액으로 가장 적절한 것은?

- 이자소득금액 : 15,000천원(소득세 원천징수세율 14%)
- 사업소득금액 : 50,000천원
- 기타소득금액 : 20,000천원
- 퇴직소득금액 : 50,000천원

① 60,000천원 ② 70,000천원

③ 85,000천원 ④ 105,000천원

정답 | ②

해설 | • 무조건종합과세대상 금융소득(출자공동사업자의 배당소득 제외)과 조건부종합과세대상 금융소득의 합계액이
금융소득 종합과세 기준금액인 2천만원을 초과하는 경우에만 조건부종합과세대상 금융소득이 종합과세된다.
　• 종합소득금액 : 사업소득금액 50,000＋기타소득금액 20,000＝70,000천원

★★★
16 다음 정보를 토대로 계산한 거주자 A의 20××년 귀속 종합소득세 신고 시 종합소득 과세표준으로 가장 적절한 것은?

> - 이자소득금액 : 10,000천원(소득세 원천징수세율 14%)
> - 사업소득금액 : 70,000천원
> - 기타소득금액 : 10,000천원
> - 양도소득금액 : 30,000천원
> - 종합소득공제 : 20,000천원

① 50,000천원　　　　　　　　　　② 60,000천원
③ 70,000천원　　　　　　　　　　④ 80,000천원

정답 | ②

해설 | • 무조건종합과세대상 금융소득(출자공동사업자의 배당소득 제외)과 조건부종합과세대상 금융소득의 합계액이 금융소득종합과세 기준금액인 2천만원을 초과하는 경우에만 조건부종합과세대상 금융소득이 종합과세된다.
　　　• 종합소득금액 : 사업소득금액 70,000 + 기타소득금액 10,000 = 80,000천원
　　　• 종합소득 과세표준 : 종합소득금액 80,000 - 종합소득공제 20,000 = 60,000천원

★★★
17 금융소득 종합과세에 대한 설명으로 가장 적절한 것은?

① 이자소득, 배당소득 및 연금소득을 묶어 금융소득이라 한다.
② Gross-up을 하는 배당소득이 있는 경우에는 Gross-up을 가산한 배당소득에 의하여 종합과세기준금액을 판단한다.
③ 종합소득 산출세액은 종합과세방식으로 산출한 금액과 분리과세방식으로 산출한 금액 중에서 작은 금액으로 한다.
④ 금융소득 종합과세 시 세액계산의 특례는 금융소득을 모두 분리과세하였을 경우의 세액을 종합소득 산출세액의 최저한으로 한다는 것으로 그 취지는 분리과세할 경우에 비해 종합과세로 인해 세부담이 오히려 줄어드는 결과를 방지하는 데 있다.

정답 | ④

해설 | ① 이자소득과 배당소득을 묶어 금융소득이라 한다.
　　　② Gross-up을 하는 배당소득이 있는 경우에는 Gross-up을 하기 전의 배당소득에 의하여 종합과세기준금액을 판단한다.
　　　③ 종합소득 산출세액은 종합과세방식으로 산출한 금액과 분리과세방식으로 산출한 금액 중에서 큰 금액으로 한다.

★★★
18 다음 자료를 토대로 계산한 홍범도씨의 종합소득에 대한 산출세액으로 가장 적절한 것은?

- 예금이자 : 60,000천원
- 사업소득금액 : 40,000천원
- 종합소득공제 : 5,000천원

[종합소득 기본세율]

과세표준	세율
1,400만원 초과 5,000만원 이하	84만원＋1,400만원 초과액의 15%
5,000만원 초과 8,800만원 이하	624만원＋5,000만원 초과액의 24%

① 12,390천원
② 13,650천원
③ 15,040천원
④ 20,800천원

정답 | ③

해설 | • 금융소득을 기본세율로 과세 시 산출세액(종합과세방식) : 2천만원×14%＋(2천만원 초과금액＋사업소득금액－종합소득공제)×기본세율 = 20,000×14%＋(40,000＋40,000－5,000)×기본세율 = 2,800＋(75,000×24%－5,760) = 15,040천원
- 금융소득을 원천징수세율로 과세 시 산출세액(분리과세방식) : 금융소득금액×14%＋(사업소득금액－종합소득공제)×기본세율 = 60,000×14%＋(40,000－5,000)×기본세율 = 8,400＋(35,000×15%－1,260) = 12,390천원
- 종합소득 산출세액 = Max[종합과세방식, 분리과세방식] = 15,040천원

★★★
19 배당가산 대상이 되는 배당소득에 해당하지 않는 것은?

① 외국법인으로부터 받은 배당소득
② 내국법인으로부터 받은 배당소득
③ 법인세가 과세된 소득을 재원으로 하는 배당소득
④ 종합과세되고 기본세율이 적용되는 배당소득

정답 | ①

해설 | 이중과세의 조정대상이 되는 배당소득은 배당소득 중 다음의 세 가지 요건을 모두 충족하는 경우에 한한다.

- 내국법인으로부터 받은 배당소득일 것
- 법인세가 과세된 소득을 재원으로 할 것
- 종합과세 되고 기본세율이 적용되는 배당소득일 것

***
20 Gross-up 제도에 대한 설명으로 가장 적절한 것은?

① 배당소득 및 이자소득의 이중과세를 조정하기 위한 제도이다.
② 내국법인과 외국법인으로부터 받은 배당소득은 모두 Gross-up 대상이다.
③ Gross-up 제도는 모든 배당소득에 대하여 Gross-up 가산율을 적용한다.
④ 종합과세되는 배당소득은 2천만원까지는 14%의 세율을 적용하고, 그 종합과세기준금액을 초과하는 금액에 대해서는 기본세율을 적용하므로, 종합과세되는 배당소득이라 하더라도 종합과세기준금액의 한도 내에 포함되어 있는 경우에는 이중과세의 조정을 하지 않는다.

정답 | ④
해설 | ① 배당가산액(Gross-up)은 법인단계에서 부담한 법인세의 일정 부분을 주주단계의 배당소득에 대한 소득세에서 공제하기 위하여 배당액에 10/100을 더하는 금액으로서 이중과세 방지를 위한 수단이다.
　　② 내국법인으로부터 받은 배당소득이어야 한다.
　　③ 이중과세의 조정대상이 되는 배당소득은 배당소득 중 내국법인으로부터 받은 배당소득일 것, 법인세가 과세된 소득을 재원으로 할 것, 종합과세되고 기본세율이 적용되는 배당소득일 것의 세 가지 요건을 모두 충족하는 경우에 한한다.

***
21 종합과세되는 금융소득 중 어떤 소득이 14%의 세율이 적용되는 기준소득금액(2천만원)을 구성하는지에 따라 산출세액에 대한 크기가 달라진다. 금융소득의 내역이 다음과 같을 때 금융소득종합과세 기준소득금액 구성이 순서대로 나열된 것은?

가. 국내은행 정기예금이자 나. 뮤추얼펀드 배당액 다. 국내일반법인 현금배당액

① 가-나-다　　　　　　　　　② 가-다-나
③ 나-다-가　　　　　　　　　④ 다-가-나

정답 | ①
해설 | ① 이자소득 → ② 배당가산 대상이 아닌 배당소득 → ③ 배당가산 대상인 배당소득

★★★
22 배당소득 이중과세 조정에 대한 설명으로 가장 적절한 것은?

① 배당가산액(Gross – up)은 일정 금액 이상 금융소득자의 세부담을 늘리기 위한 장치이다.

② 금융소득이 금융소득 종합과세 기준금액 2천만원을 초과하여 전체 금액을 종합과세한다고 하더라도 2천만원을 초과하는 부분에 해당되는 배당소득에 대해서만 Gross – up을 적용한다.

③ 종합소득 산출세액에서 배당가산액과 배당세액공제한도액 중 큰 금액을 배당세액공제한다.

④ 배당가산액은 종합과세기준금액을 초과하는 Gross – up 대상 배당소득에 11%를 적용한 금액이다.

정답 | ②

해설 | ① 배당가산액(Gross – up)은 법인단계에서 부담한 법인세의 일정 부분을 주주단계의 배당소득에 대한 소득세에서 공제하기 위하여 배당액에 10/100을 더하는 금액으로서 이중과세 방지를 위한 수단이다.
③ 종합소득 산출세액에서 배당가산액과 배당세액공제한도액 중 적은 금액을 배당세액공제한다.
④ 배당가산액은 종합과세기준금액을 초과하는 Gross – up 대상 배당소득에 10%를 적용한 금액이다.

★★★
23 종합과세되는 금융소득의 내역이 다음과 같을 때 배당가산액(Gross – up)으로 가장 적절한 것은?

구분	금액	비고
국내은행 정기예금이자	1,500만원	조건부종합과세
국내일반법인 현금배당액	3,500만원	조건부종합과세(G – up 대상)
계	5,000만원	

① 100만원 ② 200만원
③ 300만원 ④ 500만원

정답 | ③

해설 |

구분	금융소득	종합과세기준금액	초과금액	G – up 대상여부
국내은행 정기예금이자	1,500만원	① 1,500만원	–	×
국내일반법인 현금배당액	3,500만원	② 500만원	3,000만원	○
계	5,000만원	2,000만원	3,000만원	

• 종합과세되는 금융소득 중 2천만원을 초과하는 금액에 포함되어 있는 Gross – up 대상 배당소득에 대해서만 Gross – up을 적용하므로
• Gross – up 금액 = 3,000만원 × 10% = 300만원

★★★
24 홍범도씨의 소득 자료가 다음과 같을 때 배당가산액(Gross-up)으로 가장 적절한 것은?

- 은행이자 : 10,000천원
- 직장공제회 초과반환금 : 5,000천원
- 외국법인 배당(국내에서 원천징수하지 않음) : 3,000천원
- 내국법인 배당 : 8,000천원

① 100천원 ② 200천원
③ 300천원 ④ 400천원

정답 | ①

해설 |
- 분리과세 : 5,000천원(직장공제회 초과반환금)
- 조건부종합과세 : 21,000천원(은행이자 10,000 + 내국법인 배당 8,000 + 외국법인 배당 3,000)
- 금융소득과세금액 = 21,000천원
- 14% 세율이 적용되는 2천만원의 구성순서
  ① 은행이자 : 10,000천원
  ② 배당가산 대상이 아닌 배당소득 : 3,000천원(외국법인 배당)
  ③ 배당가산 대상 배당소득 : 1,000천원(20,000 - ① - ② = 7,000천원에 대해서는 배당가산을 하지 않으므로 내국법인 배당 8,000천원 중 7,000천원을 차감한 1,000천원이 배당가산 대상임)
- 배당가산 대상 배당소득액 = 1,000천원
- 배당가산액 = 1,000천원 × 10% = 100천원

★★★
25 아래 자료에 근거하여 계산한 종합과세대상 금융소득금액으로 가장 적절한 것은?

구분	금액	비고
국내은행 정기예금이자	1,000만원	조건부종합과세
국내일반법인 현금배당액	2,000만원	조건부종합과세(G-up 대상)
계	3,000만원	

① 0원 ② 3,000만원
③ 3,100만원 ④ 3,200만원

정답 | ③

해설 |
- Gross-up 금액을 가산하기 전의 금융소득이 2,000만원을 초과하므로 전액 종합과세대상 금융소득이며 Gross-up 금액을 가산하여 종합과세대상 금융소득금액을 산정해야 함

구분	금융소득	종합과세기준금액	초과금액	G-up 대상 여부
국내은행 정기예금이자	1,000만원	① 1,000만원	-	×
국내일반법인 현금배당액	2,000만원	② 1,000만원	1,000만원	○
계	3,000만원	2,000만원	1,000만원	

- Gross-up 금액 = 1,000만원 × 10% = 100만원
- 배당소득금액 : 2,000만원 + 100만원 = 2,100만원
- 종합과세대상 금융소득금액 = 이자소득금액 1,000만원 + 배당소득금액 2,100만원 = 3,100만원

★★★

26 다음 자료를 토대로 계산한 홍범도씨의 종합소득에 대한 산출세액과 배당세액공제액이 적절하게 연결된 것은?

- 예금이자 : 60,000천원
- 내국법인 배당소득금액 : 40,000천원
- 종합소득공제 : 5,000천원

[종합소득 기본세율]

과세표준	세율
1,400만원 초과 5,000만원 이하	84만원 + 1,400만원 초과액의 15%
5,000만원 초과 8,800만원 이하	624만원 + 5,000만원 초과액의 24%

	종합소득 산출세액	배당세액공제액
①	14,000천원	2,000천원
②	14,000천원	4,000천원
③	16,000천원	2,000천원
④	16,000천원	4,000천원

정답 | ③

해설 | • 금융소득 = 예금이자 60,000 + 배당 40,000 = 100,000천원
- 종합과세기준금액 초과금액 : 100,000 − 20,000 = 80,000천원
- 배당가산대상 금액 : 40,000천원
- 배당가산액 : 40,000 × 10% = 4,000천원
- 금융소득을 기본세율로 과세 시 산출세액(종합과세방식) : 2천만원 × 14% + (2천만원 초과금액 + 배당가산액 − 종합소득공제) × 기본세율 = 20,000 × 14% + (80,000 + 4,000 − 5,000) × 기본세율 = 2,800 + (79,000 × 24% − 5,760) = 16,000천원
- 금융소득을 원천징수세율로 과세 시 산출세액(분리과세방식) : 금융소득총수입금액(Gross − up 포함되지 않은 금액) × 14% + (종합소득과세표준 − 금융소득금액) × 기본세율 = 100,000 × 14% = 14,000천원
- 종합소득 산출세액 = Max[종합과세방식, 분리과세방식] = 16,000천원
- 배당가산액 4,000천원
- 한도 : 종합소득산출세액 − 금융소득을 원천징수세율로 과세 시 산출세액(분리과세방식) = 16,000 − 14,000 = 2,000천원
- 배당세액공제 = Max[배당가산액, 한도 = 2,000천원

··· TOPIC 4 금융투자와 소득세

★★☆
27 A씨가 유가증권시장에서 주식을 2억원에 매수하여 3개월 뒤 3억원에 매도를 했다면 A씨가 납부해야 할 증권거래세의 과세표준으로 가장 적절한 것은?

① 1억원
② 2억원
③ 3억원
④ 5억원

정답 | ③

해설 | 증권거래세 과세표준은 주권의 양도가액이다. 주권의 양도가액이 객관적으로 명확히 확인되는 경우에는 그 가액으로 하나, 양도가액이 불분명한 경우에는 보충적 방법으로 평가한다. 예를 들어 특수관계자에게 시가액보다 낮은 가액으로 양도한 것으로 인정되는 경우에는 시가액이 과세표준이 된다.

★★☆
28 증권거래세에 대한 설명으로 가장 적절한 것은?

① 주식을 증여하는 경우에도 증권거래세가 부과된다.
② 주식을 증권시장에서 거래하지 않고, 개인 간에 직접 거래하는 경우에는 증권거래세가 과세되지 않는다.
③ 증권거래세 과세표준은 주권의 양도차익이다.
④ 한국예탁결제원과 금융투자업자가 거래징수하지 않은 상장·비상장주식의 장외거래에 대하여는 양도일이 속하는 반기의 말일부터 2개월 이내에 신고·납부하여야 한다.

정답 | ④

해설 | ① 주식이 유상으로 양도되는 경우 증권거래세가 부과된다.
② 증권시장과 한국금융투자협회를 통한 장외거래(K−OTC시장)에서 매매하는 경우에는 한국예탁결제원이 증권거래세의 납세의무자가 된다. 금융투자업자를 통하여 양도할 때에는 금융투자업자가 증권거래세를 납부하여야 한다. 그 외에는 매도자가 증권거래세의 납세의무를 진다.
③ 증권거래세 과세표준은 주권의 양도가액이다.

★★☆
29 증권거래세에 대한 적절한 설명으로 모두 묶인 것은?

> 가. 비상장주식 등을 개인이 양도하는 경우에는 매도자가 납세의무를 진다.
> 나. 증권거래세 과세표준은 주권의 양도차익이다.
> 다. 주식 양도 시 양도차손이 발생한 경우에도 증권거래세 납세의무가 있다.
> 라. 유가증권시장의 증권거래세 세율은 증권거래세 0.15%, 농어촌특별세 0.15%로 세율 합계
>   0.3%가 적용된다.

① 가, 다   ② 나, 다
③ 나, 라   ④ 다, 라

정답 | ①

해설 | 나. 증권거래세 과세표준은 주권의 양도가액이다.
     라. 유가증권시장의 증권거래세 세율은 증권거래세 0.05%, 농어촌특별세 0.15%로 세율 합계 0.2%가 적용된다.

★★☆
30 증권거래세에 대한 설명으로 적절하지 않은 것은?

① 증권시장과 한국금융투자협회를 통한 장외거래(K-OTC시장)에서 매매하는 경우에는 한국예탁결제원이 증권거래세의 납세의무자가 되며, 금융투자업자를 통하여 양도할 때에는 금융투자업자가 증권거래세를 납부하여야 한다.

② 주식 양도 시 양도차손이 발생한 경우에는 증권거래세 납세의무가 발생하지 않는다.

③ 코스닥시장의 증권거래세 세율은 0.20%가 적용된다.

④ 한국예탁결제원과 금융투자업자가 거래징수하지 않은 상장·비상장주식의 장외거래에 대하여는 양도일이 속하는 반기의 말일부터 2개월 이내에 신고·납부하여야 한다.

정답 | ②

해설 | ② 증권거래세는 주식을 매매할 때 이익 여부와 관계없이 거래가액의 일정 비율을 과세하며 주식이 거래되는 시장에 따라 적용하는 세율이 다르다.

★★☆
31 비상장법인 A전자회사의 주식(한국장외시장 거래주식 아님)을 다음과 같이 양도할 때 양도소득금액으로 가장 적절한 것은?

> • 양도가액 : 100,000천원
> • 취득가액(필요경비 포함) : 50,000천원

① 0원
② 50,000천원
③ 100,000천원
④ 150,000천원

정답 | ②
해설 | 양도소득금액(양도차익)＝양도가액 100,000천원 － 취득가액 및 기타 필요경비 50,000천원＝50,000천원

★★☆
32 10,000천원에 취득(필요경비 포함)한 비상장법인의 주식(한국장외시장 거래주식 아님)을 15,000천원에 다음과 같이 양도할 때 세율이 적절하게 연결된 것은?

	기업 구분	주주 구분	보유기간	세율
①	중소기업	소액주주	6개월	30%
②	중소기업	대주주	6개월	25%
③	대기업	소액주주	6개월	20%
④	대기업	대주주	6개월	10%

정답 | ③
해설 | 〈주식양도소득에 대한 세율〉

구분		세율
중소기업	소액주주	10%
	대주주	과세표준 3억원 이하 20% 과세표준 3억원 초과 25%
중소기업 외의 기업	소액주주	20%
	대주주 1년 이상 보유	과세표준 3억원 이하 20% 과세표준 3억원 초과 25%
	대주주 1년 미만 보유	30%
국외주식 20%(중소기업 주식은 10%)		

★★☆
33 주식양도 시 세금에 대한 설명으로 가장 적절한 것은?

① 주권상장법인의 주식의 양도에 대해서는 모든 주주가 양도소득세를 부담하지 않는다.
② 양도소득 기본공제는 연간 250만원을 공제하며, 부동산 등과는 별도로 공제한다.
③ 주식을 양도할 경우에는 양도에 소요된 비용이 있더라도 이를 공제하지 않는다.
④ 중소기업 주식양도소득에 대한 세율은 5%가 적용된다.

정답 | ②
해설 | ① 소액주주의 장내 상장주식 양도차익에 대해서는 과세하지 않지만 대주주의 장내 상장주식 양도차익은 과세
　　　대상이며, 상장주식의 장외거래에 대하여는 소액주주 및 대주주 모두 과세한다.
　　　③ 주식양도소득금액은 양도금액에서 필요경비(취득가액＋양도비 등)를 차감하여 계산한다. 양도비에는 증권
　　　거래세, 공증비용, 인지대 등이 포함된다.
　　　④ 중소기업 주식양도소득에 대한 세율은 소액주주 10%, 대주주 20%(과세표준 3억원 초과 25%)가 적용된다.

★★☆
34 주식 양도소득세에 대한 설명으로 가장 적절한 것은?

① 대주주가 양도하는 상장주식은 양도소득세 과세대상이 아니다.
② 주식 등에 대해서는 장기보유특별공제를 적용하지 않으므로 양도차익과 양도소득금액이
　 동일하다.
③ 주식 양도 시 발생하는 증권거래세는 필요경비로 공제되지 않는다.
④ 주식양도소득에 대한 예정신고는 양도일이 속하는 분기의 말일부터 2개월 내에 하여야
　 한다.

정답 | ②
해설 | ① 대주주가 양도하는 주식은 양도소득세 과세대상이 된다.
　　　③ 주식양도소득금액은 양도금액에서 필요경비(취득가액＋양도비 등)를 차감하여 계산한다. 양도비에는 증권
　　　거래세, 공증비용, 인지대 등이 포함된다.
　　　④ 주식양도소득에 대한 예정신고는 양도일이 속하는 반기의 말일부터 2개월 내에 하여야 한다.

★★☆
35 주식양도 시 세금에 대한 적절한 설명으로 모두 묶인 것은?

> 가. 소액주주의 장내 상장주식 양도차익에 대해서는 과세하지 않지만 대주주의 장내 상장주식 양도차
> 　　익은 과세대상이며, 상장주식의 장외거래에 대하여는 소액주주 및 대주주 모두 과세한다.
> 나. 양도소득 기본공제는 연간 250만원을 공제하며, 부동산 등과는 별도로 공제한다.
> 다. 중소기업 주식양도소득에 대한 세율은 20%이다.
> 라. 주식양도소득에 대한 예정신고는 양도일이 속하는 분기의 말일부터 3개월 내에 하여야 한다.

① 가, 나　　　　　　　　　　② 가, 다
③ 나, 다　　　　　　　　　　④ 다, 라

★★☆
36 2024년 8월 5일에 양도소득세 과세대상이 되는 주식을 양도한 경우 주식 양도소득세 신고기한이 적절하게 연결된 것은?

	국내주식	국외주식
①	2024년 11월 30일	2025년 2월 말일
②	2024년 11월 30일	2025년 5월 31일
③	2025년 2월 말일	2025년 2월 말일
④	2025년 2월 말일	2025년 5월 31일

★★☆
37 주식 양도 관련 세금에 대한 적절한 설명으로 모두 묶인 것은?

> 가. 주식의 상장여부에 관계없이 대주주가 양도하는 주식은 양도소득세 과세대상이 된다.
> 나. 주식양도소득금액은 양도금액에서 취득가액＋양도비 등 필요경비를 차감하여 계산하는데, 양도비에는 증권거래세, 공증비용, 인지대 등이 포함된다.
> 다. 주식양도소득에 대한 예정신고는 양도일이 속하는 달의 말일부터 2개월 내에 하여야 한다.
> 라. 주식이 양도되는 경우에 발생하는 증권거래에 대한 세금은 부과되지 않는다.

① 가, 나　　　　　　　② 가, 라
③ 나, 다　　　　　　　④ 다, 라

★★☆
38 증권거래세에 대한 다음 설명 중 (가)~(다)에 들어갈 내용이 적절하게 연결된 것은?

상장주식 등을 장내에서 거래하는 경우에는 한국예탁결제원이 매월분의 증권거래세를 다음달 (가)까지 신고·납부하고 있어 별도로 신고할 필요가 없다. 한편, 한국예탁결제원과 금융 투자업자(증권사)가 거래징수하지 않은 상장·비상장주식의 장외거래에 대하여는 양도일이 속하는 (나)의 말일부터 (다) 이내 신고·납부하여야 한다.

	가	나	다
①	10일	분기	2개월
②	10일	반기	2개월
③	25일	분기	3개월
④	25일	반기	3개월

정답 | ②

해설 | 상장주식 등을 장내에서 거래하는 경우에는 한국예탁결제원이 매월분의 증권거래세를 다음달 10일까지 신고·납부하고 있어 별도로 신고할 필요가 없다. 한편, 한국예탁결제원과 금융투자업자(증권사)가 거래징수하지 않은 상장·비상장주식의 장외거래에 대하여는 양도일이 속하는 반기의 말일부터 2개월 이내 신고·납부하여야 한다.

★★☆
39 과점주주에 대한 적절한 설명으로 모두 묶인 것은?

가. 간주취득세는 일정 비율의 지분을 취득함으로써 법인의 지배권을 가지게 되는 경우 그 행사할 수 있는 지배권의 비율만큼 법인이 소유한 부동산 등을 취득한 것으로 의제하여 그 과점주주에게 취득세를 부과하는 것이다.

나. 과점주주는 주주 또는 유한책임사원 1인과 그와 친족 기타 특수관계에 있는 자들의 소유주식의 합계 또는 출자액의 합계가 해당 법인의 발행주식총수 또는 출자총액의 50%를 초과하면서 그에 관한 권리를 실질적으로 행사하는 자를 의미한다.

다. 법인의 지분 40%를 보유하고 있는 주주가 다른 주주의 주식 20%를 추가로 취득하여 최초로 과점주주가 된 경우에는 증가된 20% 지분에 대한 취득세를 부과한다.

라. 자본시장법에 따른 증권시장에 상장된 법인의 주식취득에 대해서는 간주취득세 납세의무가 면제된다.

마. 과점주주의 제2차 납세의무의 한도는 징수부족액에 대하여 지분비율만큼 곱하여 계산한다.

① 가, 나
② 가, 나, 다
③ 다, 라, 마
④ 가, 나, 라, 마

정답 | ④

해설 | 다. 법인의 과점주주가 아닌 주주 또는 유한책임사원이 다른 주주 또는 유한책임사원의 주식 또는 지분을 취득하거나 증자 등으로 최초로 과점주주가 된 경우에는 최초로 과점주주가 된 날 현재 해당 과점주주가 소유하고 있는 법인의 주식 등을 모두 취득한 것으로 보아 취득세를 부과한다.

★★☆
40 홍은균씨가 채권을 증권회사에서 다음과 같이 취득 후 양도하였을 경우 세금에 대한 설명으로 가장 적절한 것은(채권보유기간 중 이자수령 사실 없음)?

> • 양도가액 : 10,000천원
> • 취득가액 : 11,000천원
> • 보유기간이자 : 250천원

① 채권의 매매차손은 다른 부동산의 양도차익을 줄여준다.
② 홍은균씨는 순손실이 750천원이므로 납부할 세금이 없다.
③ 보유기간이자 250천원이 이자소득으로 과세된다.
④ 홍은균씨는 거래된 채권에 대한 증권거래세를 납부해야 한다.

정답 | ③
해설 | 채권의 양도차손은 1,000천원이나 다른 종합소득금액에서 공제되지도 않을 뿐만 아니라 오히려 보유기간이자 250천원이 이자소득으로 과세된다.

★★☆
41 펀드와 세금에 대한 적절한 설명으로 모두 묶인 것은?

> 가. 펀드란 투자자로부터 자금을 모아서 주식이나 채권 등의 자산에 투자하고, 그 손익을 투자자에게 투자지분에 따라 배분하는 집단적이고 간접적인 집합투자기구를 말한다.
> 나. 적격집합투자기구로부터의 이익 중에 포함되어 있는 채권이자나 상장주식의 매매차익과 배당은 이자소득에 해당된다.
> 다. 적격집합투자기구로부터의 이익 중 채권의 매매나 평가로 인하여 발생한 손익은 과세대상 소득에서 제외한다.
> 라. 비적격집합투자기구인 경우에는 집합투자기구의 법적 형태 등에 따라 소득 구분이 달라진다.

① 가, 나   ② 가, 라
③ 나, 다   ④ 다, 라

정답 | ②
해설 | 나. 적격집합투자기구에 해당하는 경우, 집합투자기구에서 발생한 소득이 투자자에게 이전될 때 그 소득은 배당소득으로 구분한다. 즉, 적격집합투자증권의 환매 · 양도소득금액과 적격집합투자기구로부터 분배금은 그 원천과 관계없이 모두 배당소득세를 과세한다.
    다. 적격집합투자기구로부터의 이익 중 국내 증권시장 상장증권(채권 및 수익증권 등은 제외), 국내 증권시장 상장증권을 대상으로 하는 장내파생상품, 벤처기업의 주식 또는 출자지분의 매매나 평가로 인하여 발생한 손익은 과세대상 소득에서 제외한다.

★★☆

42 다음 정보를 토대로 계산한 과세대상 금융소득이 적절하게 연결된 것은?

> • 외국법인이 발행한 채권의 이자 : 20,000천원
>
> • 비영업대금의 이익 : 10,000천원
>
> • 채권의 매매차익 : 5,000천원
>
> • 적격집합투자기구로부터의 이익 중 채권 수입이자 : 30,000천원

	이자소득	배당소득
①	10,000천원	20,000천원
②	20,000천원	30,000천원
③	30,000천원	30,000천원
④	30,000천원	35,000천원

정답 | ③

해설 | • 채권매매차익은 과세대상 소득으로 열거되어 있지 않으므로 과세하지 않는다.
- 적격집합투자증권의 환매 · 양도소득금액과 적격집합투자기구로부터 분배금은 그 원천과 관계없이 모두 배당소득세를 과세한다.
- 이자소득 : 외국법인이 발행한 채권의 이자 20,000천원 + 비영업대금의 이익 10,000천원 = 30,000천원
- 배당소득 : 적격집합투자기구로부터의 이익 중 채권 수입이자 30,000천원

★★☆

43 파생상품 등 상품별 과세 소득 구분이 적절하게 연결된 것은?

	ELS	ELD	ELW
①	배당	배당	이자
②	배당	이자	양도
③	이자	배당	양도
④	이자	이자	배당

정답 | ②

해설 | 〈파생상품 등 상품별 과세〉

상품	ELS, DLS, ELF, ELB, DLB	ELD	ELW
소득 구분	배당	이자	양도

★★☆
43 금융자산과 세금에 대한 설명으로 가장 적절한 것은?

① 유가증권시장에서 거래하는 상장주식 양도차익은 금융소득으로 과세된다.

② 채권의 이자와 할인액에 대해서는 이자소득세가 과세되나, 채권의 매매차익에 대해서는 과세하지 않는다.

③ 국내에서 받는 집합투자기구로부터의 이익은 이자소득인지 배당소득인지에 따라 그 소득구분이 달라진다.

④ 파생상품 등의 양도소득 과세표준에 대한 기본세율은 10%지만, 한시적으로 탄력세율 5%가 적용된다.

정답 | ②

해설 | ① 소액주주의 장내 상장주식 양도차익에 대해서는 과세하지 않지만 대주주의 장내 상장주식 양도차익은 과세대상이며, 상장주식의 장외거래에 대하여는 소액주주 및 대주주 모두 과세한다.
　　③ 적격집합투자증권의 환매·양도소득금액과 적격집합투자기구로부터 분배금은 그 원천과 관계없이 모두 배당소득세를 과세한다. 비적격집합투자기구인 경우에는 집합투자기구의 법적 형태 등에 따라 소득 구분이 달라진다.
　　④ 파생상품 등의 양도소득 과세표준에 대한 기본세율은 20%지만, 한시적으로 탄력세율 10%가 적용된다.

★★☆
44 월적립식 저축성보험계약의 과세제외 요건으로 적절하지 않은 것은?

① 계약기간이 10년 이상일 것

② 적립기간이 5년 이상일 것

③ 매월 납입하는 기본보험료가 150만원 이하로 균등할 것

④ 기본보험료의 선납기간이 3개월 이내일 것

정답 | ④

해설 | ④ 매월 납입하는 기본보험료가 150만원 이하로 균등(최초 계약한 기본보험료의 1배 이내로 기본보험료를 증액하는 경우를 포함)하고, 기본보험료의 선납기간이 6개월 이내일 것

★★☆
45 소득세법상 저축성보험의 보험차익이 과세제외 이자소득에 해당하지 않는 경우로 모두 묶인 것은(다른 요건들은 모두 충족하였음)?

> 가. 법인이 계약자인 납입기간이 15년인 월적립식 저축성보험 계약
> 나. 개인이 계약자인 납입기간이 7년인 월적립식 저축성보험 계약
> 다. 개인이 계약자인 납입기간이 4년인 월적립식 저축성보험 계약

① 가, 나   ② 가, 다
③ 나, 다   ④ 가, 나, 다

정답 | ②
해설 | 가. 법인이 이에 해당하는 저축성보험의 보험차익을 얻으면 법인세 과세대상이 된다.
　　　다. 적립기간이 5년 이상일 것

★★☆
46 보험차익이 비과세되기 위한 종신형 연금보험계약의 요건으로 적절하지 않은 것은?

① 계약자가 보험료 납입계약기간 만료 후 55세 이후부터 사망 시까지 보험금·수익 등을 연금으로 지급받는 계약일 것
② 연금 외의 형태로 보험금·수익 등을 지급하지 아니하는 계약일 것
③ 보험계약의 보증기간이 통계표에 따른 성별·연령별 기대여명 연수보다 더 길 것
④ 계약자와 피보험자 및 수익자가 동일한 계약으로서 최초 연금지급개시 이후 사망일 전에 계약을 중도해지할 수 없을 것

정답 | ③
해설 | ③ 사망 시(또는 보증기간 이내 사망한 경우 보증기간의 종료 시) 보험계약 및 연금재원이 소멸할 것

★★☆
47 저축성보험 보험차익의 과세제외 이자소득 요건으로 가장 적절한 것은?

① 계약기간이 5년 이상일 것
② 적립기간이 5년 이상인 월적립식 계약일 것
③ 매월 납입하는 기본보험료가 150만원 이하로 균등하고, 기본보험료의 선납기간이 3개월 이내일 것
④ 계약자가 보험료 납입계약기간 만료 후 50세 이후부터 사망 시까지 보험금·수익 등을 연금으로 지급받는 계약일 것

정답 | ②
해설 | ① 계약기간이 10년 이상일 것
③ 매월 납입하는 기본보험료가 150만원 이하로 균등(최초 계약한 기본보험료의 1배 이내로 기본보험료를 증액하는 경우를 포함)하고, 기본보험료의 선납기간이 6개월 이내일 것
④ 계약자가 보험료 납입계약기간 만료 후 55세 이후부터 사망 시까지 보험금·수익 등을 연금으로 지급받는 계약일 것

★★☆
48 저축성보험의 보험차익이 이자소득으로 과세될 여지가 있는 경우로 가장 적절한 것은?

① 피보험자의 사망·질병·부상 그 밖의 신체상의 상해로 인하여 받는 보험금의 보험차익
② 계약기간 5년 이상으로 납입보험료가 1억원 이하이고 법정요건을 충족하는 저축성보험의 보험차익
③ 계약기간 10년 이상으로 법정요건을 충족하는 월적립식 저축성보험의 보험차익
④ 법정요건을 충족하는 종신형 연금보험의 보험차익

정답 | ②
해설 | ② 계약자 1명당 납입할 보험료 합계액이 1억원 이하이고, 최초로 보험료를 납입한 날부터 만기일 또는 중도일까지의 기간이 10년 이상인 것. 단, 최초 납입일부터 만기일 또는 중도해지일까지의 기간은 10년 이상이지만 10년이 경과하기 전에 납입보험료를 확정된 기간 동안 연금 형태로 분할 지급받는 경우 제외

CHAPTER 06 부동산자산과 세금

출제비중 : 17~30% / 5~9문항

학습가이드 ■■

학습 목표	학습 중요도
Tip 재산세와 종합부동산세의 경우 상호비교 중심으로 학습 필요	
Tip 부동산 양도소득세의 경우 다양한 사례의 계산문제 학습 필요	
Tip 부동산 취득에서 양도까지 발생하는 세금(취득세, 재산세, 종합부동산세, 양도소득세)을 하나의 흐름 안에서 볼 수 있도록 학습 필요	
1. 취득세 과세대상을 구분하고 취득세를 계산할 수 있다.	★★★
2. 지방세법상 시가표준액에 대한 내용을 이해할 수 있다.	★★
3. 부동산 자금출처조사에 대한 내용을 이해할 수 있다.	★
4. 과세대상별 재산세의 내용에 대하여 설명할 수 있다.	★★★
5. 과세대상별 종합부동산세재산세의 내용에 대하여 설명할 수 있다.	★★★
6. 양도소득세 과세대상 자산에 대하여 이해하고 양도소득세를 계산할 수 있다.	★★★
7. 1세대 1주택 비과세 규정을 설명할 수 있다.	★★★
8. 소득세법상의 기준시가에 대하여 이해할 수 있다.	★

···TOPIC 1 취득세

★★★
01 취득세 과세대상이 되는 지방세법상 취득의 유형으로 모두 묶인 것은?

> 가. 목적물을 교환에 의하여 대가를 지불하고 취득하는 경우
> 나. 상속에 의해 건물을 무상승계취득한 경우
> 다. 건물의 증축으로 인해 부동산 가치가 상승한 경우
> 라. 토지의 지목을 사실상 변경함으로써 그 가액이 증가한 경우

① 가, 나　　　　　　　　② 나, 다
③ 다, 라　　　　　　　　④ 가, 나, 다, 라

정답 | ④

해설 | • 유상승계취득 : 매매, 교환, 현물출자, 공매, 경매, 수용 등에 의하여 대가를 지불하고 취득하는 유형
- 무상승계취득 : 상속, 증여, 기부 등으로 부동산이나 권리의 대가를 지불하지 아니하고 취득하는 유형
- 원시취득 : 어떤 권리가 타인의 권리에 근거함이 없이 새로 발생하는 것으로서 과세대상 자산이 새로이 생성 되거나 법률규정에 의하여 특정인에게 권리가 새로이 생성되는 것(예 건물의 신축ㆍ증축ㆍ재축ㆍ개수 등과 공유수면의 매립 및 간척에 의한 토지의 조성 등)
- 간주취득 : 실질적인 취득 행위가 있었던 것은 아니지만 취득 행위가 있었던 것으로 보는 취득 유형(예 선박, 차량과 기계장비의 종류를 변경함으로써 그 가액이 증가한 경우, 토지의 지목을 사실상 변경함으로써 그 가액 이 증가한 경우, 법인의 주식 또는 지분을 취득함으로써 과점주주가 되었을 때)

★★★
02 지방세법상 취득세에 대한 설명으로 가장 적절한 것은?

① 취득이란 매매, 교환, 상속, 증여, 기부, 법인에 대한 현물출자, 건축, 개수, 공유수면의 매 립, 간척에 의한 토지의 조성 등과 그 밖에 이와 유사한 취득으로서 원시취득, 승계취득 또 는 유상ㆍ무상의 모든 취득을 말한다.

② 취득세란 일정한 자산의 취득에 대하여 그 취득자에게 부과하는 국세를 말한다.

③ 취득세는 토지, 건축물, 아파트 당첨권, 차량, 기계장비, 항공기, 선박, 입목, 광업권, 어업 권, 양식업권, 골프회원권, 승마회원권, 콘도미니엄 회원권, 종합체육시설 이용회원권 또 는 요트회원권을 과세대상으로 한다.

④ 취득세는 취득세 과세대상 자산을 취득한 자에게 부과하며, 개인과 법인만 취득세 납세의 무가 있을 뿐 사단, 재단 및 그 밖의 단체는 취득세 납세의무가 없다.

정답 | ①

해설 | ② 취득세란 일정한 자산의 취득에 대하여 그 취득자에게 부과하는 지방세를 말한다.
③ 취득세는 부동산(토지, 건축물), 차량, 기계장비, 항공기, 선박, 입목, 광업권, 어업권, 양식업권, 골프회원권, 승마회원권, 콘도미니엄 회원권, 종합체육시설 이용회원권 또는 요트회원권을 과세대상으로 한다.
④ 취득세는 취득세 과세대상 자산을 취득한 자에게 부과하며, 개인과 법인뿐만 아니라 사단, 재단 및 그 밖의 단체도 취득세 납세의무가 있다.

★★★
03 지방세법상 취득세 과세대상 물건의 취득시기에 대한 설명으로 적절하지 않은 것은?

① 유상승계취득의 경우에는 사실상의 잔금지급일과 그 등기일 또는 등록일 중 빠른 날에 취득 한 것으로 본다.

② 유상승계취득 중 사실상의 잔금지급일을 확인할 수 없는 경우에는 그 계약상의 잔금지급일 과 등기일 또는 등록일 중 빠른 날에 취득한 것으로 본다.

③ 부동산에 대한 증여계약의 경우에는 그 등기접수일에 취득한 것으로 본다.

④ 원시취득 중 건축물을 건축 또는 개수하여 취득하는 경우에는 사용승인서를 내주는 날과 사 실상의 사용일 중 빠른 날에 취득한 것으로 본다.

정답 | ③

해설 | ③ 무상승계취득의 경우에는 그 계약일(계약 전 등기ㆍ등록 시는 등기ㆍ등록일)에 취득한 것으로 본다. 다만, 상속 또는 유증으로 인한 취득의 경우에는 상속 또는 유증 개시일에 취득한 것으로 본다.

★★★
04 취득세 과세표준에 대한 설명으로 적절하지 않은 것은?

① 취득세의 과세표준은 원칙적으로 취득 당시의 가액으로 하나, 연부로 취득하는 경우 취득세 과세표준은 연부금액으로 한다.

② 취득세 과세대상 자산을 유상거래로 승계취득하는 경우 취득당시가액은 취득시기 이전에 해당 물건을 취득하기 위하여 거래 상대방이나 제3자에게 지급하였거나 지급하여야 할 일체의 비용으로서 사실상취득가격으로 한다.

③ 특수관계인 간의 거래로 그 취득에 대한 조세부담을 부당하게 감소시키는 행위 또는 계산을 한 것으로 인정되는 경우에는 시가인정액을 취득 당시의 가액으로 결정할 수 있다.

④ 무상승계취득하는 경우 원칙적으로 취득 당시의 가액은 시가표준액으로 하나, 상속에 따른 무상취득의 경우 시가인정액으로 한다.

정답 | ④

해설 | ④ 무상승계취득하는 경우 원칙적으로 취득 당시의 가액은 취득시기 현재 불특정 다수인 사이에 자유롭게 거래가 이루어지는 경우 통상적으로 성립된다고 인정되는 가액(시가인정액 : 매매사례가액, 감정가액, 공매가액 등)으로 한다. 다만, 예외적으로 과세표준을 산정하는 사항은 아래와 같다.

> • 상속에 따른 무상취득의 경우 : 시가표준액
> • 시가표준액 1억원 이하의 부동산 등을 무상취득하는 경우(상속 제외) : 시가인정액과 시가표준액 중에서 납세자가 정하는 가액
> • 그 외의 무상취득의 경우 : 시가인정액으로 하되, 시가인정액을 산정하기 어려운 경우에는 시가표준액

★★★
05 취득당시가액을 사실상취득가격으로 하는 경우로 모두 묶인 것은?

> 가. 취득세 과세대상 자산을 유상거래로 승계취득하는 경우
> 나. 취득세 과세대상 자산을 무상승계취득하는 경우
> 다. 취득세 과세대상 자산을 원시취득하는 경우
> 라. 토지의 지목을 사실상 변경하는 경우

① 가, 다   ② 가, 라
③ 나, 다   ④ 다, 라

정답 | ①

해설 | 나. 무상승계취득하는 경우 원칙적으로 취득 당시의 가액은 취득시기 현재 불특정 다수인 사이에 자유롭게 거래가 이루어지는 경우 통상적으로 성립된다고 인정되는 가액(시가인정액 : 매매사례가액, 감정가액, 공매가액 등)으로 한다.

라. 건축물을 건축 또는 개수한 경우와 선박 등 종류를 변경한 경우 및 토지의 지목을 사실상 변경한 경우에는 건축 · 개수 · 종류변경 · 지목변경으로 증가한 가액을 과세표준으로 한다.

★★★
06 취득세에 대한 설명으로 적절하지 않은 것은?

① 토지의 지목을 전에서 대로 변경함으로써 그 가액이 증가한 경우 취득행위가 있었던 것으로 간주한다.
② 상속의 취득일은 상속개시일이다.
③ 증여로 인한 취득의 경우에는 사실상취득가격을 취득세 과세표준으로 한다.
④ 취득세 세율은 상속 취득, 상속 외 무상취득, 원시취득, 매매 등 그 밖의 원인으로 취득 등 부동산을 취득하는 유형에 따라 다르게 적용한다.

정답 | ③
해설 | ③ 무상승계취득하는 경우 원칙적으로 취득 당시의 가액은 취득시기 현재 불특정 다수인 사이에 자유롭게 거래가 이루어지는 경우 통상적으로 성립된다고 인정되는 가액(시가인정액 : 매매사례가액, 감정가액, 공매가액 등)으로 한다. 다만, 예외적으로 과세표준을 산정하는 사항은 아래와 같다.

- 상속에 따른 무상취득의 경우 : 시가표준액
- 시가표준액 1억원 이하의 부동산 등을 무상취득하는 경우(상속 제외) : 시가인정액과 시가표준액 중에서 납세자가 정하는 가액
- 그 외의 무상취득의 경우 : 시가인정액으로 하되, 시가인정액을 산정하기 어려운 경우에는 시가표준액

★★★
07 부동산의 취득단계에서 과세될 수 있는 세금에 해당하지 않는 것은?

① 취득세
② 농어촌특별세
③ 지방교육세
④ 지방소득세

정답 | ④
해설 | 취득세에 대한 부가세로서 농어촌특별세(취득세 과세표준의 0.2%에 해당하는 금액)와 지방교육세(취득세 세율에서 2%를 차감한 세율을 적용하여 산출한 금액의 20%에 해당하는 금액)가 과세된다.

★★★
08 부동산 취득유형별 표준세율(부가세 포함)이 적절하게 연결된 것은?

① 상속 취득(농지 외) - 2.56%
② 상속 외 무상취득 - 3.16%
③ 원시취득 - 3.16%
④ 매매 등 그 밖의 원인으로 취득(농지 외) - 3.40%

정답 | ③
해설 | ① 상속 취득(농지 외) - 3.16%
② 상속 외 무상취득 - 4.00%
④ 매매 등 그 밖의 원인으로 취득 - 4.60%

★★★
09 취득세 세율에 대한 설명으로 가장 적절한 것은?

① 취득세에 대한 부가세로서 농어촌특별세와 지방교육세가 과세된다.
② 조정대상지역에서 시가표준액 6억원 이상인 주택을 증여를 원인으로 취득하는 경우 12%의 취득세율을 적용한다.
③ 개인이 주택을 유상거래를 원인으로 취득하는 경우 중과세율 적용의 기준이 되는 1세대의 주택 수는 주택 취득일 현재 취득하는 주택을 포함하여 1세대가 국내에 소유하는 주택, 조합원입주권, 주택분양권의 수를 말한다.
④ 1주택을 소유한 1세대가 신규주택을 취득하여 종전 주택을 신규주택 취득일로부터 2년 내에 종전 주택을 양도하는 경우 주택 표준세율을 적용한다.

정답 | ①

해설 | ② 조정대상지역에서 시가표준액 3억원 이상인 주택을 증여를 원인으로 취득하는 경우 12%의 취득세율을 적용한다.
③ 개인이 주택을 유상거래를 원인으로 취득하는 경우 중과세율 적용의 기준이 되는 1세대의 주택 수는 주택 취득일 현재 취득하는 주택을 포함하여 1세대가 국내에 소유하는 주택, 조합원입주권, 주택분양권 및 주택으로 재산세를 과세하는 오피스텔의 수를 말한다(오피스텔 자체를 취득하는 경우에는 주택 유상승계취득 시 세율을 적용하지 않고 부동산 취득유형별 세율로 과세된다).
④ 1주택을 소유한 1세대가 신규주택을 취득하여 종전 주택을 신규주택 취득일로부터 3년 내에 종전 주택을 양도하는 경우 주택 표준세율을 적용한다.

★★★
10 홍범도씨가 주택을 6.5억원에 유상거래로 취득하였을 경우 납부하여야 할 취득세로 가장 적절한 것은(1세대 1주택자이며 감면 및 중과세율 등은 적용하지 않음)?

① 6,500천원
② 8,645천원
③ 13,000천원
④ 19,500천원

정답 | ②

해설 | 취득세
＝주택의 취득 당시 가액×주택 표준세율
$$＝ 주택의\ 취득\ 당시\ 가액×(주택의\ 취득\ 당시\ 가액×\frac{2}{3억원}-3)÷100 = 650,000×(6.5×\frac{2}{3}-3)÷100$$
$$＝650,000×1.33\%=8,645천원$$

11 ★★★ 취득세 신고납부에 대한 다음 설명 중 (가)~(라)에 들어갈 내용이 적절하게 연결된 것은?

> 취득세 과세물건을 취득한 자는 그 취득한 날부터 (가)[무상취득(상속 제외)으로 인한 경우는 취득일이 속하는 달의 말일부터 (나), 상속으로 인한 경우는 상속개시일이 속하는 달의 말일부터, 실종으로 인한 경우는 실종선고일이 속하는 달의 말일부터 각각 (다)(납세자가 외국에 주소를 둔 경우에는 각각 (라))] 이내에 신고하고 납부하여야 한다.

	가	나	다	라
①	60일	3개월	6개월	9개월
②	60일	6개월	3개월	6개월
③	90일	3개월	6개월	6개월
④	90일	6개월	3개월	9개월

정답 | ①
해설 | 취득세 과세물건을 취득한 자는 그 취득한 날부터 60일[무상취득(상속 제외)으로 인한 경우는 취득일이 속하는 달의 말일부터 3개월, 상속으로 인한 경우는 상속개시일이 속하는 달의 말일부터, 실종으로 인한 경우는 실종선고일이 속하는 달의 말일부터 각각 6개월(납세자가 외국에 주소를 둔 경우에는 각각 9개월)] 이내에 신고하고 납부하여야 한다.

12 ★★★ 취득세 기한후신고에 대한 설명으로 가장 적절한 것은?

① 취득세 신고기한까지 신고하지 아니한 자는 당해 취득세를 보통징수방법으로 부과고지받기 전까지 기한후신고를 할 수 있다.
② 법정신고기한이 지난 후 1년 이내에 기한후신고를 한 경우에는 무신고가산세의 일부를 경감받게 된다.
③ 기한후신고로 인한 무신고가산세 경감은 추가 자진납부한 경우에만 적용된다.
④ 법정신고기한이 지난 후 1개월 이내에 기한후신고를 한 경우에는 무신고가산세 90%를 경감받게 된다.

정답 | ①
해설 | ② 법정신고기한이 지난 후 6개월 이내에 기한후신고를 한 경우에는 무신고가산세의 일부를 경감받게 된다.
③ 기한후신고로 인한 무신고가산세 경감은 추가 자진납부하지 않은 경우에도 적용된다.
④ 무신고가산세 경감은 1개월 이내 신고 50%, 1개월 초과 3개월 이내 30%, 3개월 초과 6개월 이내 20%를 경감받게 된다.

★★★
13 취득세 납세절차에 대한 설명으로 적절하지 않은 것은?

① 취득가액이 50만원 이하일 때에는 취득세를 부과하지 아니한다.

② 신고하지 아니한 경우 당해 납부세액의 10/100에 상당하는 무신고가산세가 부과된다.

③ 납부하지 아니하였거나 산출세액에 미달하게 납부한 경우 그 납부하지 아니하였거나 부족한 세액에 1일 0.022%를 곱하여 산출한 납부지연가산세가 부과된다.

④ 취득세 납세의무자가 취득세 과세물건을 사실상취득한 후 과세관청에 취득세 신고를 하지 아니하고 매각하는 경우에는 산출세액에 80/100을 가산한 금액을 세액으로 하여 보통징수 방법에 의하여 징수한다.

정답 | ②

해설 | ② 신고하지 아니한 경우 당해 납부세액의 20/100(부정한 행위로 인한 무신고 : 40/100)에 상당하는 무신고 가산세가 부과된다. 신고한 세액이 산출세액에 미달하는 경우 당해 부족세액의 10/100(부정과소신고분 : 40/100)에 상당하는 과소신고가산세가 부과된다.

···TOPIC 2 시가표준액

★★★
14 상가 A를 다음과 같이 취득하였을 경우 신고납부 기한과 취득세 과세표준이 적절하게 연결된 것은?

- 공시지가 : 10억원
- 사실상취득가액 : 12억원

	신고납부기한	과세표준
①	취득일로부터 60일	10억원
②	취득일로부터 90일	10원원
③	취득일로부터 60일	12억원
④	취득일로부터 90일	12억원

정답 | ③

해설 | • 취득세 과세물건을 취득한 자는 그 취득한 날부터 60일[무상취득(상속 제외)으로 인한 경우는 취득일이 속하는 달의 말일부터 3개월, 상속으로 인한 경우는 상속개시일이 속하는 달의 말일부터, 실종으로 인한 경우는 실종선고일이 속하는 달의 말일부터 각각 6개월(납세자가 외국에 주소를 둔 경우에는 각각 9개월)] 이내에 신고하고 납부하여야 한다.
• 취득세 과세표준은 취득 당시의 가액을 원칙으로 하고, 이 취득 당시의 가액은 신고가액으로 한다. 신고가액이 없거나 시가표준액보다 낮은 경우는 시가표준액을 과세표준으로 한다.

★☆☆
15 자금출처조사에 대한 설명으로 적절하지 않은 것은?

① 부동산 취득자금이 8억원인 경우 자금의 출처가 6.4억원 이상 확인되면 전체가 소명된 것으로 본다.

② 취득자금이 15억원인 경우 자금의 출처를 입증하지 못한 금액이 2억원이라면 취득자금 전체가 소명된 것으로 본다.

③ 현행 세법에서는 직업·연령·소득 및 재산상태 등으로 보아 자력으로 재산을 취득하였거나 채무를 상환하였다고 인정하기 어려운 경우 그 취득자금을 증여받은 것으로 추정하므로, 조사결과 취득자금의 출처를 입증하지 못한 금액에 대해서는 증여세가 과세된다.

④ 미입증금액＜Min[취득 재산가액×20%, 2억원]에 해당하는 경우에는 증여추정에서 제외한다.

정답 | ②
해설 | ② 취득자금이 10억원 이상인 경우 자금의 출처를 입증하지 못한 금액이 2억원 미만인 경우 취득자금 전체가 소명된 것으로 본다.

★★★
16 김세진씨가 다음과 같이 토마토아파트를 분양회사로부터 일반분양을 신청하여 구입시 과세되는 취득세(부가세 제외)와 구입할 토마토아파트에 대한 올해 재산세 납세의무 여부가 적절하게 연결된 것은(1세대 1주택자이며 감면 및 중과세율 등은 적용하지 않음)?

• 시가표준액 : 3.5억원	• 사실상취득가액 : 5억원
• 계약서상 잔금지급일 : 올해 5월 30일	• 실제 잔급지급일 : 올해 5월 31일
• 등기접수일 : 올해 6월 5일	

	취득세(부가세 제외)	재산세 납세의무
①	5,000천원	있음
②	5,000천원	없음
③	10,000천원	있음
④	10,000천원	없음

정답 | ①

해설 | • 취득세 과세표준은 취득 당시의 가액을 원칙으로 하고, 이 취득 당시의 가액은 신고가액으로 한다. 신고가액
이 없거나 시가표준액보다 낮은 경우는 시가표준액을 과세표준으로 한다.
• 취득세＝주택의 취득 당시 가액×주택 표준세율＝주택의 취득 당시 가액×1%＝500,000×1%＝5,000천원
• 유상승계취득의 경우에는 사실상의 잔금지급일과 그 등기일 또는 등록일 중 빠른 날에 취득한 것으로 본다.
따라서 취득 시기는 5월 31일이며, 재산세 과세기준일(매년 6월 1일) 현재 재산을 사실상 소유하고 있는 자는
재산세를 납부할 의무가 있다.

★★★
17 재산세 납세의무자에 대한 설명으로 적절하지 않은 것은?

① 재산세 과세기준일 현재 재산을 사실상 소유하고 있는 자는 재산세를 납부할 의무가 있다.

② 주택의 건물과 부속토지의 소유자가 다를 경우에는 건물분 재산세와 토지분 재산세를 각각
계산한 부분에 대하여 그 소유자를 납세의무자로 본다.

③ 재산세 과세기준일 현재 공부상의 소유자가 매매 등의 사유로 소유권에 변동이 있었음에도
이를 신고하지 아니하여 사실상의 소유자를 알 수 없는 때에는 공부상의 소유자를 납세의무
자로 본다.

④ 상속이 개시된 재산으로서 상속등기가 이행되지 아니하고 사실상의 소유자를 신고하지 아
니한 때에는 행정안전부령이 정하는 주된 상속자를 납세의무자로 본다.

정답 | ②

해설 | ② 주택의 건물과 부속토지의 소유자가 다를 경우에는 당해 주택에 대한 산출세액을 지방세법의 규정에 의한
건축물과 그 부속토지의 시가표준액 비율로 안분 계산한 부분에 대하여 그 소유자를 납세의무자로 본다.

★★★
18 다음 사례를 토대로 거주자 권재관씨의 올해 재산세 납세의무에 대한 설명으로 가장 적절한 것은?

> • 권재관씨는 올해 5월 30일 A주택을 취득하고 그 즉시 소유권이전등기를 완료하였다.
> • 권재관씨는 5년 전 취득한 B주택의 지분 50%를 올해 7월 2일 배우자에게 증여하였으나 이를
> 관할 지방자치단체에 신고하지 않았다.

① 권재관씨는 A주택 및 B주택 전체에 대하여 재산세 납세의무가 있다.

② 권재관씨는 A주택 전체와 B주택의 50%에 대하여 재산세 납세의무가 있다.

③ 권재관씨는 B주택의 50%에 대하여만 재산세 납세의무가 있다.

④ 권재관씨는 B주택 전체에 대하여만 재산세 납세의무가 있다.

정답 | ①

해설 | 재산세 과세기준일(매년 6월 1일) 현재 재산을 사실상 소유하고 있는 자는 재산세를 납부할 의무가 있다. 다만,
공유재산인 경우에는 그 지분에 해당하는 부분(지분의 표시가 없는 경우에는 지분이 균등한 것으로 본다)에
대하여 그 지분권자를 납세의무자로 본다. 한편 과세기준일 현재 사실상의 소유자 확인이 불가능한 경우에는
당해 재산을 사용하는 자를 납세의무자로 본다. 재산세 과세기준일 현재 공부상의 소유자가 매매 등의 사유로
소유권에 변동이 있었음에도 이를 신고하지 아니하여 사실상의 소유자를 알 수 없는 때에는 공부상의 소유자를
납세의무자로 본다.

19 재산세에 대한 적절한 설명으로 모두 묶인 것은?

> 가. 매년 6월 1일 현재 재산을 사실상 소유하고 있는 자는 재산세를 납부할 의무가 있다.
> 나. 과세기준일 현재 사실상의 소유자 확인이 불가능한 경우에는 공부상의 소유자를 납세의무자로 본다.
> 다. 재산세는 과세대상을 크게 주택, 토지, 건축물로 구분하고 있으며, 주택에 대하여는 시·군·구 관내의 주택을 인별로 합산하여 과세하고, 토지 및 일반 건축물은 물건별로 개별 과세하는 체계로 되어 있다.
> 라. 종합합산과세대상 토지는 별도합산과세대상 토지와 분리과세대상 토지를 제외한 모든 토지이다.

① 가, 나　　　　　　　　　　　② 가, 라
③ 나, 다　　　　　　　　　　　④ 다, 라

정답 | ②

해설 | 나. 과세기준일 현재 사실상의 소유자 확인이 불가능한 경우에는 당해 재산을 사용하는 자를 납세의무자로 본다. 재산세 과세기준일 현재 공부상의 소유자가 매매 등의 사유로 소유권에 변동이 있었음에도 이를 신고하지 아니하여 사실상의 소유자를 알 수 없는 때에는 공부상의 소유자를 납세의무자로 본다.
다. 재산세는 과세대상을 크게 주택(그 부속토지 포함), 토지, 건축물로 구분하고 있으며, 토지에 대하여는 시·군·구 관내의 토지를 인별로 합산하여 과세하고, 주택 및 일반 건축물은 물건별로 개별 과세하는 체계로 되어 있다.

20 재산세에 대한 설명으로 적절하지 않은 것은?

① 지방세법상 재산세의 과세대상인 재산의 범위는 토지, 건축물, 주택, 선박 및 항공기이다.
② 재산세의 납세의무자는 원칙적으로 과세기준일인 매년 6월 1일 현재 재산세 과세대상 자산을 소유하고 있는 자이다.
③ 재산세 과세기준일 현재 공부상의 소유자가 매매 등의 사유로 소유권에 변동이 있었음에도 이를 신고하지 아니하여 사실상의 소유자를 알 수 없는 때에는 공부상의 소유자를 납세의무자로 본다.
④ 토지에 대한 과세표준은 납세자별로 전국의 해당 과세대상 토지의 공시가격을 합산한 금액에서 공정시장가액비율을 곱한 금액으로 한다.

정답 | ④

해설 | ④ 토지의 과세표준은 납세자별로 시·군·구내에 소유한 해당 과세대상 토지의 개별공시지가의 합계액에 대통령령이 정하는 공정시장가액비율을 곱하여 산정된 가액으로 한다.

21 지방세법상 토지분 재산세에 대한 설명으로 가장 적절한 것은?

① 과세기준일은 매년 1월 1일이다.

② 종합합산과세대상 토지는 별도합산과세대상 토지와 분리과세대상 토지를 제외한 모든 토지이다.

③ 골프장 및 고급오락장용 토지는 3단계 초과누진세율을 적용한다.

④ 토지에 대한 재산세 납기는 매년 7월 16일부터 7월 31일까지이다.

정답 | ②

해설 | ① 재산세 과세기준일은 매년 6월 1일이다.
　　　 ③ 골프장 및 고급오락장용 토지는 고율분리과세 대상 토지이다.
　　　 ④ 토지에 대한 재산세 납기는 매년 9월 16일부터 9월 30일까지이다.

22 A씨는 골프장으로 사용할 토지를 올해 6월 20일 취득하였다. 이와 관련된 재산세에 대한 설명으로 적절하지 않은 것은?

① 일반적인 다른 토지보다 더 높은 세율의 재산세가 과세된다.

② 올해 토지의 재산세는 A씨가 아닌 양도자가 납부할 의무가 있다.

③ 해당 토지의 재산세 납기는 매년 7월 16일부터 7월 31일까지이다.

④ 재산세 납부세액이 1천만원을 초과하는 경우에는 물납을 신청할 수 있다.

정답 | ③

해설 | ③ 토지 : 매년 9월 16일부터 9월 30일까지
　　　　 건축물 : 매년 7월 16일부터 7월 31일까지

23 재산세에 대한 다음 설명 중 (가)~(다)에 들어갈 내용으로 적절하게 연결된 것은?

> • 재산세 과세기준일은 매년 (가)이다.
> • 주택의 재산세 납기는 산출세액의 2분의 1은 매년 7월 16일부터 7월 31일까지, 나머지 2분의 1은 (나)까지이다.
> • 재산세에 대한 부가세로는 재산세 도시지역분과 (다), 지역자원시설세가 있다.

	가	나	다
①	1월 1일	9월 16일부터 9월 30일	농어촌특별세
②	1월 1일	12월 16일부터 12월 31일	지방교육세
③	6월 1일	9월 16일부터 9월 30일	지방교육세
④	6월 1일	12월 16일부터 12월 31일	농어촌특별세

해설 | • 재산세 과세기준일은 매년 6월 1일이다.
- 주택의 재산세 납기 : 산출세액의 2분의 1은 매년 7월 16일부터 7월 31일까지, 나머지 2분의 1은 9월 16일부터 9월 30일까지[산출세액이 20만원 이하인 경우에는 7월 16일부터 7월 31일까지 일시에 부과징수]
- 재산세에 대한 부가세로는 재산세 도시지역분(주택 재산세 과세표준의 0.14%)과 지방교육세(재산세 납부액의 20%), 지역자원시설세(주택 건축물 시가표준액의 60%의 0.04~0.12%)가 있다.

★★★
24 서울특별시 강북구에 거주(주소지)하면서 서울특별시 구로구에서 문방구점을 운영하는 홍은균씨가 서울특별시 마포구에 소재한 본인 소유 상가A를 타인에게 양도하였다. 상가의 매매에 따른 양도소득세 관할세무서와 상가A 매수자의 취득세 및 재산세 관할 지방자치단체가 적절하게 연결된 것은?

	양도소득세 관할세무서	취득세 및 재산세 관할 지방자치단체
①	강북구 관할세무서	마포구청
②	강북구 관할세무서	구로구청
③	마포구 관할세무서	강북구청
④	마포구 관할세무서	구로구청

정답 | ①
해설 | • 거주자에 대한 소득세의 납세지는 그 주소지(주소지가 없는 경우에는 그 거소지)로 하고, 비거주자의 납세지는 국내사업장의 소재지(국내사업장이 없는 경우에는 국내원천소득이 발생하는 장소)로 한다.
- 취득세 및 재산세는 토지 · 건축물 · 주택의 소재지를 관할하는 지방자치단체에 납부한다.

★★★
25 재산세 납세절차에 대한 다음 설명 중 (가)~(다)에 들어갈 내용으로 적절하게 연결된 것은?

- 지방자치단체의 장은 재산세의 납부세액이 (가)을 초과하는 경우에는 납부할 세액의 일부를 납부기한이 지난날부터 (나) 이내에 분할납부할 수 있다.
- 지방자치단체의 장은 재산세 납부세액이 (다)을 초과하는 경우에는 납세의무자의 신청을 받아 당해 지방자치단체의 관할 구역 안에 소재하는 부동산에 한하여 대통령령이 정하는 바에 의하여 물납을 허가할 수 있다.

	가	나	다
①	250만원	1개월	2천만원
②	250만원	2개월	1천만원
③	500만원	1개월	1천만원
④	500만원	2개월	2천만원

정답 | ②

해설 | • 지방자치단체의 장은 재산세의 납부세액이 250만원을 초과하는 경우에는 납부할 세액의 일부를 납부기한이 지난날부터 2개월 이내에 분할납부할 수 있다.

납부할 세액	분할납부대상 세액
250만원 초과 500만원 이하인 경우	250만원을 초과하는 금액
500만원을 초과하는 경우	납부할 세액의 50% 이하의 금액

• 지방자치단체의 장은 재산세 납부세액이 1천만원을 초과하는 경우에는 납세의무자의 신청을 받아 당해 지방자치단체의 관할 구역 안에 소재하는 부동산에 한하여 대통령령이 정하는 바에 의하여 물납을 허가할 수 있다.

···TOPIC 5 종합부동산세

★★★
26 종합부동산세 과세대상으로 가장 적절한 것은?

① 별장
② 상가 부속토지
③ 고급오락장용 토지
④ 상가 건축물

정답 | ②

해설 | 종합부동산세 과세대상은 재산세 과세대상 중 주택(별장 제외), 종합합산과세대상 토지, 별도합산과세대상 토지이며 별장 및 분리과세대상 토지, 건축물 등은 종합부동산세 과세대상이 아니다.

★★★
27 종합부동산세 과세대상 및 과세기준금액이 적절하게 연결된 것은?

	주택	주택 (1세대 1주택자)	종합합산과세대상 토지	별도합산과세대상 토지
①	9억원	12억원	5억원	80억원
②	9억원	12억원	80억원	5억원
③	12억원	9억원	5억원	80억원
④	12억원	9억원	80억원	5억원

정답 | ①

해설 | 〈종합부동산세 과세대상 및 과세기준금액〉

과세대상	과세기준금액	합산방법
주택	9억원(1세대 1주택자 12억원)	인별 합산
종합합산과세대상 토지(나대지 등)	5억원	
별도합산과세대상 토지(건축물 부속토지 등)	80억원	

28 김인남씨는 20××년 7월 1일 자신이 보유하던 주택을 이숙씨에게 양도하였으며, 이숙씨는 7월 30일 적법하게 이를 등기처리를 하였을 경우 20××년도 주택에 대한 재산세와 종합부동산세 납세의무자가 적절하게 연결된 것은?

	재산세	종합부동산세		재산세	종합부동산세
①	김인남	김인남	②	김인남	이숙
③	이숙	김인남	④	이숙	이숙

정답 | ①
해설 | 종합부동산세 과세기준일은 재산세 과세기준일과 동일한 매년 6월 1일이다.

29 홍은균씨는 금년 7월 10일 10억원에 주택을 1채 구입하였다. 홍은균씨가 금년 말까지 납부해야 할 부동산 관련 세금으로 모두 묶인 것은?

① 취득세

② 취득세, 재산세

③ 취득세, 재산세, 종합부동산세

④ 취득세, 재산세, 종합부동산세, 종합소득세

정답 | ①
해설 | • 취득세 과세물건을 취득한 자는 그 취득한 날부터 60일[무상취득(상속 제외)으로 인한 경우는 취득일이 속하는 달의 말일부터 3개월, 상속으로 인한 경우는 상속개시일이 속하는 달의 말일부터, 실종으로 인한 경우는 실종선고일이 속하는 달의 말일부터 각각 6개월(납세자가 외국에 주소를 둔 경우에는 각각 9개월)] 이내에 신고하고 납부하여야 한다.
• 재산세 과세기준일과 종합부동산산세 과세기준일은 모두 매년 6월 1일이다.

30 부동산 보유 관련 세금에 대한 설명으로 적절하지 않은 것은?

① 재산세 납부대상 재산은 모두 관할 지방자치단체의 장이 세액을 산정하여 보통징수의 방법으로 연 1회 부과 · 징수한다.

② 세부담 상한을 두고 있어, 해당 재산에 대한 재산세 산출세액이 직전 연도의 해당 재산에 대한 재산세액 상당액의 150/100을 초과하는 경우에는 150/100에 해당하는 금액을 해당 연도에 징수할 세액으로 한다.

③ 재산세 납세의무자의 신청에 의해 분할납부 및 물납이 가능하다.

④ 거주자인 경우 그 주소지를 종합부동산세 납세지로 하고 주소지가 없는 경우에는 그 거소지를 종합부동산세 납세지로 한다.

정답 | ①
해설 | ① 주택 산출세액의 2분의 1은 매년 7월 16일부터 7월 31일까지, 나머지 2분의 1은 9월 16일부터 9월 30일까지 부과징수한다.

★★★
31 주택에 대한 종합부동산세 과세방법을 설명한 것으로 가장 적절한 것은?

① 주택에 대한 종합부동산세 과세표준은 납세의무자별로 주택의 공시가격을 합산한 금액에서 12억원을 공제한 금액에 공정시장가액비율을 곱한 금액으로 한다.

② 주택분 재산세로 부과된 세액과 1세대 1주택자에 대한 장기보유세액공제 또는 노령자세액 공제를 주택분 종합부동산세액에서 공제 가능하며, 1세대 1주택자에 대한 장기보유세액공제와 노령자세액공제는 중복 적용이 불가하다.

③ 공동명의 1주택자에 대한 납세의무 등에 관한 특례가 있어, 부부 중 1인이 1주택을 소유한 것으로 보아 종합부동산세를 계산하여 적용할 수 있으며, 인별로 9억원을 공제하는 원칙적인 방법보다 유리하다.

④ 만 60세 이상의 직계존속을 동거봉양하기 위하여 합가하는 경우 합가한 날부터 10년 동안은 각각 1세대 1주택으로 본다.

정답 | ④

해설 | ① 주택에 대한 종합부동산세 과세표준은 납세의무자별로 주택의 공시가격을 합산한 금액에서 9억원(1세대 1주택자는 12억원)을 공제한 금액에 공정시장가액비율(60%)을 곱한 금액으로 한다.
② 주택분 재산세로 부과된 세액과 1세대 1주택자에 대한 장기보유세액공제(공제율 20~50%) 및 노령자세액 공제(공제율 20~40%)를 주택분 종합부동산세액에서 공제한다. 다만, 1세대 1주택자에 대한 장기보유세액 공제와 노령자세액공제는 공제율 합계 80/100을 한도로 한다.
③ 과세기준일 현재 세대원 중 1인이 그 배우자와 공동으로 1주택을 소유하고, 해당 세대원 및 다른 세대원이 다른 주택을 소유하지 아니한 경우에는 부부 중 1인이 1주택을 소유한 것으로 보아 종합부동산세를 계산하여 적용할 수 있다. 일반적으로 주택공시가격이 18억원 이하인 경우에는 인별로 9억원을 공제하는 원칙적인 방법이 유리하다.

★★★
32 토지에 대한 종합부동산세 과세방법을 설명한 것으로 적절하지 않은 것은?

① 토지의 종합부동산세는 토지의 유형별로 종합합산토지(나대지ㆍ잡종지 등)와 별도합산 토지(상가ㆍ사무실 부속토지 등)로 구분하여 과세하고 있다.

② 종합합산토지분에 대한 종합부동산세 과세표준은 납세의무자별로 전국의 해당 과세대상 토지의 공시가격을 합산한 금액에서 5억원을 공제한 금액에 공정시장가액비율(100%)을 곱한 금액으로 한다.

③ 별도합산토지분에 대한 종합부동산세 과세표준은 납세의무자별로 전국의 해당 과세대상 토지의 공시가격을 합한 금액에서 80억원을 공제한 금액에 공정시장가액비율(100%)을 곱한 금액으로 한다.

④ 분리과세토지분에 대한 종합부동산세 과세표준은 납세의무자별로 전국의 해당 과세대상 토지의 공시가격을 합한 금액에서 공정시장가액비율(100%)을 곱한 금액으로 한다.

정답 | ④

해설 | ④ 종합부동산세 과세대상은 재산세 과세대상 중 주택(별장 제외), 종합합산과세대상 토지, 별도합산과세대상 토지이며 별장 및 분리과세대상 토지, 건축물 등은 종합부동산세 과세대상이 아니다.

★★★
33 종합부동산세에 대한 설명으로 적절하지 않은 것은?

① 종합부동산세 과세기준일은 매년 6월 1일이다.

② 주택분 종합부동산세액을 계산할 때 1주택을 여러 사람이 공동으로 소유한 경우 공동 소유자 각자가 그 주택을 소유한 것으로 보며, 다가구주택은 1주택으로 본다.

③ 법령에서 요구하는 요건을 충족한 임대주택 및 다가구 임대주택과 종업원의 주거에 제공하기 위한 기숙사 및 주택, 주택건설사업자가 건축하고 소유하고 있는 미분양주택, 가정어린이집용 주택 등은 과세표준 합산의 대상이 되는 주택의 범위에 포함되지 않는 것으로 본다.

④ 종합부동산세법에 의하여 납부하여야 할 종합부동산세액의 10%가 농어촌특별세로 부과된다.

정답 | ④
해설 | ④ 종합부동산세법에 의하여 납부하여야 할 종합부동산세액의 20%가 농어촌특별세로 부과된다.

★★★
34 종합부동산세에 대한 설명으로 가장 적절한 것은?

① 종합부동산세 과세대상은 재산세 과세대상 중 주택이며, 토지와 건축물은 종합부동산세 과세대상이 아니다.

② 주택에 대한 종합부동산세 과세표준은 납세의무자별로 주택의 공시가격을 합산한 금액에서 12억원을 공제한 금액에 공정시장가액비율을 곱한 금액으로 한다.

③ 주택분 종합부동산세의 세부담 상한 비율은 주택공시가격 등 3억원 이하는 105%, 3억원 초과 6억원 이하는 110%, 6억원 초과는 130%를 적용한다.

④ 관할 세무서장은 납부해야 할 종합부동산세의 세액을 결정하여 해당 연도 12월 1일부터 12월 15일까지 부과징수한다.

정답 | ④
해설 | ① 종합부동산세 과세대상은 재산세 과세대상 중 주택(별장 제외), 종합합산과세대상 토지, 별도합산과세대상 토지이며 별장 및 분리과세대상 토지, 건축물 등은 종합부동산세 과세대상이 아니다.
　　　 ② 주택에 대한 종합부동산세 과세표준은 납세의무자별로 주택의 공시가격을 합산한 금액에서 9억원(1세대 1주택자는 12억원)을 공제한 금액에 공정시장가액비율(60%)을 곱한 금액으로 한다.
　　　 ③ 주택의 재산세 세부담 상한선율에 대한 설명이다. 주택분 종합부동산세의 세부담 상한 비율은 150%이다.

★★★
35 소득세법상 양도로 보는 경우에 해당하지 않는 것은?

① 부동산매매업자의 사업용 고정자산 양도
② 부동산등의 부담부증여
③ 공동사업에 현물출자
④ 연접한 토지의 공유물 분할

정답 | ④

해설 | ④ 연접한 토지의 공유물 분할 : 공동소유 토지를 소유지분별로 단순히 분할하거나 공유자 지분변경 없이 2개 이상의 공유토지로 분할하였다가 그 공유토지를 소유지분별로 단순히 재분할하는 경우에는 양도로 보지 아니한다.

★★★
36 소득세법상 양도로 보는 경우로 모두 묶인 것은?

> 가. 부담부증여에 있어서 증여자의 채무를 수증자가 인수하였다.
> 나. 법원의 확정판결에 의하여 일정액의 위자료를 지급하기로 하고 동 위자료 지급에 갈음하여 당사자 일방이 소유하고 있던 부동산으로 대물변제를 하였다.
> 다. 채무자가 채무의 변제를 담보하기 위하여 자산을 양도하는 계약을 체결하였다.
> 라. 재산분할청구권에 의하여 이혼한 자의 일방이 다른 일방에게 자산 소유권을 이전하여 주었다.

① 가, 나
② 가, 라
③ 나, 다
④ 다, 라

정답 | ①

해설 | 다. 양도담보 제공 : 채무자가 채무의 변제를 담보하기 위하여 자산을 양도하는 계약을 체결한 경우에 일정한 요건을 갖춘 계약서의 사본을 과세표준 확정신고서에 첨부하여 신고한 때에는 이를 양도로 보지 아니한다.

라. 재산분할청구권에 의하여 이혼한 자의 일방이 다른 일방에게 자산 소유권을 이전하여 주는 것은 본질적으로 혼인 중에 부부 공동의 노력으로 형성한 재산을 이혼한 자의 어느 일방의 소유로 하였다가 다른 일방의 지분을 환원하여 주는 것에 지나지 아니하므로 공유물의 분할과 다름이 없다. 따라서 재산분할청구권에 의한 재산분할은 양도에 해당하지 아니한다.

37 양도소득세 과세대상 자산으로 모두 묶인 것은?

가. 아파트 당첨권
나. 등기되지 않은 부동산 임차권
다. 사업용 고정자산(토지·건물 또는 부동산에 관한 권리)과 별도로 양도하는 영업권
라. 시설물이용권

① 가, 라
② 나, 다
③ 가, 다, 라
④ 가, 나, 다, 라

정답 | ①

해설 | 나. 전세권은 등기 여부에 관계없이 양도소득세 과세대상에 해당되며, 부동산임차권은 등기된 것에 한하여 양도소득세가 과세된다.
다. 사업용 고정자산(토지·건물 또는 부동산에 관한 권리)과 함께 양도하는 영업권은 기타자산의 양도로 보아 양도소득세 과세대상이 된다. 그러나 사업용 고정자산과 별도로 양도하는 영업권(점포임차권을 포함한다)은 기타소득으로 과세한다.

38 양도소득세에 대한 양도 또는 취득시기에 대한 설명으로 적절하지 않은 것은?

① 일반적인 매매의 경우 대금청산 전에 소유권이전등기가 이루어지면 '소유권이전등기 접수일'을 양도 및 취득시기로 본다.
② 일반적인 매매의 경우 대금청산일이 분명하지 아니한 때에는 '소유권이전등기 접수일'을 양도 및 취득시기로 본다.
③ 상속의 경우 '등기접수일'을 양도 및 취득시기로 본다.
④ 미완성건물의 경우 대금청산 후 완성 시에는 완성일을 양도 및 취득시기로 본다.

정답 | ③
해설 | ③ 상속 및 증여 : 상속개시일 및 증여일

39 다음 토지 거래정보를 토대로 양도소득세에 대한 양도 또는 취득시기로 가장 적절한 것은?

• 양도 계약일 : 20××년 3월 5일
• 계약상의 잔금일 : 20××년 3월 7일
• 실제 잔금청산일 : 20××년 3월 9일
• 소유권이전등기 접수일 : 20××년 3월 12일

① 20××년 3월 5일
② 20××년 3월 7일
③ 20××년 3월 9일
④ 20××년 3월 12일

정답 | ③
해설 | 일반적인 매매의 경우 '대금청산일'과 '소유권이전등기 접수일' 중 빠른 날을 양도 및 취득시기로 본다.

40 법인의 대표이사가 시가가 5억원인 토지를 특수관계 법인에게 10억원에 양도하였고, 시가와의 차액 5억원이 대표이사에 대한 상여로 처분된 경우 대표이사의 양도소득세 계산 시 양도가액으로 가장 적절한 것은?

① 3.5억원
② 5억원
③ 6.5억원
④ 10억원

정답 | ②

해설 | 특수관계인 법인에게 자산을 시가보다 높은 가격으로 양도한 경우로서 법인세법에 따라 해당 양도자의 상여·배당 등으로 처분된 금액이 있는 때에는 법인세법에 따른 시가를 해당 자산의 양도 당시의 실지거래가액으로 본다.

41 아들이 시가가 5억원인 토지를 아버지에게 10억원에 양도하였고, 고가양도에 따른 이익의 증여재산가액이 3.5억원인 경우 아들의 양도소득세 계산 시 양도가액으로 가장 적절한 것은?

① 3.5억원
② 5억원
③ 6.5억원
④ 10억원

정답 | ③

해설 | • 특수관계인 법인 이외의 자(특수관계인 개인 포함)에게 자산을 시가보다 높은 가격으로 양도한 경우로서 상속세 및 증여세법 제35조(저가·고가양도에 따른 이익의 증여 등)에 따라 해당 양도자의 증여재산가액으로 하는 금액이 있는 경우에는 그 양도가액에서 증여재산가액을 뺀 금액을 양도 당시의 실지거래가액으로 본다.
• 아들이 시가가 5억원인 토지를 아버지에게 10억원에 양도하였고, 고가양도에 따른 이익의 증여재산가액이 3.5억원(양도가액과 시가와의 차액은 5억원이지만, 증여재산가액은 차액에서 시가의 30%와 3억원 중 적은 금액을 공제해 주므로 5억원 – 1.5억원 = 3.5억원임)인 경우 아들의 양도소득세 계산 시 양도가액은 시가인 5억원이 아니라 양도가액 10억원에서 증여재산가액 3.5억원을 차감한 6.5억원을 적용한다.

42 부동산 등 양도소득세 계산 시 취득가액에 대한 설명으로 적절하지 않은 것은?

① 자산의 취득가액은 취득에 소요된 실지거래가액을 의미한다.
② 자산의 취득가액은 취득세, 취득 시 지출한 컨설팅비용, 부동산중개보수, 법무사비용 등 취득부대비용을 포함한다.
③ 특수관계자와의 거래에 있어서 시가보다 높은 가격으로 자산을 취득함으로써 부당행위계산의 부인에 해당하는 경우에는 실지거래가액 대신 시가를 취득가액으로 한다.
④ 특수관계인 법인으로부터 자산을 시가보다 낮은 가격으로 취득한 경우로서 법인세법에 따라 해당 양도자의 상여·배당 등으로 처분된 금액이 있는 때에는 법인세법에 따른 시가를 해당 자산의 취득가액으로 본다.

정답 | ④

해설 | ④ 특수관계인 법인으로부터 자산을 시가보다 낮은 가격으로 취득한 경우로서 상속세 및 증여세법에 규정에 따라 상속세나 증여세를 과세받은 경우에는 해당 상속재산가액이나 증여재산가액 등을 취득가액에 더한다.

★★★
43 2003년에 매매로 취득한 토지(등기자산)를 다음과 같이 양도할 때 양도차익으로 적절한 것은 (기타 필요경비 실비발생액 : 20,000천원)?

구분	실지거래가액	기준시가
양도 시	30억원	15억원
취득 시	20억원	10억원

① 950,000천원   ② 955,000천원
③ 970,000천원   ④ 980,000천원

정답 | ④
해설 | 양도차익 = 양도가액(30억원) − 취득가액(20억원) − 기타 필요경비(20,000천원) = 980,000천원

★★★
44 2012년에 매매로 취득한 토지(등기자산)를 다음과 같이 양도할 때 양도차익으로 적절한 것은 (기타 필요경비 실비발생액 : 1억원)?

구분	실지거래가액	기준시가
양도 시	10억원	8억원
취득 시	5억원	4억원

① 3억원   ② 4억원
③ 5억원   ④ 6억원

정답 | ②
해설 | 양도차익 = 양도가액(10억원) − 취득가액(5억원) − 기타 필요경비(1억원) = 4억원

★★★
45 양도차익 계산 시 취득 당시의 실지거래가액을 확인할 수 있는 경우 기타필요경비에 포함되는 지출로 모두 묶인 것은?

> 가. 양도자산의 용도변경, 개량, 이용편의를 위하여 지출한 비용
> 나. 법률에 의한 개발부담금 및 재건축부담금
> 다. 자산 양도를 위하여 직접 지출한 계약서 작성비용, 공증비용, 인지대 및 소개비 등
> 라. 양도소득세신고서 작성비용
> 마. 강제매입채권의 매각차손

① 가, 나, 다   ② 나, 다, 라
③ 다, 라, 마   ④ 가, 나, 다, 라, 마

정답 | ④
해설 | 모두 기타 필요경비에 포함되는 지출내역이다.

★★★
46 1996년에 매매로 취득한 토지(등기자산)를 다음과 같이 양도할 때 양도차익으로 가장 적절한 것은(기타 필요경비 발생액 : 1억원)?

구분	실지거래가액	기준시가
양도 시	30억원	15억원
취득 시	확인할 수 없음	10억원

① 9억원   ② 9.3억원
③ 9.7억원   ④ 20억원

정답 | ③
해설 | • 환산취득가액 : $30억원 \times \dfrac{10억원}{15억원} = 20억원$

　　• 기타 필요경비 : 취득 시 실지거래가액을 확인할 수 없으므로 개산공제액 적용 10억원(취득 시 기준시가)×3%
　　　= 0.3억원
　　• 양도차익 = 양도가액 30억원 – 취득가액 20억원 – 기타 필요경비 0.3억원 = 9.7억원

★★★
47 다음 양도자산 중 장기보유특별공제 적용 대상으로 가장 적절한 것은(양도소득세 중과대상이 아님)?

① 10년 보유 후 양도하는 등기된 비사업용토지
② 2년 보유 후 양도하는 등기된 상가
③ 5년 보유 후 양도하는 미등기 임야
④ 1세대 1주택자가 5년 보유 후 양도하는 등기된 아파트

정답 | ①
해설 | 장기보유특별공제의 일반적인 적용요건은 다음과 같다.

> • 국내에 소재하는 토지 · 건물일 것(양도소득세 중과대상 주택 제외)
> • 자산의 보유기간이 3년 이상일 것
> • 등기자산일 것

48 다음 양도자산 중 장기보유특별공제 적용 대상으로 가장 적절한 것은(양도소득세 중과대상이 아님)?

① 5년 전에 취득한 비상장주식을 양도하는 경우
② 2년 전에 취득한 등기된 토지를 양도하는 경우
③ 6년 전에 취득한 등기된 아파트를 양도하는 경우
④ 4년 전에 취득한 미등기 건물을 양도하는 경우

정답 | ③
해설 | 장기보유특별공제의 일반적인 적용요건은 다음과 같다.

> • 국내에 소재하는 토지 · 건물일 것(양도소득세 중과대상 주택 제외)
> • 자산의 보유기간이 3년 이상일 것
> • 등기자산일 것

49 거주자 홍은균씨가 금년 중 자신이 보유하던 상가(취득 시 등기함)와 비상장주식을 양도하였을 경우 올해 적용할 수 있는 양도소득 기본공제액으로 가장 적절한 것은(금년 중 위 양도 외에는 다른 양도는 없었음)?

① 250만원   ② 300만원
③ 500만원   ④ 600만원

정답 | ③
해설 | 양도소득 기본공제는 주식 등에 대한 양도소득과 부동산 등에 대한 양도소득이 별개로 각각 연간 250만원을 공제한다.

50 양도소득세에 대한 설명으로 가장 적절한 것은?

① 사업소득과 같이 종합과세한다.
② 장기보유특별공제가 최근 폐지되었다.
③ 양도소득금액은 양도차익에서 장기보유특별공제액을 차감하여 계산하며 양도소득의 과세 표준은 양도소득금액에서 양도소득 기본공제를 차감하여 계산한다.
④ 현행 소득세법은 부동산 등과 주식 및 파생상품에 대하여 동일한 세율 체계를 적용하고 있다.

정답 | ③
해설 | ① 양도소득은 부동산 등을 보유하고 있는 기간 동안 누적된 소득이 양도 시에 일시적으로 실현된 것이기 때문에 퇴직소득과 더불어 종합소득과는 별개로 분류과세한다.
② 토지 및 건물에 한하여 3년 이상 보유 시 장기보유특별공제가 적용된다.
④ 현행 소득세법은 부동산 등(부동산에 관한 권리, 기타자산 포함)과 주식 및 파생상품에 대하여 각기 다른 세율 체계를 적용하고 있다.

51 상가건물(부속토지 포함)을 다음과 같이 양도할 때 양도소득 산출세액이 적절하게 연결된 것은?

★★★

구분	A	B	C	D
양도차익	500,000천원			
보유기간	6개월	1년 6개월	2년 6개월	3년 6개월

〈양도소득세 기본세율〉

과세표준	세율
150,000천원 초과 300,000천원 이하	38% − 19,940천원
300,000천원 초과 500,000천원 이하	40% − 25,940천원

	A	B	C	D
①	248,750천원	199,000천원	199,000천원	187,000천원
②	248,750천원	199,000천원	173,060천원	161,060천원
③	250,000천원	173,060천원	199,000천원	161,060천원
④	250,000천원	173,060천원	173,060천원	187,000천원

정답 | ②

해설 |

구분	A	B	C	D
양도차익	500,000천원	500,000천원	500,000천원	500,000천원
장기보유 특별공제	−	−	−	30,000천원
양도소득금액	500,000천원	500,000천원	500,000천원	470,000천원
양도소득 기본공제	2,500천원	2,500천원	2,500천원	2,500천원
양도소득 과세표준	497,500천원	497,500천원	497,500천원	467,500천원
세율	50%	40%	40%−25,940천원	40%−25,940천원
산출세액	248,750천원	199,000천원	173,060천원	161,060천원

• A : 보유기간 1년 미만이므로 장기보유특별공제 배제, 50% 세율 적용
• B : 보유기간 1년 이상 2년 미만이므로 장기보유특별공제 배제, 40% 세율 적용
• C : 보유기간 2년 이상 3년 미만이므로 장기보유특별공제 배제, 기본세율 적용
• D : 보유기간 3년 이상 4년 미만이므로 장기보유특별공제(6%)적용, 기본세율 적용

52 올해 2월 22일 3년간 보유한 주식과 아파트를 각각 양도할 때 양도소득세 예정신고납부 기한이 적절하게 연결된 것은?

	주식	아파트
①	4월 30일	4월 30일
②	4월 30일	8월 31일
③	8월 31일	4월 30일
④	8월 31일	8월 31일

정답 I ③

해설 I • 주식양도소득에 대한 예정신고는 양도일이 속하는 반기의 말일부터 2개월 내에 하여야 한다.
　　• 양도소득세 과세대상 자산을 양도한 날이 속하는 달의 말일부터 2개월(부담부증여의 채무액에 해당하는 부분으로서 양도로 보는 경우에는 그 양도일이 속하는 달의 말일부터 3개월) 이내에 납세지 관할 세무서장에게 신고하여야 한다.

53 양도소득세 신고 및 납부에 대한 설명으로 적절하지 않은 것은?

① 예정신고는 양도소득세 과세대상 자산을 양도한 날이 속하는 달의 말일부터 2개월 이내에 납세지 관할 세무서장에게 신고하여야 한다.

② 해당 연도의 양도소득금액이 있는 자는 해당 연도의 다음 연도 5월 1일부터 5월 31일까지 납세지 관할세무서장에게 확정신고하여야 하지만, 예정신고를 한 자는 양도소득세액이 달라지지 아니하는 한 확정신고를 하지 아니할 수 있다.

③ 납부할 세액이 2천만원을 초과하는 경우 분납할 수 있는 세액은 1천만원을 초과하는 금액이다.

④ 예정신고납부세액공제 적용 후 자진납부할 세액의 10% 상당액을 지방소득세로 납부하여야 한다.

정답 I ③

해설 I 거주자로서 예정신고 또는 확정신고 시 납부할 세액이 1천만원을 초과하는 자는 다음의 금액을 납부기한 경과 후 2개월 이내에 분납할 수 있다.

납부할 세액	분납할 수 있는 세액의 한도
1천만원 초과 2천만원 이하	납부할 세액 – 1천만원
2천만원 초과	납부할 세액의 50%

★★★
54 다음 비사업용 토지 양도에 대한 설명으로 가장 적절한 것은?

> • 양도가액 : 1,000,000천원
> • 취득가액 : 500,000천원(필요경비 포함)
> • 보유기간 : 12년

① 10년 이상 보유로 80%의 장기보유특별공제가 적용된다.
② 같은 해에 주식 1억원을 먼저 양도한 경우 250만원의 양도소득 기본공제를 적용받지 못한다.
③ 양도소득세 세율은 기본세율이 적용된다.
④ 양도소득세 자진납부할 세액의 10% 상당액을 지방소득세로 납부하여야 한다.

정답 | ④
해설 | ① 토지·건물의 경우 보유기간 12년 이상 13년 미만일 경우 24%의 장기보유특별공제가 적용된다.
　　　② 양도소득 기본공제는 주식 등에 대한 양도소득과는 별개로 연 250만원을 공제한다.
　　　③ 비사업용 토지의 양도소득세 세율은 기본세율＋10%가 적용된다.

★★★
55 강다니엘씨가 1984년 4월 7일에 취득한 A상가를 올해 양도한 경우 양도소득세에 대한 설명으로 적절하지 않은 것은?

① A상가는 1985년 1월 1일에 취득한 것으로 본다.
② A상가를 취득 시 등기 후 보유하다 올해 양도하는 경우 적용받는 장기보유특별공제율은 30%이다.
③ A상가를 미등기 상태로 보유하다 양도하는 경우 적용되는 양도소득세 세율은 60%이다.
④ 예정신고는 A상가를 양도한 날이 속하는 달의 말일부터 2개월 이내에 납세지 관할 세무서장에게 신고하여야 한다.

정답 | ③
해설 | ③ 미등기 양도자산의 양도소득세 세율은 70%이다.

★★★
56 1세대 1주택 비과세 요건으로 적절하지 않은 것은?

① 1세대가 국내에 1주택을 소유할 것
② 3년 이상 보유할 것
③ 미등기양도자산 및 고가주택이 아닐 것
④ 주택 양도 당시 조합원입주권 및 분양권을 보유한 자가 양도하는 주택이 아닐 것

정답 | ②
해설 | ② 2년 이상 보유할 것(취득 당시 조정대상지역 주택은 2년 이상 보유 및 거주)

★★★
57 1세대 1주택 비과세 요건을 충족한 1주택을 가진 김미순씨와 1주택을 가진 박영호씨가 2024년 7월 1일 혼인으로 합가하여 일시적 1세대 2주택이 되는 경우 양도소득세 비과세를 위한 처분 시기로 가장 적절한 것은?

① 2027년 7월 1일 이전 처분
② 2028년 7월 1일 이전 처분
③ 2029년 7월 1일 이전 처분
④ 2030년 7월 1일 이전 처분

정답 | ③
해설 | 1주택을 가진 자와 1주택을 가진 자가 혼인하여 일시적 1세대 2주택이 된 경우에는 그 혼인한 날부터 5년 이내에 먼저 양도하는 주택(양도일 현재 비과세 요건 충족)에 대하여 양도소득세를 비과세한다.

★★★
58 1세대 1주택 비과세 관련 특례에 해당하지 않는 것은(각 사례는 모두 1세대 1주택 비과세 요건을 갖춘 경우임)?

① 3년간 보유한 1주택을 소유한 홍성완씨가 이사를 목적으로 다른 주택을 취득한 날부터 2년 후 종전의 주택을 양도하는 경우

② 1세대 1주택자인 홍성완씨가 1주택을 가진 70세의 장모님을 동거봉양하기 위하여 세대를 합친 1년 후 1주택을 양도하는 경우

③ 1주택을 가진 홍성완씨가 1주택을 가진 나민정씨와 혼인하여 1년 후 본인 소유 주택을 양도하는 경우

④ 3년 전 상속받은 주택과 일반주택을 각각 1개씩 소유하고 있는 홍성완씨가 상속받은 주택을 양도하는 경우

정답 | ④

해설 | ④ 상속받은 주택과 일반주택을 국내에 각각 1개씩 소유하고 있는 1세대가 일반주택(단, 상속개시일부터 소급하여 2년 이내에 피상속인으로부터 증여받은 주택 제외)을 양도하는 경우에는 국내에 1개의 주택을 소유하고 있는 것으로 보아 비과세 규정을 적용한다. 그러나 상속받은 주택 양도 시에는 소득세가 과세된다.

★★★
59 1세대 1주택 비과세에 대한 적절하지 않은 설명으로 모두 묶인 것은?

가. 부부는 별도로 각각의 주택수를 계산한다.
나. 10년 이상 보유해야 한다.
다. 주택에 부수되는 토지로서 도시지역 내의 경우에는 건물이 정착된 면적의 3배, 도시지역 밖의 경우에는 5배를 넘지 않는 토지를 포함한다.
라. 실지거래가액과 관계없이 모든 1세대 1주택은 비과세에 해당한다.

① 가, 나 　　　　　　　　　　　② 가, 나, 라
③ 나, 다, 라 　　　　　　　　　　④ 가, 나, 다, 라

정답 | ④

해설 | 가. 1세대란 거주자 및 그 배우자(법률상 이혼을 하였으나 생계를 같이 하는 등 사실상 이혼한 것으로 보기 어려운 경우 포함)가 그들과 동일한 주소 또는 거소에서 생계를 같이하는 자(거주자 및 그 배우자의 직계존비속(그 배우자를 포함) 및 형제자매를 말하며 취학, 질병의 요양, 근무상 또는 사업상의 형편으로 본래의 주소 또는 거소에서 일시 퇴거한 사람을 포함)와 함께 구성하는 가족단위를 말한다.
나. 2년 이상 보유할 것(취득 당시 조정대상지역 주택은 2년 이상 보유 및 거주)
다. 주택에 부수되는 토지로서 도시지역 내의 경우에는 건물이 정착된 면적의 5배(2022년부터 수도권의 주거지역, 상업지역, 공업지역은 3배), 도시지역 밖의 경우에는 10배를 넘지 않는 토지를 포함한다.
라. 1세대 1주택 비과세 요건을 구비하고 있다고 하더라도 양도 당시의 실지거래가액이 12억원을 초과하는 경우에는 양도소득세 비과세대상에서 제외되는데, 고가주택(겸용주택 등의 경우 주택 외의 부분은 주택으로 보지 않음) 양도차익과 장기보유특별공제 금액을 일정한 산식에 의하여 계산함으로써 양도가액 중 12억원을 초과하는 부분은 양도소득세가 과세되도록 하고 있다.

60 1세대 1주택 비과세 요건을 갖추고 있는 아래 주택의 양도에 대한 적절한 설명으로 모두 묶인 것은?

> • 양도가액 : 20억원
> • 취득가액 : 10억원(필요경비 포함)
> • 보유 및 거주기간 : 15년

> 가. 양도차익 = (20억원 − 10억원) × $\left[\dfrac{(20억원 - 12억원)}{20억원} \right]$
>
> 나. 80%의 장기보유특별공제율이 적용된다.
> 다. 250만원의 양도소득 기본공제를 적용받을 수 있다.

① 가, 나   ② 가, 다
③ 나, 다   ④ 가, 나, 다

정답 | ④
해설 | 모두 적절한 설명이다.

★★★

61 1세대 1주택 비과세 요건을 갖추고 있는 주택의 양도 내역이 다음과 같을 때 양도소득 과세표준과 산출세액이 적절하게 연결된 것은?

> • 양도가액 : 1,500,000천원
> • 취득가액 : 500,000천원(필요경비 포함)
> • 보유 및 거주기간 : 12년
>
> 〈양도소득세 기본세율〉
>
> | 과세표준 | 세율 |
> | --- | --- |
> | 14,000천원 이하 | 6% |
> | 14,000천원 초과 50,000천원 이하 | 15% − 1,260천원 |
> | 50,000천원 초과 88,000천원 이하 | 24% − 5,760천원 |

	양도소득 과세표준	양도소득 산출세액
①	37,500천원	4,365천원
②	37,500천원	5,625천원
③	40,000천원	4,365천원
④	40,000천원	5,625천원

정답 | ①

해설 | • 1세대 1고가주택 양도차익 : $1,000,000 \times \left[\dfrac{(1,500,000 - 1,200,000)}{1,500,000} \right] = 200,000$천원

• 1세대 1고가주택 장기보유특별공제 : $200,000 \times 80\% = 160,000$천원
• 양도소득금액 : $200,000 - 160,000 = 40,000$천원
• 양도소득 과세표준 : $40,000 -$ 양도소득 기본공제 $2,500 = 37,500$천원
• 양도소득 산출세액 : $37,500 \times 15\% - 1,260 = 4,365$천원

···TOPIC 8 기준시가

★☆☆
62 기준시가에 대한 설명으로 적절하지 않은 것은?

① 기준시가는 양도차익을 계산하여야 하는 자산에 대하여 실지거래가액을 확인할 수 없어 양도차익을 추계결정 또는 추계경정하는 경우에 양도가액 및 취득가액으로 할 수 있는 금액을 산정하기 위한 기준이 되는 금액을 말한다.

② 양도차익을 산정함에 있어서 취득 당시의 실지거래가액을 확인할 수 없는 경우에는 매매사례가액, 감정가액 및 환산취득가액을 취득가액으로 보는데 실무적으로는 대부분 환산취득가액을 이용한다.

③ 의제취득일 전에 취득한 부동산의 의제취득일 현재의 취득가액을 산정하기 위해서는 실무적으로는 대부분 환산취득가액을 이용하는데, 환산취득가액은 양도 당시의 실지거래가액

  $\times \dfrac{1985.1.1. \text{ 현재의 기준시가}}{\text{양도 당시의 기준시가}}$ 로 산정한다.

④ 토지 · 건물의 기준시가는 토지, 건물, 상업용 건물 및 오피스텔, 개별주택, 공동주택 모두 동일하게 산정하고 있으며, 고시하는 자와 정기고시일도 같다.

정답 | ④

해설 | ④ 토지 · 건물의 기준시가는 토지, 건물, 상업용 건물 및 오피스텔, 개별주택, 공동주택으로 구분하여 다르게 산정하고 있으며, 고시(공시)하는 자와 정기고시(공시)일도 다르다.

★☆☆

63 부동산 취득 시 부가가치세에 대한 적절한 설명으로 모두 묶인 것은?

> 가. 부가가치세 일반과세자가 건물을 분양하거나 매도할 때는 매수자로부터 토지 및 건물의 공급 가격에 대하여 10%의 부가가치세를 징수하게 되므로, 매수자는 실제 부동산 가격 이외에 10%의 매입부가가치세를 추가로 지급하여야 한다.
> 나. 매입부가가치세를 환급받기 위해서는 법령에 정한 기간 내에 부가가치세 일반과세자로서 사 업자등록을 하여야 하고 세금계산서 수수 및 합계표 제출 등의 절차를 이행하여야만 한다.
> 다. 부가가치세법상 사업을 포괄적으로 양도하면 재화의 공급으로 보지 않기 때문에 부가가치세 가 과세되지 않는다.

① 가, 나
② 가, 다
③ 나, 다
④ 가, 나, 다

정답 | ③

해설 | 가. 부가가치세 일반과세자가 건물을 분양하거나 매도할 때는 매수자로부터 건축물 부분에 해당하는 공급가격 에 대하여 10%의 부가가치세를 징수하게 된다. 따라서 매수자는 실제 부동산 가격 이외에 10%의 매입부가 가치세를 추가로 지급하여야 한다.

★☆☆

64 주택임대사업자 A가 주택(국민주택규모 초과)을 임대하면서 발생하는 연간 임대료, 간주임대 료 및 관리비의 합계액이 10억원인 경우 과세되는 부가가치세로 가장 적절한 것은?

① 0원
② 100,000천원
③ 200,000천원
④ 400,000천원

정답 | ①

해설 | 부동산을 임대하는 경우 원칙적으로 토지와 건물 모두에 대하여 부가가치세 과세되는 거래로 본다. 하지만 주택 의 경우 예외적으로 토지와 건물분 모두에 대하여 면세가 적용되어 부가가치세가 과세되지 않는다. 여기서 주택 은 국민주택규모 이하의 주택을 의미하는 것이 아니라 면적 요건에 관계없이 주택이면 모두 면세가 적용된다.

65 부가가치세 일반과세자인 거주자 A가 상가 건물과 부지를 양도할 때 매수자로부터 징수하게 되는 부가가치세로 가장 적절한 것은?

- 건축물 부분에 해당하는 공급가격 : 10억원
- 토지에 해당하는 공급가액 : 20억원

---

① 0원

② 100,000천원

③ 200,000천원

④ 300,000천원

정답 | ②

해설 | 일반과세자가 사업용 건물을 임대하거나 사업장으로 사용하다가 양도하는 경우에는 부가가치세를 매수자로부터 거래징수하여야 한다. 즉, 부동산 양도가액 중 토지에 해당하는 금액을 제외한 건축물 부분에 해당하는 공급가액에 대하여 10%의 부가가치세를 매수자로부터 거래징수하여 매출부가가치세로 신고납부하여야 한다.

CHAPTER 07 은퇴소득과 세금

출제비중 : 7~17% / 2~5문항

학습가이드 ■■

학습 목표	학습 중요도
Tip 퇴직소득 및 연금소득의 경우 '제2장 소득세'와 연계하여 학습 필요	
Tip 다양한 사례의 계산문제 학습 필요	
1. 퇴직소득의 범위와 과세방법에 대해 설명할 수 있다.	★★★
2. 연금소득의 범위와 과세방법에 대해 알 수 있다.	★★★

···TOPIC 1 퇴직과 세금

★★★
01 퇴직소득의 범위에 해당하지 않는 것은?

① 공적연금 관련법에 따라 받는 일시금
② 확정기여형 퇴직연금(DC)의 사용자부담금과 그 사용자부담금에서 발생한 운용수익
③ 과학기술인공제회법에 따라 지급받는 과학기술발전장려금
④ 연금계좌에서 연금형태로 인출하는 경우의 그 사적연금소득

정답 | ④
해설 | ④ 연금소득에 해당한다.

★★★
02 퇴직소득세 계산에 대한 적절한 설명으로 모두 묶인 것은?

> 가. 퇴직소득세는 연분연승이라는 독특한 과세체계를 가지고 있기 때문에 동일한 퇴직금이라면 근속연수가 길수록 세부담이 증가한다.
> 나. 현행 소득세법은 퇴직소득을 종합소득에서 제외하여 별도로 분류과세한다.
> 다. 퇴직소득공제는 근속연수공제와 환산급여공제의 2단계 소득공제방식이 적용된다.
> 라. 적용되는 세율은 종합소득세 기본세율과 다르다.

① 가, 나
② 가, 라
③ 나, 다
④ 다, 라

정답 | ③
해설 | 가. 퇴직소득세는 연분연승이라는 독특한 과세체계를 가지고 있기 때문에 동일한 퇴직금이라면 근속연수가 길 수록 세부담이 감소한다. 반대로 동일한 근속연수라면 퇴직금이 클수록 세부담이 증가한다.
　　라. 적용되는 세율은 종합소득세 기본세율과 동일하다.

★★★ 03 퇴직소득세 과세방법에 대한 설명으로 적절하지 않은 것은?

① 퇴직소득은 종합소득으로 보아 종합소득세로 과세한다.

② 퇴직소득세는 연분연승이라는 독특한 과세체계를 가지고 있기 때문에 동일한 퇴직금이라 면 근속연수가 길수록 세부담이 감소하고, 반대로 동일한 근속연수라면 퇴직금이 클수록 세부담이 증가한다.

③ 퇴직급여에서 근속연수공제를 차감한 금액을 근속연수로 나누고 12를 곱하여 환산급여를 계산한 다음, 환산급여공제를 차감하여 연평균 과세표준을 계산한다.

④ 국내에서 퇴직소득을 지급하는 원천징수의무자는 퇴직소득세를 원천징수하여 그 징수일이 속하는 달의 다음 달 10일까지 관할 세무서에 납부하여야 한다.

정답 | ①
해설 | ① 퇴직소득은 근로기간에 걸쳐서 발생된 소득이기 때문에 이를 종합소득에 합산하여 과세하게 되면 특정 연도 에 소득이 결집되어 부당하게 높은 세율을 적용받게 되는 문제점이 있으므로, 현행 소득세법은 퇴직소득을 종합소득에서 제외하여 별도로 분류과세한다.

★★★ 04 퇴직소득에 대한 세액정산을 설명한 것으로 적절하지 않은 것은?

① 퇴직자가 퇴직소득을 지급받을 때 이미 지급받은 퇴직소득에 대한 원천징수영수증을 원천 징수의무자에게 제출하는 경우 원천징수의무자는 퇴직자에게 이미 지급된 퇴직소득과 자 기가 지급할 퇴직소득을 합계한 금액에 대하여 정산한 소득세를 원천징수하여야 한다.

② 근로자가 출자관계에 있는 법인으로 전출하면서 퇴직금을 지급받는 것은 퇴직으로 보지 아 니하므로, 이후 그 전입된 회사에서 퇴직하는 경우에는 퇴직소득세액을 정산할 수 없다.

③ 정산하는 퇴직소득세는 이미 지급된 퇴직소득과 자기가 지급할 퇴직소득을 합계한 금액에 대하여 퇴직소득세액을 계산한 후 이미 지급된 퇴직소득에 대한 기납부세액을 뺀 금액으로 한다.

④ 퇴직일시금은 확정기여형 퇴직연금에서 지급하고 명예퇴직금은 퇴직하는 회사에서 지급하 는 경우 먼저 지급하는 기관에서 해당 퇴직소득에 대해 원천징수하고, 최종 지급하는 기관 에서 먼저 지급한 기관의 퇴직소득금액을 합산하여 원천징수하면 된다.

정답 | ②
해설 | ② 퇴직판정의 특례에 따라 퇴직으로 보지 아니할 수 있는 경우(임원 승진, 합병, 계열사 전·출입 등)를 포함한 다. 예를 들어 근로자가 출자관계에 있는 법인으로 전출하면서 퇴직금을 지급받고 이후 그 전입된 회사에서 퇴직하는 경우에는 퇴직소득세액을 정산할 수 있다.

05 퇴직소득 과세이연에 대한 설명으로 적절하지 않은 것은?

★★★

① 일반적으로 퇴직금을 지급받을 때에는 퇴직소득세를 원천징수한 후의 금액, 즉 세후금액으로 지급받으나, 만약 세후 퇴직금을 지급받은 날로부터 90일 이내에 연금계좌로 입금하면 이미 낸 퇴직소득세를 연금계좌로 환급받게 된다.

② 퇴직금을 받기 전에 연금계좌를 개설하여 퇴직금을 받을 계좌를 연금계좌로 지정하여 퇴직금을 연금계좌로 받게 되면 세금을 차감하기 전의 금액, 즉 세전금액이 입금된다.

③ 퇴직금을 지급받을 자가 근로자퇴직급여보장법의 적용을 받는 경우 예외사유에 해당하지 않는 한 근로자퇴직급여보장법에따라 퇴직금 전액을 IRP로 지급받아야 한다.

④ 소득세법에 따라 원천징수되지 아니하거나 환급하는 퇴직소득세를 이연퇴직소득세라 하며, 이연퇴직소득세를 환급하는 경우 퇴직소득금액은 이미 원천징수한 세액을 뺀 금액으로 한다.

정답 | ①

해설 | ① 일반적으로 퇴직금을 지급받을 때에는 퇴직소득세를 원천징수한 후의 금액, 즉 세후금액으로 지급받으나, 만약 세후 퇴직금을 지급받은 날로부터 60일 이내에 연금계좌로 입금하면 이미 낸 퇴직소득세를 연금계좌로 환급받게 된다.

06 퇴직금 10억원을 수령할 예정인 홍범도씨는 55세 이상이기 때문에 퇴직금을 전액 IRP로 받지 않아도 된다. 따라서 홍범도씨는 회사에 10억원 중 7억원만 IRP에 이체해 줄 것을 요청하였다. 퇴직소득세는 금액과 기간에 따라 다르지만 10억원에 대한 퇴직소득세가 1억원이라고 가정할 때, 홍범도씨가 IRP에 이체되는 7억원에 대한 이연퇴직소득세와 IRP에 이체하지 않고 바로 수령하는 3억원에 대한 세금이 적절하게 연결된 것은?

★★★

	7억원에 대한 이연퇴직소득세	3억원에 대한 퇴직소득세
①	3천만원	3천만원
②	3천만원	7천만원
③	7천만원	3천만원
④	7천만원	7천만원

정답 | ③

해설 | • 이연퇴직소득세 = 퇴직소득 산출세액 $\times \left(\dfrac{\text{연금계좌로 지급이체된 금액}}{\text{퇴직소득금액}} \right)$ = 1억원 $\times \left(\dfrac{7억원}{10억원} \right)$ = 7천만원

• 퇴직소득세 = 1억원 $\times \left(\dfrac{3억원}{10억원} \right)$ = 3천만원

★★★
07 공적연금소득에 대한 설명으로 적절하지 않은 것은?

① 국민연금법에 따라 받는 각종 연금은 과세에서 제외된다.
② 공적연금 관련 법률에 따라 받는 유족연금, 장해연금, 상해연금, 연계노령유족연금 또는 연계퇴직유족연금에 대해서는 소득세를 과세하지 않는다.
③ 공적연금은 무조건 종합과세로 다른 종합소득과 합산하여 과세한다.
④ 공적연금소득만 있는 자로서 원천징수의무자인 공적연금관리공단에서 법에 따라 연말정산하고, 다른 종합소득이 없는 경우에는 과세표준 확정신고를 하지 않아도 된다.

정답 | ①
해설 | ① 공적연금소득은 2002.1.1. 이후에 납입한 연금기여금 및 사용자부담금(국가 또는 지방자치단체의 부담금)을 기초로 하거나, 2002.1.1. 이후 근로의 제공을 기초로 하여 받는 연금소득이다. 따라서 공적연금소득은 2001년 이전 분에 대해서는 과세에서 제외된다.

★★★
08 사적연금으로 모두 묶인 것은?

가. 군인연금	나. 사립학교교직원연금
다. 연금저축계좌	라. 퇴직연금계좌

① 가, 나   ② 가, 라
③ 나, 다   ④ 다, 라

정답 | ④
해설 | 소득세법에서 사적연금소득이란 연금계좌에서 연금형태로 수령하는 것을 말한다. 연금계좌란 연금저축계좌(금융회사 등과의 신탁계약, 집합투자증권 중개계약, 보험계약), 퇴직연금계좌[확정기여형퇴직연금제도(DC) 및 개인형퇴직연금제도(IRP)에 따라 설정하는 계좌, 과학기술인공제회법에 따른 퇴직연금급여를 지급받기 위하여 설정하는 계좌]를 말한다.

★★★
09 연금계좌에서 연금형태로 인출하는 요건으로 적절하지 않은 것은?

① 가입자가 55세 이후 연금계좌취급자에게 연금수령 개시를 신청한 후 인출할 것
② 연금계좌의 가입일로부터 5년이 경과된 후에 인출할 것
③ 이연퇴직소득이 있는 연금계좌는 가입일로부터 10년이 경과된 후에 인출할 것
④ 과세기간 개시일 현재 연간 연금수령한도 이내에서 인출할 것

정답 | ③
해설 | ③ 이연퇴직소득이 있는 연금계좌에 있는 경우에는 5년 경과요건 면제

10 다음은 연금계좌에서 연금형태로 인출 시 연간 연금수령한도 계산식이다. (가)~(나)에 들어갈 내용이 적절하게 연결된 것은?

$$연간\ 연금수령한도 = \frac{(연금계좌의\ 평가액)}{((\ 가\ ) - 연금수령연차)} \times (\ 나\ )$$

	가	나
①	11	100%
②	15	100%
③	11	120%
④	15	120%

정답 | ③

해설 | 연간 연금수령한도 = $\dfrac{(연금계좌의\ 평가액)}{(11 - 연금수령연차)} \times 120\%$

11 공적연금 과세방법에 대한 적절한 설명으로 모두 묶인 것은?

> 가. 원천징수의무자가 법에 따라 연말정산을 하지 않았거나 연말정산을 하였어도 다른 소득이 있는 경우 공적연금소득금액과 관계없이 반드시 다른 소득과 합산하여 과세표준 확정신고를 하여야 한다.
> 나. 공적연금관리기관은 다음 해 1월분 연금소득을 지급할 때 연말정산을 실시하는데, 공적연금 수령자가 공적연금소득을 제외하고는 다른 종합소득이 없는 경우에는 종합소득세 확정신고를 하지 않아도 된다.
> 다. 종합소득신고 시 연금소득공제액을 적용하며 연금소득공제액은 총 1,200만원을 한도로 한다.
> 라. 연금소득이 있는 거주자가 주택담보노후연금을 받은 경우에는 그 받은 연금에 대해서 해당 과세기간에 발생한 이자비용 상당액을 해당 과세기간 연금소득금액에서 최대 300만원을 공제한다.

① 가, 나
② 가, 라
③ 나, 다
④ 다, 라

정답 | ①

해설 | 다. 종합소득신고 시 연금소득공제액을 적용하며 연금소득공제액은 총 900만원을 한도로 한다.
　　라. 연금소득이 있는 거주자가 주택담보노후연금을 받은 경우에는 그 받은 연금에 대해서 해당 과세기간에 발생한 이자비용 상당액을 해당 과세기간 연금소득금액에서 최대 200만원을 공제한다.

12 홍범도씨는 한 해동안 국민연금 13,000천원과 사업소득 20,000천원이 있다. 사업소득은 주택임대소득으로서 수입금액이 20,000천원 이하이다. 홍범도씨의 다음해 5월에 주택임대소득에 대한 종합소득확정신고에 대한 설명으로 적절하지 않은 것은?

① 공적연금은 무조건 종합과세대상이므로 무조건 사업소득과 합산하여 신고하여야 한다.
② 임대수입금액이 2천만원 이하일 경우에는 분리과세가 가능하다.
③ 주택임대수입금액이 2천만원 이하이므로 분리과세를 선택한다면 국민연금 외에 다른 종합소득은 없기 때문에 국민연금 연말정산으로써 종합소득확정신고를 갈음할 수 있다.
④ 만약 주택임대소득에 대해 종합소득신고를 하는 경우에는 국민연금소득을 합산하여 신고해야 한다.

정답 | ①
해설 | 주택임대수입금액이 2천만원 이하이므로 분리과세를 선택한다면 국민연금 외에 다른 종합소득은 없기 때문에 국민연금 연말정산으로써 종합소득확정신고를 갈음할 수 있다. 만약 주택임대소득에 대해 종합소득신고를 하는 경우에는 국민연금소득을 합산하여 신고해야 한다.

13 다음 거주자의 소득이 아래와 같을 때 연금계좌세액공제율이 적절하게 연결된 것은?

- 종합소득금액 150,000천원인 A
- 근로소득만 있는 경우로 총급여액 55,000천원인 B

	A	B
①	12%	12%
②	12%	15%
③	15%	12%
④	15%	15%

정답 | ②
해설 |

종합소득금액 (총급여액)	연금저축 세액공제 적용 납입액 한도 (퇴직연금 포함 통합 한도)	공제율
4,500만원 이하(5,500만원)	연 600만원 (연 900만원)	15%
4,500만원 초과(5,500만원)		12%

14 연금계좌세액공제에 대한 적절한 설명으로 모두 묶인 것은? ★★★

> 가. 연금계좌에 납입하는 자기부담금 합계액을 연 900만원 한도로 하여 세액공제를 적용한다.
> 나. 연금저축계좌 세액공제 적용 납입액 한도는 연 400만원이므로, 퇴직연금계좌 중 자기부담금을 입금할 수 있는 확정기여형 퇴직연금이나 개인형 퇴직연금을 활용해야 최대로 세액공제를 받을 수 있다.
> 다. 공제율은 종합소득 총수입금액에 따라 12% 또는 15%를 적용한다.
> 라. ISA의 계약기간이 만료되고 해당 계좌 잔액의 전부 또는 일부를 연금계좌로 납입한 경우 그 납입한 금액을 납입한 날이 속하는 과세기간의 연금계좌 납입액에 포함하여 전환금액의 10%, 300만원 한도로 연금계좌세액공제 한도가 추가된다.
> 마. 전년도 공제받지 않은 부담금을 당해 연도 납입금으로 전환하여도 전환금액에 대하여 세액공제 신청은 불가하다.

① 가, 라
② 나, 다
③ 가, 라, 마
④ 나, 다, 라

정답 | ①

해설 | 나. 연금저축계좌 세액공제 적용 납입액 한도는 연 600만원이므로, 퇴직연금계좌 중 자기부담금을 입금할 수 있는 확정기여형 퇴직연금(DC)이나 개인형 퇴직연금(IRP)을 활용해야 최대로 세액공제를 받을 수 있다.
다. 공제율은 종합소득금액(총급여기준)에 따라 12% 또는 15%를 적용한다.
마. 연금계좌 가입자가 과거에 납입한 자기부담금 중 공제받지 않은 금액을 당해 연도 납입금으로 전환하여 줄 것을 연금계좌취급자에게 신청한 경우에는 그 신청을 한 날에 다시 연금계좌에 납입한 것으로 보므로 전환금액에 대하여 세액공제 신청을 할 수 있다.

15 연금계좌 손실순서와 회복순서가 적절하게 연결된 것은? ★★★

> 가. 과세제외
> 나. 이연퇴직소득
> 다. 세액공제를 받은 연금계좌 납입액 등

	연금계좌 손실순서	연금계좌 회복순서
①	가-나-다	가-나-다
②	가-나-다	다-나-가
③	다-나-가	가-나-다
④	다-나-가	다-나-가

정답 | ③

해설 |

> [연금계좌 손실순서]
> 세액공제 받은 연금계좌 납입액 등 → 이연퇴직소득 → 과세제외
> [연금계좌 회복순서]
> 과세제외 → 이연퇴직소득 → 세액공제 받은 연금계좌 납입액 등

연금계좌에서 손실이 발생한 경우 : 연금계좌의 운용에 따라 연금계좌에 있는 금액이 원금에 미달하는 경우 연금계좌에 있는 금액은 원금이 연금계좌의 인출순서와 반대의 순서로 차감된 후의 금액으로 본다.

★★★
16 연금계좌 관련 세금으로 모두 묶인 것은?

가. 연금소득세	나. 퇴직소득세
다. 기타소득세	라. 이자소득세
마. 배당소득세	

① 라, 마

② 가, 나, 다

③ 가, 라, 마

④ 가, 나, 다, 라

정답 | ②

해설 | IRP나 연금저축과 같은 연금계좌에서 인출하기 전까지는 과세하지 않으며, 인출 시 연금으로 수령하면 원천에 관계없이 연금소득세가 적용되고, 연금외수령(예 계좌 해지로 일시금 수령)하면 원천에 따라 퇴직소득세 또는 기타소득세가 적용된다. 따라서 연금계좌 관련 세금은 연금소득세, 퇴직소득세 그리고 기타소득세이며 이자소득세나 배당소득세와는 무관하다.

★★★
17 사적연금 분리과세 한도 기준금액으로 가장 적절한 것은?

① 600만원

② 900만원

③ 1,200만원

④ 1,500만원

정답 | ④

해설 | 원천이 운용수익 및 소득·세액공제받은 자기부담금이라면 연령에 따라 3~5%(지방소득세 포함 3.3~5.5%)의 세율로 원천징수하되 사적연금 분리과세 한도인 1,500만원 이하이면 분리과세(3~5%)를 선택할 수 있다. 그 외 소득을 원천으로 연금수령할 때 1,500만원 초과 시에도 종합과세와 분리과세(15%) 중에서 선택할 수 있다.

18 연금계좌에서 연금수령 시 과세에 대한 설명으로 가장 적절한 것은?

① 연금계좌에서 연금으로 수령할 때는 원천에 관계없이 연금소득세를 적용하지만 원천에 따라 세부담은 다르다.
② 실수령연차 11년인 사람의 이연된 퇴직소득세율이 4%라면 4%의 70%인 2.8%를 적용하여 분리과세한다.
③ 원천이 운용수익 및 소득·세액공제받은 자기부담금이라면 연령에 따라 3~5%의 세율로 원천징수하되 사적연금 분리과세 한도인 1,500만원 이하이면 분리과세를 선택할 수 있으나, 그 외 소득을 원천으로 연금수령할 때 무조건 종합과세된다.
④ 사적연금을 지급하는 기관에서 사적연금소득에 대해 연말정산을 실시한다.

정답 | ①
해설 | ② 원천이 퇴직소득일 때는 이연된 퇴직소득세를 30%(실수령연차 11부터는 40%) 감면하여 원천징수하고 원천징수로 납세의무를 종결하는 분리과세방식이다.
③ 원천이 운용수익 및 소득·세액공제받은 자기부담금이라면 연령에 따라 3~5%(지방소득세 포함 3.3~5.5%)의 세율로 원천징수하되 사적연금 분리과세 한도인 1,500만원 이하이면 분리과세(3~5%)를 선택할 수 있다. 그 외 소득을 원천으로 연금수령할 때 1,500만원 초과 시에도 종합과세와 분리과세(15%) 중에서 선택할 수 있다.
④ 공적연금 수령 시에는 공적연금을 지급하는 기관에서 연말정산을 실시하지만 사적연금을 지급하는 기관에서는 사적연금소득에 대해 연말정산을 실시하지 않는다.

19 거주자 A(65세)가 연금계좌에서 연금수령 시 원천징수세율에 대한 다음 설명 중 (가)~(나)에 들어갈 내용으로 적절하게 연결된 것은?

• 운용수익 및 공제받은 사기부담금을 원천으로 연금수령하는 종신연금계약 : (가)
• 이연퇴직소득을 원천으로 연금수령 시(연금수령 10년 시점) : 퇴직소득세율×(나)

	가	나
①	3%	60%
②	4%	60%
③	4%	70%
④	5%	70%

정답 | ③

해설 | • 연금계좌세액공제를 받은 연금계좌 납입액과 그 운용실적 증가분에 대한 연금소득 : 다음의 구분에 따른 세율. 다만, ⓐ와 ⓑ 요건 동시 충족 시에는 낮은 세율 적용

ⓐ 연령에 따른 다음의 세율

나이(연금수령일 현재)	원천징수세율
70세 미만	5%
70세 이상 80세 미만	4%
80세 이상	3%

ⓑ 종신연금계약(사망일까지 연금수령하면서 중도해지할 수 없는 계약) : 4%

• 이연퇴직소득 : 퇴직소득세율×70%(연금실수령연차 11부터는 60%)

★★★
20 연금계좌에서 연금외수령 시 과세에 대한 설명으로 적절하지 않은 것은?

① 연금계좌에서 연금으로 수령하지 않고 계좌를 해지하여 수령하는 일시금이나 연금을 개시한 후 연금수령한도를 초과하여 수령하는 초과분에 대해서는 연금외수령이라 하여 원천별로 과세한다.

② 퇴직소득에 대해서는 퇴직소득세를 적용하고 그 외 소득에 대해서는 기타소득세를 적용하되 종합소득에 합산하지 않는다.

③ 소득세법에서 정한 요양의 사유에 해당한다면 금액에 상관없이 연금형태로 수령하는 것으로 보아 세부담을 경감시켜주고 무조건 분리과세한다.

④ 부득이한 사유로 인출 시에는 부득이한 사유가 발생한 날로부터 6개월 이내에 신청하여야 세제혜택을 받을 수 있다.

정답 | ③

해설 | ③ 소득세법에서 정한 부득이한 사유에 해당한다면 연금형태로 수령하는 것으로 보아 세부담을 경감시켜주고 무조건 분리과세한다. 여기서 유의할 점은 소득세법상 부득이한 사유 중 요양이라는 사유로 인출할 때는 요양에 필요한 금액에 대해서만 연금소득세가 적용되고 나머지는 원천에 따라 퇴직소득세 또는 기타소득세가 적용된다는 것이다.

★★★
21 IRP에서 정기예금 1년 만기 상품과 혼합형 펀드를 선택하여 운용하고자 할 경우 IRP에서 발생하는 운용수익에 대한 세금을 적절하게 설명한 것으로 모두 묶인 것은?

> 가. 예금이나 펀드에서 발생하는 이자, 배당, 주식매매차익 등에 대해서 비과세한다.
> 나. 계좌를 해지하여 일시금으로 인출한다면 운용수익에 대해서는 이자, 배당, 주식매매차익 등 종류를 구분하지 않고 기타소득세가 과세되며, 금융소득 종합과세와 무관하게 15%로 금액에 관계없이 무조건 분리과세한다.
> 다. 부득이한 사유로 인한 연금외수령 시에는 연금소득세를 적용하며 금액에 관계없이 무조건 분리과세한다.
> 라. 운용수익에 대한 연금소득세는 연령에 따라 3~5%를 적용하고 사적연금 분리과세 한도 1,500만원 초과 시 무조건 종합과세한다.

① 가, 나   ② 가, 라
③ 나, 다   ④ 다, 라

정답 | ③

해설 | 가. 종류를 불문하고 운용수익에 대해서 과세한다. 단, 인출할 때까지는 과세를 이연하다가 인출하는 시점에 과세한다.
      라. 운용수익에 대한 연금소득세는 연령에 따라 3~5%(70세 미만 5%, 70~79세 4%, 80세 이상 3%) 적용하고 사적연금 분리과세 한도 1,500만원 초과 시 종합과세 또는 분리과세(15%)한다.

★★★
22 소득세법상 연금계좌 인출순서로 적절한 것은?

> 가. 소득공제 및 세액공제 받지 않은 자기부담금(원금)
> 나. 이연퇴직소득
> 다. 운용수익 및 소득 · 세액공제 받은 자기부담금

① 가 – 나 – 다   ② 나 – 가 – 다
③ 나 – 다 – 가   ④ 다 – 나 – 가

정답 | ①

해설 | 연금계좌에서 인출할 때 소득세법에서는 과세제외금액[소득공제 및 세액공제 받지 않은 자기부담금(원금)] → 이연퇴직소득 → 그 외 소득(운용수익 및 소득 · 세액공제 받은 자기부담금) 순서대로 인출하였다고 본다.

★★★
23 사적연금소득과 종합과세에 대한 적절한 설명으로 모두 묶인 것은?

> 가. 공적연금은 무조건 종합과세인 반면 사적연금소득에 대해서는 1,500만원 이하인 경우 분리과세를 선택할 수 있다.
> 나. 사적연금소득 중 퇴직소득을 원천으로 받는 연금소득에 대해서는 금액에 관계없이 무조건 분리과세되고 사적연금 분리과세 한도에 포함되지 않는다.
> 다. 연금계좌에서 운용수익 및 공제받은 자기부담금을 원천으로 연금수령 시에는 사적연금 분리과세 한도 1,500만원을 초과하게 되면 1,500만원 초과분을 다른 종합소득과 합산하여 다음 해 5월에 신고납부하여야 한다.

① 가, 나   ② 가, 다
③ 나, 다   ④ 가, 나, 다

정답 | ①
해설 | 다. 연금계좌에서 그 외 소득(운용수익, 공제받은 자기부담금)을 원천으로 연금수령 시에는 사적연금 분리과세 한도 1,500만원을 초과하게 되면 전액(1,500만원 초과분이 아니라 1,500만원을 포함한 전액임에 유의) 다른 종합소득(예 국민연금)과 합산하여 다음해 5월에 신고납부하거나 분리과세(15%) 중에서 선택한다.

★★★
24 연금계좌 이체에 대한 설명으로 적절하지 않은 것은?

① 연금계좌에 있는 금액이 연금수령이 개시되기 전의 다른 연금계좌로 이체되는 경우에는 이를 인출로 보지 않으므로 과세이연을 계속 유지할 수 있다.
② 연금저축계좌와 퇴직연금 상호 간에 이체되는 경우에는 원칙적으로 인출로 보아 세금을 납부해야 하지만 예외적으로 연금수령요건을 갖춘 IRP와 연금저축계좌 간에는 이체를 허용하므로 과세이연혜택을 유지할 수 있다.
③ 퇴직연금계좌에 있는 일부 금액이 이체되는 경우에는 연금계좌의 인출순서에 따라 이체되는 것으로 한다.
④ 2013년 3월 1일 이후에 가입한 연금계좌에 있는 금액이 2013년 3월 1일 전에 가입한 연금계좌로 이체되는 경우 인출된 것으로 보아 세금을 납부해야 한다.

정답 | ③
해설 | ③ 일부 금액이 이체되는 경우(퇴직연금계좌에 있는 일부 금액이 이체되는 경우 제외)에는 연금계좌의 인출순서에 따라 이체되는 것으로 한다.

★★★
25 다음 사례에서 연금계좌 승계제도에 대한 적절한 설명으로 모두 묶인 것은?

> 김세진(사망, 60세)씨는 연금저축계좌에서 연금수령 중 올해 8월 8일 사망하였다. 김세진씨의 유족으로는 배우자 이채원(52세)씨 및 자녀가 있다.

> 가. 이채원씨나 자녀 중 한 사람을 선택하여 연금계좌 승계가 가능하다.
> 나. 이채원씨가 연금계좌를 승계한 경우 승계 즉시 연금수령이 가능하다.
> 다. 연금계좌를 승계하려는 상속인은 김세진씨가 사망한 날이 속하는 달의 말일부터 6개월 이내에 연금계좌취급자에게 승계신청을 하여야 하며, 이 경우 상속인은 피상속인이 사망한 날부터 연금계좌를 승계한 것으로 본다.
> 라. 승계신청을 받은 연금계좌취급자는 사망일부터 승계신청일까지 인출된 금액에 대하여 이를 피상속인이 인출한 소득으로 보아 세액을 정산하여야 한다.

① 가, 나   ② 가, 라
③ 나, 다   ④ 다, 라

정답 | ④
해설 | 가. 2013년부터 연금계좌 가입자의 사망 시 배우자의 안정적 노후소득 보장을 위해 연금계좌를 배우자가 승계하는 것이 허용되었다.
　　　 나. 배우자가 연금계좌를 승계하는 경우에는 승계한 날에 상속인이 연금계좌에 가입한 것으로 본다. 따라서 배우자 나이가 55세에 달하지 않았다면 55세부터 연금개시를 하여야 한다.

★★★
26 올해 퇴직하여 퇴직소득세 2억원을 차감하고 8억원을 수령한 홍범도씨는 이 돈을 정기예금에 가입할 것인지 아니면 IRP에 입금하여 세금을 환급받을지 고민 중이다. 홍범도씨가 임대소득 및 이자소득이 충분하여 연금에 대한 니즈는 없는 편이라 당분간은 IRP 계좌를 유지하다가 필요할 때 해지하려고 할 경우, 절세방법에 대한 적절한 설명으로 모두 묶인 것은(홍범도씨가 부담하는 종합소득 한계세율은 최고세율인 45%로 가정)?

> 가. IRP에 입금하면 퇴직소득에 대한 세금은 퇴직 시에 확정된 퇴직소득세 2억원이 그대로 과세이연되어 IRP 계좌 해지 시 원천징수되며, 퇴직소득은 종합소득에 합산하지 않고 분류과세된다.
> 나. IRP에 입금하여 일정기간 유지한 후 해지 시 운용수익에 대한 세금은 기타소득세 15%로 금액에 관계없이 무조건 분리과세된다.
> 다. IRP로 운용할 경우 정기예금에 대한 이자, 펀드에 대한 배당소득에 대한 과세가 인출 시까지 이연되고 인출 시에도 저율분리과세되므로 IRP에 가입하여 유지하는 것이 유리하다.

① 가, 나   ② 가, 다
③ 나, 다   ④ 가, 나, 다

정답 | ④
해설 | 모두 적절한 설명이다.

MEMO

MEMO

이제
대한민국

금융 자격증 취득은
보험 자격증 취득은
무역 자격증 취득은

금융 자격증

무역 자격증

보험 자격증

01 증권경제전문 토마토TV가 만든 교육브랜드

토마토패스는 24시간 증권경제 방송 토마토TV · 인터넷 종합언론사 뉴스토마토 등을 계열사로
보유한 토마토그룹에서 출발한 금융전문 교육브랜드 입니다.
경제 ·금융· 증권 분야에서 쌓은 경험과 전략을 바탕으로 최고의 금융교육 서비스를 제공하고 있으며
현재 무역 · 회계 · 부동산 자격증 분야로 영역을 확장하여 괄목할만한 성과를 내고 있습니다.

뉴스토마토	Tomato tv	토마토증권통	e Tomato
www.newstomato.com	tv.etomato.com	stocktong.io	www.etomato.com
싱싱한 정보, 건강한 뉴스	24시간 증권경제 전문방송	가장 쉽고 빠른 증권투자!	맛있는 증권정보

02 차별화된 고품질 방송강의

토마토 TV의 방송제작 장비 및 인력을 활용하여 다른 업체와는 차별화된 고품질 방송강의를 선보입니다.
터치스크린을 이용한 전자칠판, 핵심내용을 알기 쉽게 정리한 강의 PPT,
선명한 강의 화질 등 으로 수험생들의 학습능력 향상과 수강 편의를 제공해 드립니다.

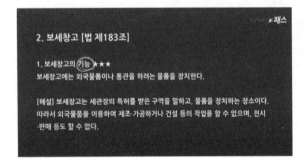 

03 최신 출제경향을 반영한 효율적 학습구성

토마토패스에서는 해당 자격증의 특징에 맞는 커리큘럼을 구성합니다.
기본서의 자세한 해설을 통해 꼼꼼한 이해를 돕는 정규이론반(기본서 해설강의) · 핵심이론을 배우고
실전문제에 바로 적용해보는 이론 + 문제풀이 종합형 핵심종합반 · 실전감각을 익히는
출제 예상 문제풀이반 · 시험 직전 휘발성 강한 핵심 항목만 훑어주는 마무리특강까지!
여러분의 합격을 위해 최대한의 효율을 추구하겠습니다.

정규이론반   핵심종합반   문제풀이반   마무리특강

04 가장 빠른 1:1 수강생 학습 지원

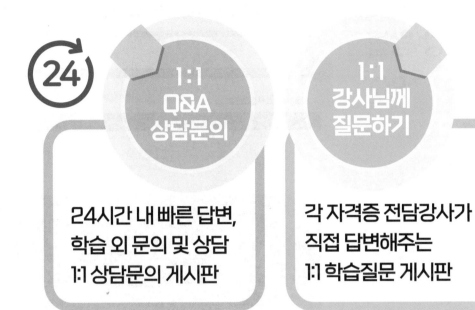

24시간 내 빠른 답변,
학습 외 문의 및 상담
1:1 상담문의 게시판

각 자격증 전담강사가
직접 답변해주는
1:1 학습질문 게시판

토마토패스에서는 가장 빠른 학습지원 및 피드백을 위해 다음과 같이 1:1게시판을 운영하고 있습니다.
· Q&A 상담문의 (1:1) ㅣ 학습 외 문의 및 상담 게시판, 24시간 이내 조치 후 답변을 원칙으로 함 (영업일 기준)
· 강사님께 질문하기(1:1) ㅣ 학습 질문이 생기면 즉시 활용 가능, 각 자격증 전담강사가 직접 답변하는 시스템
이 외 자격증 별 강사님과 함께하는 오픈카톡 스터디, 네이버 카페 운영 등 수강생 편리에 최적화된
수강 환경 제공을 위해 최선을 다하고 있습니다.

05 100% 리얼 후기로 인증하는 수강생 만족도

2020 하반기 수강후기 별점 기준 (100으로 환산)

토마토패스는 결제한 과목에 대해서만 수강후기를 작성할 수 있으며,
합격후기의 경우 합격증 첨부 방식을 통해 100% 실제 구매자 및 합격자의 후기를 받고 있습니다.
합격선배들의 생생한 수강후기와 만족도를 토마토패스 홈페이지 수강후기 게시판에서 만나보세요!
또한 푸짐한 상품이 준비된 합격후기 작성 이벤트가 상시로 진행되고 있으니,
지금 이 교재로 공부하고 계신 예비합격자분들의 합격 스토리도 들려주시기 바랍니다.

강의 수강 방법
PC

01 토마토패스 홈페이지 접속

www.tomatopass.com ▼

02 회원가입 후 자격증 선택

· 회원가입시 본인명의 휴대폰 번호와 비밀번호 등록
· 자격증은 홈페이지 중앙 카테고리 별로 분류되어 있음

03 원하는 과정 선택 후 '자세히 보기' 클릭

04 상세안내 확인 후 '수강신청' 클릭하여 결제

· 결제방식 [무통장입금(가상계좌) / 실시간 계좌이체 / 카드 결제] 선택 가능

05 결제 후 '나의 강의실' 입장

06 '학습하기' 클릭

07 강좌 '재생' 클릭

· IMG Tech 사의 Zone player 설치 필수
· 재생 버튼 클릭시 설치 창 자동 팝업

강의 수강 방법
모바일

탭 · 아이패드 · 아이폰 · 안드로이드 가능

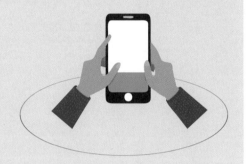

01 토마토패스 모바일 페이지 접속

 WEB · 안드로이드 인터넷, ios safari에서
www.tomatopass.com 으로 접속하거나

Samsung Internet (삼성 인터넷)

Safari (사파리)

 APP · 구글 플레이 스토어 혹은 App store에서
합격통 혹은 토마토패스 검색 후 설치

Google Play Store

앱스토어   합격통

02 존플레이어 설치 (버전 1.0)

· 구글 플레이 스토어 혹은 App store에서 '존플레이어' 검색 후 버전 1.0 으로 설치
(***2.0 다운로드시 호환 불가)

03 토마토패스로 접속 후 로그인

04 좌측 아이콘 클릭 후
'나의 강의실' 클릭

05 강좌 '재생' 버튼 클릭

· 기능소개
과정공지사항 : 해당 과정 공지사항 확인
강사님께 질문하기 : 1:1 학습질문 게시판
Q&A 상담문의 : 1:1 학습외 질문 게시판
재생 : 스트리밍, 데이터 소요량 높음, 수강 최적화
다운로드 : 기기 내 저장, 강좌 수강 시 데이터 소요량 적음
PDF : 강의 PPT 다운로드 가능

토마토패스

금융투자자격증 은행/보험자격증 FPSB/국제자격증 회계/세무자

나의 강의실

과정공지사항	강사님께 질문하기
학습자료실	Q&A 상담문의

과정명	증권투자권유대행인 핵심종합반	
수강기간	2021-08-23 ~ 2022-08-23	
최초 수강일	2021-08-23	최근 수강일	2021-09-09
진도율	77.0%	

강의명	재생	다운로드	진도율	PDF
1강 금융투자상품01	▶	↓	0%	
2강 금융투자상품02	▶	↓	100%	
3강 금융투자상품03	▶	↓	100%	
4강 유가증권시장, 코스닥시장01	▶	↓	94%	
5강 유가증권시장, 코스닥시장02	▶	↓	71%	
6강 유가증권시장, 코스닥시장03	▶	↓	0%	
7강 채권시장01	▶	↓	96%	
8강 채권시장02	▶	↓	0%	
9강 기타 증권시장	▶	↓	93%	

토마토패스
친절한 홍교수 합격비기
AFPK® MODULE. 2 핵심정리문제집

초 판 발 행   2017년 06월 15일
개정8판1쇄   2024년 07월 10일

저   자   홍영진
발 행 인   정용수
발 행 처   (주)예문아카이브
주   소   서울시 마포구 동교로 18길 10 2층
T E L   02) 2038-7597
F A X   031) 955-0660

등 록 번 호   제2016-000240호

정   가   30,000원

홈페이지 http://www.yeamoonedu.com

I S B N   979-11-6386-323-6   [13320]